统 计 学

TONGJIXUE

杨凤娟 主编

河南大学出版社
HENAN UNIVERSITY PRESS

·郑州·

图书在版编目(CIP)数据

统计学/杨凤娟主编. --郑州：河南大学出版社，2021.3(2024.1重印)
ISBN 978-7-5649-4593-0

Ⅰ.①统… Ⅱ.①杨… Ⅲ.①统计学-高等学校-教材 Ⅳ.①C8

中国版本图书馆CIP数据核字(2021)第041200号

责任编辑 张雪彩
责任校对 李亚涛
封面设计 郭 灿

出版发行	河南大学出版社
	地址：郑州市郑东新区商务外环中华大厦2401号　邮编：450046
	电话：0371-86059715(高等教育与职业教育分社)
	0371-86059701(营销部)　网址：hupress.henu.edu.cn
排　版	河南金河印务有限公司
印　刷	广东虎彩云印制有限公司
版　次	2021年3月第1版
印　次	2024年1月第2次印刷
开　本	787 mm×1092 mm　1/16
印　张	19
字　数	462千字
定　价	49.00元

(本书如有印装质量问题，请与河南大学出版社营销部联系调换.)

前　言

统计学是研究如何搜集数据、整理数据、分析数据及解释数据的方法论科学。它以概率论为基础，以数据为核心，通过大样本数据来归纳社会经济关系、变化和规律特征。随着数字化进程不断加快，社会经济、生命科学、信息科学、环境与健康等形成的数据具有规模巨大、种类繁多、时效性强、所蕴藏的价值大等特点。因此，在大数据时代，人们越来越多地希望能够从大量的数据中总结出一些经验规律，为后续管理和研究决策提供一些依据。当今，人们无论从事自然科学或人文社科研究，还是从事实际经营与管理工作，只要涉及数据，都会利用统计理论与方法来处理与分析数据，并把分析结果作为其理论研究和实际管理工作的依据。因此，统计学分析方法成为自然科学、人文社会科学等科学领域的重要分析工具。教育部把统计学列为财经类专业的核心基础课程，要求通过统计学课程学习，掌握如何用统计学的方法搜集、整理、分析国民经济和社会发展的实际数据，并通过其统计指标和指标体系，描述研究社会经济现象的规模、水平、速度、比例和效益，以揭示在一定时间、地点、条件下社会经济现象数量之间的联系和变动规律。

本书是按照教育部对新文科教材内容的要求，在参考了国内外同类优秀教材的基础上，遵循统计学基础知识的系统性、连贯性和前沿性进行编写的。统计知识的系统性表现在：一是基于统计学的基本任务，从搜集数据、整理数据、分析数据和解释数据安排章节内容；二是从统计学的内在逻辑关系，按照描述统计、抽样分布、统计推断、各种类型数据建模的顺序安排学习内容，第一章为总论，第二章至第六章介绍描述统计学的基本理论和方法，第七章至第十二章介绍推断统计学的基本理论和方法；三是根据数据的不同类型安排数据整理、建模方法，并配用相应的统计学习软件。连贯性表现在：第十一章线性回归分析是"计量经济学"课程的起点，第十二章时间序列预测是"时间序列分析"课程的起点。这样安排教材内容既符合知识点之间的内在联系，又便于课程之间的合理衔接和学习。前沿性表现在：一是介绍在大数据时代，统计数据的类型由结构数据发展到非结构数据，数据的整理和展示方式发生变化；二是介绍在大数据时代，搜集数据的方式有统计调查数据、网站搜集和实验方式；三是教材采用最新的社会经济案例，提高学生利用统计分析方法分析实际问题的能力。

本书的主要特点体现在以下四个方面：

一是内容阐述简明易懂。由于高等院校财经管理类各专业本科生中，有些学生在高中阶段侧重理科，有些学生侧重文科，两类学生的数学基础不同，为此，在编写中基本上回避了对公式的推导证明，注重统计学基本原理、基础知识的阐述和基本技能的训练，并针对经济管理类专业的特点，着重阐明统计方法中蕴含的基本思想，有助于读者掌握统计学的基本理论和方法。

二是由浅入深，案例为先。读者学习统计学，目的在于了解统计思想，运用统计方法分析实际问题。因此，本教材在每一章首先给出实际案例，增强读者的感性认识，并根据实际数据提出本章相关的统计问题，然后正文围绕这些问题讨论和介绍相应统计方法的基本思想和原理。案例导入为先，由浅入深，期望读者通过对案例的学习而将感性认识上升到理性的高度，并能举一反三，触类旁通，将所学统计方法用以解决实际问题。

三是借助软件，提高效率。信息社会，人们需要处理的数据量与日俱增，手工计算远远不能满足需要，因此，读者应该了解和掌握数据处理软件的基本操作方法，懂得如何利用计算机技术搜集、整理和分析统计数据，运用相关专业知识理解数据的内在规律性。本教材介绍了 Office 办公系统中的 Excel 软件的统计计算基本功能，以及如何利用 Excel 和 SPSS 软件操作相关问题的操作步骤。

四是借助网络，辅助学习。本教材把各章节重点知识的讲解做成视频，通过智慧树平台方便读者自主学习。

智慧树平台网址：https://online.zhihuishu.com/onlineSchool/teacher/index

本书各章编写分工如下：第一、二、三、四章，河南大学经济学院杨凤娟；第五章，郑州师范学院陈书燕；第六章，郑州师范学院姚永成；第七章，河南大学商学院王志强；第八、九章，河南大学经济学院叶震；第十、十一章，河南大学经济学院邵明振；第十二章，河南大学经济学院韩晓娜。

本书的出版得到各方面的帮助和资助。感谢河南大学教务处和河南大学经济学院的资助和帮助；经济学院赵亮、郭晶晶、李亚冰三位研究生在教材的编写过程中帮助整理资料，感谢他们的辛勤付出；感谢魏新颖对第十章做了修改；感谢河南大学出版社教材编辑部的各位老师，正是他们的关心和支持，才使本书得以顺利出版。

在编写过程中，尽管几番斟酌，力图奉献给读者一本令人满意的教材，但是由于统计理论和方法处于不断更新与发展之中，加之作者的水平有限，仍然难以达到各方面的要求。本书难免有疏漏或不足之处，恳请同行和读者提供宝贵意见，以便我们修订和完善。

编　者
2021 年 2 月

目 录

第一章 总论 1
  第一节 统计学的概念、特点、作用与发展 1
  第二节 统计研究过程、方法和数据类型 7
  第三节 统计学中的基本概念 12
  本章小结 17

第二章 统计数据的搜集 21
  第一节 数据搜集的内涵、搜集方式和方法 22
  第二节 调查设计 28
  第三节 数据的误差 33
  本章小结 36

第三章 统计数据的整理与展示 38
  第一节 统计数据的预处理 39
  第二节 数据的整理与展示 46
  第三节 统计表的设计 63
  本章小结 64

第四章 数据分布特征的测度 68
  第一节 集中趋势的测度 68
  第二节 离散程度的测度 77
  第三节 偏态与峰态的测度 85
  本章小结 89

第五章 统计指数 93
  第一节 统计指数的概述 93
  第二节 综合指数 96
  第三节 平均指数 102
  第四节 指数体系和因素分析 106

第五节　常见的经济指数 ……………………………………………………… 112
　　本章小结 …………………………………………………………………………… 118

第六章　综合评价 …………………………………………………………………… 121
　　第一节　综合评价概述 …………………………………………………………… 123
　　第二节　综合评价指标体系的构建和数据处理 ………………………………… 126
　　第三节　指标权重的确定 ………………………………………………………… 135
　　第四节　综合评价指标的计算方法 ……………………………………………… 142
　　本章小结 …………………………………………………………………………… 145

第七章　概率分布 …………………………………………………………………… 148
　　第一节　随机变量的分布 ………………………………………………………… 148
　　第二节　统计量的抽样分布 ……………………………………………………… 158
　　第三节　大数定律和中心极限定理 ……………………………………………… 163
　　本章小结 …………………………………………………………………………… 165

第八章　参数估计 …………………………………………………………………… 167
　　第一节　点估计 …………………………………………………………………… 167
　　第二节　一个总体参数的区间估计 ……………………………………………… 170
　　第三节　两个总体参数的区间估计 ……………………………………………… 176
　　第四节　样本容量的确定 ………………………………………………………… 182
　　本章小结 …………………………………………………………………………… 184

第九章　假设检验 …………………………………………………………………… 187
　　第一节　假设检验的基本原理 …………………………………………………… 187
　　第二节　一个总体参数的检验 …………………………………………………… 195
　　第三节　两个总体参数的检验 …………………………………………………… 200
　　本章小结 …………………………………………………………………………… 205

第十章　方差分析和 χ^2 分析 …………………………………………………… 207
　　第一节　单因素方差分析 ………………………………………………………… 207
　　第二节　双因素方差分析 ………………………………………………………… 217
　　第三节　χ^2 分析 ……………………………………………………………… 224
　　本章小结 …………………………………………………………………………… 231

第十一章　线性回归分析 …………………………………………………………… 234
　　第一节　相关分析 ………………………………………………………………… 234
　　第二节　一元线性回归分析 ……………………………………………………… 239

第三节　多元线性回归分析 248
　　本章小结 256
第十二章　时间序列分析 259
　　第一节　时间序列的描述分析 260
　　第二节　时间序列分解法 264
　　第三节　时间序列长期趋势的测定 268
　　第四节　时间序列的季节变动测定 272
　　第五节　时间序列的预测方法 277
　　本章小结 284
附录：统计分布表 288
　　一、标准正态分布概率密度表 288
　　二、标准正态累计分布表 289
　　三、t 分布临界值表 290
　　四、χ^2 分布临界值表 291
　　五、F 分布临界值表 292
参考文献 294

第一章 总论

【学习目标】

1. 理解统计与统计学的概念。
2. 了解统计学的产生、发展和学科分类。
3. 掌握统计学中总体、个体、样本的含义及关系;统计标志、指标、变量的含义及关系;参数和统计量的含义及关系。
4. 掌握统计数据的分类,探讨统计数据与大数据的联系。
5. 科学认识统计学的特点和作用。

在当今信息化时代,我们可以从各种媒体、信息网络上看到、听到各种各样的数据。例如,从中国统计局网站可以查到:2019年中国人均国内生产总值为70892人民币,居民消费水平为27563人民币,居民消费价格指数(1978=100)为2190;第三次经济普查,按东、中、西部和东北从业人员数分别为18711万人、7328万人、6432万人、2317万人。

要正确阅读并理解这些数据,就需要具备一些统计学知识。本章将讨论统计学的几个问题:

(1)什么是统计和统计学?
(2)统计数据有哪些类型?
(3)统计学中有哪些基本概念?
(4)统计学的产生、发展、学科分类和研究方法等。

第一节 统计学的概念、特点、作用与发展

一、统计的概念和职能

(一)统计的概念

当今社会,统计无所不在,也是片刻难离。我们常常可以看到或听到某某国家或地区某年GDP多少亿元、增长百分之几,某公司某年销售收入多少亿元、利润多少万元,某地区某年某月CPI上涨百分之几,某市某年年底人口总数多少万人等数据,这些数据就是统计数据。然而,这些数据的获得都经历了一个从零星到整体、从分散到综合的过程,这个过程就

是统计活动。所以,统计就是一种有目的地对特定现象或事物在特定时间、空间条件下的特征用数据加以记录并分析的活动。单数 Statistic 和复数 Statistics 汉语意思是统计数字、统计资料、统计学和统计数据。因此,"统计"一般包含三种含义:统计工作、统计资料和统计科学。

统计工作是搜集、整理和分析客观事物总体数量方面资料的工作过程,它是统计的基础,如国家统计局和地方统计部门的日常业务就是统计工作。统计资料就是统计工作所取得的各项数字资料及有关文字资料,如我国第七次人口普查形成的普查数据及相应的统计公报。统计科学是研究如何搜集、整理和分析统计资料等的理论与方法,也就是本书要讲的统计学。

统计三方面的含义是紧密联系的,统计资料是统计工作的成果,统计工作与统计科学之间是实践与理论的关系。

(二)统计的职能

统计要达到认识社会的目的,不仅需要科学的方法,而且需要强有力的组织领导。因此,统计兼有信息、咨询、监督三大职能。

(1)信息职能:是指统计部门根据科学的统计指标体系和统计调查方法,灵敏、系统地采集、处理、传输、贮存和提供大量的以数据描述为基本特征的社会经济信息。

(2)咨询职能:是指利用已经掌握的丰富的统计信息资源,运用科学的分析方法和先进的技术手段,深入开展综合分析和专题研究,为科学决策和管理提供各种可供选择的咨询建议与对策方案。

(3)监督职能:是指根据统计调查和分析,及时、准确地从总体上反映经济、社会和科技的运行状态,并对其实行全面、系统的定量检查、监测和预警,以促使国民经济按照客观规律的要求持续、稳定、协调地发展。

这三种职能是相互作用、相互促进、相辅相成和密切联系的。信息职能是统计最基本的职能,是保证咨询和监督职能得以有效发挥的前提;咨询和监督职能是在信息职能基础上的拓展和深化,是对统计职能的发展和提高。

二、统计学概念、特点及其作用

(一)统计学的概念

统计学是在统计实践的基础上产生并发展起来的,是帮助人们正确认识客观世界数量规律的方法论科学。统计学与统计实践活动的关系是理论与实践的关系,那什么是统计学呢?统计学是处理数据的一门科学。人们对统计学下的定义很多,比如:"统计学是一门搜集数据、整理数据、分析数据、解释数据,从而认识现象数据规律,帮助人们更有效地进行决策的方法论科学""统计学是一组方法,用来设计实验、获得数据,然后在这些数据的基础上总结、概括、演示,得出结论"。英国《不列颠百科全书》中这样描述:"统计学是一门艺术,它是对令人困惑费解的问题做出数字设想的艺术,是搜集、分析、列示和解释数据的一门艺术和科学。"综合地说,统计学是搜集、处理、分析、解释数据的科学。搜集数据需要对客观现象做周密细致的调查;处理数据需要对调查得到的数据加以整理,使之成为反映现象总体的条理化、系统化的数据;分析数据需要用科学的方法从数据中得到反映现象本质数量规律的结果;解释数据需要用有关知识对数量规律性做出说明。这些构成统计学的研究内容。

(二)统计学的特点

统计学的本质决定了统计学的研究对象就是客观现象数据,各种各样客观现象的数量分别从不同的角度表明现象的数量大小、数量关系、数量变动、数量界限和数量规律。所以,统计研究的第一特点就是数量性,就是要通过定量研究、运用各种统计数量来体现所研究现象的数量特征,进而达到认识现象本质和规律的目的。表明现象数量特征的方式是设计各种统计变量,在社会经济领域则体现为统计指标及体系。

由于人们所要认识的现象特征归根结底是综合特征,所以统计研究的第二个特点是,在用数量来表现现象特征时必须强调总体性,即从所研究现象的总体出发,通过对现象总体中的构成元素即个体进行大量观察和综合分析,来达到认识现象的总体数量特征的目的。也就是说,统计研究的目的不是认识个别事物的数量特征,而是认识具有综合意义的总体数量特征。例如,我们所说的居民收入水平并不是指某家某户的个体收入水平,而是指一个国家、地区或城市的总体收入水平。当然,对现象总体的认识是以对个体的观察为基础的,只是不能以个体的表现(往往具有特殊性和偶然性)来说明现象的一般性或规律性,因为个体之间存在着各种各样的差异。

但正是由于个体差异的存在,才引起人们去了解个体背后所可能隐藏的规律的兴趣,所以统计学研究的第三个特点就是差异性,就是要从所研究现象总体的各个个体之间的差异中去概括出共同的、普遍的数量特征,并对差异情况做出必要的反映。例如,一个国家、地区或城市的居民之间,收入差异是客观存在的,高收入者与低收入者之间的差距有时还会很大,所以,我们用某种平均收入指标来反映该国家、地区或城市居民的收入水平才具有一般意义,同时用基尼系数等指标来反映居民之间的收入差异程度。毫无疑问,现象总体的内在差异是统计研究的基本前提,而这种差异并不是事先已知或由某种固定的因素来确定的,它是各种非确定性因素,即偶然因素共同作用的结果。

上述三方面的特点相互联系,共同决定了统计学研究对象的特有性与广泛性,在众多研究对象中,社会经济现象的数量方面是统计学最主要的研究对象,同时也是最复杂、最具有挑战性的部分。

(三)统计学的作用

统计学是一门应用性很强的学科,为人类社会的发展做出了巨大的贡献。正如统计学最主要奠基人费尔所说:"给20世纪带来了人类进步的独特方面的是统计学。"统计学的具体作用可以概括表现在认识事物、指导生产、经济管理和科学研究等方面。

1. 为人类认识自然、认识社会提供必需的方法和途径

人类是在认识自然、认识社会的过程中发展起来的,而认识自然、认识社会离不开各种各样的数据,否则就没有客观标准。例如,地球有多大、运转周期有多长,一年四季天气如何变化,人口性别比例、年龄分布有什么特征,经济运行有什么规律,生活习惯(例如吸烟、酗酒)与某种或某些疾病有什么关系,等等,都需要通过统计数据以及以此为基础的分析结果加以说明。如果说统计是认识自然和认识社会的手段,那么统计学为运用这种手段提供了理论和方法。

2. 为指导人们的生产活动提供科学依据

生产活动是人类社会生存和发展的前提,但如何以尽量少的投入生产出数量尽可能多且质量尽可能高的产品?这是一个非常复杂的问题,因为影响产品产量和质量的因素很多,要分析各因素之间的关系就需要我们对各种因素进行试验和观察,了解各种因素的影响方式和程度,找出各因素的最佳水平和最优组合,从而确定最佳的生产条件和生产方式并使之始终处于科学的控制之中。最佳生产方案设计和最优质量控制方法,是统计学的一大应用领域。

3. 为提高社会经济管理水平提供重要支撑

社会经济管理主要包括宏观的政府管理和微观的企业管理。政府管理的目标是要保持国民经济持续稳定协调发展,实现劳动力的充分就业和物价水平的稳定,做到自然资源的合理开发和生态环境的良好保护,确保社会的安定和人民生活水平的稳定提高,这无疑需要运用统计方法科学合理地搜集数据,对国民经济和社会发展状况进行跟踪监测和预警,对各种社会经济问题进行定量模拟和分析,从而为制定和调整政策提供依据。企业管理的目标是使生产要素达到最佳配置,取得最佳的经济效益,在激烈的市场竞争中保持优势,这就需要运用统计方法及时地搜集各种市场信息,科学地反映和分析企业的生产经营状况,准确地预测和判断市场变化趋势。此外,其他相关的管理活动,同样需要运用统计理论和方法作为重要的工具。

4. 为科学研究提供有力手段

科学研究的本质是揭示客观事物的规律性,其研究方法一般是先根据若干观察或实验资料提出某种假设或猜想,然后再通过各种途径进行观察或实验加以验证。可以看出,整个科学研究过程都借助统计方法提取科学实验本质性的数据信息资料,验证假说或猜想的正确性。在医学界,人们利用统计方法来研究疾病的原因或影响因素,判断药物或治疗方法的有效性;在考古学界,人们凭借统计方法来推断特定发掘物的历史年代;在心理学界,人们利用统计方法分析特定刺激的心理效应;在经济学界,人们利用统计方法研究国民经济运行状况和各种决策方案的优劣;在生物学界,人们利用统计方法来研究基因定律(如基因分离定律、基因自由组合定律和基因频率稳定性定律等);如此等等。几乎所有的科学研究领域都已高度依赖统计学。

三、统计学的产生与发展

统计学随统计的产生而产生,而统计则起源很早。在原始社会,人类最初的结绳、串珠、刻线等计数活动,蕴藏着统计的萌芽。在奴隶社会,统治阶级为了对内统治和对外战争,需要征兵纳税,开始了人口、土地和财产的统计。例如,据晋人皇甫谧的《帝王世纪》记载,中国公元前2000多年的夏朝分为九州,人口13553928人,土地24388024顷。差不多同一时期的古希腊、罗马等奴隶制国家,也有相应的人口、财产和世袭领地的统计。到了封建社会,封建君主和精明的政治家日益意识到统计对于治国强邦的重要性,统计范围因而有所扩大,但由于封建经济的封闭割据和保守性,统计方法依然很不完善。到了资本主义社会,随着社会生产力的迅速发展和社会分工的日益精细,统计得到了很大的发展,除政府管理的需要外，逐步扩展到工业、农业、贸易、银行、保险、交通、邮电和海关等经济领域，以及社会、科技和环境等领域，且出现了专业的统计机构和研究组织，统计方法得到了迅速完善和发展。第二次世界大战以来，随着电子计算技术的推广应用，世界各国的统计能力都迅速提升，作用更加明显。

伴随着欧洲文艺复兴和资本主义萌芽，统计学在17世纪中期应运而生，并且经过300余年的发展，形成了今天的统计学。它的发展过程大致可以分为三个阶段：古典统计学时期、近代统计学时期和现代统计学时期。

(一) 古典统计学时期

从17世纪中期到18世纪末期，是统计学的萌芽时期，即古典统计学时期。统计学起源于两大学派：德国的国势学派和英国的政治算术学派。

国势学派认为统计学是关于国家显著事项的学问，主要通过对国家组织、人口、军队、领土、居民职业和资源财产等事项的记述来分析和研究国情、国力，代表人物是德国的康令（H. Coning，1606—1681）和阿亨瓦尔（G. Achenwall，1719—1772）。由于这个学派在进行国势比较分析中偏重事物性质的解释而不注重数量分析，因此，尽管它首先提出"统计学"之名，但却无现代意义的统计学之实。然而，国势学所确立的研究对象（国家显著事项），以及所采用的归纳方法，为统计学的建立和发展奠定了重要的基础。

政治算术学派主张以数字、重量和尺度来研究社会经济现象及其相互关系，代表人物是英国的威廉·配第（W. Petty，1623—1687）和约翰·格朗特（J. Graunt，1620—1674）。威廉·配第的代表作是《政治算术》（1676年），提出"不用比较级、最高级进行思辨或议论，而是用数字……来表达自己想说的问题……借以考察在自然中有根据的原因"。该书用数量分析的方法对比了英国、法国和荷兰三国的"财富和力量"，以批驳当时英国国内的悲观论调，威廉·配第还提出了用图表概括数字资料的理论和方法。马克思称威廉·配第为"政治经济学之父，在某种程度上也可以说是统计学的创始人"。约翰·格朗特则是利用大量数据研究社会人口变动规律的创始人，其著作《关于死亡表的自然和政治观察》一书，首次通过大量观察，对新生儿性别比例和不同原因死亡人数比例等人口规律进行了分析，并且第一次编制了初具规模的"生命表"。由于政治算术学派用大量观察法、分类分析法和对比分析法等综合研究社会经济问题，因此，该学派虽无"统计学"之名却有统计学之实。

(二) 近代统计学时期

从18世纪末到19世纪末，是近代统计学时期。这一时期的一个重大成就是大数定律和概率论被引进了统计学之中。之后，最小平方法、误差理论和正态分布理论等相继成了统计学的重要内容。这一时期也曾有两大学派：数理统计学派和社会统计学派。

数理统计学派始于19世纪中叶，代表人物是比利时的凯特莱（A. Quetelet，1796—1874），著有《概率论书简》《社会物理学》等，他主张用研究自然科学的方法来研究社会现象，正式把概率论引入统计学，并最先用大数定律论证了社会生活中随机现象的规律性，还提出了误差理论和"平均"思想，凯特莱的贡献使统计学的发展进入了一个新的阶段。

社会统计学派始于19世纪末，首创人物为德国的克尼斯（K. G. A. Knies，1821—1898），他认为统计学是一门社会科学，是研究社会现象变动原因和规律性的实质性科学，其显著特点是强调对总体进行大量观察和分析，通过研究其内在联系来揭示社会现象的规律。各国专家学者在社会经济统计指标的设定与计算、指数的编制、统计调查的组织和实施、经济社会发展评价与预测等方面取得了一系列重要成果。例如,德国统计学家恩格尔(E. Engel, 1821—1896)提出的"恩格尔系数",美国经济学家库兹涅茨和英国经济学家斯通等人研究的国民收入和国内生产总值的核算方法等。

(三) 现代统计学时期

从 19 世纪末至现在,是现代统计学时期。这个时期各种新的统计理论与方法,尤其是推断统计理论与方法得以大量涌现,例如,英国统计学家卡尔·皮尔逊(K. Pearson, 1857—1936)的 χ^2 分布理论,统计学家戈塞特(W. S. Gosset, 1876—1937)的小样本 t 分布理论,统计学家费希尔(R. A. Fisher, 1890—1962)的 F 分布理论和实验设计方法,波兰统计学家尼曼(J. Neyman, 1894—1981)和英国统计学家皮尔逊(E. S. Pearson, 1895—1980)的置信区间估计理论和假设检验理论,以及非参数统计法、序贯抽样法、多元统计分析法等都应运而生,并逐步成为现代统计学的主要内容。现代统计学时期是统计学发展最辉煌的时期。

自 21 世纪以来,随着计算机技术的发展,大数据、人工智能以及深度学习这些基于统计学、数学和计算机科学发展起来的新兴行业成为当今时代发展的热点。在大数据时代,统计学发生了很多变化,传统的统计学方法已经不能很好地处理大数据问题了。这就要求我们在接下来的学习中,除了学会传统的统计学方法,还要能够推陈出新,改变传统的分析思维,从数据获取、处理、分析等方面找到更加适合大数据时代的一套完整的统计学分析方法。总之,统计在现代化管理和社会生活中的地位日益重要,人们的日常生活和一切社会生活都离不开统计。正如英国统计学家哈斯利特所说:"统计方法的应用是这样普遍,在我们的生活和习惯中,统计的影响是这样巨大,以致统计的重要性无论怎样强调也不过分。"

四、统计学的分科

由于统计方法被应用到自然科学和社会科学的众多领域,统计学已发展成为由若干分支科学组成的学科体系。从统计方法的构成看,统计学可以分为描述统计学和推断统计学;从统计研究内容的构成看,统计学可以分为理论统计学和应用统计学。

(一) 描述统计学和推断统计学

描述统计学是指研究如何搜集、整理和描述数据的统计学分支。描述统计学研究如何取得反映客观现象的数据,并通过图表形式对所搜集的数据进行加工处理和显示,进而通过综合、概括与分析得出反映客观现象的规律性数量特征。主要研究内容包括统计数据的搜集方法、数据的加工处理方法、数据的显示方法、数据分布特征的概括与分析方法等。

推断统计学是指研究如何利用样本数据去推断总体特征的统计学分支,它是在对样本数据进行描述的基础上,对统计总体的未知数量特征做出以概率形式表述的推断。

描述统计学和推断统计学的划分,一方面反映了统计方法发展的前后两个阶段,另一方面也反映了应用统计方法探索客观事物数量规律性的不同过程。统计研究过程的起点是统计数据,终点是探索客观现象内在的数量规律性。在这一过程中,如果搜集到的是总体数据(如普查数据),那么经过描述统计之后就可以达到认识总体数量规律性的目的了;如果所获得的只是研究总体的一部分数据(样本数据),要找到总体的数量规律性,就必须应用概率论的理论并根据样本信息对总体进行科学的推断。

显然,描述统计和推断统计是统计方法的两个组成部分。描述统计是整个统计学的基础,推断统计则是现代统计学的主要内容。由于在对现实问题的研究中,所获得的数据主要是样本数据,因此,推断统计在现代统计学中的地位和作用越来越重要,已成为统计学的核心内容。当然,这并不等于说描述统计不重要,如果没有描述统计搜集可靠的统计数据并提供有效的样本信息,即使再科学的统计推断方法也难以得出切合实际的结论。从描述统计学发展到推断统计学,既反映了统计学发展的巨大成就,也是统计学发展成熟的重要标志。

(二)理论统计学和应用统计学

理论统计学是指研究统计学的一般理论和统计方法的统计学分支。由于现代统计学用到了几乎所有方面的数学知识,因此从事统计理论和方法研究的人员需要有坚实的数学基础。此外,由于概率论是统计推断的数学和理论基础,因而广义地讲统计学也应该包括概率论在内。理论统计学是统计方法的理论基础,没有理论统计学的发展,统计学也不可能发展成为像今天这样一个完善的科学知识体系。

应用统计学是指研究如何应用统计理论和方法分析实际问题的统计学分支。由于在自然科学研究领域中,都需要通过数据分析来解决实际问题,因此,统计方法的应用几乎扩展到了所有的科学研究领域。例如,统计方法在生物学中的应用形成了生物统计学;在医学中的应用形成了医疗卫生统计学;在农业试验、育种等方面的应用形成了农业统计学。统计方法在经济和社会科学研究领域的应用也形成了若干分支学科。例如,统计方法在经济领域的应用形成了经济统计学及其若干分支,在管理领域的应用形成了管理统计学,在社会学研究和社会管理中的应用形成了社会统计学,在人口学中的应用形成了人口统计学,等等。以上这些应用统计学的不同分支所应用的基本统计方法都是一样的,即都是描述统计和推断统计的主要方法,但由于各应用领域都有其特殊性,统计方法在应用中又形成了一些不同的特点。

第二节　统计研究过程、方法和数据类型

一、统计研究过程

统计研究过程实际上就是一个统计测度过程。所谓统计测度,就是通过科学设计,用一定方法和形式载体,对所研究现象或事件的特征进行量化反映,最终得到数据结论。数据研究过程包括以下四个基本环节:统计设计、数据搜集、数据整理、数据分析与解释。

(一)统计设计

统计设计就是制定统计数据研究方案的环节,是关于以后各环节的总体安排。统计设计要在有关学科理论指导下,根据研究问题的性质、目的和任务,科学地确定统计研究的总体对象,明确所要搜集数据的种类,确定相应的统计指标及其体系并给出统一的定义和标

准,确定统计数据搜集、整理、推断和分析的基本方法,规定研究工作的进度安排和质量要求,制定研究工作的资源配置和组织实施方式等。

(二)数据搜集

数据搜集就是按照统计设计的要求,有针对地获取所需统计数据的环节,也就是说,要通过统计观测、实验或寻找二手数据的方式、方法去搜集各种各类计算统计指标所需的原始数据,以及其他已经存在的各种相关数据。数据搜集的准确性、及时性和完整性,直接影响到统计分析的质量。

(三)数据整理

数据整理就是对通过统计观测或实验所获得的原始数据,进行必要的系统化处理,使之条理化、综合化,成为能反映总体特征的统计数据的环节,也称为统计整理环节。数据整理包括对已有数据的预处理、统计分组、汇总和计算等,整理结果表现为统计图、统计表或统计指标。

(四)数据分析与解释

数据分析是在数据整理的基础上,围绕统计设计所确定的研究任务,运用各种统计方法对数据进行各种统计分析,得出某些有用的定量结论的环节。数据分析实质上就是探究数据内部蕴含的关系,是整个统计研究的核心,也是统计研究的最终目的。在这个环节,既要用到描述统计方法,又要用到推断统计方法。数据解释则是对整理和分析的数据或有关数量结果进行说明,即说明为什么会得出这些数据,这些数据的含义分别是什么,从中能得出哪些具有规律性的结论,需要进一步探讨哪些问题,等等。数据解释是对数据分析的深化。

二、统计研究方法

研究统计数据的基本方法有大量观察法、统计分组法、综合指标法、统计推断法和统计模型法。

(一)大量观察法

这是统计数据搜集环节的基本方法,即要对所研究现象总体中的足够多数的个体进行观察和研究,以期得到具有规律性的总体数量特征。大量观察法的数理依据是大数定律,即:虽然每个个体受偶然因素的影响作用不同而在数量上存有差异,但对总体而言可以相互抵消而显现出稳定的规律性,因此只有对足够多数的个体进行观察,观察值的平均结果才会趋于稳定,建立在大量观察法基础上的统计数据才会给出具有普遍意义的结论。统计学中的各种观测调查方法都属于大量观察法。

(二)统计分组法

由于所研究现象本身的复杂性、差异性及多层次性,需要我们对所研究现象进行分组或分类研究,以期在同质的基础上探求不同组之间的差异性。统计分组法在整个统计研究过程中占有重要的地位,在统计调查环节可以通过统计分组法来搜集各个类别的原始数据,并可使抽样调查的样本代表性得到提高(即分层抽样);在统计整理环节可以通过统计分组法使各种数据得到分门别类的加工处理和储存,并为编制分布数列提供基础;在统计分析环节则可以通过统计分组法来划分现象类型、研究总体内在结构、比较不同类别或组之内的差异

(显著性检验)和分析不同变量之间的相关关系。统计分组法有传统分组法、判别分析法和聚类分析法等。

(三) 综合指标法

所谓综合指标法,就是运用统计指标来综合反映现象总体数量特征的方法,是表现数据及其研究结果的基本方法。综合指标法在统计学尤其是社会经济统计学中占有十分重要的地位。常见的综合指标有总量指标、相对指标和平均指标。例如,地区GDP、CPI、人均GDP等。科学设计统计综合指标是科学进行统计测度的前提,目的就是反映客观现象的本质特征。因此,如何最真实客观地记录、描述和反映所研究现象的数量特征和数量关系,是统计指标理论研究的一大课题。

(四) 统计推断法

所谓统计推断法,就是根据概率论和抽样分布理论,由样本观测数据去推断总体数量特征的方法,既是数据搜集也是数据分析的方法。在数据研究过程中,我们有时只能对研究现象总体中的一部分个体进行观察,掌握具有随机性的样本观测数据,而认识总体数量特征才是统计研究的目的所在,这就需要我们根据样本去推断总体。常用统计推断方法有参数估计或假设检验。

(五) 统计模型法

所谓统计模型法,就是在探讨现象之间的数量变动关系时,根据具体研究对象和假设条件,用合适的数学方程进行模拟研究的方法,是数据分析常用的方法。探求某一(些)现象数量变动与另一些现象数量变动之间的关系及变动的影响程度,是人类开展数据研究的核心任务之一,从更具广度和深度,提高统计的认识能力。统计模型有线性与非线性、一元与多元、参数与非参数之分。

上述各种方法之间相互联系、互相支撑,共同组成了统计学方法体系。

三、数据类型

数据是资源,而且是最重要的资源,它以各种不同的形式存在于各个不同的领域。什么是数据?数据就是一切被记录的事实,既可以表现为数值,也可以表现为符号、文字、声音、图像、视频等任何可以作为信息载体的形式。而其中能够对其进行统计处理与分析的数据就是统计数据。如今,人类已经进入大数据时代,可选择使用的数据呈几何式增长,呈现出不确定性、复杂性和涌现性相互交叉的特点。

(一) 大数据的分类

大数据指的是所涉及的数据资料量规模巨大到无法通过人脑甚至主流软件工具,在合理时间内达到撷取、管理、处理并整理成为有用信息的数据集合,或者说是无法在可承受的时间范围内用常规软件工具进行捕捉、管理和处理的数据集合。通常认为大数据具有4V特征,即体量巨大(volume)、形式多样(variety)、增长快速(velocity)和深藏价值(value)。

1. 按存在形态不同,大数据可以分为结构型数据和非结构型数据

结构型数据是可以用二维表结构来逻辑表达实现的数据,如数字、符号等,即通常所说的可计数、计量和计算的数据。非结构数据是指不方便使用二维表逻辑来表现的数

据,包括所有格式的办公文档、文本、图片 XML、HTML、图像和音频/视频信息等。若字段可根据需要扩充,即字段数目不定,则可称为半结构型数据,例如 Exchange 存储的数据。广义上,结构型数据属于非结构型数据的特例。目前,非结构型数据已成为大数据的绝对主体。

2. 按照产生的途径或渠道不同,大数据又可以分为社交网络数据、人机交换数据和机器感应数据

社交网络数据是人与人通过信息平台交往所产生的数据,反映的是社会行为者基于互联网(通过文本、图像、动画、音频或视频等媒体)所产生的关联与交换信息,与人们的行为、意识等有关,例如分享信息、讨论工作、给予情感支持或提供友谊等。人机交换数据是通过人机对话所产生的数据(也是网络数据),反映的是人与计算机之间传递和交换的信息,主要依靠可输入输出的外部设备和相应的软件来完成。机器感应数据是物与物对接的数据,反映的是由感应器或机器自身记录的有关机器运行的信息。例如,飞机黑匣子、汽车仪表盘、车间监测器、产品检测仪、空气感应器、各种监控探头等所记录的数据。显然,这三类数据具有不同的特性,特别是受人的主观因素的影响而存在很大差异。

需要特别指出的是,网络数据在大数据中占有特殊的分量。网络数据按类型又可分为自媒体数据、日志数据和富媒体数据三类。其中,自媒体数据主要是指在 Facebook、Twitter 等社交网络中产生的用户生成数据,数据量巨大且变化非常快,群体性强且内在关系非常复杂。日志数据主要指各种网上服务商所积累的用户操作日志,例如电信运营商所积累的用户通话日志、网络搜索引擎提供商所积累的用户搜索行为日志和网络购物平台提供商所积累的用户交易数据等,是访问吞吐量巨大、增速极快的历史性数据。富媒体数据是多种媒体数据(包括文本、音视频、图片、文字、消息等)动态、交互的聚合体现,涉及的数据不仅仅是多媒体数据,还包括分类标注、内容标签、格式编码、内容集成、流化处理、数字影院、用户端、数字版权保护和管理等诸多信息,不仅数据量巨大,而且多源、异构。从时间维度上,还可以把网络大数据分为以用户数据、日志数据为代表的历史数据,以及以视频监控数据和流媒体数据等为代表的流式数据,其中历史数据蕴含着大量的有价值信息,通过对其挖掘和深度分析,就可以发现重要的线索与模式,进而总结出客观规律。

3. 按照功能不同,大数据可以分为交易型数据、流程型数据和交互型数据

交易型数据是指记录各种交易活动的数据,包括话单数据、服务数据、账单数据等。流程型数据是系统内按照活动流程所记录的数据,包括人力资源管理、供应链管理、工作过程管理、成本管理、实验或观测过程管理等方面的数据。交互型数据则是通过电话通信、互联网交流、观看电视、手机下载、机器记录等方式产生的数据。

不难发现,上述这些分类之间是存在交叉关系的,可以形成细分的、特定类型的数据,分别需要不同学科领域进行对应研究或多学科交叉研究。从中可以看出,大数据的"数据"除具有容量大、多样性、变化快和复杂性等特征外,还具有电子化储存、既可分散也可集中、相互交错等这样一些特征。

(二) 结构型数据的分类

目前,作为统计学研究对象的数据主要还是结构型数据,结构型数据从不同角度大致可以分为以下几种类型。

1. 间接来源数据和直接来源数据

从使用者的角度看,统计数据主要来自两条渠道:一个是数据的间接来源,即数据是由别人通过调查或实验的方式搜集的,使用者只是找到它们并加以使用,对此我们称为数据的间接来源;另一个是通过自己的调查或实验活动,直接获得第一手数据,对此我们称为数据的直接来源。

数据的间接来源一般可以通过三个途径获得:一是从相关的年鉴、期刊和有关的出版物上获取,例如《中国统计年鉴》《国际统计年鉴》《中国统计摘要》《中国经济景气月报》《中国经济数据分析》等;二是从有关网站搜寻,例如中国统计信息网、国研网、中国经济信息网、中国经济时报网;三是向有关公司购买各种数据库,例如国家统计数据库、中经网统计数据库、中宏数据库等。

虽然二手数据具有搜集方便、采集快、成本低等特点,但是对于一个特定的研究问题而言,二手资料存在着针对性不够的特点。所以在二手数据不能满足问题研究需求时,就要通过调查或实验的途径获得直接数据资料。

2. 分类数据、顺序数据和数值型数据

按照所采用的计量尺度不同,可以将统计数据分为分类数据、顺序数据和数值型数据。

分类数据(categorical data)是只能归于某一类别的非数字型数据,它是对事物进行分类的结果,数据表现为类别,是用文字来表述的。例如,人口按照性别分为男、女两类,企业按行业属性分为医药企业、家电企业、纺织品企业等,这些均属于分类数据。为便于统计处理,对于分类数据可以用数字代码来表示各个类别,比如,用1表示"男性",0表示"女性";用1表示"医药企业",2表示"家电企业",3表示"纺织品企业",等等。

顺序数据(rank data)是只能归于某一有序类别的非数字型数据。顺序数据虽然也是类别,但这些类别是有序的。比如,将产品分为一等品、二等品、三等品、次等品;考试成绩可以分为优、良、中、及格、不及格;一个人的受教育程度可以分为文盲、小学、初中、高中、大学及以上;一个人对某一事物的态度可以分为非常同意、同意、保持中立、不同意、非常不同意;等等。同样,顺序数据也可以用数字代码来表示。比如,1—非常同意,2—同意,3—保持中立,4—不同意,5—非常不同意。

数值型数据(metric data)是按数字尺度测量的观察值,其结果表现为具体的数值。现实中所处理的大多数据都是数值型数据。

分类数据和顺序数据说明的是事物的品质特征,通常是用文字来表述的,其结果均表现为类别,因而也可统称为定性数据或品质数据(qualitative data);数值型数据说明的是现象的数量特征,通常是用数值来表现的,因此也可称为定量数据或数量数据。

3. 观测数据和实验数据

按照统计数据的搜集方法,可以将其分为观测数据和实验数据。观测数据(observational data)是通过调查或观测而搜集到的数据,这类数据是在没有对事物人为控制的条件下得到的,有关社会经济现象的统计数据几乎都是观测数据。

实验数据(experimental data)则是在实验中控制实验对象而收集到的数据。比如,对一种新药疗效的实验数据,对一种新的农作物品种的实验数据。自然科学领域的大多数数据都为实验数据。

4. 截面数据、时间序列数据和面板数据

按照被描述的现象与时间的关系,可以将统计数据分为截面数据和时间序列数据。截面数据(cross-sectional data)是在相同或近似相同的时间点上收集的数据,这类数据通常是在不同的空间上获得的,用于描述现象在某一时刻的变化情况。比如,2010年我国各地区的国内生产总值数据就是截面数据。时间序列数据(time series data)是在不同时间收集到的数据,这类数据是按时间顺序收集到的,用于所描述现象随时间变化的情况。比如,2010—2012年我国的国内生产总值数据就是时间序列数据。

面板数据(panel data)也叫"平行数据",是指在时间序列上取多个截面,在这些截面上同时选取样本观测值所构成的样本数据。或者说它是一个 $m \times n$ 的数据矩阵,记载的是 n 个时间节点上,m 个对象的某一数据指标。

第三节 统计学中的基本概念

一、总体、个体和样本

总体(population)又称统计总体,是包含所研究的全部个体(元素)的集合。组成总体的每个元素称为个体(individual),又称总体单位。由企业员工构成的总体中,每个职工就是一个个体。总体和个体的概念是相对而言的,随着研究目的不同、总体范围不同而变化。同一个研究对象,在一种情况下为总体,但在另一种情况下又可能变为个体。例如,在研究全国各省 GDP 情况时,全国为总体,各省为个体;当研究某省各市的 GDP 情况时,某省就变成了总体,个体为各市。

总体根据其所包含的单位数目是否可数,可以分为有限总体和无限总体。有限总体是指总体的范围明确,而且元素的数目是有限可数的。例如,工业企业总体、某批产品总体等。无限总体是指总体所包括的元素是无限的、不可数的。例如,某种产品的使用寿命是一个区间。

样本(sample)是从总体中抽取的一部分元素的集合,构成样本元素的数目称为样本量(sample size)。抽样的目的是根据样本提供的信息推断总体的特征。比如,从一批灯泡中随机抽取100个,这100个灯泡就构成了一个样本,然后根据这100个灯泡的平均使用寿命去推断这批灯泡的平均使用寿命。

二、标志、统计指标和变量

(一)标志

1. 标志的含义

无论是研究总体还是观测样本,都必须从认识个体特征出发。用以描述或体现个体特

征的名称,就称为标志。而标志在每个个体上的具体结果则称为标志表现。标志是统计测度的基础,标志表现是统计测度的结果。例如,人口总体中描述个人的性别、年龄、职业、身高、文化程度、民族、收入等都是个人的标志;而某个人是男性、35岁、教师、170 cm、大学毕业、汉族、月收入3000元等,分别是上述各个标志的标志表现。再如,工业企业总体中的企业,其标志有行业、资产总额、职工人数、年总产值、年利润额等,某企业属于食品行业、资产总额16亿元、职工1300名、年总产值20亿元、年利润额1.5亿元等分别是上述标志的标志表现。对于任何一个标志,总体或样本容量有多大,标志表现就有多少。

2. 标志的分类

(1)标志按其结果的表示方式不同可以分为品质标志和数量标志。

品质标志表明个体的属性特征,其结果一般只能用文字表述而不能用数值表示,即只能表现为定性数据。例如,前述的性别、职业、文化程度和民族等,都属于品质标志。数量标志表明个体的数量特征,其结果以数值表示,即表现为定量数据。例如,前述的年龄、身高、收入等都属于数量标志。不难发现,品质标志表现需要采用定类尺度或定序尺度来计量,数量标志表现需要采用定距尺度或定比尺度来计量。

(2) 按标志在每个个体上的表现结果是否相同可以分为不变标志和可变标志。

不变标志是指每个个体的标志表现都完全相同的标志。例如,对于高校学生总体,身份是不变标志,因为大家都是高校学生;再如,某地区服装加工企业总体,行业是不变标志,因为各企业都从事服装加工活动。很显然,不变标志是构成总体的基础,总体的同质性也正体现在要求至少具有一个不变标志。可变标志则是每个个体的具体表现不相同的标志。例如,高校学生总体中,出生地、年龄、身高、专业等都是可变标志,它们在不同学生身上的表现不尽相同;在服装加工企业总体中,职工人数、年总产值等也都是可变标志。这种个体标志表现不相同的现象,在统计学上称为变异。总体的差异性也正体现在至少要有一个可变标志。

(3) 按标志表现个体特征的直接程度不同可以分为直接标志和间接标志。

直接标志也称为第一性标志,它直接表明个体的属性特征或数量特征。例如,企业的所属行业、职工人数、年产量,个人的性别、年龄、民族等标志都是直接标志。一般地,品质标志都是直接标志。间接标志也称为第二性标志,它是通过两个或两个以上数量标志计算后(通常是对比)间接表明个体数量特征的标志。例如企业的职工平均工资、人均产量等标志都属于间接标志,它们分别是企业工资总额与职工人数之比、企业产量与职工人数之比。很显然,间接标志是以直接标志为基础的。一般地,间接标志都是数量标志。

(二)统计指标

1. 统计指标的含义和构成要素

统计指标简称指标,是反映现象总体数量特征的概念及其数值。例如,2019年中国国民收入988528.9(亿元)、居民消费支出385896(亿元)、年末总人口140005(万人)等,都属于统计指标。

统计指标由指标名称和指标数值两个基本部分组成。指标名称反映所研究现象的实际内容,是对现象本质特征的一种概括,是对总体数量特征质的规定性。确定统计指标必须以一定的理论为依据,例如,经济统计指标的理论依据是经济学。但并不是所有的理论概念或范畴都是统计指标,这要看它能否数量化。例如,商品销售额、国民收入等是统计指标,而商品、国民经济等则不是统计指标。因此,作为统计指标的概念与理论概念是有区别的。指标数值是所研究现象实际内容的数量表现,是对总体本质特征的量的规定性,是对个体特征综合和计算的结果。

由于所研究现象范围可变,发展过程是动态的,因此每个统计指标都必须有明确的空间界限和时间界限。同时,为了使同一指标在不同空间和时间上的数值具有可比性,必须确定统一的计算方法。并且,为了使指标数值意义明确,还必须有明确的计量单位。这样,统计指标就涉及指标名称、计算方法、空间限制、时间限制、具体数值和计量单位六个要素。例如,2019年中国国民收入988528.9(亿元),指标名称是国民收入,计算方法是根据不同产业部门、不同支出构成的特点和资料来源情况而采用不同的方法,空间限制是中国大陆,时间限制是2019年,具体数值是988528.9,计量单位是亿元。由此可以看出,统计指标具有数量性、综合性和具体性三个特点。

2. 统计指标的设计

设计统计指标是一个重要的问题,应着重考虑以下几个方面:

(1)科学确定指标的名称和含义。

统计指标作为科学的概念绝不是单凭想象就可产生,必须以对客观现象本质规律进行充分认识为基础,是对客观现象本质特征加以抽象概括的结果。在确定了指标名称后,还需要对指标含义做出明确解释,指出它的内涵,即质的规定性是什么,有什么作用和功能,有什么优缺点等,以便不同指标之间能从根本上相互区别。通常,统计指标的定义方法有提要法、示算法、穷举法和限定法等,可根据不同情况加以选择。

(2)科学确定指标的计算范围和计算方法。

统计指标都需要量化,因此必须依据指标的本质属性,明确划分指标的计算范围和界限,对于可能产生的疑问应做出必要的规定和解释。计算范围通常包括时间范围、空间范围和口径范围,其中口径范围的确定最为复杂。例如,什么是就业人数(应该包括哪些人,不应该包括哪些人)?这属于口径范围,确定指标的口径范围就是明确指标的外延。与此同时,指标的计算方法必须明确规定,尤其是对一些涉及要素较多、较复杂的指标,例如,国内生产总指标就可以分别从生产、分配和使用度相应采用生产法、收入法和支出法进行核算,每一种方法都有具体的说明。

(3)确定指标的数据来源和量化尺度。

要根据指标的内容、性质不同,确定不同的数据来源,选择不同的数据搜集方式和方法。在数据搜集过程中,要根据标志或变量的性质不同,采用不同的量化尺度,尤其是对于品质标志,对量化的标准要有明确的规定。作为一延伸,还应对指标解释做出说明。例如,基尼系数0.35说明什么,相关系数-0.9表示什么(取值范围如何),哪些指标属于正向指标(数值越大越好),哪些指标属于逆向指标(数值越小越好)等,都应有必要的说明和解释。

(4)确定合适的计量单位。

统计指标的计量单位有实物单位、价值单位、时间单位和相对比较单位等,要根据指标类型和数量特征加以选择。有时还要使用其他计量单位。例如,考试成绩和体操比赛中的"分"。同一指标常常有多个计量单位可以使用,如果不知道确定规定或说明,就不知道指标数值的实际意义。例如,国内生产总值的计量单位,可以是万亿元、千亿元、百亿元、亿元、万元等,应该选定其中合适的一个。

3. 统计指标的种类

(1) 按指标的表现形式不同,可以分为总量指标、相对指标和平均指标。

总量指标是反映社会经济现象总体规模或水平的统计指标,其表现形式为绝对数。例如,一个国家的人口数,就是总量指标。相对指标是反映社会经济现象数量对比关系的统计指标,其表现形式为相对数。例如,某企业产值计划完成程度、产品销量增长速度等。平均指标是反映社会经济现象数量一般水平的统计指标,其表现形式为平均数,如平均工资、平均单位成本等。

(2) 按指标的性质不同,可以分为数量指标和质量指标。

数量指标是反映总体绝对数量的统计指标,说明的是事物的广度,其形式与总量指标相同,常用来说明总体的规模或水平,其数值大小随总体范围的变化而变化,是认识现象的基础。质量指标是反映现象数量关系或现象数量一般水平的统计指标。从表现形式上看,相对指标和平均指标都属于质量指标。质量指标说明的是事物的深度,因而其数值的大小不受总体规模大小的影响,故可用来对生产、经营或工作的质量、成效等进行考核和评价。

(3) 按指标反映的时间状况不同,可分为静态指标和动态指标。

静态指标是反映现象在某一时间点上的数量特征的统计指标,如某国的人口数量、国内生产总值等,都是静态指标。动态指标是反映现象在不同时间上发展变动情况的统计指标,如某国的工业产值的增长率、经济发展速度等,都是动态指标。

4. 统计指标与标志的关系

统计指标与标志既有区别,又有联系。区别主要有两个方面:首先是指标和标志说明的对象不同,指标说明总体的特征,标志则说明个体的特征;其次是指标和标志的表现形式不同,指标均可用数值来表现,而标志中的品质标志只能用文字来表现,当然,这个区分是相对的。随着大数据处理技术的发展,表现品质标志的方式也会改变,或是通过一定方法转变为数量,或是以可视化形式展现。联系有两个方面。首先,标志是计算统计指标的依据,即统计指标是根据个体的标志表现综合而来的。例如,对品质标志可根据定类尺度或定序尺度计算各类个体数及其所占的比重(如一批产品中合格品数及合格率),对数量标志则可根据定距尺度或定比尺度计算各种总量指标、平均指标和相对指标等。其次,由于总体与个体的确定是相对的,可以换位的,因而指标与标志的确定也是相对的,可以换位的。所以,在许多场合,指标与标志并不需要严格区分,例如,企业人数、企业总产量、企业总产值等,既是指标也是标志。因此,指标与标志同属于变量的范畴。

(三) 变量

1. 变量的含义

变量是与标志相对应的一个概念。从狭义上看,变量是指可变的数量标志,例如,人的年龄、身高,企业的职工人数、产量等都是变量,因为这些标志在不同个体上的值是不同的,是可变的。因此,变量是可变数量标志的抽象化。变量的具体数值就称为变量值,也称标志值。

从广义上看,变量不仅指可变的数量标志,也包括可变的品质标志,因为可变的品质标志在各个个体上的表现结果也是不同的,只不过在作为变量处理时所用的方法有所不同(如前述的定类尺度和定序尺度)。因此,可变标志就是变量。在大数据背景下,变量的定义可以更宽泛,用以表示和反映一切类型的数据。

2.变量的分类

(1)变量按其反映数据的计量尺度不同,可以分为定性变量和定量变量。

反映定性数据的变量就是定性变量,包括反映定类数据的定类变量和反映定序数据的定序变量。反映定量数据的变量就是定量变量,包括反映定距数据的定距变量和反映定比数据的定比变量。

(2)变量按其所受影响因素不同,可以分为确定性变量和随机性变量。

确定性定量是指受确定性因素影响的变量,也即影响变量值变化的因素是明确、可解释或可人为控制的,因而变量的变化方向和变动程度是可确定的。例如,企业职工工资总额不外乎受职工人数和平均工资两个因素影响,这两个因素都可人为控制,对工资总额影响的大小和方向是确定的。随机性变量是指受随机因素影响的变量,也即影响变量值变化的因素是不确定、偶然的,变量受随机因素影响的大小和方向是不确定的。例如,农作物产量受土壤、水分、气温、光照、施肥、管理等多种因素影响,而水分、光照、气温等的变化是非确定的或非人所能控制的,因而农作物产量是随机性变量,不是确定性变量。但是,随机性变量也蕴藏着一定的规律性,通过大量观测可以揭示这种现象的规律性。例如,通过大量观测发现,随着施肥量的适当增加和管理水平的提高,农作物产量会呈上升趋势。正因为如此,通过大量观测或试验来发现随机变量的变动规律,成了统计学方法研究的主要任务之一。通常,自然现象的变量大多属于随机性变量,而社会经济现象的变量既有确定性变量,也有随机性变量。其中许多社会经济现象变量既受确定性因素影响,也受随机因素影响,因而对其加以观测研究的难度也更大。

(3)变量按其数值变化是否连续,可以分为离散型变量和连续型变量。

离散型变量是指变量的变化是不连续、间断的。例如,人数、企业数、机器台数、货币面值等。连续型变量是指可以在一定区间内取任意实数值的变量,即变量的变化是连续、不间断的。例如,人的身高、体重,企业的总产值、利润率等,都是连续型变量,它们都能取任意实数。连续型变量要采用测量或计量的方法来取得其数值。很显然,定类尺度和定序尺度只能用来计量离散型变量,而定距尺度和定比尺度既可用来计量离散型变量又可用来计量连续型变量。

由于个体与标志紧密相依,个体是标志的承担者,因而一旦个体和所要研究的标志确定,那么也可以把该标志(即变量)的所有可能取值所组成的集合称为总体,把所观察到的部分标志值(变量值)所组成的集合称为样本。可见,由个体所组成的总体(样本)可以转换为由标志值组成的总体(样本)。

三、参数和统计量

(一)参数

参数(parameter)是用来描述总体特征的概括性数字度量,是研究者想要了解的总体的某种特征值。通常来讲,有总体平均数、总体标准差和总体比例。在统计中,总体参数通常用希腊字母表示。例如,总体平均数用 μ,总体标准差用 σ,总体比例用 π 表示,等等。

一般来看,总体数据是不知道的,所以参数作为描述总体特征的概括性数字度量,是一个没有办法计算出来的、未知的常数。例如,我们没有办法得知一个地区所有人的年龄,就没有办法计算出来该地区准确的平均年龄是多少。正因为如此,我们在抽样的时候要更加注意样本的有效性,并根据样本计算出来的值来估计总体参数。

(二) 统计量

统计量(statistic)是不包含任何未知参数的样本的函数,它体现了样本的综合信息,它又称为样本统计量。由于抽样是随机进行的,从总体中抽取样本有很多种可能,不同的抽样对应的统计量值不同,因此,统计量是样本的函数,是一个随机变量。通常来讲,有样本平均数、样本标准差、样本比例等统计量。样本统计量一般用英文字母来表示,例如,样本平均数 $\bar{x}$,样本标准差 s,样本比例 p,等等。

与参数不同,统计量是用来描述样本特征的数字度量,如果样本已经抽取出来,所对应的统计量值就可以计算出来。抽样的目的就是要根据样本统计量来估计总体参数,例如,用样本平均数 $\bar{x}$ 来估计总体平均数 μ,用样本标准差 s 来估计总体标准差 σ,等等。

除了样本均值、样本方差这类统计量,还有一些是为了统计分析需要由统计学家构造出来的统计量,例如,用于统计检验的 z 统计量、t 统计量、χ^2 统计量等。这些统计量我们在后面的章节中可以慢慢地了解到。

本章小结

本章首先讲述了统计与统计学的概念、特点和作用,然后简述了研究方法、数据类型、统计学的基本概念等内容。

1. 统计是对某一现象或事物的有关资料进行搜集、整理、计算、分析的工作过程。"统计"一般包含三种含义:统计工作、统计资料和统计科学。统计工作是搜集、整理和分析客观事物总体数量方面资料的工作过程,是统计的基础。统计资料是统计工作所取得的各项数字资料及有关文字资料。统计科学是研究如何搜集、整理和分析统计资料等的理论与方法。统计具有三大职能:信息职能、咨询职能和监督职能。

2. 统计学是一门搜集数据、整理数据、分析数据、解释数据,从而认识现象数据规律,帮助人们更有效地进行决策的方法论科学。统计学的研究对象是客观现象总体的数量特征和关系,具有数量性、总体性、差异性的基本特征。

3. 统计学是由若干分支科学组成的学科体系。从统计方法的构成看,统计学可以分为描述统计学和推断统计学。描述统计学研究如何取得反映客观现象的数据,并通过图表形式对所搜集的数据进行加工处理和显示,进而通过综合、概括与分析得出反映客观现象的规律性数量特征。推断统计学是指研究如何利用样本数据来推断总体特征的统计学分支。从研究内容的构成分,统计学分为理论统计学和应用统计学。理论统计学是指研究统计学的一般理论和统计方法的统计学分支。应用统计学是指研究如何应用统计理论和方法分析实际问题的统计学分支。

4. 统计研究过程包括：统计设计、数据搜集、数据整理和数据分析与解释。统计设计就是制定统计数据研究方案的环节，是关于以后各环节的总体安排。数据搜集就是按照统计设计的要求，有针对地获取所需统计数据的环节，即统计调查环节。数据整理就是对通过统计观测或实验所获得的原始数据，进行必要的系统化处理，使之条理化、综合化，成为能反映总体特征的统计数据的环节。数据分析是在数据整理的基础上，围绕统计设计所确定的研究任务，运用各种统计方法对数据进行各种统计分析，得出某些有用的定量结论的环节。数据分析实质上就是探究数据内部蕴含的关系，是整个统计研究的核心，也是统计研究的最终目的。数据解释则是对整理和分析的数据或有关数量结果进行说明，即说明为什么会得出这些数据，这些数据的含义分别是什么，从中能得出哪些具有规律性的结论。

5. 统计数据研究的基本方法有大量观察法、统计分组法、综合指标法、统计推断法等。大量观察法就是对所研究现象总体中的足够多数的个体进行观察和研究，以期得到具有规律性的总体数量特征。统计分组法就是对所研究现象本身的复杂性、差异性及多层次性进行分组或分类研究，以期在同质的基础上探求不同组之间的差异性。综合指标法就是运用统计指标来综合反映现象总体的数量特征，常见的综合指标有总量指标、相对指标和平均指标。统计推断法就是根据概率论和抽样分布理论，由样本观测数据去推断总体数量特征的方法。

6. 大数据的分类。按存在形态不同，大数据可以分为结构型数据和非结构型数据，结构型数据是可以用二维表结构来逻辑表达实现的数据，非结构型数据是指不方便使用二维表逻辑来表现的数据。按照产生的途径或渠道不同，大数据又可以分为社交网络数据、人机交换数据和机器感应数据。社交网络数据是人与人通过信息平台交往所产生的数据，反映的是社会行为者基于互联网（通过文本、图像、动画、音频或视频等媒体）所产生的关联与交换信息，与人们的行为、意识等有关，例如分享信息、讨论工作、给予情感支持或提供友谊等。人机交换数据是通过人机对话所产生的数据（也是网络数据），反映的是人与计算机之间传递和交换的信息，主要依靠可输入输出的外部设备和相应的软件来完成。机器感应数据是物与物对接的数据，反映的是由感应器或机器自身记录的有关机器运行的信息。按照功能不同，大数据可以分为交易型数据、流程型数据和交互型数据。

7. 结构型数据按照所采用的计量尺度不同，可以分为分类数据、顺序数据和数值型数据。分类数据是只能归于某一类别的非数字型数据，它是对事物进行分类的结果，数据表现为类别，是用文字来表述的。顺序数据是只能归于某一有序类别的非数字型数据，虽然也是类别，但这些类别是有序的。数值型数据是按数字尺度测量的观察值，其结果表现为具体的数值。按照统计数据的搜集方法，可以将其分为观测数据和实验数据。观测数据是通过调查或观测而搜集到的数据，这类数据是在没有对事物人为控制的条件下得到的，有关社会经济现象的统计数据几乎都是观测数据。实验数据则是在实验中控制实验对象而搜集到的数据。按照被描述的现象与时间的关系，可以将统计数据分为截面数据、时间序列数据和面板数据。截面数据是在相同或近似相同的时间点上收集的数据，这类数据通常是在不同的空间上获得的，用于描述现象在某一时刻的变化情况。时间序列数据是在不同时间收集到的数据，这类数据是按时间顺序收集到的，用于所描述现象随时间变化的情况。面板数据是指在时间序列上取多个截面，在这些截面上同时选取样本观测值所构成的样本数据。

8.统计学中的基本概念有总体、个体与样本,标志、统计指标和变量,参数与统计量等。总体是包含所研究的全部个体(数据)的集合,样本是从总体中抽取的一部分元素的集合。标志是说明总体单位特征的名称,标志按其性质的不同,可以分为品质标志和数量标志。品质标志是说明总体单位属性特征的名称,品质标志只能用文字来表示,不能用数值表示。数量标志是说明总体单位数量特征的名称,能够用数值表示。统计指标是综合反映总体数量特征的概念。变量是说明现象某种特征的概念,其特点是从一次观察到下一次观察结果会呈现出差别或变化。变量可以分为分类变量、顺序变量和数值型变量。分类变量是说明事物类别的一个名称,其取值是分类数据。顺序变量是说明事物有序类别的一个名称,其取值是顺序数据。数值型变量是说明事物数字特征的变量,其取值是数值型数据。参数是用来描述总体特征的概括性数字度量,是研究者想要了解的总体的某种特征值。统计量是用来描述样本特征的概括性数字度量。

【思考与练习】

一、思考题

1. 说明统计和统计学的关系、作用。
2. 统计学的研究方法有哪些?
3. 简述统计学的学科分支。
4. 举例说明总体、样本、参数、统计量、标志、统计指标和变量的概念。
5. 变量分哪些类型?
6. 说明大数据、结构型数据的类型。
7. 解释分类数据、顺序数据和数值型数据的类型。
8. 说明标志和统计指标的区别和联系。

二、练习题

1. 指出下面数据的类型:
(1)性别;
(2)收入;
(3)满意度;
(4)考试成绩(分数);
(5)空气质量等级(优、良、中、差);
(6)图片;
(7)音频。

2. 调查某城市居民住房持有比率,随机抽取2000户居民家庭,调查结果是1500户拥有自己的住房,500户没有住房,靠租房生活。

要求:
(1)描述总体和样本;
(2)指出参数和统计量。

3. 一项调查表明,消费者每月在网上购物的平均支出是3000元,他们选择在网上购物的主要原因是"价格便宜"。

回答以下问题:
(1) 这一研究的总体是什么?
(2) "消费者在网上购物的原因"是分类数据、顺序数据还是数值型数据?
(3) 研究者关心的参数是什么?
(4) "消费者每月在网上购物的平均支出是 3000 元"是参数还是统计量?
(5) 研究者使用的是描述性方法还是统计推断方法?

第二章　统计数据的搜集

【学习目标】
1. 掌握统计数据搜集的含义、搜集方式和方法。
2. 掌握普查、抽样调查与统计报表的基本特点。
3. 掌握统计调查方案设计的基本内容。
4. 了解数据误差的产生原因及控制措施。

2020年5月，中俄友好、和平与发展委员会在线开展"2020年中俄社会民意调查"活动，调查范围涵盖中俄11座城市，包括中国北京、广州、哈尔滨3座城市，以及俄罗斯莫斯科、圣彼得堡、符拉迪沃斯托克、新西伯利亚、哈巴罗夫斯克、伊尔库茨克、赤塔、布拉戈维申斯克8座城市。调查内容包括两国民众对彼此认知、两国关系、美西方对华污名化的态度、中俄抗疫合作成效的评价等。调查共回收有效样本3061份，其中，中国回收1531份，俄罗斯回收1530份。

两国民众对彼此认知的调查结果显示：中国受访者对俄罗斯的非负面评价达到93.1%，俄受访者对中国的非负面评价达到82.6%。中俄两国关系调查结果显示：51.1%～90.5%的受访者表示，支持两国采取的抗疫举措，积极评价中俄在国际抗疫合作中的立场和作用，期待在科研、交流防控和临床经验、互通物资等主要方面继续加强合作。美西方对华污名化态度的调查结果显示：在对以美国为首的一些西方国家对中国抗疫行动"标签化""污名化"进行评价的问题上，超过90%的中国受访者和超过66%的俄罗斯受访者表达了对中国的支持态度，他们认为，把疫情的全球扩散全部归因到其他国家，是一些国家的政客转移目标、推卸自身责任的手段。中俄抗疫合作成效的评价调查结果显示：抗疫合作进一步促进了中俄友好关系。双方绝大多数受访者认为，疫情不会对中俄关系产生负面影响。中国民众更为积极乐观，认为不会产生负面影响的受访者占91.9%，其中认为会产生正面影响的占75.6%；持上述立场的俄受访者比例分别为53.3%和45.1%。数据反映出中俄抗疫合作的成效给两国民众注入了信心。

试根据上述资料回答以下问题：
(1)这些统计资料是怎么搜集的？
(2)具体搜集数据之前应该做哪些准备工作？
(3)统计资料能如实反映事实吗？

本章介绍统计数据的搜集方式、方法，统计调查方案的设计，统计数据误差的来源与控制。

第一节　数据搜集的内涵、搜集方式和方法

一、统计数据搜集的内涵

统计数据搜集是指依据研究目的和任务,用科学有效的调查方式和方法,有针对性地搜集反映客观对象特征的统计数据的活动过程。它是整个统计活动的基础阶段,是进行统计分析工作的必要前提,是保证统计数据质量的关键所在。所以,搜集的统计数据需要满足准确性、及时性和完整性的要求。准确性是统计数据搜集的核心,及时性是统计数据信息价值的体现,完整性则是统计指标计算和统计分析的需要。

二、统计数据的搜集方式

统计数据搜集方式是指获取统计数据的具体组织形式。根据统计数据的来源不同,主要包括统计调查方式、实验方式和网络数据采集方式三种形式。

(一)统计调查方式

统计调查方式是指用合适的统计调查手段去搜集调查对象的全部或部分个体的原始数据,也就是通过对调查对象全部或部分个体的有关标志特征进行调查或观测来获取统计数据。《中华人民共和国统计法》(2009年修订)第十六条规定:"搜集、整理统计资料,应当以周期性普查为基础,以经常性抽样调查为主体,综合运用全面调查、重点调查等方法,并充分利用行政记录等资料。重大国情国力普查由国务院统一领导,国务院和地方人民政府组织统计机构和有关部门共同实施。"这是法律从总体上对我国统计调查方法所作的基本规范,明确了我国建立科学统计调查方法体系的总框架。

统计调查方式主要包括普查、统计报表制度、抽样调查、典型调查和重点调查等方式,其中抽样调查最为常用。

1. 普查

普查是根据特定研究目的而专门组织的一次性的全面调查,以搜集研究对象的全面资料数据。一般而言,普查所要搜集的资料大多属于处于一定时点上的社会经济现象的总量和分类数据,如全国人口总数及分类数等。但有时,普查也可用来反映一定时期的现象总量数,如某年的出生人口总数及性别分类数等。目前,我国组织实施的普查主要包括人口普查、经济普查和农业普查三种。

普查的组织方式有两种:一是建立专门的普查机构,配备一定数量的普查人员,对观测单位直接进行登记,如我国历次的人口普查等;二是利用观测单位的原始记录和核算资料,颁发调查表,由观测单位按要求填报,如物资库存普查等。但后一种方式也需要有专门的机构和专门的人来组织领导。有时,为了满足国家的迫切需要,还可以采用快速普查的形式,

即改变一般普查"逐级布置,逐级汇总"的做法,直接由最高普查机构把任务布置到基层单位,基层单位直接把资料报送给最高普查机构,越过中间环节,实行越级汇总、集中汇总。

由于普查一般在全范围内进行,涉及面广,工作量大,需要动员大量的人力、物力和财力,对数据的准确性、时效性和完整性要求高,因此必须统一组织和统一行动,并遵循以下几个原则:一是统一规定数据所属的标准时点(或时期),以避免因现象的变化而产生重复登记或遗漏登记;二是在普查范围内各调查点要统一行动,力求在最短的期限内完成登记工作;三是普查项目要统一规定,一经确定就不能任意增减更改,同一种普查的各次查项目要力求保持一致和稳定,以便对比分析;四是要选择合适的普查工作时间,尽量减少乃至避免普查对其他各项正常工作的影响;五是实现普查的周期化,按照固定的周期进行,例如我国人口普查、农业普查每十年进行一次,经济普查每五年进行一次。

2. 统计报表制度

统计报表是指按照国家统一规定的表格形式、指标内容、报送程序和报送时间,由填报单位自下而上逐级提供统计资料的一种统计调查方式。国家利用统计报表定期取得全社会的国民经济与社会发展情况的基本统计资料。现在统计报表已形成一种制度,即统计报表制度。如地区生产总值核算制度、投入产出核算制度、资金流量核算制度、国民资产核算制度、国民经济账户制度、基本单位统计报表制度等。

统计报表制度担负着为计划的制订及其执行情况的检查提供资料的任务,这决定了统计报表以全面调查为主,以抽样调查为辅。统计报表可按不同的标志划分为不同的类型:按内容和实施范围不同,可分为国家统计报表、部门统计报表和地方统计报表;按报送期不同,可分为日报、旬报、月报、季报、半年报和年报统计报表;按填报单位不同,可分为基层统计报表和综合统计报表。

执行统计报表制度是各地区、各部门、各单位按照国家的法律规定必须履行的一种义务。我国统计报表制度的基本内容包括:报表内容和指标体系的确定;报表表式的设计;报表的实施范围,应由哪些单位报,汇总时包括哪些单位;报表的报送程序和报送日期;填表说明,具体说明填表方法指标解释及其他有关问题。

统计报表的特点主要包括:一是报表资料的来源建立在基层单位原始记录的基础之上,各基层单位可以利用其资料对生产、经营活动进行监督管理;二是统计报表是逐级上报汇总的,各领导部门能够获得管辖范围内的报表资料,了解本地区、本部门的经济与社会发展状况;三是由于统计报表属于经常性调查,调查项目稳定,有利于统计资料的积累和动态对比分析。

3. 抽样调查

抽样调查是一种非全面调查,就是从总体中抽取部分单位作为样本,然后以样本统计量推断总体特征。根据抽取样本的方式不同,抽样调查可分为概率抽样和非概率抽样两类。概率抽样是按随机原则抽取样本。非概率抽样是凭人们的主观判断或根据便利性原则来抽取样本。

(1) 概率抽样。

概率抽样(probability sampling)也称随机抽样,是遵循随机原则进行的抽样,总体中每个单位都有一定的机会被选入样本。其特点表现如下。首先,抽样时按一定的概率以随机原则抽取样本。所谓随机原则就是在抽取样本时排除主观上有意识地抽取调查单位,使每个单位都有一定的机会被抽中。需要注意的是,随机不等于随便,随机有着严格的科学含义,可以用概率来描述,而随便则带有人为的主观的因素。其次,每个单位被抽中的概率是已知的,或是可以计算出来的。最后,当用样本对总体目标量进行估计时,要考虑到每个样本单位被抽中的概率。这就是说,估计量不仅与样本单位的观测值(也称为观察值)有关,也与其入样的概率有关。

在调查实践中,概率抽样有以下几种经常采用的方式:

①简单随机抽样。进行概率抽样需要有抽样框,抽样框(sampling frame)通常包括所有总体单位的信息,如企业名录(抽选企业)、学生名册(抽选学生)或住户门牌号码(抽选住户)等,抽样框的作用不仅在于提供备选单位的名单以供抽选,而且它还是计算各个单位入样概率的依据。

简单随机抽样(simple random sampling)就是从包括 N 单位总体的抽样框中随机地、一个个地抽取 n 个单位作为样本,每个单位的入样概率是相等的。抽样的随机性是通过抽样的随机化程序体现的,实施随机化程序可以使用随机数字表,也可以使用能产生符合要求的随机数序列的计算机程序。

简单随机抽样是一种最基本的抽样方法,是其他抽样方法的基础。这种方法的突出特点是简单、直观。在抽样框完整时,可以直接从中抽取样本,由于抽选的概率相同,用样本统计量对总体参数进行估计及计算估计量误差都比较方便。但简单随机抽样在实际应用中也有一些局限性:首先,它要求将包含所有总体单位的名单作为抽样框,当 N 很大时,构造这样的抽样框并不容易;其次,采用这种方法抽出的单位很分散,给实施调查增加了困难;最后,这种方法没有利用其他辅助信息以提高估计的效率。所以,在规模较大的调查中,很少直接采用简单随机抽样,一般是把这种方法和其他抽样方法合起来使用。

②整群抽样。整群抽样(cluster sampling)是先将总体的所有个体形成若干群后,从中随机抽取部分群,并对抽中群进行全面观测的一种抽样形式。整群抽样的特点是群的形成可以自然而成,也可以人为划分,可以大小相同,也可以大小有别,要尽量把总体差异转化为群内差异等。整群抽样适合于群间差小、群内差异大的总体,一般属于不重复抽样。

③分层抽样。分层抽样(stratified sampling)是将抽样单位按某种特征或某种规则划分为不同的层,然后按规定的比例从不同的层中独立、随机地抽取样本。将各层的样本结合起来,对总体的目标进行估计。分层抽样有许多优点,例如,这种抽样方法保证了样本中包含有各种特征的抽样单位,样本的结构与总体的结构比较相近,可以提高估计的精度;分层抽样在一定条件下为组织实施调查提供了方便(当层是按行业或行政区划进行划分时);分层抽样既可以对总体参数进行估计,也可以对各层的目标量进行估计等。这些优点使分层抽样在实践中得到了广泛的应用。

④系统抽样。系统抽样(systematic sampling)是将总体中的所有单位(抽样单位)按一定顺序排列,在规定的范围内随机抽取一个单位作为初始单位,然后按事先制定好的规则确定其他样本单位。系统抽样的主要优点是操作简单,如果有辅助信息,对总体内的单位进行有组织的排列,可以有效地提高估计的精度;系统抽样的缺点是对估计量方差的估计比较困难。系统抽样方法在调查实践中有广泛的应用。

⑤多阶段抽样。多阶段抽样也称多级抽样,是指将抽样过程分多个阶段进行,每个阶段使用的抽样方法往往不同,即将各种抽样方法结合使用。多阶段抽样的实施过程为:从总体中抽取范围较大的单元,称为一级抽样单元,再从每个抽得的一级单元中抽取范围比其较小的二级单元,以此类推,最后抽取其中范围更小的单元作为调查单位。当总体单位规模特别大,或者总体分布的范围特别广时,研究者一般采取多阶段抽样的方法抽取样本。比如,我国城市住户调查采用的就是多阶段抽样,先从全国各城市中取若干城市,再在城市中抽取街道,然后在各街道中抽选居民家庭。多阶段抽样具有以下两个特点:一是对抽样单位的抽选不是一步到位的,至少要分两步;二是组织调查比较方便,尤其对于那些基本单位数多且分散的总体。

对于概率抽样,根据抽样方法的不同,又可分为重复抽样和不重复抽样。重复抽样是指从容量为 N 的总体中抽取一个容量为 n 的样本,每次从总体中抽取一个个体后又放回总体参加下一次抽样,连续抽 n 次,n 个观测值构成样本数据。其特点是:总体的每个个体都有数次被抽中的可能性,n 次抽样之间相互独立,每次抽样时总体都有 N 个个体可供抽选,样本由小于等于 n 个不同的个体组成。不重复抽样是指若要从容量为 N 的总体中抽取一个容量为 n 的样本,每次从总体中抽取一个个体后不再将它放回总体参加下一次抽样,连续抽 n 次,n 个观测值构成样本数据。其特点是:总体中每个个体都只有一次被抽中的可能性,n 次抽样之间不相互独立(前面的抽样结果影响后面的抽样),每抽一次总体中可供抽取的个体就减少一个,样本由 n 个不同的个体组成。但不论是重复抽样还是不重复抽样,每个个体被抽中的概率都是可计算的。

(2)非概率抽样。

非概率抽样是相对于概率抽样而言的,指抽取样本时不是依据随机原则,而是依据研究目的对数据的要求,采用某种方式从总体中抽取部分单位对其实施调查。非概率抽样主要有:方便抽样、判断抽样、自愿抽样、滚雪球抽样和配额抽样五种类型。

①方便抽样。调查过程中由调查员依据方便原则,自行确定抽样本单位。例如,"街头拦人法"就是一个方便抽样。方便抽样的最大特点是容易实施,调查成本低,但这种抽样方式也有明显的缺点。例如,样本单位的确定带有随意性,方便样本无法代表有明确定义的总体,将方便样本的调查结果推广到总体是没有任何意义的。因此,如果研究的目的是对总体的参数进行推断,那么使用方便抽样是不合适的。

②判断抽样。判断抽样是另一种比较方便的抽样方式,是指研究人员根据经验、判断和对研究对象的了解,有目的地选择一些单位作为样本,实施时根据不同的目的有重点抽样、典型抽样等方式。

③自愿抽样。自愿样本指被调查者自愿参加,成为样本中的一分子,向调查人员提供有关信息。例如,自愿参与报刊或者互联网上刊登的调查问卷活动。自愿样本与抽样的随机性无关,样本的组成往往集中于某类特定的人群,尤其集中于对该调查活动感兴趣的人群,因此,这种样本是有偏的,我们不能依据样本的信息对总体的状况进行估计,但自愿样本仍可以给研究人员提供许多有价值的信息,它可以反映某类群体的一般看法。

④滚雪球抽样。滚雪球抽样是一种针对稀疏总体进行的抽样调查,抽选样本时先找到几个符合条件的调查单位,然后通过这些调查单位找到更多符合条件的调查单位,以此类

推,样本如同滚雪球一样由小变大,直至达到要求的样本数为止。滚雪球抽样多用于总体单位不足的情况,适用于寻找一些在总体中十分稀少的对象,可以大大减少调查费用,但样本容易产生偏差。

⑤配额抽样。配额抽样类似于概率抽样中的分层抽样,在市场调查中有广泛的应用。它是首先将总体中的所有单位按一定的标志(变量)分为若干类,然后在每个类中采用方便抽样或判断抽样的方式选取样本单位。这种抽样方式操作比较简单,而且可以保证总体中不同类别的单位都能包括在所抽的样本中,使得样本的结构和总体的结构类似。但因为在抽取具体样本单位时并不是依据随机原则,所以它属于非概率抽样。

4. 典型调查

典型调查是根据调查目的和要求,在对调查对象进行初步分配的基础上,有意识地选取若干具有典型意义的单位进行的调查,典型单位是能够最充分、最集中体现总体某方面共性的单位。

典型调查主要包括三种形式。一是划类选典型。划类选典型是把总体划分成若干类型,按每个类型单位在总体中所占的比重,从每一类型中选出若干典型单位进行调查。该方法适用于只需调查单体的概括信息,而总体的结构又比较复杂的情况。二是解剖麻雀式。解剖麻雀式是指选择总体中的中等水平单位作为典型单位,然后通过细致分析典型单位以认识总体的一般水平、内部结构和变化规律。该方法适用于调查了解总体的一般状况。三是突出选典型。突出选典型是指选择总体中的先进单位、后进单位或新生事物作为典型单位,进行深入细致的调查。该方法适用于总结成功经验、找出失败教训或观察新生事物的情况。

典型调查的优点在于调查范围小、调查单位少、灵活机动,通过少数典型单位即可取得深入翔实的统计资料,节省人力、财力和物力等。但典型单位的选取受人为主观认识的影响,可能导致结论出现一定的倾向性,且典型调查结果不宜用以推算全面数据。

5. 重点调查

重点调查是一种非全面调查,是对数据搜集对象总体中的部分重点单位进行观测的统计调查方式。所谓重点单位,是就调查标志而言,那些在总体标志总量中占有绝对比重的少数个体。这些重点单位,虽然只是总体全部个体中的一小部分,但就调查标志面却有举足轻重的作用。通过对重点单位的调查,能够从数量上反映总体的基本情况,抓住重点。

重点调查的关键是确定重点单位。重点单位根据调查目的、任务和调查对象的特点来加以确定。重点单位可以是一些企业、行业,也可以是一些地区、城市。一般来讲,重点单位的确定方法有两种:一是确定一个最低标志值,凡是标志值达到或超过最低标志值的个体就是重点单位;二是确定一个最低的累计标志比重,譬如75%,在各观测个体按标志由高到低排序并依次计算累计比重后,当累计比重大于等于所要求的最低累计比重时,被累计的单位就是重点单位。一般来说,选出的单位应尽可能少,而其标志值在总体中所占比重应尽可能大些,以保证有足够的代表性。

重点调查有两个特点:一是以客观原则来确定观测单位;二是属于范围较小的全面调查,即对所有重点单位都要进行观测。因此,若数据搜集的任务只要求掌握现象的基本情况,而总体中又确实存在少数重点单位时,采用重点调查是合适的。如果在对重点单位进行全面观察的同时,对非重点个体进行抽样调查,把两部分调查的结果进行合并,就可以全面掌握总体的数量特征。

(二) 实验方式

实验方式就是运用自然科学的实验方法,在人为安排条件下,把实验产生的各种结果加以记录来获得数据的方式。通过实验获得实验数据的基本逻辑是:有意识地改变某个变量(不妨设为 A 项)的情况,然后看另一个变量(不妨设为 B 项)变化的情况,如果 B 项随着 A 项的变化而变化,就说明 A 项对 B 项有影响。例如,对在一起饲养的一群牲畜,分别喂给不同的饲料,以检验不同饲料对牲畜增重的影响。为此,需要将牲畜分为两组:一个为实验组,一个为对照组。实验组(experiment group)是指随机抽选的实验对象的子集,在这个子集中,每个单位接受某种特别的处理;而在对照组(control group)中,每个单位不接受实验组成员所接受的某种特别的处理。

一个好的实验,对处理组的产生不仅应该是随机的,而且应该是匹配的。所谓匹配,是指对实验单位的背景材料进行分析比较,将情况类似的每对单位分别随机地分配到各处理组。例如,在实验新药或新的疗法时,将接受实验的患者按照年龄、性别、病情等变量匹配后分到实验组和对照组。

常用的实验设计方法有完全随机实验、随机区组实验等。

1. 完全随机实验

完全随机实验是采用完全随机化的方法将同质的受试对象分配到各处理组,然后观察各组的实验效应。例如,某饮料厂生产的某种饮料有四种包装方式:玻璃瓶、易拉罐、塑料瓶和方纸盒,现拟在某市的 20 个商店进行试销,以研究不同包装对售量的影响。可把 20 个商店随机安排到 4 个不同的包装(即 4 种状态)上,即每种包装在 20 家商店中随机抽取 5 个商店进行试销观测。又如,某厂生产 A、B 两种配方的洗发精,每种配方有香型与普通配方型两种,拟在某市 20 个商店进行试销,这时所考虑因素有 A 和 B,A 和 B 都有 2 个水平,这时每种因素和水平组成 4 个组合,每种组合可从 20 个商店中随机抽取 5 个商店进行实验。

2. 随机区组实验

随机区组实验,即当各实验观测个体之间存在较大差异而将影响到实验结果时,先将实验观测个体进行分类,一个类作为一个区组,使类内个体之间的差异充分小,然后将区组中的各实验观测个体随机地分配到各个所要实验的因素状态组合之中。这样做的目的是客观判断所研究事物的变化是由因素状态的差异所引起还是由实验观测个体本身的差异所引起。例如,上述的 20 家商店在规模、格式、地理环境等方面相差甚大,那么用完全随机实验的结果就可能说明不了什么问题。这时,就应将这 20 家商店按规模大小等分成几个区组,譬如 5 个区组,每组 4 家商店,区组内的商店相似或相差不大,然后在每个区组随机确定一家商店试销某种包装的饮料或某种配方的洗发精,这样每种包装或配方的商品都有从大到小 5 家商店进行试销,从而排除了商店规模大小等因素对商品销售量的影响。

(三) 网络数据采集方式

网络数据采集是指通过网络爬虫或网站公开 API 等方式从网站上获取数据信息。该方法可以将非结构化数据从网页中抽取出来,将其存储为统一的本地数据文件,并以结构化的方式存储。它支持图片、音频、视频等文件或附件的采集。在互联网时代,网络爬虫主要是为搜索引擎提供最全面和最新的数据。目前已经知道的各种网络爬虫工具已经有上百个,网络爬虫工具基本可以分为3类:分布式网络爬虫工具,如 Nutch;Java 网络爬虫工具,如 Crawler4j、WebMagic、WebCollector;非 Java 网络爬虫工具,如 Scrapy(基于 Python 语言开发)。

三、统计数据的搜集方法

统计数据搜集方法是指获取被调查对象数据的渠道或途径,主要包括直接观察法、报告法、采访法和网络法等。

(一)直接观察法

直接观察法是指调查人员亲临现场直接对调查对象进行观测和计量,以取得调查资料的方法。如在农产量抽样调查中,调查人员参与实割实测;在商品库存普查中,调查人员参与盘点计数等。这种方法能够取得真实可靠的第一手资料,但在应用上有很大的局限性。

(二)报告法

报告法是指由被调查单位根据原始记录和核算资料,按照有关规定和隶属关系,逐级报告统计资料的方法。我国现行的统计报表制度就是采用的这种方法,有些专门调查也用此法取得资料。在正常情况下,报告法能够得到较为准确的统计资料,且适宜进行大规模的统计调查,但需要花费大量的人力、物力。

(三)采访法

采访法是指由调查人员向被调查者采访,直接根据被调查者的答复取得调查资料的方法。采访法又称询问法,有口头询问和书面询问两种具体做法。口头询问法是由调查人员对被调查者逐个采访或座谈会的方法搜集所需要的资料。购买力调查、消费品质量调查等常用这种方法。由于双方直接接触,共同商讨,相互启发,因而口头询问法能够深入了解实际情况,取得较为可靠的调查资料。但它需要较多的人力和时间,不宜于进行全面调查。书面询问法也叫发表自填法,即由调查人员将调查表交给被调查者,并向其说明填写方法及要求,让被调查者自己据实填写,填好后交给调查人员审后收回。这种方法可以节省人力和时间,但也受到一定的条件限制。

(四)网络法

网络法是指由调查人员将调查表或问卷通过邮箱或微信等网络平台发给被调查者,让其填写后再通过网络平台回复调查人员的一种调查方法。这种方法适于进行远距离的调查,调查的效果取决于被调查者的合作态度。

第二节 调查设计

搜集统计资料一般涉及面广,参与人员多,既要保证搜集到的资料准确、及时、全面和系统,又要尽量节省调查经费。因此,在每次调查活动开始之前,需要制定出一个周密、完整的调查方案,以指导整个调查工作顺利地实施和完成。

一、调查方案的内容

不同调查的调查方案在内容和形式上会有一定的差别,但结构大体上包括调查目的、调查对象、调查单位、报告单位、调查项目、调查表、调查时间、调查期限、调查方式、调查方法和调查的组织实施计划等内容。

(一)调查目的

调查目的是调查所要达到的具体目标,它所回答的是"为什么调查",需要解决什么问题等。确定调查目的是调查方案中应首先解决的问题,只有目的明确之后,才能确定向谁调查、调查什么以及采取什么方法进行调查。调查目的的写作应简明扼要。

例如,第四次全国经济普查是根据《国务院关于开展第四次全国经济普查的通知》和《全国经济普查条例》来开展的,主要目的是全面调查我国第二产业和第三产业的发展规模、布局和效益,了解产业组织、产业结构、产业技术、产业形态的现状以及各生产要素的构成,摸清全部法人单位资产负债状况和新兴产业发展情况,进一步查实各类单位的基本情况和主要产品产量、服务活动,全面准确反映供给侧结构性改革、新动能培育壮大、经济结构优化升级等方面的新进展。通过普查,完善覆盖国民经济各行业的基本单位名录库以及部门共建共享、持续维护更新的机制,进一步夯实统计基础,推进国民经济核算改革,推动加快构建现代统计调查体系,为加强和改善宏观调控、深化供给侧结构性改革、科学制定中长期发展规划、推进国家治理体系和治理能力现代化提供科学准确的统计信息支持。

(二)调查对象、调查单位和报告单位

调查对象是根据调查目的确定的、在某种性质上相同的许多个体单位所组成的集合。调查单位是调查对象范围内的各个个体单位。调查对象和调查单位分别是总体和总体在调查阶段的具体化。例如,调查的目的是获取某地区国有企业消耗能源的情况,那么该地区所有的国有企业就是调查对象,每一个具体的国有企业就是调查单位。

调查单位与报告单位是两个不同的概念。调查单位是调查项目的承担者,而报告单位则是负责向调查研究机构提供所需调查资料的基层单位。调查单位与报告单位有时是同一个单位,有时则是不同的单位。当调查单位是企事业单位及其他经济实体时,调查单位也就是报告单位。当调查单位是"物"时,那么这种"物"的"主人"就是报告单位,如调查某大学固定资产的使用寿命情况,每个固定资产就是调查单位,而某大学便是报告单位。

(三)调查项目与调查表

调查项目是根据调查的目的和任务,确定的调查中需要登记的调查单位的特征,它由一系列标志构成。确定调查项目要注意需要与可能相结合、调查项目的表达要确切具体、同类调查的项目应保持相对稳定。如2018年经济普查的主要内容,包括普查对象的基本情况、组织结构、人员工资、生产能力、财务状况、生产经营和服务活动、能源消费、研发活动、信息化建设和电子商务交易情况等。

把若干调查项目按照一定的顺序排列在表格上,即形成调查表。调查表不仅能够使人们有条理地填写需要搜集的数据,还便于以后对数据进行整理。调查表有单一表和一览表

两种。单一表是一个调查单位填写一份,可以容纳较多的调查内容。一览表是把多个调查单位的内容登记在一份表上,适用于调查内容不多的情况。在某些统计调查如民意调查和市场调查中,调查项目主要以问卷形式出现。问卷是以书面文字或表格的形式了解被调查者的意见,其主体部分由一系列问题及备选答案组成。

(四)调查时间、调查期限、调查方式与调查方法

调查时间是指调查数据所属的时间,即调查的标准时间。如果是时期现象,要明确所要搜集的数据所属时期的起止时间;如果是时点现象,要规定搜集登记的时点。例如我国第四次全国经济普查标准时点为 2018 年 12 月 31 日,普查时期资料为 2018 年年度资料。

调查期限,即整个调查工作从开始到结束的时间,包括调查筹备阶段、准备阶段、登记的时间、数据处理的时间、数据分析和完成报告的时间。规定调查期限是为了保证调查资料的及时性,以使整个调查工作统一协调地进行。第四次全国经济普查的时间安排为:2017 年是普查的筹备阶段,主要是研究普查的总体方案和开展专项试点;2018 年是普查的准备阶段,主要是组建各级普查机构,开展宣传动员,制订和部署普查方案,完成人员选调与培训等;2019 年是普查登记、数据审核处理和普查结果发布阶段;2020 年为普查资料出版和利用普查结果开展课题研究阶段。

调查方式是指搜集调查数据的组织形式,如普查、抽样调查、统计报表调查和重点调查等。

调查方法是搜集统计资料的具体方法,如前文说的报告法、网络法等。

客观现象的复杂性决定了搜集资料的组织形式和具体方法的多样性。在每次调查之前,需要根据被调查现象的不同特点及调查目的的要求,确定比较适宜的调查方式与方法,以利于安排人员及预算调查经费。

(五)调查的组织实施计划

为了保证调查工作顺利进行,在调查方案中还需要制订好组织实施的各项具体计划,明确调查的组织机构、宣传、调查人员的选择和培训、调查表或问卷及调查工作的准备、经费预算、是否需要试点等。例如,第四次全国经济普查是一项重大的国情国力调查,各地区、各部门按照"全国统一领导、部门分工协作、地方分级负责、各方共同参与"的原则,统筹协调、认真做好普查的宣传动员和组织实施工作。为加强对普查工作的组织和领导,国务院成立第四次全国经济普查领导小组,负责普查组织和实施中重大问题的研究和决策,地方各级人民政府设立相应的普查领导小组及其办公室,加强领导,认真组织好本地区的普查实施工作,及时采取措施解决普查工作中遇到的困难和问题。第四次全国经济普查所需经费,由中央和地方各级人民政府共同负担,并列入相应年度的财政预算,按时拨付,确保到位。

二、调查问卷设计

统计调查方案是统计调查前所制订的实施计划,是全部调查过程的指导性文件,它是有计划、有组织、有系统地开展调查工作的重要保证。问卷是用来搜集数据的一种工具,是调查者根据调查目的和要求所设计的,由一系列问题、相应的备选答案、填写说明及代码表组成的书面文件。问卷设计则是根据调查目的和要求,将所需要调查的问题具体化,使调查者能顺利通过问卷调查获得所需信息资料的一种手段。问卷设计的好坏直接关系到调查数据的质量,因此我们需要掌握问卷的基本内容及其设计要求。

(一) 问卷的结构

不同的调查问卷在具体结构、题型、措辞、版式设计上会有所不同,但在结构上一般都由问卷标题、问卷说明、填写要求、甄别部分、主体内容、编码和背景等部分组成。

(1) 问卷标题。

问卷标题是对问卷内容的高度概括,一般在问卷表的上方居中的位置。问卷标题应该言简意赅,有助于回答者了解问卷的基本内容,并产生回答的兴趣。例如,"郑州市住房满意度调查问卷""郑州市居民安全感调查问卷""郑州市民使用中国移动 5G 网络调查问卷"等,一看标题就可以知道调查的内容涉及什么方面。

(2) 问卷说明。

问卷说明一般以简短的文字阐明调查的目的和意义,消除被调查者的顾虑,争取被调查者的支持。问卷说明的语气要诚恳,文字要精练。

(3) 填写要求。

填写要求是对填写的要求、方法和注意事项的说明,一般用文字或符号对如何填写进行示范性的指导。

(4) 甄别部分。

甄别部分是先对被调查者进行过滤,筛选掉不需要的部分,然后针对特定的被调查者进行调查。通过甄别,既可以筛选掉与调查事项有直接关系的人,达到避嫌的目的,又可以确定哪些人是合格的被调查者。甄别的目的是确保被调查者合格,能够作为该项调查项目的代表,符合调查研究的需要。可以通过设计一些问题对被调查者进行过滤,筛选不符合条件的被调查者,从而得到满足条件的调查对象。为了得到公正客观的资料,问卷中一般要去掉与调查主题有直接利害关系的人。

(5) 主体内容。

主体内容由若干问题及相应的选择答案组成,是问卷中最重要的部分。问题设计的好坏直接关系到调查目的能否实现,数据整理和分析能否顺利进行。

(6) 编码。

编码是指问卷的编号及问卷中的问题和答案用数字表示的代码,主要用于识别问卷、调查者、被调查者、问题和答案的序号等,以便于整理,并在有疑问时便于检查和更正。

(7) 背景。

背景是有关被调查者个人特征的信息,包括被调查者的性别、年龄、职业、文化程度、职务职称、收入等级等,便于后期调查者对被调查者进行分类分析。

(二) 问卷问题的设计

问题是调查者与被调查者沟通信息的直接渠道,问题设计是否准确、科学、易懂,将直接影响数据搜集的质量,因此问题设计是问卷设计的关键。在问卷问题设计的过程中,有以下几个原则需要牢记:

(1) 所列问题必须符合客观实际情况,也即符合问卷被调查对象和问题的时空环境。

(2) 在满足需求的情况下,问题要尽量精简,最大限度减轻被调查者的负担,避免其产生厌烦情绪,提高问卷的有效回收率。

(3)问题必须是被调查者有能力回答的。凡是不太可能或不太容易被理解和回答的问题,应该避免出现,尤其是要避免出现理论性或专业性很强的问题。

(4)避免直接提出社会上禁忌的和敏感性的问题。

(5)问题不能带有诱导性和倾向性,要保持客观中立。

(6)问题的内容要单一,一个问题只能包含一个询问内容,否则就会使被调查者难以回答。

(7)问题的语言要简单易懂、标准规范。每一个问题对每个被调查者而言都只能有一种解释,问题中用语的定义必须清楚明确。

(8)问题的排列要讲究逻辑性。一般地,问题的排列应该是先比较容易回答的问题,再比较难回答的问题;先事实性问题,再意见性问题和解释性问题;先封闭式问题,再开放式问题。在调查内容的时间上,则应该先过去,再现在,后未来。问题与问题之间要注意内在联系,要有严密的逻辑性。

根据调查内容不同,问题可分为事实性问题、意见性问题和解释性问题。事实性问题要求被调查者依据现有事实来做出回答,不必提出主观看法,如"您的职业是什么?"。意见性问题用于了解被调查者的意见、看法、评价、态度、要求和打算等,如"您对您目前的职业是否满意?"等。解释性问题用于了解被调查者行为、意见、看法等产生的原因,了解个人内心深层的动机,如"您为什么要从事XX职业?"等。事实性问题回答比较简单,统计处理比较容易,但搜集到的资料不够深入;意见性问题和解释性问题则在回答难度和统计处理难度上逐步加重,但所搜集的资料能比较深入地说明所研究的问题。

(三)问题的答案设计

1.答案的设计形式

按照问题答案的形式,可把提问分为开放性问题和封闭性问题两大类。

开放性问题是指问卷没有提供任何参考答案,由被调查者根据题目的基本要求,按照自己的理解自由地选择回答内容的一类问题。其优点是便于被调查者详细地表达自己的观点,适合于潜在答案较多的问题。缺点是可能占用被调查者较多的时间,致使部分被调查者放弃回答;答案不统一,给资料整理和分析带来困难。例如:

您最喜欢使用什么品牌的笔记本电脑?(填空方式的开放性问题)

请问您认为中国高等教育应该做哪些方面的改革?(自由回答方式的开放性问题)

封闭性问题是指调查者已经设计好若干个答案,被调查者只需从中选择一个或一个以上答案的问题。封闭性问题是在遵循完备性和互斥性的原则的基础上,设计一系列问题,需要被调查者从一系列应答项中做出正确选择。如果有很多可供选择的答案,在列出主要的答案后,用"其他"二字代表未列出的答案。

根据封闭性问题的回答方法,提问又可分为两项选择法、多项选择法、顺序选择法、评定尺度法、双向列联法等。

(1)两项选择法。

两项选择法是指提出的问题只有两种备选答案的提问方法。备选答案一般用"是"与"否",或者"有"与"无",或者"好"与"坏",或者"喜欢"与"不喜欢"等来表示。例如:

你喜欢喝鲜牛奶吗？（在同意的方框中画"√"。）

喜欢□　不喜欢□

（2）多项选择法。

多项选择法是指提出的问题有两种以上的备选答案，被调查者可以从备选答案中选择一个或多个回答的提问方法。例如：

你喜欢的出行方式是什么？（在同意的方框中画"√"。）

火车□　汽车□　飞机□

自驾□　拼车□　其他□

对绝大多数人而言，当前经常的出行方式可能有多种，因而是多项选择。

（3）顺序选择法。

顺序选择法是指在有多个答案选择时，被调查者根据自己的偏好程度判断各答案的重要性，并按顺序列出答案的方法。答案的设计要求设计者充分考虑被调查者理解能力的差异，让他们能够顺利地写出答案的顺序。例如：

请您按照喜欢的程度对以下矿泉水的前三个进行编号：

恒大冰泉□　怡宝□　百岁山□　农夫山泉□

天地精华□　长白山□　昆仑山□　其他□

（4）评定尺度法。

评定尺度法是指问题的答案由表示不同等级的形容词按照一定的顺序排列而成的提问方法。例如：

您对目前上网速度是否满意？（在选择的方框中画"√"。）

非常不满意□　不满意□　一般□

满意□　非常满意□

（5）双向列联法。

双向列联法是运用表格的形式，综合反映两方面问题的方法。表的横向和纵向分别反映两类问题，具有节省问卷篇幅、便于比较和内容综合的特点。

2.答案的设计原则

①所列出的答案要包括该问题所有可能的回答，使每个被调查者都有答案可选。

②不同答案之间不能含有交集，同一问题下面所列出的答案必须各不相同。

③答案的表达必须简单易懂，语言使用标准规范，且要尽可能的简单明确。

④每一项答案都应该有明显的留白供被调查者填写答案。

第三节　数据的误差

数据的误差是指通过调查搜集到的数据与研究对象真实结果之间的差异。数据的误差有两类：抽样误差和非抽样误差。

一、抽样误差

抽样误差(sampling error)是在同一总体中做随机抽样,因抽样而造成的样本指标与总体参数之差,主要包括样本平均数与总体平均数之差,样本成数与总体成数之差等。

例如,检验一批产品的不合格品比率,随机抽出一组样本,通过检测得到不合格品率为30%。如果再抽取一组产品数量相同的样本,检测的结果不太可能是30%,有可能是29%,也有可能是31%,不同样本会得到不同的结果。但是我们知道,总体真实的结果只能有一个,尽管这个真实的结果我们并不知道。不过可以推测,虽然不同的样本会带来不同的答案,但这些不同的答案应该在总体真值附近。如果不断地增大样本量,不同的答案也会向总体真值逼近。事实也正是如此,如果这批产品的数量非常大,假设样本由随机抽取出的1000个产品组成,经过多次抽样,得到多个不同样本的检测结果,如果总体真正的不合格品率是30%,那么大部分的样本结果(如反复抽样中95%的样本结果)会落在27.2%~32.8%。以总体真值30%为中心,有95.0%的样本(1000个样本中,大约有950个样本)结果在±2.8%的误差范围内波动,这个±2.8%的误差是由抽样的随机性带来的,我们把这种误差称为抽样误差。

由此可以看出,抽样误差并不是针对某个具体样本的检测结果与总体真实结果的差异而言的,其描述的是所有样本可能的结果与总体真值之间的平均差异。抽样误差的大小与多方面因素有关。最明显的是样本量的大小,样本量越大,抽样误差就越小。当样本量大到与总体单位相同时,也就是抽样调查变成普查,这时抽样误差便减小到零,因为这时已经不存在样本选择的随机性问题,每个单位都需要接受调查。抽样误差的大小还与总体的变异性有关:总体的变异性越大,即各单位之间的差异越大,抽样误差也就越大;反之,总体的变异性越小,各单位之间越相似,抽样误差也就越小。如果所有的单位完全一样,调查一个就可以精确无误地推断总体,抽样误差也就不存在了。现实中,这种情况也是不存在的,否则,对这样的总体也就不用进行专门的抽样调查了。

二、非抽样误差

非抽样误差(non-sampling error)是相对抽样误差而言的,是指除抽样误差之外的,由其他原因引起的样本观察结果与总体真值之间的差异。抽样误差是一种随机性误差,只是存在于概率抽样中;非抽样误差则不同,无论是概率抽样、非概率抽样,还是在全面调查中,都有可能产生非抽样误差。非抽样误差有以下几种类型。

(一)抽样框误差

在概率抽样中需要根据抽样框抽取样本。抽样框是有关总体全部单位的名录,在地域抽样中,抽样框也可以是地图。一个好的抽样框应该是抽样框中的单位和研究总体中的单位有一一对应的关系。例如,如果在某个学校中抽取一个学生样本,抽样框是该学校所有学生的名单,这时,名单中的每一个名字都对应着一个学生。该校所有学生的名字都在抽样框中有所反映,抽样框中的所有名字又确实是该校目前在校注册的所有学生,这时,就存在一一对应的关系。但如果学生的名单是去年的,新入学学生的名字没有在名单上反映出来,而名单上的学生有些已经毕业,不属于该校了,这时,抽样框中的单位与研究总体的单位就不存在一一对应的关系,使用这样的抽样框抽取样本就会出现一些错误。例如,由于新入学的学生名字没有在抽样框中,所以他们不可能被选入样本,他们那部分的信息就无法知道;而已毕业学生的名字仍然在名单中,他们已经不属于研究总体,但由于他们名字的存在,使得抽样过程中的单位的入样概率发生变化,结果导致推论的错误。这些统计推论的错误是抽样框的不完善造成的,我们把这种误差称为抽样框误差。

(二) 回答误差

回答误差是指被调查者在接受调查时给出的回答与真实情况不符。导致回答误差的原因有多种,主要有理解误差、记忆误差和有意识误差。

①理解误差:不同的被调查者对调查问题的理解不同,每个人都按自己的理解回答,大家的标准不一致,由此造成理解误差。

②记忆误差:有时调查的问题是关于一段时期内的现象或事实,需要被调查者回忆,需要回忆的时间间隔越久,回忆的数据可能就越不准确。所以缩短调查所涉及的时间间隔可以减小记忆误差。但是,有些事件是按一定周期发生的。例如,研究农作物产量与施肥量的关系,产量通常以年度为周期,而肥料的用量与收获年度有关,在这种情况下,以年度为调查期更适宜。

③有意识误差:当调查的问题比较敏感,被调查者不愿意回答,迫于各种原因又必须回答时,可能就会提供一个不真实的数字。

(三) 无回答误差

无回答误差是指被调查者拒绝接受调查,调查人员得到的是一份空白的答卷。在一项调查中,如果无回答所占比例很小,那么对最后结果的影响不大。但是,如果无回答的结果占到样本很大的比例,那么调查结果的说服力将大打折扣。

(四) 调查员误差

调查员误差是指由于调查员的原因而产生的调查误差。例如,由于调查员粗心,在记录调查结果时出现错误。调查员误差还产生于调查中的诱导,而调查员本人可能并没有意识到。例如,在调查过程中调查员有意无意地流露出对调查选项的看法或倾向,调查员的表情变化、语气变化、语速变化都可能对被调查者产生某种影响。

(五) 测量误差

测量误差是指因测量工具而产生的误差。例如,对小学生的视力状况进行抽样调查,而视力的测定与现场的灯光、测试距离都有密切关系。调查在不同地点进行,如果各测试点的灯光、测试距离有所差异,就会给调查结果带来测量误差。

三、误差的控制

抽样误差是由抽样的随机性带来的,只要采用概率抽样,抽样误差就不可避免。令人欣慰的是,抽样误差是可以计算的。在一个特定问题的研究中,研究人员对抽样误差有一个可以容忍的限度。例如,用抽检的方法检验产品的质量,对总体合格品率估计的误差不超过

±1%,这个±1%就是允许的抽样误差。允许的抽样误差是多大,取决于对数据精度的要求。一旦这个误差确定下来,就可以采用相应的措施进行控制。进行控制的一个主要方法是改变样本量,第八章参数估计会给出样本量的计算公式。通过常识可以知道,要求的抽样误差越小,所需要的样本量就越大。

非抽样误差与抽取样本的随机性无关,因而在概率抽样和非概率抽样中都会存在(但抽样框误差仅在概率抽样中存在)。有很多原因会造成非抽样误差,因此控制起来比较困难。如果采用概率抽样,就需要抽样框,抽样框误差就可能出现。在有些情况下,抽样人员对这个问题不够重视,使用了不太好的抽样框。例如,对学校教师进行抽样调查,以了解他们对建设一流大学的看法,抽样框可以是教师的名单,可以是教师住所的门牌号码,可以是教师家的电话号码,甚至可以是教师上课的教室编号。不同的抽样框,其质量可能会有所差别。为了避免抽样框误差,可以构造出比较好的抽样框。构造抽样框需要广泛地搜集有关信息,对抽样框进行改进,例如,把两个抽样框结合起来,以弥补抽样框覆盖不全的缺陷。

一份好的调查问卷可以有效地减小调查误差。问卷中题目的类型、提问的方式、使用的词汇、问题的组合等,都可能会对被调查者产生某种哪怕是十分微小的影响,而大量微小影响的累加是不可忽视的,因此做好问卷设计是减小非抽样误差的一个方面。

控制调查过程的质量可以减小非抽样误差。其控制内容包括:调查员的挑选、调查员的培训、督导员的调查专业水平、对调查过程进行控制的具体措施、对调查结果进行的检验、评估、对现场调查人员进行奖惩的制度等。目前规范的专业性市场调查咨询公司,都有一些进行质量控制的规章制度和经验。

本章小结

本章讲述了数据的搜集方式、方法,调查设计,统计误差的来源与控制。

1. 统计数据搜集是指依据研究目的和任务,用科学有效的调查方式和方法,有针对性地搜集反映客观对象特征的统计数据的活动过程。统计数据搜集方式有统计调查、科学实验和网络数据采集。常用的统计调查方式有普查、统计报表制度、抽样调查、重点调查等。常用的实验设计方法有完全随机试验、随机区组试验等。统计数据搜集方法包括直接观察法、报告法、采访法和网络法等。

2. 调查设计是在调查之前制定的一个周密、完整的调查方案,其内容由调查方案的内容和调查问卷设计组成。调查方案的内容包括调查目的、调查对象、调查单位、调查项目与调查表等内容,问卷设计包括问卷结构和问题设计。

3. 统计误差由抽样误差和非抽样误差组成。抽样误差是由抽样的随机性引起的样本结果与总体真值之间的误差。非抽样误差是相对抽样误差而言的,是指除抽样误差之外的,由其他原因引起的样本观察结果与总体真值之间的差异。抽样误差是一种随机性误差,只存在于概率抽样中;非抽样误差则不同,无论是概率抽样、非概率抽样,还是在全面调查中,都有可能产生非抽样误差。

【思考与练习】

一、思考题

1. 数据搜集的方式和方法分别有哪些?
2. 概率抽样与非概率抽样的区别是什么?
3. 概率抽样的方法有哪些? 其分别适用于什么样的抽样场合?
4. 非概率抽样的方法有哪些? 其分别适用于什么样的抽样场合?
5. 典型调查和重点调查的区别是什么?
6. 在设计调查问卷时,应该注意什么问题?
7. 抽样误差和非抽样误差的区别与联系是什么?
8. 一份完整的调查方案应包括哪些内容?
9. 什么是问卷? 在结构上由哪几部分组成?

二、练习题

1. 某大学需要了解学生每天的时间分配情况,改善学校的上自习困难问题。调查人员将问卷发给上自习者,填写后再收上来。此种搜集数据的方法属于( )。

A. 直接观察法　B. 采访法　C. 报告法　D. 网络法

2. 如果一个样本因人故意操作而出现误差,这种误差属于( )。

A. 抽样误差　B. 实验误差　C. 设计误差　D. 非抽样误差

3. 先将总体中的所有单位按一定的标志(变量)分为若干类,然后在每个类中采用方便抽样或判断抽样的方式选取样本单位,这种抽样方式称为( )。

A. 分层抽样　B. 配额抽样　C. 系统抽样　D. 整群抽样

4. 抽样误差是指( )。

A. 在调查过程中由于观察、测量等差错所引起的误差

B. 人为原因所造成的误差

C. 随机抽样而产生的代表性误差

D. 在调查中违反随机原则出现的系统误差

5. 非抽样误差就是( )。

A. 抽样框误差　B. 回答误差　C. 无回答误差　D. 调查员误差

第三章 统计数据的整理与展示

【学习目标】
1. 了解数据的审核、筛选和透视表的预处理方式。
2. 掌握数据分组和频数分布的基本方法。
3. 掌握分类数据条形图和饼图展示方式。
4. 掌握数值型数据直方图、茎叶图、箱线图、雷达图等展示方法。
5. 熟练运用统计软件展示图表。

第三次全国经济普查是根据《国务院关于开展第三次全国经济普查的通知》和《全国经济普查条例》来开展的,主要目的是全面调查第二产业和第三产业的发展规模及布局,了解产业组织、产业结构、产业技术的现状以及各生产要素的构成,进一步查实服务业、战略性新兴产业和小微企业的发展状况,摸清各类单位的基本情况,全面更新覆盖国民经济各行业的基本单位名录库、基础信息数据库和统计电子地理信息系统。表3-1是根据第三次经济普查数据整理的北京、天津、上海、重庆的法人单位数及从业人员数。

表3-1 北京、天津、上海、重庆法人单位数及从业人员数

地区	法人单位			从业人员数(人)	
	单位数(个)	单产业法人	多产业法人	男性	女性
北京	627051	604787	22264	10480250	4185289
天津	211404	210197	1207	5579825	1843488
上海	409125	397497	11628	11693874	4558724
重庆	254834	244226	10608	8663134	2858287

我们可以用多种方式来表述上表中经济普查的结果。

第一种方式如上表所示,用表格将数据直接展示出来。

第二种方式是用文字来叙述。比如,各直辖市法人单位数的情况为:北京有627051家,天津有211404家,上海有409125家,重庆有254834家;从业人员(男性)情况为:北京有10480250人,天津有5579825人,上海有11693874人,重庆有8663134人。

第三种方式是用图形来描述这些数据,这里采用柱形图和饼形图进行展示(见图3-1)。

可以看出图表展示相对于文字描述更直观,并且可以将数据的具体分布情况表现出来。合理使用图表描述统计结果是应用统计的基本技能之一。

本章首先介绍数据的预处理方法,然后介绍数据的整理与图表展示方法。

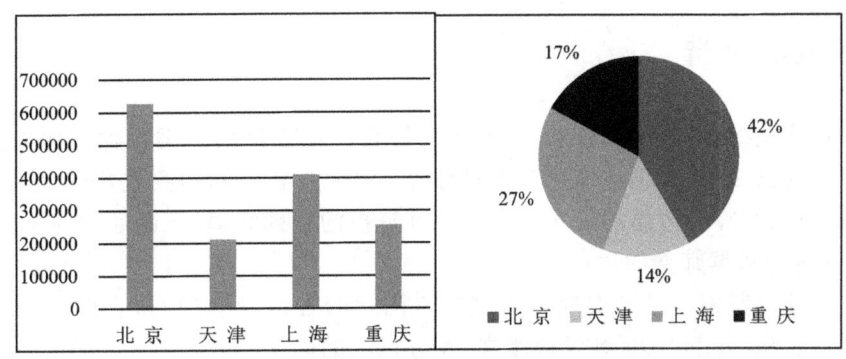

图 3-1 全国第三次经济普查中各直辖市的法人单位数的柱形图和饼图

第一节 统计数据的预处理

数据的预处理是对数据在分类和分组之前必须要做的处理,包括数据的审核、数据的筛选、数据的排序三个过程。

一、数据的审核

数据审核是指检查数据是否有错误,对于通过调查获得的原始数据,主要从数据的完整性和准确性两方面去审核。数据完整性审核主要包括被调查的单位或个体是否有遗漏,所有的调查项目或变量是否填写齐全。数据准确性审核主要包括数据本身是否真实反映实际情况,其内容是否符合实际,数据是否有登记或测量等错误,计算是否正确等。

例如,通过网络(如中经网数据库、CEIC 数据库、国家统计局及各部门网站)等手段得到的数据,应着重审核数据的适用性和时效性。网络数据可以来自多种渠道,有些数据可能是为特定目的通过专门调查而取得的,或者是已经按特定的需要做了加工整理。对于使用者来说,首先应弄清楚数据的来源、统计口径以及有关的背景材料,以便确定这些数据是否符合分析研究的需要,不能盲目生搬硬套。此外,还要对数据的时效性进行审核,对于时效性较强的问题,如果所取得的数据过于滞后,会失去研究的意义。

【例 3.1.1】 在某家庭情况的调查资料准确性审核中,从表 3-2 中可以看出,王 YY 性别男,是户主,刘 XX 与王 YY 是夫妻,性别是男,与户主存在性别的矛盾,需要进行进一步的核对,必要时还应重新调查该样本。

表 3-2 某家庭情况的调查资料

姓名	性别	与户主关系	民族	年龄
王 YY	男	户主	汉	60
刘 XX	男	夫妻	汉	58

二、数据的筛选

数据的筛选是指根据研究问题的需要找出符合特定条件的某类数据。比如,从经济学院本科生中筛选出2019级经济统计专业的学生,从企业名录库中筛选出年销售额在3000万元以上的企业,等等。数据的筛选可以通过计算机的辅助完成,下面通过一个简单的例子说明用Excel进行数据筛选的过程。

【例3.1.2】 表3-3是某次期中考试7名同学的各科成绩(单位:分),从成绩单中筛选出语文成绩在90分以上,且数学成绩在85分以上的同学。

表3-3 7名同学的各科成绩

姓名	语文	数学	英语	历史
张三	89	78	84	69
李四	80	85	93	87
陈琳	92	95	94	90
田晓雨	89	88	82	96
李丽	94	86	80	82
陈琳	92	95	94	90
李丽	94	86	80	82

解:下面给出了用Excel进行数据筛选的具体步骤。

第一步,在Excel中打开数据表,将数据导入工作表中并选定数据的第一行,即【标题】,点击【排序和筛选】,打开筛选列表,如图3-2所示。

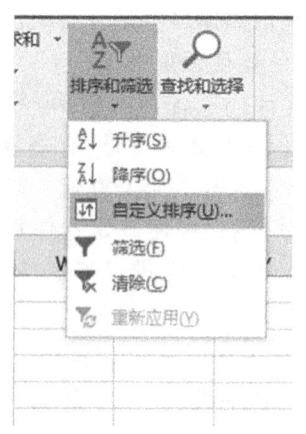

图3-2 Excel的数据筛选命令

第二步,打开【语文】列的筛选列表,选择【数字筛选】→【大于】,并填入"90",如图3-3所示。

第三章 统计数据的整理与展示

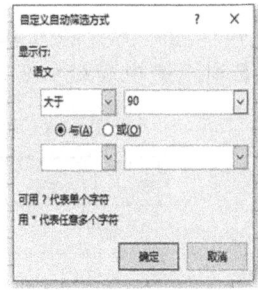

图 3-3 语文成绩筛选过程

第三步,打开【数学】列的筛选列表,选择【数字筛选】→【大于】,并填入"85",如图 3-4 所示。

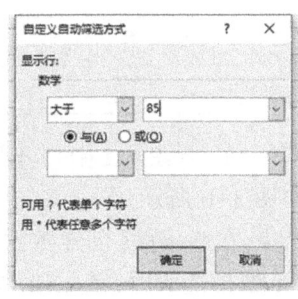

图 3-4 数学成绩筛选过程

第四步,单击【确定】,可以看到筛选完成得到的表格如图 3-5 所示。

姓名	语文	数学	英语	历史
陈琳	92	95	94	90
李丽	94	86	80	82
陈琳	92	95	94	90
李丽	94	86	80	82

图 3-5 最终筛选结果

三、数据透视表

为了从复杂的数据中提取有用的信息,可以利用 Excel 提供的【数据透视表】(pivottable)工具。通过数据透视表,可以对数据表的重要信息按使用者的习惯或分析要求进行汇总和作图,形成一个符合需要的交叉表(列联表)。在使用数据透视表时,数据源表中的首行必须有列标题。下面通过一个例子说明用 Excel 创建数据透视表的具体步骤。

【例 3.1.3】 表 3-4 中记录了 1—3 月份某医院在各类疾病中开展的健康教育宣讲的次数,要求利用透视表统计 1—3 月份开展的妇科类疾病的宣讲次数。

表 3-4 某医院在各类疾病中开展的健康教育宣讲的次数

月份	疾病类型	数量
1 月	妇科	7
1 月	老年病	6
1 月	内科	3
1 月	儿科	5
2 月	妇科	4
2 月	老年病	3
2 月	内科	6
2 月	儿科	7
3 月	妇科	3
3 月	老年病	5
3 月	内科	2
3 月	儿科	4

解:第一步,在 Excel 中打开数据表,将数据导入工作表中,依次点击【插入】→【数据透视表】,如图 3-6 所示。

第二步,在弹出的【创建数据透视表】的对话框中点击【选择一个表或区域】,点击红色透视表,如图 3-7 所示;首先选中数据源的单元格的范围,本步骤就会出现如图 3-8 表示的所选的数据区域范围,然后点击红色的插入,回到图 3-7 中的对话框。

第三步,仿照第二步设置,选择放置数据透视表的位置,然后点击【确定】按钮,如图 3-9 所示。

第四步,在图 3-10 的最右侧显示了【数据透视图字段】窗格,窗格包含两个部分:【选择要添加到报表的字段】和【在以下区域间拖动字段】。用鼠标分别将上面的"月份""疾病类型""数量"拖到下面的"行""列""值"处。完成后,放置数据透视表的位置处会出现刚才设置的数据透视表,如图 3-10 所示,这个表里 1—3 月份开展的妇科类疾病的宣讲次数就非常清楚了。

第三章 统计数据的整理与展示

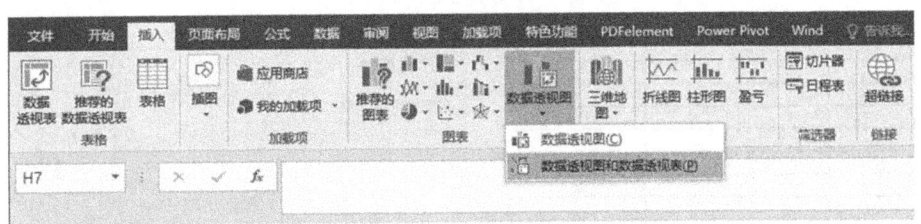

图 3-6 插入数据透视表命令

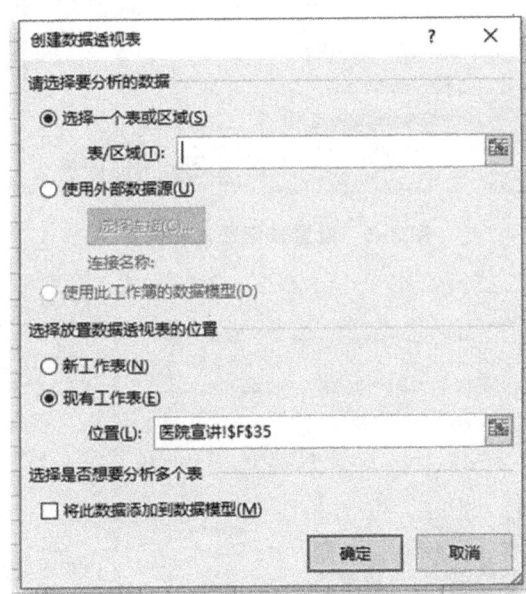

图 3-7 创建数据透视表对话框

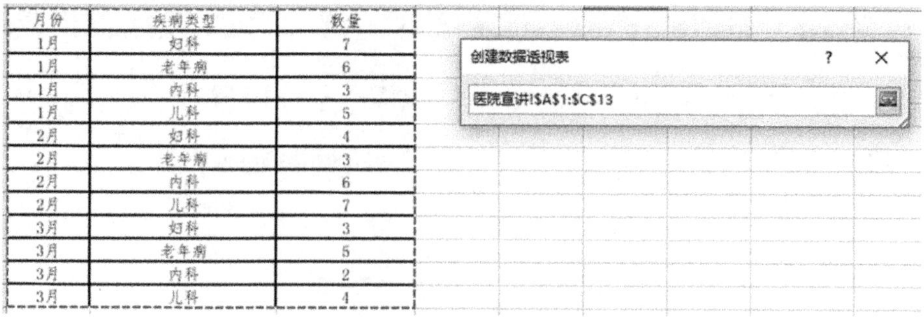

月份	疾病类型	数量
1月	妇科	7
1月	老年病	6
1月	内科	3
1月	儿科	5
2月	妇科	4
2月	老年病	3
2月	内科	6
2月	儿科	7
3月	妇科	3
3月	老年病	5
3月	内科	2
3月	儿科	4

图 3-8 选择数据范围

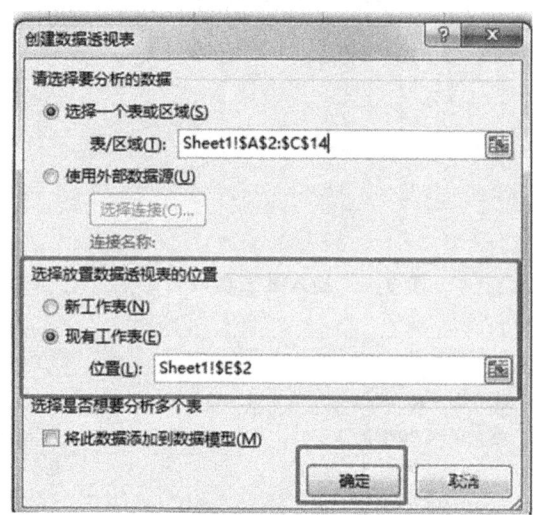

图 3-9 设置数据透视表位置

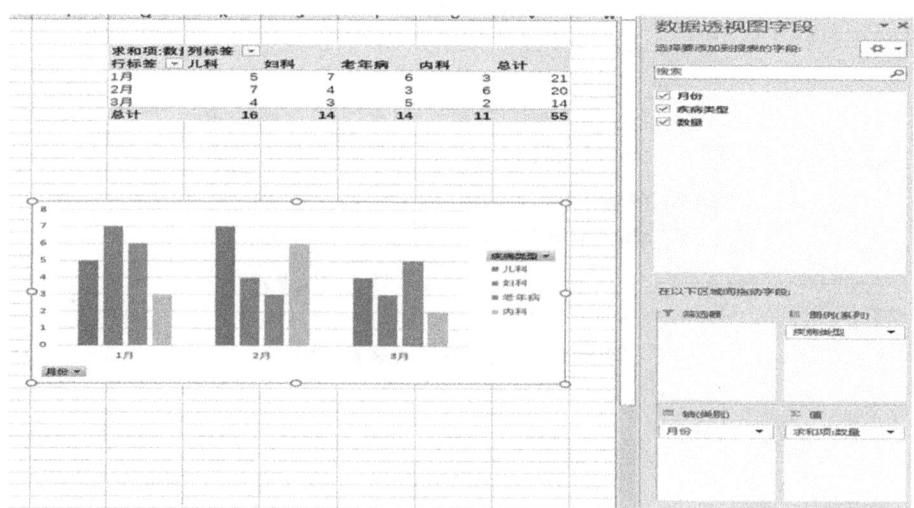

图 3-10 设置数据透视表字段

第五步,当点击创建好的数据透视表的【列标签】旁边的小图标时,就可以对"儿科、妇科、老年病、内科"进行排序,如图3-11所示。同样也可以设置【行标签】的排序。

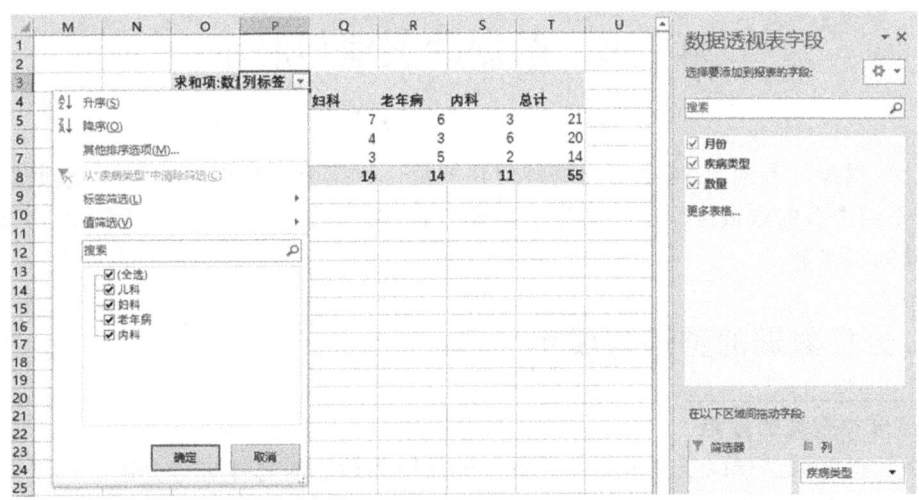

图 3-11　使用数据透视表排序

第六步,把【行标签】、【列标签】分别改为对应的字段。最后,在表格上面,加上表题,整个表格就完美啦! 如图3-12所示。

求和项:数量	疾病类型				
月份	儿科	妇科	老年病	内科	总计
1月	5	7	6	3	21
2月	7	4	3	6	20
3月	4	3	5	2	14
总计	16	14	14	11	55

图 3-12　制作好的数据透视表

四、数据的排序

数据的排序是指按一定顺序将数据排列,以便于研究者通过浏览数据发现一些明显的特征或趋势,寻找解决问题的线索。除此之外,排序还有助于对数据检查纠错,并且为重新归类或分组等提供方便。在某些场合,数据排序本身就是分析的目的之一。例如,想知道中国省、自治区、直辖市的发展较好的地区,可以对 GDP 进行排序,通过对中国 GDP 排序,就可以得到经济发展排名前十的地区。

对于分类数据,如果是字母型数据,排序有升序和降序之分,但是习惯上升序用得更多,因为升序与字母的自然排序相同。如果是汉字型数据,排序方式有很多,比如按汉字的首位拼音字母排序,这与字母型数据的排序完全一样;也可以按姓氏笔画排序,其中也有笔画多少的升序、降序之分。交替运用不同方式排序,在汉字型数据的检查纠错过程中十分有用。

对于数值型数据,排序只有递增和递减两种方法。设一组数据为 $x_1, x_1, \cdots, x_n$,递增排序后可以表示为 $x_{(1)} \leqslant x_{(2)} \leqslant x_{(3)} \leqslant \cdots \leqslant x_{(n)}$;递减排序后为 $x_{(1)} \geqslant x_{(2)} \geqslant x_{(3)} \geqslant \cdots \geqslant x_{(n)}$。排

序后的数据可以称为顺序统计量,排序均可借助 Excel 很容易地完成。

第二节　数据的整理与展示

统计数据经过审核后,可进行分组整理和展示。数据分组整理时,要分清数据的不同类型,对于不同类型的数据采用不同的分组整理方式;数据分组整理之后,不同类型的数据要选用不同的图表展示。

一、分类数据的整理与展示

(一) 分类数据的分组

分类数据分组是指以反映事物属性特征的品质为标志对总体进行分组。由于分类数据只能归于某一类别的非数字型数据,因而在整理时只需要列出所分的类别。例如,工业企业以经济规模为标志,分为规模以上企业和规模以下企业;以隶属关系为标志,分为国有企业、私人企业和外资企业。零售商品以销售对象为分类标志,分为食品、衣服、家电、生活用品和其他。

因为分类数据分组标志的变异范围一般比较固定,标志表现也比较具体、明了,所以分类数据的分组具有组别明确、组数相对稳定和简便易行等特点。例如,在对人口按照性别进行划分时,分男、女两组;对人口按照城乡分组时,可分为城镇居民、农村居民两组。

由于社会现象的复杂性,也会有比较复杂数据的分组情况,使得分组界限比较模糊。例如,商品销售额按照城乡进行划分,而处于城市与乡村结合部的地区其城乡特征不明显,区分起来就存在困难。

在实际工作中,常常把所研究的复杂数据分组称为分类。例如,国民经济部门分类、人口按照职业分类。对这些比较复杂的分类,必须事先制定统一的划分标准或分类目录,以统一全国分类口径。例如,我国统计部门制定了行业分类标准、产品分类标准等等。

分类数据分组的方法有单变量值分组和复合分组。

单变量值分组是指按单个标志值的个数多少分组,有几个不重复的标志值就分几组。单变量值分组适用于变异幅度不大、标志值个数较少的分组。其分组方法具有组数明确、真实和分组方法简单等优点。例如,按肤色对人分类,分为白种人、黄种人、黑种人;人口按性别分组,分为男、女;房屋按性质分组,分为商品房、非商品房。

复合分组是按两个及以上的标志重叠起来进行分组。在对总体按两个标志进行复合分组时,还可以采用交叉式,形成交叉分组表,表的横行和纵列分别代表两个标志的分组。例如,人口按年龄和性别进行的交叉分组如表 3-5 所示。

例如,对某公司员工总体按性别、年龄和学历三个标志进行复合分组,复合分组标志如图 3-13 所示,分组结果如表 3-6 所示。

表 3-5　人口的复合分组

性别＼年龄	0~20 岁	20~40 岁	40~50 岁	60~70 岁	80 岁以上
男					
女					

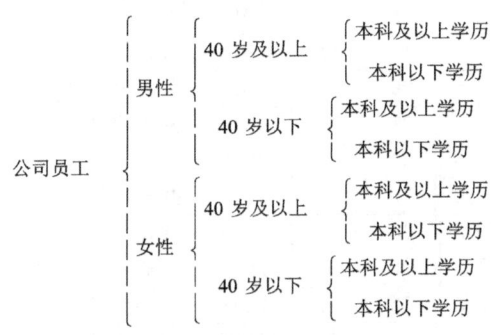

图 3-13　某公司员工的复合分组

表 3-6　企业员工复合分组

性别＼年龄＼学历	男		女	
	40 岁以下	40 岁及以上	40 岁以下	40 岁及以上
本科以下				
本科及以上				

复合分组有利于深入、具体地分析现象总体的内在关系,但分组标志也不宜过多,否则会给分组结果的表达造成困难,不利于形成总体的认识。

(二)频数和频数分布

在统计分组的基础上,可以将总体所有的单位按组别进行归类,并计算每组相应标志值的次数,即频数,按分组顺序排列的频数或次数数列称为频数分布或次数分布。频数分布是统计整理的一种重要形式,通过对零乱的、分散的原始数据进行有次序的整理,形成一系列反映总体各组之间单位分布状况的数列,即分布数列。

分布数列由两个要素构成:一个是总体按某一标志所分的组;另一个是各组所出现的单位数,即频数,频(次)数用 f 表示。

将各组出现的频数与各组总频数相除可以得到频率,即:

$$频率 = f_i / \sum f_i \tag{3.1}$$

式中 f_i 为第 i 组的频数,$\sum f_i$ 为各组总频数。

频率具有以下性质:

① 任何频率都是介于 0 和 1 之间的一个分数,即 $0 \leqslant f_i / \sum f_i \leqslant 1$;

② 各组频率之和等于 1,即 $\sum f_i / \sum f_i = 1$。

【例 3.2.1】 为研究某高校 2018 届和 2019 届本科毕业生的政治面貌类型情况,在全校毕业生中随机抽取了50人作为样本,随机抽取的50名毕业生,其性别和政治面貌情况如表3-7所示。

表3-7 50名毕业生性别及政治面貌情况调查表

序号	性别	毕业时间	政治面貌	序号	性别	毕业时间	政治面貌	序号	性别	毕业时间	政治面貌
1	女	2018	共青团员	18	女	2018	中共党员	35	女	2018	中共党员
2	男	2018	共青团员	19	男	2019	共青团员	36	女	2019	共青团员
3	男	2018	共青团员	20	男	2019	共青团员	37	女	2019	共青团员
4	女	2018	群众	21	女	2019	共青团员	38	女	2019	共青团员
5	男	2018	共青团员	22	男	2018	中共党员	39	男	2019	中共党员
6	男	2018	共青团员	23	女	2019	共青团员	40	女	2019	共青团员
7	女	2018	共青团员	24	女	2019	共青团员	41	女	2019	共青团员
8	女	2018	共青团员	25	男	2018	群众	42	女	2019	群众
9	男	2018	中共党员	26	男	2018	中共党员	43	男	2019	中共党员
10	男	2018	共青团员	27	男	2019	共青团员	44	女	2019	共青团员
11	女	2018	共青团员	28	女	2018	民主党派	45	女	2018	民主党派
12	女	2018	共青团员	29	女	2019	共青团员	46	女	2019	群众
13	男	2018	中共党员	30	女	2018	中共党员	47	女	2019	中共党员
14	女	2018	共青团员	31	男	2018	中共党员	48	男	2019	共青团员
15	女	2018	共青团员	32	男	2018	民主党派	49	女	2019	民主党派
16	女	2018	共青团员	33	女	2018	共青团员	50	女	2019	群众
17	男	2018	共青团员	34	男	2019	共青团员				

根据性别和政治面貌分组,利用Excel生成频数分布表。

解:制作政治面貌和性别的频数分布表:

第一步,打开Excel工具表,将数据复制到工作表中,创建两个新的辅助表,在辅助表中对现有的【政治面貌】的四个类别和【性别】进行编码,如图3-14所示。

第二步,选择【数据】→【数据分析】→【直方图】,在"输入区域"首先选择数据中【政治面貌】的代码部分,"接收区域"选择【政治面貌】一一对应的代码,并对【性别】也做同样的操作,如图3-15所示。

第三步,在得到的表中,对【接收】部分修改为文字,如图3-16所示。

(三)条形图

条形图是指用于反映分类变量在不同时间或空间上对比变化情况的图形。条形图可以横置或纵置,纵置时也称为柱形图。当分类变量在不同时间或空间上有多个值时,为表明它们各自在不同时间或空间上的变化情况,可绘制对比条形图。

【例3.2.2】 根据【例3.2.1】中的数据,根据政治面貌的不同,用Excel制作柱形图。

解:下面给出了用Excel进行数据筛选的具体步骤。

第一步,将在【例3.2.1】中做出来的【政治面貌】的频数分布表在Excel中选中。

第二步,选择【插入】→【柱形图】,就可以直接得到简单柱形图,接下来再根据需要选择【图表设计】或【图表格式】进行修改,最终绘制的条形图如图3-17所示。

政治面貌	代码
群众	1
共青团员	2
民主党派	3
中共党员	4

性别	代码
男	1
女	0

序号	毕业生性别	代码	政治面貌	代码
1	女	0	共青团员	2
2	男	1	共青团员	2
3	男	1	共青团员	2
4	女	0	群众	1
5	男	1	共青团员	2
6	男	1	共青团员	2
7	女	0	共青团员	2
8	女	0	共青团员	2
9	男	1	中共党员	4
10	男	1	共青团员	2

图 3-14 创建政治面貌和性别类别的辅助表

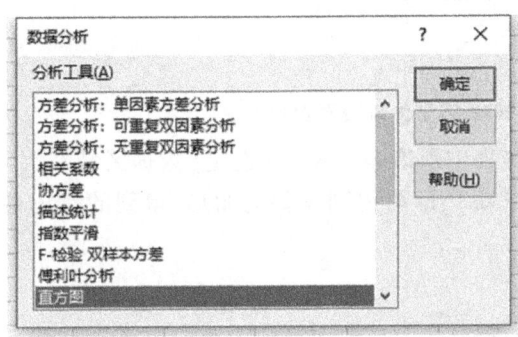 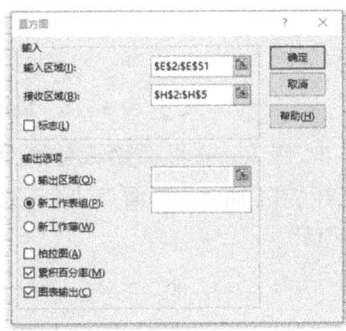

图 3-15 插入直方图并选择数据区域

性别	频数	累积%
女	28	56.00%
男	22	100.00%

政治面貌	频数	累积%
群众	5	10.00%
共青团员	31	72.00%
民主党派	4	80.00%
中共党员	10	100.00%

图 3-16 根据性别和政治面貌分类的频数分布表

对比柱形图是指用于反映分类变量在不同时间或空间上对比变化情况的柱形图。当分类变量在不同时间或空间上有多个值时,为表明它们各自在不同时间或空间上的变化情况,可绘制对比柱形图。

【例 3.2.3】 根据【例 3.2.1】中的数据绘制 2018 和 2019 届毕业生各种政治面貌对比柱形图。

解:利用 Excel 绘制柱形图具体步骤如下:
第一步,将表中的数据复制到 Excel 中。

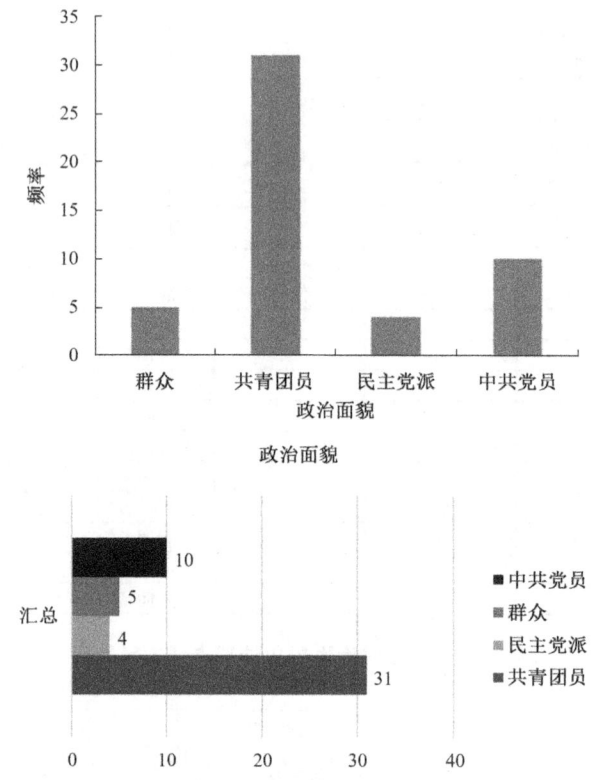

图 3-17 2018 和 2019 届学生政治面貌条形图

第二步,在 Excel 界面用鼠标圈定数据表中所有单元格,即选定【数据区域】。

第三步,在【插入】界面点击【二维柱形图】,即可得到需要的图形,得到的对比柱形图如图 3-18 所示。

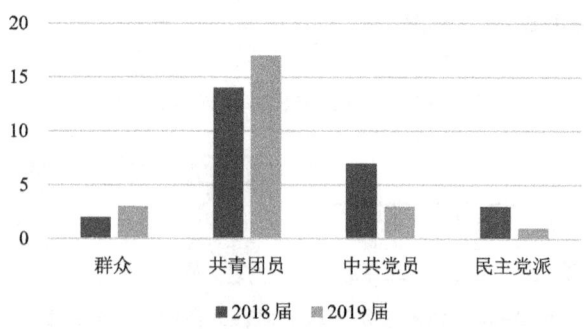

图 3-18 2018 和 2019 届毕业生政治面貌对比柱形图

(四)饼图

饼图是指用圆形或圆内扇形的角度来表示数值大小的图形。它主要用于表示一个样本(或总体)中组成部分的数据占全部数据的比例,对于研究结构性问题十分有用。

【例 3.2.4】 根据【例 3.2.1】制作毕业生政治面貌的饼图。

解:制作饼图的步骤如下:

第一步,首先制作频数分布图,具体操作步骤参考【例 3.2.1】。

第二步,在频数分布表界面用鼠标圈定数据表中政治面貌类别、频数和频率,即选定【数据区域】。

第三步,在【插入】界面点击【二维饼图】即得到一个如图 3-19 所示的基本饼图。

(五)环形图

简单饼图只能显示一个样本各个部分所占的比例。比如,把 5 个地区的人口分别按高收入、中等收入和低收入划分为 3 部分,要比较 5 个地区不同收入的人口构成,则需要绘制 5 个饼图,这种做法既不经济也不便于比较。能否用一个图形比较出 5 个地区不同收入的人口构成呢?把饼形图叠在一起,挖去中间的部分就可以了,这就是环形图。

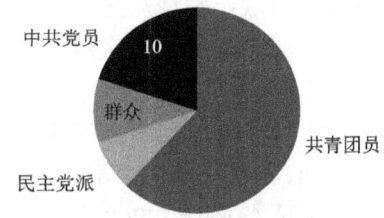

图 3-19 毕业生政治面貌饼形图

环形图与饼图类似,但又有区别。环形图中间有一个"空洞",每个样本用一个环来表示,样本中的每一部分数据用环中的一段表示。因此,环形图可显示多个样本各个部分所占的相应比例,从而有利于对构成的比例进行研究。

【例 3.2.5】 表 3-8 是 2021 年江苏、河南、海南地区三次产业增加值(单位:亿元)数据。绘制环形图比较三个地区的产业增加值构成。

表 3-8 2021 年江苏、河南、海南地区三次产业增加值构成　　　　单位:亿元

地区	第一产业	第二产业	第三产业
江苏	4722.4	51775.4	59866.4
河南	5620.8	24331.6	28934.9
海南	1254.4	1238.8	3982

数据来源:《中国统计年鉴》。

解:根据表 3-8 中的数据使用 Excel 绘制的环形图如图 3-20 所示。

图 3-20 中最里面一个环是江苏地区三次产业增加值构成,向外依次是河南和海南。

二、顺序数据的整理与展示

关于分类数据整理与展示的所有方法都适用于顺序数据,但顺序数据还有一些适合自己的方法不能应用于分类数据,如累计频数分布表和累计频数分布图。

(一)累计频数和累计频率

累计频数是指将顺序数据中各组的次数按一定的方向逐级累计所得的频数。累

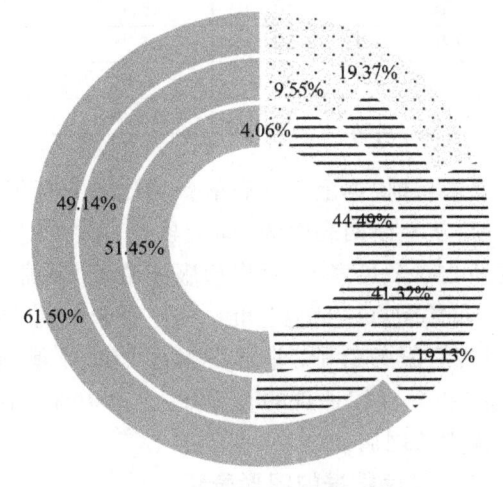

图 3-20 2021 年三地区三次产业增加值构成环形图

计频数分为向上累计频数和向下累计频数。从顺序数据的最低一组逐级向最高一组累计频数,称为向上累计频数,向上累计频数显示顺序数据从最低一组向上逐级累计到某一组为止的累计频数;从顺序数据的最高一组逐级向最低一组累计频数,称为向下累计频数,向下累计频数显示顺序数据从最高一组向下逐级累计到某一组为止的累计频数。

累计频率是指将顺序数据中各组的频率按一定的方向逐级累计所得的频率。累计频率同样可以分为向上累计频率和向下累计频率,其累计方法和累计频数一样,这里不再赘述。

【例3.2.6】 2018年某电商平台为了考察店铺的售后服务的质量,研究人员随机向售卖同一商品的甲、乙两家不同网店的买家发送了问卷调查,就"您对该网店的售后服务是否满意"问题,各调查了200个买家,调查结果如表3-9和3-10所示。

表3-9 甲网店的买家对售后服务评价的频数分布

回答类型	买家(人)	百分比(%)	向上累计		向下累计	
			买家(人)	百分比(%)	买家(人)	百分比(%)
非常不满意	14	7.0	14	7.0	200	100.0
不满意	36	18.0	50	25.0	186	93.0
一般	80	40.0	130	65.0	150	75.0
满意	60	30.0	190	95.0	70	35.0
非常满意	10	5.0	200	100.0	10	5.0
合计	200	100.0	—	—	—	—

表3-10 乙网店的买家对售后服务评价的频数分布

回答类型	买家(人)	百分比(%)	向上累计		向下累计	
			买家(人)	百分比(%)	买家(人)	百分比(%)
非常不满意	20	10.0	20	10.0	200	100.0
不满意	40	20.0	60	30.0	180	90.0
一般	86	43.0	146	73.0	140	70.0
满意	50	25.0	196	98.0	54	27.0
非常满意	4	2.0	200	100.0	4	2.0
合计	200	100.0	—	—	—	—

要求:试根据上面两表的资料比较分析甲、乙两个网店售后服务的满意度。

解:从上面两表中的"向上累计"和"向下累计"频数及频率可以分别看出,甲网店随机抽取的200个买家中,对售后服务给予"非常不满意"和"不满意"评价的有50人,占25%;给予"非常满意""满意"和"一般"评价的有150人,占75%。乙网店随机抽取的200个买家中,对售后服务给予"非常不满意"和"不满意"评价的有60人,占30%;给予"非常满意""满意"和"一般"评价的有140人,占70%。比较而言,抽样调查结果显示:甲网店的售后服务要优于乙网店。

(二)顺序数据的图形表示

对于上面甲、乙两个网店售后服务满意度的累计频数分布表,可以制作累计频数分布图。

【例3.2.7】 请根据上面甲、乙两个网店售后服务满意度的累计频数分布表,制作累计频数分布图。

解：利用 Excel 制作累计频数分布图的步骤如下：

第一步，利用顺序数据的累计频数分布表，将顺序数据的类别及累计的频数复制在 Excel 工作簿的空白处；

第二步，用鼠标圈定顺序数据的类别及累计的频数，即选定【数据区域】；

第三步，在【插入】界面点击【折线图】，即得到一个基本折线图；

第四步，在【图表布局】框中选择需要的图形，根据需要双击图形的某个部分（如坐标轴、刻度值、网格线等），即可进入图形编辑框，得到具有个性的图形。

甲、乙网店售后服务评价的累计频数分布图分别如图 3-21 和图 3-22 所示。

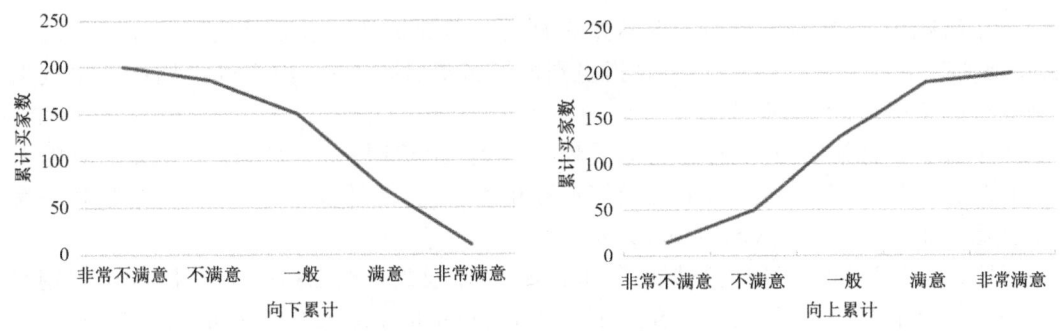

图 3-21　甲网店买家对网店售后服务评价的累计频数分布图

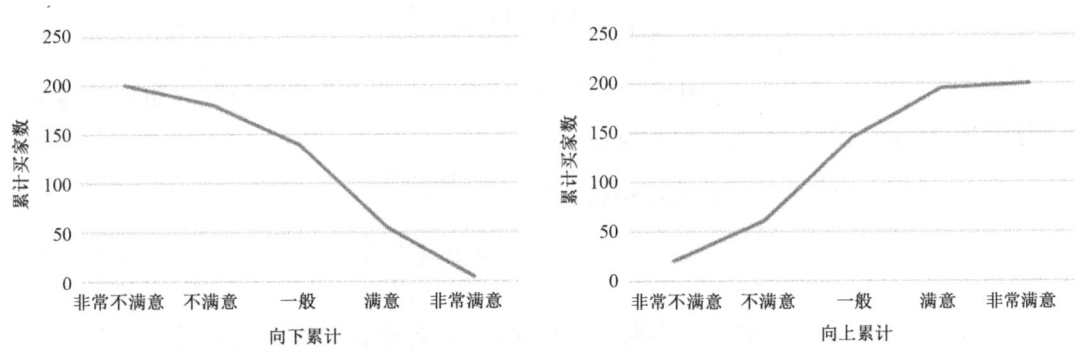

图 3-22　乙网店买家对网店售后服务评价的累计频数分布图

三、数值型数据的整理与展示

(一) 数值型数据的分组

数据型数据分组是在数据标志变异范围内划分各组界限，以此将总体划分成若干性质的不同组成部分。根据数据标志是否连续，数据型数据分组又分为单项式分组和组距式分组两类。

对于变量数值较少的数值型数据，可采用单项式分组，即用一个变量值作为一组。如按照家庭生育孩子的数量分组，可以分为 0 个、1 个、2 个、3 个和 4 个及以上五个组。此类分组组限较为明确，分组简单。

在连续型变量或变量值较多的情况下,通常采用组距式分组。它是将全部变量值依次划分为若干区间,并将这一区间的变量值作为一组。在组距式分组中,一个组的最小值称为下限,一个组的最大值称为上限,上限减去下限的差值称为组距。既有上限,又有下限的组称为闭口组。如果全部数据中的最大值和最小值与其他数据相差悬殊,为了避免出现没有变量值的空白组,第一组和最后一组可以采用"××以下"和"××以上"的方式处理,这种只有上限或者只有下限的组称为开口组。如果每一个组的组距相等,则称为等距分组;如果各个组的组距不完全相等,则称为不等距分组。例如,对于人口年龄分组,可根据人口成长的生理特点分成0~6岁(婴幼儿)组、7~17岁(少年儿童)组、18~59(中青年)组、60岁以上(老年)组。若原始数据分布比较均匀,则采用等距分组;若原始数据分布很分散,则采用不等距分组。

采用组距分组时,需要遵循不重不漏的原则。不重是指一项数据只能分在其中的某一组,不能在其他组中重复出现;不漏是指组别能够穷尽,即在所分的全部组别中每项数据都能在其中的某一组,不能遗漏。

为了解决不重的问题,统计分组时习惯上规定"上组限不在内",即当相邻两组的上下限重叠时,恰好等于某一组上限的变量值不算在本组内,而计算在下一组内,用数学语言来表示就是分组后的变量值 x 满足 $a \leqslant x < b$。

组距式分组掩盖了各组内数据的分布状况,为了反映各组数据的一般水平,通常用组中值作为该组数据的一个代表值。组中值(class midpoint)是每组下限值与上限值的中间值,即

$$组中值 = \frac{下限值 + 上限值}{2} \tag{3.2}$$

组距式分组常会遇到首末两组"开口"的情况,开口组的组中值是以相邻组的组距为依据进行计算,计算公式为

$$首组组中值 = 上限 - \frac{邻组组距}{2}$$

$$末组组中值 = 下限 + \frac{邻组组中值}{2} \tag{3.3}$$

使用组中值代表数据时有一个必要的假设条件,即各组数据在本组内呈均匀分布或者在组中值两侧呈对称分布。如果实际数据的分布不符合这一假设,那么用组中值的代表值有一定误差。

组距分组的具体步骤如下:

第一步,确定组数。一组数据分多少组合适呢?一般与数据本身的特点及数据的多少有关。由于分组的目的之一是观察数据分布的特征,因此组数的多少应适中。组数太少,数据的分布就会过于集中,组数太多,数据分布就会过于分散,这都不便于观察数据分布的特征和规律。美国学者斯特杰斯(H. A. Sturges)曾提出一个确定组距与组数的经验公式,即如果总体大致呈正态分布,那么就有:$n = 1 + 3.322 \lg N$,$d = \frac{R}{n}$,其中 n 为组数,d 为组距,N 是总体容量(总频数),R 为总体全距,即总体中最大变量值与最小变量值之差。同时,组数的确定应以能够显示数据的分布特征和规律为目的。一般情况下,一组数据所分的组数应不少

于 5 组且不多于 15 组。实际应用时,可根据数据的多少和特点及分析要求来确定组数。

第二步,确定各组的组距。组距是一个组的上限与下限的差。组距可根据全部数据的最大值和最小值及所分的组数来确定,即组距=(最大值-最小值)÷组数。

第三步,根据分组整理成频数分布表。

(二)直方图

直方图(histogram)是用矩形的宽度和高度(即面积)来表示频数分布的。绘制该图时,在平面直角坐标中,用横轴表示数据分组,纵轴表示频数或频率,这样各组与相应的频数就形成了一个矩形,即直方图。

【例 3.2.8】 为调查某大学本科生月生活消费支出,调查了 50 位同学的月生活消费支出(单位:元)情况(见图 3-11),请画出这 50 位同学月消费支出的直方图。

表 3-11　50 位同学的月消费支出

1030	970	1010	1160	1180	1410	1250	1310	910	1180
1050	1100	1070	800	1200	1630	1350	1360	1370	1420
1140	1180	1050	1150	1100	1170	1270	1260	1380	1510
1010	860	1170	1130	1250	1190	1260	1210	930	1420
1580	980	1230	1250	1380	1320	1460	1080	1170	1230

解:第一步,确定组数和组距。由于数据较少,无法采用经验公式的方法确定组数,因此应先对数据的分布进行观察,找到其最大值和最小值,明白数据分布的区间范围。可以看出,月消费支出额的数据最小值为 800 元,最大值为 1630 元,所以我们可以确定数据都在 800~1700 这个区间范围内。对于数值较小的金额,一般按照每隔 100 元进行分组,总共生成的组数为 9 组,也恰好处于一个正常的组数范围内。由此可以确定该数据的组距和组数,并依据此确定出来频数分布表的分组情况。

第二步,根据分组情况,制作大学生月消费支出的频数分布表,如表 3-12 所示。

表 3-12　大学生月消费支出的频数分布表

按月消费支出分组(元)	频数(人)	比率(%)	累计比率(%)
800~900	2	4	4
900~1000	4	8	12
1000~1100	7	14	26
1100~1200	13	26	52
1200~1300	10	20	72
1300~1400	7	14	86
1400~1500	4	8	94
1500~1600	2	4	98
1600~1700	1	2	100
合计	50	—	—

第三步,根据大学生月消费支出的频数分布表,画出相应的直方图,如图 3-23 所示。

直方图与条形图不同。首先,条形图是用各矩形的长度(横置时)表示各类别频数的多少,其宽度(表示类别)是固定的;直方图是用矩形的高度表示每一组的频数或频率,宽度则表示各组的组距,因此其高度与宽度均有意义。其次,由于分组数据具有连续性,直方图的各矩形通常是连续排列,而条形图则是分开排列。最后,条形图主要用于展示分类数据,而直方图则主要用于展示数值型数据。

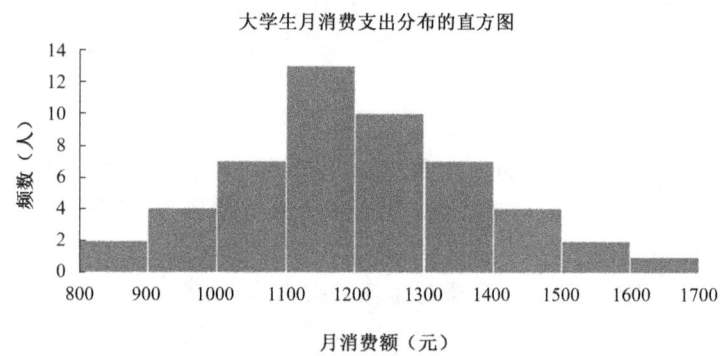

图 3-23　大学生月消费支出分布的直方图

(三) 茎叶图

茎叶图(stem and leaf display)由茎和叶两部分构成,其图形是由数字组成的。通过茎叶图,可以看出原始数据的分布形状,比如,分布是否对称,数据是否集中,是否有离群点。

绘制茎叶图的关键是设计好树茎。制作茎叶图时,首先把一个数字分成两部分,通常是以该组数据的高位数值作为树茎,而且叶上只保留该数值的最后一个数字。例如,125 分成 12|5,12 分成 1|2,1.25 分成 12|5(单位:0.01)等,前部分是树茎,后部分是树叶。树茎一经确定,树叶就自然地长在相应的树茎上了。

【例 3.2.9】　根据【例 3.2.8】中的数据,绘制大学生月消费支出的茎叶图。

解:利用 SPSS 绘制茎叶图的步骤如下:

第一步,先将数据输入到 SPSS 中,单击"分析→描述统计→探索";

第二步,在弹出的"探索"对话框中,将变量移到因变量列表中,选中左下方的单选按钮;

第三步,单击右上方"绘制"按钮,在"探索:图"对话框中,勾选"茎叶图"选项,单击"继续"按钮;

第四步,在探索对话框中单击"确定"按钮,SPSS 就输出了茎叶图,如图 3-24 所示。

茎叶图类似于横置的直方图,与直方图相比,茎叶图既能反映数据的分布状况,又能给出每一个原始数值,即保留了原始数据的信息。而直方图虽然能很好地显示数据的分布,但不能保留原始的数值。在应用方面,直方图通常适用于大批量数据,茎叶图通常适用于小批量数据。

8**	00
8**	60
9**	10,30
9**	70,80
10**	10,10,30
10**	50,50,70,80
11**	00,00,30,40
11**	50,60,70,70,70,80,80,80,90
12**	00,10,30,30
12**	50,50,50,60,60,70
13**	10,20
13**	50,60,70,80,80
14**	10,20,20
14**	60
15**	10
15**	80
16**	30

图 3-24　大学生月消费额数据的茎叶图

(四) 箱线图

箱线图(boxplot)是由一组数据的最大值(maximum)、最小值(minimum)、中位数(median)和两个四分位数①(quartiles)这五个特征值绘制而成的,它主要用于反映原始数据分布的特征,还可以进行多组数据分布特征的比较。箱线图的绘制方法是:先找出一组数据的最大值、最小值、中位数和两个四分位数;然后连接两个四分位数画出箱子;再将最大值和最小值与箱子相连接,中位数在箱子中间。箱线图的一般形式如图3-25所示。

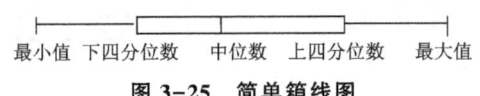

最小值　下四分位数　中位数　上四分位数　最大值

图 3-25　简单箱线图

【例 3.2.10】 对大学生月消费额进行调查,得到的50名大学生月消费额按照年级进行分组,如表3-13,请画出四个不同年级大学生月消费额的箱线图。

表 3-13　按照年级分组的 50 名大学生月消费额的数据

年级	生活费支出												
大一	1030	1050	1140	1010	1580	870	1100	1180	860	880	810	1170	1420
大二	1010	1070	1050	1270	1230	1160	800	1150	1130	1250	1370	1080	1230
大三	1180	1200	1100	1250	1380	1410	1630	1170	1190	1320	1380	1420	
大四	1250	1350	1270	1260	1460	1310	1360	1260	1210	1080	930	1510	

解:对于多组数据,可以将各组数据的箱线图并列起来,从而进行分布特征的比较。绘制箱线图的步骤如下:

第一步,将分类过后的数据输入到 Excel 中,并选定数据区域。

第二步,依次选择【插入】→【图表】→【所有图表】→【箱线图】。

第三步,右键选择【数据标签】对简单箱线图添加标签,进行进一步的调整,绘制的四个年级大学生月消费额箱线图如图3-26所示。

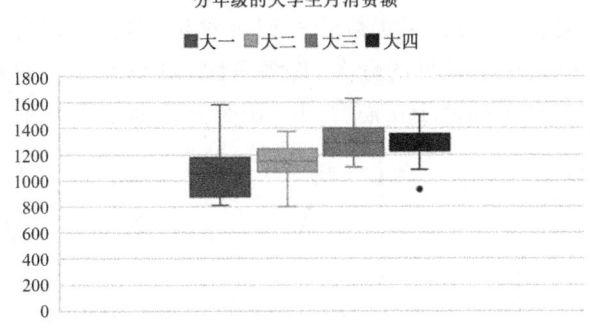

图 3-26　四个年级大学生月消费额箱线图

在箱线图中,根据最高线和最低线差距判断离散程度大小;根据中位数线的高低判断平均水平的高低,同时中位数线是否在矩形箱的中间位置也是判断分布对称性的依据。因此通过箱线图的形状可以看出数据分布的特征,图3-27就是几种不同的箱线图与其所对应的分布形状的比较。

---

① 四分位数是一组数据排序后处在数据25%位置和75%位置上的两个值。

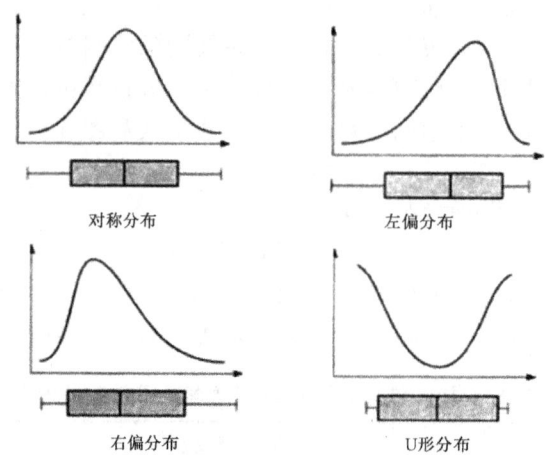

图 3-27　几种不同的箱线图与其所对应的分布形状

上面介绍的一些图形描述的都是单变量数据。当有两个或两个以上的变量时,可以采用多变量的图示方法。比如接下来我们要讨论的曲线图、散点图、气泡图和雷达图。

(五) 曲线图

在直方图的基础上,将各组直方形顶点边线的中点(即由组中值与频数或频率确定的坐标点)用曲线连接起来,就形成了曲线图。当变量数列的分组数较多、组距较小时,利用曲线图来反映变量值的分布较为合适。变量分布曲线图种类很多,常见的有钟形分布、U形分布和J形分布三种。

1. 钟形分布

钟形分布的特征是"两头小,中间大",即靠近中间的变量值分布的次数多,靠近两端的变量值分布的次数少,其曲线图宛如一口钟。如果次数分配并不完全对称,则称为偏态分布,通常有左偏态和右偏态两种;如果次数分配完全对称,则称为对称分布或正态分布。正态分布是实际生活中最重要、最常见的分布,许多现象(如商品市场价格、农作物平均产量、零件误差等)统计总体的分布都趋于正态分布。正态分布和偏态分布如图 3-28 所示。

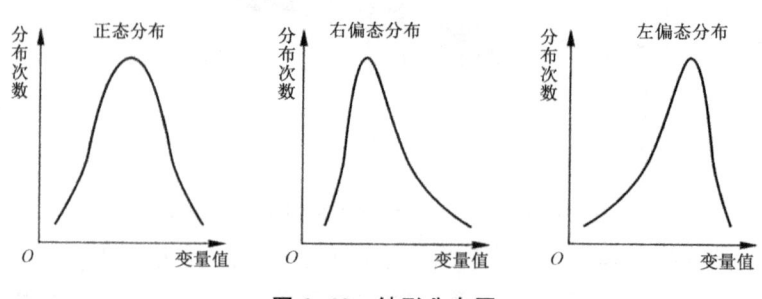

图 3-28　钟形分布图

2. U 形分布

U 形分布的形状与钟形分布相反,靠近中间的变量值分布次数少,靠近两端的变量值分布次数多,形成"两头大,中间小"的 U 形分布,如图 3-29 所示。例如,人口死亡率分布,幼儿和老人死亡率高,而中青年死亡率低。

3. J 形分布

J 形分布有正 J 形和反 J 形两种类型,如图 3-30 所示。正 J 形分布是频数随着变量值的增大而增多,如产品产量随价格升降而增减;反 J 形分布是频数随着变量值的增大而减少,如随着产品产量的增加,产品单位成本下降。

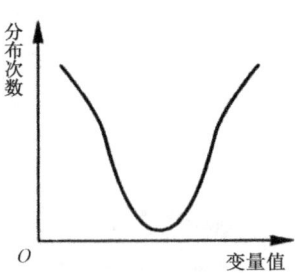

图 3-29 U 形分布图

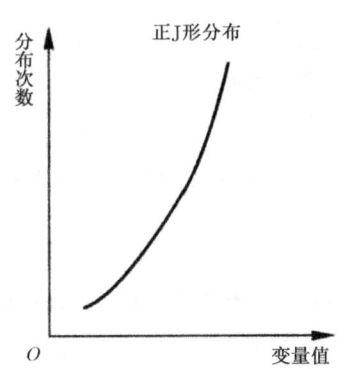 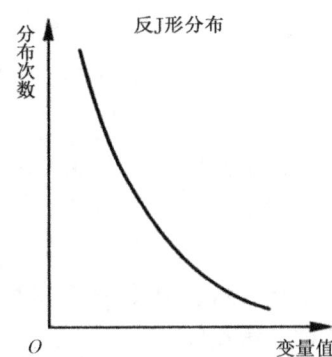

图 3-30 J 形分布图

【例 3.2.11】 已知 2000—2019 年我国第一产业、第二产业和第三产业的增加值,见表 3-14,根据表 3-14 中的数据制作曲线图,反映三大产业随时间变化的趋势。

表 3-14 2000—2019 年中国三大产业增加值

年份	第一产业增加值	第二产业增加值	第三产业增加值	年份	第一产业增加值	第二产业增加值	第三产业增加值
2000	14717.4	45663.7	39899.1	2010	38430.8	191626.5	182061.9
2001	15502.5	49659.4	45701.2	2011	44781.5	227035.1	216123.6
2002	16190.2	54104.1	51423.1	2012	49084.6	244639.1	244856.2
2003	16970.2	62695.8	57756	2013	53028.1	261951.6	277983.5
2004	20904.3	74285	66650.9	2014	55626.3	277282.8	310654
2005	21806.7	88082.2	77430	2015	57774.6	281338.9	349744.7
2006	23317	104359.2	91762.2	2016	60139.2	295427.8	390828.1
2007	27674.1	126630.5	115787.7	2017	62099.5	331580.5	438355.9
2008	32464.1	149952.9	136827.5	2018	64745.2	364835.2	489700.8
2009	33583.8	160168.8	154765.1	2019	70466.7	386165.3	534233.1

解:具体操作步骤如下:

第一步,将分类过后的数据输入到 Excel 中,并选定数据区域。

第二步,依次选择【插入】→【图表】→【所有图表】→【折线图】。

第三步,右键选择【数据标签】对简单折线图添加标签,进行进一步的调整,绘制的曲线图如图 3-31 所示。

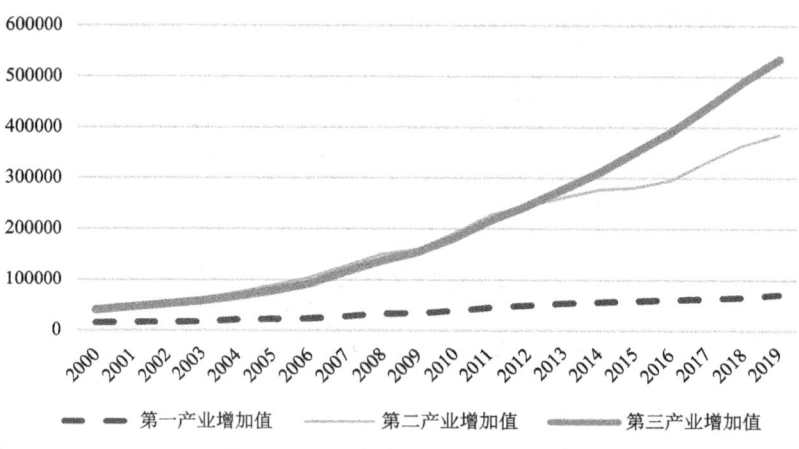

图 3-31　三大产业增加值曲线图

(六) 散点图

散点图是用二维坐标展示两个变量之间关系的一种图形。它是用横轴代表变量 x,纵轴代表变量 y,每组数据

$$(x_i, y_i)$$

在坐标系中用一个点表示,n 组数据在坐标系中形成 n 个点,称为散点,由坐标及其散点形成的二维数据图称为散点图。

【**例 3.2.12**】　GDP、全社会固定资产投资、就业人员数之间有一定关系,为了解他们之间的关系,从国家统计局网站搜集了相应数据,如表 3-15 所示,试绘制我国 GDP 和全社会固定资产投资的散点图,并分析它们之间的关系。

表 3-15　2010—2018 年我国 GDP、全社会固定资产投资和就业人员数数据

年份	GDP(亿元)	全社会固定资产投资(亿元)	就业人员数(万人)
2010 年	410354.1	251683.8	76105
2011 年	483392.8	311485.1	76420
2012 年	537329	374694.7	76704
2013 年	588141.2	446294.1	76977
2014 年	644380.2	512020.7	77253
2015 年	686255.7	561999.8	77451
2016 年	743408.3	606465.7	77603
2017 年	831381.2	641238.4	77640
2018 年	914327.1	645675	77586

数据来源:国家统计局网站,www.stats.gov.cn

解:利用 Excel 绘制散点图的具体步骤如下:

第一步,将数据输入到 Excel 中,并选定数据区域。

第二步,依次选择【插入】→【图表】→【所有图表】→【散点图】。

第三步,右键选择【数据标签】对简单散点图添加标签,进行进一步的调整,绘制的散点图如图 3-32 所示。

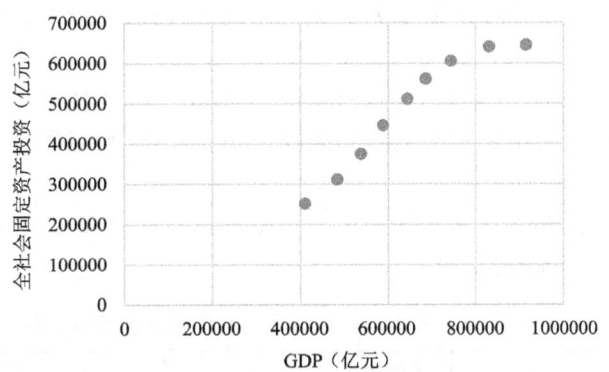

图 3-32　2010—2018 年我国 GDP 和全社会固定资产投资散点图

可以看到 GDP 与全社会固定资产投资存在着正J相关关系,随着 GDP 总量的增加,我国全社会固定资产的投资额也在增加。

(七) 气泡图

气泡图可用于展示三个变量之间具有的明显的线性关系。它与散点图类似,绘制时将一个变量放在横轴,另一个变量放在纵轴,第三个变量则用气泡的大小来表示。

【例 3.2.13】　为探讨 GDP、全社会固定资产投资和就业人员数之间的关系,请根据表 3-15 中的数据绘制三者的气泡图。

解:利用 Excel 绘制气泡图的步骤如下:

第一步,将数据输入到 Excel 中,并选定数据区域。

第二步,依次选择【插入】→【图表】→【所有图表】→【散点图】→【气泡图】。

第三步,右键选择【数据标签】对简单气泡图添加标签,进行进一步的调整,绘制的气泡图如图 3-33 所示。

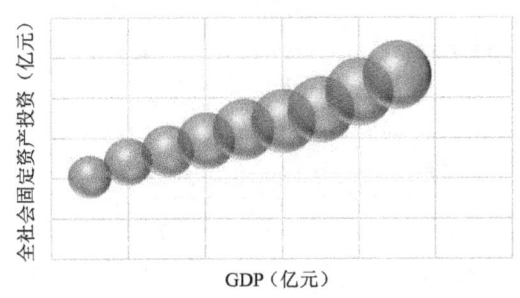

图 3-33　2010—2018 年我国 GDP、全社会固定资产投资和就业人员数的气泡图

图 3-33 中气泡大小表示就业人员数,从图中可以看出随着 GDP 的增加,全社会固定资产投资和就业人员数也都在增加(气泡在增大)。

(八) 雷达图

雷达图是展示多个变量之间关系的一种图形,又称蜘蛛图。设有 n 组样本 $L_i(1 \leqslant i \leqslant$

n),每个样本测得 P 个变量,要绘制这 P 个变量的雷达图,具体做法是:先画一个圆,然后将圆 P 等分,得到 P 个点,令这 P 个点分别对应 P 个变量,再将这 P 个点与圆心连线,得到 P 个辐射状的半径,这 P 个半径分别作为 P 个变量坐标轴,每个变量值的大小由半径上的点到圆心的距离表示,再将同一样本值在 P 个坐标上的点连线。这样,n 个样本形成的 n 个多边形就是一张雷达图。

雷达图在显示或对比各变量的数值总和时十分有用。假定各变量的取值范围具有相同的正负号,则总的绝对值与图形所围成的区域成正比。此外,利用雷达图也可以研究多个样本之间的相似程度。

【例 3.2.14】 2019 年中国城乡居民人均消费支出及其构成如表 3-16 所示,请画出表中城乡 8 项人均消费支出的雷达图。

表 3-16 2019 年中国城乡居民人均消费支出及其构成

消费支出项目	城镇居民		农村居民	
	消费支出额(元)	比重(%)	消费支出额(元)	比重(%)
食品烟酒	7733	27.56	3998	30.00
衣着	1832	6.53	713	5.35
居住	6780	24.16	2871	21.54
生活用品及服务	1689	6.00	764	5.73
交通通信	3671	13.08	1837	13.78
教育文化娱乐	3328	11.86	1482	11.12
医疗保健	2283	8.14	1421	10.66
其他用品及服务	747	2.66	241	1.81
合计	28063	100	13327	100

数据来源:国家统计局网站,www.stats.gov.cn

解:将表中数据复制到 Excel 中,并用鼠标圈定支出项目、城镇居民和农村居民,即选定【数据区域】;在【插入】界面选择【其他图表】中的【雷达图】,并进行相应编辑,即可得到雷达图,如图 3-34 所示。

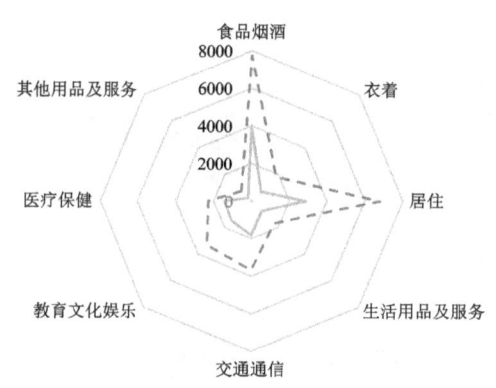

图 3-34 2019 年城乡居民各项消费支出雷达图

从雷达图中可以看出,无论是城镇居民还是农村居民,人均用于食品烟酒方面的支出数值都最大,用于其他杂项方面的支出数值都最小;城镇居民人均用于食品烟酒、衣着、交通通信、教育文化娱乐、居住、医疗保健方面的支出数值高于农村居民,反映了城乡居民人均消费支出数值存在差异。

第三节 统计表的设计

统计表是表现数据的另外一种形式。数据的搜集、整理和分析的各个环节都要用到统计表。统计表不仅是表现数据和汇总数据的必要手段,更是进行统计分析的有效工具。利用统计表汇总数据,也便于检查数据的完整性和准确性。在运用统计表撰写分析报告时,能够节省篇幅,起到简明易懂的作用。

一、统计表的结构

统计表的形式多种多样,根据使用者的要求和统计数据本身的特点,可以绘制形式多样的统计表。统计表一般由四个主要部分组成,即表头、行标题、列标题和数据资料,此外,必要时可以在统计表的下方加上表外附加。表头应放在表的上方,它说明的是统计表的主要内容。行标题和列标题通常安排在统计表的第一列和第一行,它表示的是所研究问题的类别名称和变量名称,如果是时间序列数据,行标题和列标题也可以是时间,当数据较多时,通常将时间放在行标题的位置。表的其余部分是具体的数据资料。表外附加通常放在统计表的下方,主要包括数据来源、变量的注释和必要的说明等内容。如图3-35所示。

图 3-35 统计表设计样例

二、设计统计表应注意的问题

由于使用者的目的以及统计数据的特点不同,统计表的设计在形式和结构上会有较大差异,但基本要求是一致的。尽管计算机的应用对统计表的形式要求越来越少,但"科学、实用、简练、美观"仍然是设计统计表所要求的。具体来说,设计统计表时要注意以下几点:

第一,要合理安排统计表的结构,比如行标题、列标题、数据资料的位置应安排合理。当然,由于强调的问题不同,行标题和列标题可以互换,但应使统计表的横竖长度比例适当,避免出现过高或过宽的表格形式。

第二,表头一般应包括表号、总标题和表中数据的单位等内容。总标题应简明确切地概括出统计表的内容,一般需要说明统计数据的时间(When)、地点(Where)以及何种数据(What),即标题内容应满足"3W"要求。如果表中的全部数据都是同一计量单位,可在表的右上角标明。若各变量的计量单位不同,则应放在每个变量后或单列出一列标明。

第三,表中的上、下两条横线一般用粗线,中间的其他线用细线,这样使人看起来清楚、醒目。通常情况下,统计表的左、右两边不封口,列标题之间在必要时可用竖线分开,而行标题之间通常不必用横线隔开,总之表中尽量少用横竖线。表中的数据一般是右对齐,有小数点时应以小数点对齐,而且小数点的位数应统一。对于没有数据的表格单元,一般用"-"表示,一张填好的统计表不应出现空白单元格。

第四,在使用统计表时,必要时可在表的下方加上注释,特别要注意注明数据来源,以表示对他人劳动成果的尊重,以备读者查阅使用。

本章小结

本章讲述了数据的整理与图表展示。

1. 统计整理是指在数据搜集的基础上,根据统计研究的目的和要求,依照制定好的统计数据研究方案,对搜集来的数据进行审核、分组、汇总,使之条理化、系统化,从而反映总体的特征,为进一步进行统计推断做好基础。

2. 数据的预处理是对数据在分类和分组之前必须要做的处理,包括数据的审核、数据的筛选、数据的排序三个过程。审核是指应用各种检查规则来辨别缺失、无效或不一致的录入,从而保证数据的完整性和准确性。数据的筛选就是根据研究问题的需要找出符合特定条件的某类数据。数据的排序是将被研究的数据按照一定的顺序排列,以便于研究者在浏览数据的过程中发现一些明显的特征或数据的明显的趋势,便于研究者寻找解决问题的线索。

3. 统计分组是根据统计研究的需要,将总体按照一定的标志划分为若干性质不同的组成部分。统计分组的关键在于选择分组标志和划分各组的界限。统计分组有简单分组与复合分组、品质分组与数量分组之分。数量分组(变量)的难点是合理确定组间数量界限和分组数,在组距式分组中还要合理确定组距。

4. 在统计分组的基础上,将总体中的所有个体按组归类排列,并计算出各组的个体数,就形成频数分布。分配在各组的个体数,称为频数(次数),各组频数之和称为总频数(总次数),各组频数与总频数之比称为频率。将各组的频数或频率按分组的一定顺序加以排列,就形成分布数列,它有两个构成要素:统计分组所形成的各个组和各组的频数或频率。分布数列分为品质数列和变量数列两种。变量数列又分为单项式数列和组距式数列两种。编制组距式数列需要处理好组距与组数、组限与组中值等几个问题。

5. 向上累计频数(或频率)分布的方法是:先列出各组的上限,然后由标志值低的组向标志值高的组依次累计。向上累计频数表明某组上限以下的各组单位数之和,向上累计频率表明某组上限以下的各组单位数之和占总体单位数的比重。频数分布或次数分布是指按照一定顺序把每组频数排列起来。

6. 统计图表是数据可视化的主要手段。对于单变量采用统计表,双变量采用二维列联表。对于分类数据可采用条形图、饼图和环形图等反映数据分布和结构。对于数值型数据可以采用直方图、茎叶图和箱线图等反映分布。对于多变量数据可以采用气泡图、雷达图、散点图反映变量之间的关系。

7. 统计表是一种用表展现统计数据的重要形式。广义的统计表还包括统计调查表和统计分析表。统计表一般由四个主要部分组成,即表头、行标题、列标题和数据资料。统计表的设计必须目的明确,内容具体,美观简洁,清晰明了,科学实用。

【思考与练习】

一、思考题

1. 数据的预处理包括哪些内容?
2. 分类数据和顺序数据的整理和图形展示方法各有哪些?
3. 数值型数据的分组方法有哪些?简述组距式分组的步骤。
4. 直方图与条形图有何区别?
5. 绘制曲线图应注意哪些问题?
6. 饼图和环形图有什么不同?
7. 茎叶图与直方图相比有什么优点?它们的应用场合是什么?
8. 鉴别图表优劣的准则有哪些?
9. 制作统计表时应注意哪几个问题?

二、练习题

1. 某小区售楼部的 20 名销售人员在 2019 年 10 月份的售楼业绩数据如下。按规定,销售业绩在 125 万元以上为先进销售员,115 万元~125 万元为优秀销售员,105 万元~115 万元为一般销售员,105 万元以下为落后销售员。

单位:万元

105	119	114	115	87	103	118	142	135	125
117	108	105	110	107	137	120	136	117	108

要求:根据上面的数据按先进销售员、优秀销售员、一般销售员和落后销售员进行分组,并编制频数分布表,计算累计频数和累计频率。

2. 某鞋厂为了确定新研发的跑鞋的使用寿命,即跑多远会出现无法挽回的磨损并严重影响跑鞋的性能,在一批跑鞋中随机抽取了 100 双,并邀请专业的长跑运动员参与长时间的测试,所得结果如下:

单位:公里

700	716	728	719	685	709	691	684	705	718
706	715	712	722	691	708	690	692	707	701
708	729	694	681	695	685	706	661	735	665
668	710	693	697	674	658	698	666	696	698
706	692	691	747	699	682	698	700	710	722
694	690	736	689	696	651	673	749	708	727
688	689	683	685	702	741	698	713	676	702
701	671	718	707	683	717	733	712	683	692
693	697	664	681	721	720	677	679	695	691
713	699	725	726	704	729	703	696	717	688

要求:

(1)利用计算机对上面的数据进行排序。

(2)以组距为 10 进行等距分组,整理成频数分布表。

(3)根据分组数据绘制直方图,说明数据分布的特点。

(4)制作茎叶图。

3. 下表是某单位在 2019 年 1 月到 5 月的通信费、培训费和餐饮费的支出情况。

单位:元

费用项目	1月	2月	3月	4月	5月
通信费	3400	3440	2990	1900	3990
培训费	10000	10092	3000	40000	7000
餐饮费	10000	3800	7800	8900	9900

要求:

(1)制作不同月份的对比柱状图,比较该单位在不同月份之间的支出差异。

(2)根据不同的支出项目制作雷达图,比较同一项目在不同月份的支出差异。

4. 给出 x 与 y 的数据如下,画出 x 与 y 的散点图。

x	2	3	4	1	8	7
y	25	25	20	30	16	18
x	5	6	9	10	11	12
y	42	55	21	23	18	20

5. 某小学一年级一班和二班两个班学生入学考试成绩分布情况如下表。

要求:

(1)根据上面的数据,画出两个班考试成绩的环形图。

(2)比较两个班考试成绩分布的特点。

考试成绩	一班	二班
优秀	3	6
良好	8	18
中等	15	9
及格	9	6
不及格	4	2

6. 下表是2010年到2019年我国的国内生产总值数据。

单位:亿元

指标	国内生产总值	第一产业增加值	第二产业增加值	第三产业增加值
2019年	990865.1	70466.7	386165.3	534233.1
2018年	919281.1	64745.2	364835.2	489700.8
2017年	832035.9	62099.5	331580.5	438355.9
2016年	746395.1	60139.2	295427.8	390828.1
2015年	688858.2	57774.6	281338.9	349744.7
2014年	643563.1	55626.3	277282.8	310654
2013年	592963.2	53028.1	261951.6	277983.5
2012年	538580	49084.6	244639.1	244856.2
2011年	487940.2	44781.5	227035.1	216123.6
2010年	412119.3	38430.8	191626.5	182061.9

要求:

(1)用 Excel 绘制国内生产总值的散点图。

(2)绘制第一、二、三产业增加值的散点图。

(3)绘制2019年三大产业增加值的饼图。

7. 下表是郑州市在2019年6月1日至15日的空气质量数据,空气质量指数 AQI 与多种污染物的含量息息相关,为了解它们之间的关系形态,试绘制各个空气污染指标的箱线图,并分析它们之间的关系。

郑州市2019年6月的空气质量数据

日期	AQI	质量等级	PM2.5	PM10	SO_2	CO	NO_2
2019/6/1	124	轻度污染	30	90	10	0.6	35
2019/6/2	115	轻度污染	32	108	9	0.5	36
2019/6/3	85	良	33	106	10	0.5	48
2019/6/4	139	轻度污染	29	88	7	0.5	31
2019/6/5	100	良	53	150	5	0.9	32
2019/6/6	102	轻度污染	32	47	3	0.9	20
2019/6/7	141	轻度污染	34	72	4	0.8	24
2019/6/8	154	中度污染	27	73	4	0.7	22
2019/6/9	128	轻度污染	26	102	6	0.6	33
2019/6/10	115	轻度污染	17	68	6	0.5	34
2019/6/11	131	轻度污染	24	82	9	0.6	38
2019/6/12	118	轻度污染	23	71	9	0.5	41
2019/6/13	128	轻度污染	27	82	6	0.6	46
2019/6/14	177	中度污染	30	78	9	0.6	36
2019/6/15	125	轻度污染	28	75	9	0.6	32

数据来源:中国空气质量在线监测分析平台

第四章 数据分布特征的测度

【学习目标】
1. 掌握集中趋势的各种测度方法和特点及应用场合。
2. 掌握离散程度的各种测度方法和特点及应用场合。
3. 掌握偏态与峰态的测度方法。
4. 掌握 Excel 对各种统计量的处理方法。

表 4-1 是甲、乙、丙三位球员最近几场比赛得分情况,教练希望通过分析他们的得分表现决定让谁上场参加下一次的比赛。

表 4-1 三位球员比赛得分表

甲	比赛得分	7	8	9	10	11	12	13
	频数	1	3	2	2	2	1	1
乙	比赛得分	7	8	9	10	11	12	13
	频数	1	1	2	3	2	1	1
丙	比赛得分	7	8	9	10	11	12	13
	频数	2	0	2	4	2	2	0

请根据上表资料回答以下问题:
(1)三位球员最近比赛得分的平均水平各是多少?
(2)三位球员的得分差异程度是多少?
(3)三位球员最近比赛得分的分布形态如何?

本章讲述数据集中趋势测度的统计量:众数、分位数、平均数等;离散程度测度的统计量:极差、四分位差、方差、标准差、离散系数等;数据分布测度的统计量:偏态和峰态。

第一节 集中趋势的测度

集中趋势是一组数据向中心靠拢的倾向和程度,测度集中趋势就是寻找数据平均水平的代表值或中心值。不同类型的数据用不同的集中趋势测度值,分类数据一般用众数,数值型数据一般用分位数、算术平均数、加权平均数、调和平均数、几何平均数等。

一、众数

众数是变量数列中出现次数最多、频率最高的变量值。在某些场合,众数可以用来反映现象的一般水平,众数通常用M_0来表示。

众数可用以测定分类变量、顺序变量和数值型变量的集中趋势。它是一组数据分布的峰值点。如果数据有两个或多个峰值,众数可以有多个;如果数据的分布没有明显的峰值,那么众数不存在。

【例 4.1.1】 某班级要搞一次暑期社会实践活动,有 A、B、C、D、E 五种备选方案,经 100 名同学投票,A 方案得 15 票,B 方案得 50 票,C 方案得 20 票,D 方案得 10 票,E 方案得 5 票,求 A、B、C、D、E 方案的众数。

解:B 方案得 50 票,明显高于其他方案的得票数,则 B 方案就是众数。

【例 4.1.2】 根据第三章表 3-7 中的数据,计算"政治面貌"的众数。

解:这里的变量"政治面貌"是分类变量,不同类型就是变量值,在所调查的 50 人当中,共青团员的人数最多,为 31 人,因此"共青团员"这一类型为众数。

【例 4.1.3】 某高校学生男子篮球队 10 名队员的身高(单位:厘米)分别为 180,181,180,175,182,183,180,177,186,173,求该校学生男子篮球队队员身高的众数。

解:身高 180 厘米的球员有 3 个,人数最多,所以身高 180 厘米为众数。

众数的确定有两个前提。一是总体单位总量必须相当大,若数据资料很少,则虽然可以从中得到一个出现最多的数据,但其并无"最普遍值"的意义。二是次数分布必须具有明显的集中趋势,若数列中各个数据出现的频率都差不多,则所得的"众数"缺乏代表性;若变量数列中有两个或多个变量的次数都比较集中,就可能有两个或多个众数。

二、中位数

中位数(median)是一组数据排序后处于中间位置上的变量值,一般用M_e表示。中位数把全部数据分成相等的两部分,每部分包含 50% 的数据,一部分数据比中位数大,另一部分则比中位数小。中位数主要用于测度顺序数据的集中趋势,当然也适用于测度数值型数据的集中趋势,但不适用于分类数据。

(一) 未分组数据的中位数

根据未分组数据计算中位数时,要先对数据进行排序,然后确定中位数的位置,最后确定中位数的具体数值。中位数位置的确定公式为

$$中位数的位置 = \frac{n+1}{2} \tag{4.1}$$

式中,n 为数据个数。

设一组数据为 $x_1, x_2, \cdots, x_n$,按从小到大的顺序排序后为 $x_{(1)}, x_{(2)}, \cdots, x_{(n)}$,则中位数为

$$M_e = \begin{cases} x_{\left(\frac{n+1}{2}\right)} & (n \text{ 为奇数}) \\ \dfrac{x_{\left(\frac{n}{2}\right)} + x_{\left(\frac{n}{2}+1\right)}}{2} & (n \text{ 为偶数}) \end{cases} \qquad (4.2)$$

【例 4.1.4】 根据第三章表 3-9 和 3-10 的数据,计算购买者对甲、乙两家网店售后服务评价的中位数。

解:表 3-9 和 3-10 中是顺序数据,变量为"满意度类型",其中的五个选项为变量值,由于变量值本身就是排序的,根据中位数位置的确定公式有:

$$\text{中位数的位置} = \frac{200+1}{2} = 100.5$$

从表 3-9 的累计次数中很容易看到,甲网店售后服务评价的中位数在"一般"这一类中,因此甲网店售后服务评价的中位数是"一般"这一类别,即 $M_e = $ 一般。

同样,乙网店售后服务评价的中位数也是"一般"这一类别,即 $M_e = $ 一般。

这就是说,就甲、乙两家网店售后服务评价而言,可以用"一般"作为对网店售后服务评价的一个代表值。

【例 4.1.5】 根据【例 4.1.3】中的数据,计算该校学生男子篮球队队员的身高中位数。

解:10 名队员的身高(单位:厘米)由低到高排序为:173,175,177,180,180,180,181,182,183,186。

$$\text{中位数的位置} = \frac{10+1}{2} = 5.5$$

由于第 5 位置队员和第 6 位置队员的身高都是 180 厘米,所以该校学生男子篮球队队员的身高中位数是:

$$M_e = \frac{180+180}{2} = 180$$

(二)单项式分组数据的中位数

根据单项式数列确定中位数,先按 $(\sum f_i + 1)/2$ 来确定中位数位置,然后对数列中的各组频数进行向上累计或向下累计,当某一组的累计频数大于或等于 $(\sum f_i + 1)/2$ 时,该组的变量值就是中位数。

如果总体单位数 $n = \sum f_i$,中位数的值就是:

$$M_e = \begin{cases} x_{\left(\frac{\sum f_i + 1}{2}\right)} & (\sum f_i \text{ 为奇数}) \\ \dfrac{x_{\left(\frac{\sum f_i}{2}\right)} + x_{\left(\frac{\sum f_i}{2}+1\right)}}{2} & (\sum f_i \text{ 为偶数}) \end{cases} \qquad (4.3)$$

【例 4.1.6】 某高档汽车销售公司的 30 名销售员某月完成的汽车销售额的分组数据如表 4-2 所示,计算出每人完成的月销售额的中位数。

表 4-2 某高档汽车销售公司 30 名销售员完成的销售额

月销售额(万元)	销售员人数
300	3
310	6
320	6
330	8
340	5
350	2
合计	30

解:因为 30 为偶数,根据公式 $(\sum f_i + 1)/2$,得:

$$中位数位置 = (\sum f_i + 1)/2 = (30+1)/2 = 15.5$$

由于频数 15 对应的组变量值为 320,频数 16 对应的组变量值为 330,所以

$$中位数 = \frac{320+330}{2} = 325(万元)$$

(三) 组距式分组数据的中位数

根据组距式数列确定中位数,首先计算各组距的频数,并按 $\sum f_i/2$ 来确定中位数位置,然后找出中位数所在的组,即累计频数大于或等于 $\sum f_i/2$ 的组,最后再用"插值法"按比例计算中位数的近似值。下限公式和上限公式具体计算如下:

下限公式为

$$M_L = L + \frac{\frac{\sum f_i}{2} - S_{M_e-1}}{f_{M_e}} \times d \tag{4.4}$$

上限公式为

$$M_U = U - \frac{\frac{\sum f_i}{2} - S_{M_e+1}}{f_{M_e}} \times d \tag{4.5}$$

式中,U 为中位数所在组的上限,L 为中位数所在组的下限,f_{M_e} 为中位数所在组的频数,S_{M_e-1} 为向上累计至中位数所在组下一组止的累计频数,S_{M_e+1} 为向下累计至中位数所在组上一组的累计频数,d 为中位数所在组的组距。

【例 4.1.7】 某高档汽车销售公司 30 名销售员月销售额数据如表 4-3 所示,根据表 4-3 中的数据计算出每人完成的月销售额的中位数。

解:根据表 4-3 中的数据计算向上(下)累计人数结果,如表 4-4 所示。

由表中的数据可以计算中位数的位置为 $\sum f_i/2 = 30/2 = 15$,根据表 4-4 可知,向上累计至第三组的累计频数(16)或向下累计至第三组的累计频数(21)大于 15,因而中位数所在组为 320~330 这一组,$L=320$,$U=330$,$d=10$。

由下限公式得:

表 4-3 30 名销售员月销售额数据

月销售额(万元)	销售员人数
300~310	3
310~320	6
320~330	7
330~340	10
340~350	4
合计	30

表 4-4 某高档汽车销售公司 30 名销售员向上(下)累计人数结果

月销售额(万元)	销售员人数	向上累计人数(人)	向下累计人数(人)
300~310	3	3	30
310~320	6	9	27
320~330	7	16	21
330~340	10	26	14
340~350	4	30	4
合计	30		

$$M_L = L + \frac{\frac{\sum f_i}{2} - S_{M_e-1}}{f_{M_e}} \times d = 320 + \frac{\frac{30}{2} - 9}{7} \times 10 = 328.57(万元)$$

由上限公式得：

$$M_U = U - \frac{\frac{\sum f_i}{2} - S_{M_e+1}}{f_{M_e}} \times d = 330 - \frac{\frac{30}{2} - 14}{7} \times 10 = 328.57(万元)$$

所以,中位数的值为 328.57(万元)。

中位数的优点：一是中位数的概念清晰,只要排列数据顺序,就可以比较容易地加以确定；二是中位数不受变量中特殊值的影响,出现特大值或特小值时,用中位数表示现象的一般水平更具有代表性；三是组距式数列出现开口组时,对中位数无影响；四是当某些变量不能变现为数量值但可以定序时,不能计算数值平均数而可以确定中位数。

中位数的局限：一是中位数不能像算术平均数那样进行代数运算；二是除了变量数列的中间部分数值外,其他数值的变化都不对中位数产生影响,因此中位数的灵敏度相对较低。

三、分位数

中位数是从中间点将全部的数据等分为两部分,与中位数类似的还有四分位数(quartile)、十分位数(decile)和百分位数(percentile)等,它们是分别使用 3 个点、9 个点和 99 个点将数据 4 等分、10 等分和 100 等分后各分位点上的值。在这里只介绍四分位数计算。

四分位数(quartile)也称为四分位点,它是将一组数据排序后处于 25% 和 75% 位置上的值。四分位数是通过 3 个点将全部数据等分为 4 部分,其中每部分包含 25% 的数据。很显然中间的四分位数就是中位数,因此通常所说的四分位数是指处在 25% 位置上的数值(称为下四分位数)和处在 75% 位置上的数值(称为上四分位数)。与中位数的计算方法类似,根据未分组数据计算四分位数时,首先对数据进行排序,然后确定四分位数所在的位置,该位置上的数值就是四分位数。根据定义,四分位数的位置确定方法如下。

设下四分位数为 Q_L,上四分位数为 Q_U,根据四分位数的定义有:

$$Q_L \text{ 位置} = \frac{n}{4}$$

$$Q_U \text{ 位置} = \frac{3n}{4} \tag{4.6}$$

如果位置是整数,四分位数就是该位置对应的值;如果是在 0.5 的位置上,则取该位置两侧值得平均数;如果是在 0.25 或 0.75 的位置上,则四分位数等于该位置的下侧值加上按比例分摊位置两侧数值的差值。

【例 4.1.8】 根据【例 4.1.3】中某高校学生男子篮球队 10 名队员的身高数据,计算该校学生男子篮球队队员的身高上、下四分位数。

解:10 名队员的身高(单位:厘米)由低到高排序为:173,175,177,180,180,180,181,182,183,186,所以:

下四分位数 Q_L 位置 $= \frac{n}{4} = \frac{10}{4} = 2.5$,则下四分位数为 $\frac{175+177}{2} = 176$(厘米);

上四分位数 Q_U 位置 $= \frac{3n}{4} = \frac{30}{4} = 7.5$,则上四分位数为 $\frac{181+182}{2} = 181.5$(厘米)。

在某些情况下,分位数相对于均值是更好的集中趋势的测度,尤其是中位数相对于均值更不容易受到很大或很小测量值的影响。例如考虑专业运动员(如美国篮球协会的球员)的薪酬,具有很高薪资的几个球员的出现,对于均值的影响将大于对中位数的影响。因此,中位数会更准确地描述专业联盟典型薪酬的状况;均值可能会超过样本中的大多数测量值,从而误导集中趋势的测度。

四、算术平均数

算术平均数也称均值,等于变量所有取值的总和除以变量值个数,即总体(样本)标志总量除以总体(样本)容量的结果,是最常用的平均数。根据掌握资料的不同,算术平均数可以分为简单算术平均数与加权算术平均数。

(一)简单算术平均数

简单算术平均数是根据未分组数据计算的,即直接将变量的各变量值相加,除以变量值的个数。一组数据 $x_1, x_2, \cdots, x_n$,则简单算术平均数 $\bar{x}$ 的计算公式为

$$\bar{x} = \frac{x_1 + x_2 + \cdots + x_n}{n} = \frac{\sum_{i=1}^{n} x_i}{n} \tag{4.7}$$

【例 4.1.9】 根据【例 4.1.3】中某高校学生男子篮球队 10 名队员的身高(单位:厘米)数据,计算该校学生男子篮球队队员的平均身高。

解:

$$\bar{x} = \frac{\sum_{i=1}^{10} x_i}{n} = \frac{180 + 181 + 180 + 175 + 182 + 183 + 177 + 186 + 173 + 180}{10} = 179.7(厘米)$$

(二) 加权算术平均数

加权算术平均数是根据变量数列计算的,即以各组变量值(或组中值)乘以相应的频数计算出各组标志总量,加总各组标志总量得出总体标志总量,再用总体标志总量除以总频数。加权算术平均数的计算公式为

$$\bar{x} = \frac{x_1 f_1 + x_2 f_2 + \cdots + x_k f_k}{f_1 + f_2 + \cdots + f_k} = \sum_{i=1}^{k} x_i \left(\frac{f_i}{\sum_{i=1}^{k} f_i} \right) \tag{4.8}$$

式中,x_i 表示第 i 组的变量值(或组中值)($i = 1, 2, 3, \cdots, k$),f_i 表示第 i 组的频数($i = 1, 2, 3, \cdots, k$),k 为组数。

【例 4.1.10】 根据【例 4.1.6】表 4-2 中的数据计算 30 名销售员某月完成的汽车销售额算术平均数。

解:30 名销售员某月完成的汽车销售额平均数为

$$\bar{x} = \frac{\sum_{i=1}^{6} x_i f_i}{\sum_{i=1}^{6} f_i} = \frac{300 \times 3 + 310 \times 6 + 320 \times 6 + 330 \times 8 + 340 \times 5 + 350 \times 2}{3 + 6 + 6 + 8 + 5 + 2} = 324(万元)$$

【例 4.1.11】 根据【例 4.1.7】中某高档汽车销售公司的 30 名销售员某月完成的汽车销售额的分组数据,计算平均每人完成的月销售额。

解:首先计算每组组中值,计算结果如表 4-5 所示。

表 4-5 某高档汽车销售公司 30 名销售员完成的月销售额

月销售额(万元)	组中值 x_i	销售员人数 f_i	$x_i f_i$
300~310	305	3	915
310~320	315	6	1890
320~330	325	7	2245
330~340	335	10	3350
340~350	345	4	1340
合计		30	9735

根据上表的数据可计算该汽车销售公司平均每人完成的月销售额为

$$\bar{x} = \frac{\sum_{i=1}^{5} x_i f_i}{\sum_{i=1}^{5} f_i} = \frac{305 \times 3 + 315 \times 6 + 325 \times 7 + 335 \times 10 + 345 \times 4}{3 + 6 + 7 + 10 + 4} = 327(万元)$$

五、调和平均数

调和平均数是平均数的一种,它先对变量值的倒数求平均,然后再取倒数,也称为倒数平均数。在数学上它是一种独立的存在形式,但在实践中通常被作为算术平均数的变形而使用。调和平均数也有简单调和平均数与加权调和平均数两种。

(一) 简单调和平均数

当各组的标志总量相等时,所计算的调和平均数就称为简单调和平均数。简单调和平均是各个标志值 x_i 的倒数的算术平均数的倒数。设总体分为 k 个组,每个组的标志总量都为 m,以 x_i 表示各组变量值,H 表示调和平均数,则简单调和平均数的计算公式为

$$H = \frac{km}{\frac{m}{x_1} + \frac{m}{x_2} + \cdots + \frac{m}{x_k}} = \frac{k}{\sum_{i=1}^{k} \frac{1}{x_i}} \tag{4.9}$$

【例 4.1.12】 市场上某种蔬菜的价格是早市每公斤 1.25 元,午市每公斤 1.20 元,晚市每公斤 1.10 元。若早、中、晚各买 10 元钱的蔬菜,问:所购买蔬菜的平均价格是多少?

解:蔬菜的平均价格是总购买金额除以总购买数量。该例中有 3 个组,各组标志总量(购买金额)都为 10 元,各组变量值(蔬菜价格)分别为 1.25 元、1.20 元和 1.10 元,但不知道所购买蔬菜的数量,所以要先分别计算出各组的蔬菜购买数量,即 $\frac{10}{1.25}$、$\frac{10}{1.20}$ 和 $\frac{10}{1.10}$ 公斤,最后可计算出所购买蔬菜的平均价格为

$$H = \frac{k}{\sum \frac{1}{x_i}} = \frac{3}{\frac{1}{1.25} + \frac{1}{1.20} + \frac{1}{1.10}} = \frac{3}{2.54} = 1.18(元/公斤)$$

(二) 加权调和平均数

当各组的标志总量不相等时,所计算的调和平均数要以各组的标志总量为权数,其结果即为加权调和平均数。若以 m_i 表示各组标志总量,则加权调和平均数的计算公式为

$$H = \frac{m_1 + m_2 + \cdots + m_k}{\frac{m_1}{x_1} + \frac{m_2}{x_2} + \cdots + \frac{m_k}{x_k}} = \frac{\sum_{i=1}^{k} m_i}{\sum_{i=1}^{k} \frac{m_i}{x_i}} \tag{4.10}$$

【例 4.1.13】 根据【例 4.1.12】中市场上某种蔬菜的价格数据,若早、中、晚分别买 15 元、12 元、10 元钱的蔬菜,问:所购买蔬菜的平均价格是多少?

解:与上例相比,早、中、晚购买蔬菜的金额不一样了,不再都是 10 元,此时平均价格会发生什么变化呢?不难计算,此时所购买蔬菜的平均价格为

$$H = \frac{\sum m_i}{\sum \frac{m_i}{x_i}} = \frac{15 + 12 + 10}{\frac{15}{1.25} + \frac{12}{1.20} + \frac{10}{1.10}} = \frac{37}{31.09} = 1.19(元/公斤)$$

【例 4.1.14】 根据表 4-6 中的数据,计算某企业职工的平均年薪。

解:在本例中,已知各组职工的分组年薪和年薪总额,即各组的标志值和对应标志总量,但不知道各组的工人数,因此要采用调和平均数的公式进行计算。首先计算各组标志值的组中值与各组的工人数,计算结果如表 4-7 所示。

表 4-6 各组职工的分组年薪和年薪总额

年薪分组(万元)	年薪总额 m_i
5 以下	25.30
5~10	586.55
10~15	271.37
15~20	120.07
20 以上	73.87
合计	1077.16

表 4-7 各组标志值的组中值与各组的工人数计算结果

年薪分组(万元)	组中值 x_i	年薪总额 m_i	工人数 f_i
5 以下	2.5	25.30	10
5~10	7.5	586.55	78
10~15	12.5	271.37	22
15~20	17.5	120.07	7
20 以上	22.5	73.87	3
合计		1077.16	120

$$H = \frac{\sum m_i}{\sum \frac{m_i}{x_i}} = \frac{25.30 + 586.55 + 271.37 + 120.07 + 73.87}{\frac{25.30}{2.5} + \frac{586.55}{7.5} + \frac{271.37}{12.5} + \frac{120.07}{17.5} + \frac{73.87}{22.5}} = \frac{1077.16}{120} \approx 8.98(万元)$$

六、几何平均数

几何平均数是计算平均比率或平均速度的一种常用方法,例如,用于计算平均发展速度、复利法的平均利率等。根据掌握的数据条件不同,几何平均数可以分为简单几何平均数与加权几何平均数两种。

(一)简单几何平均数

简单几何平均数是 n 个变量乘积的 n 次方根,若以 x_i 表示变量的第 i 个变量值,用 G 表示几何平均数,则简单几何平均数的计算公式为

$$G = \sqrt[n]{x_1 \times x_2 \times \cdots \times x_n} = \sqrt[n]{\prod_{i=1}^{n} x_i} \quad (4.11)$$

【例 4.1.15】 已知某市 2016—2010 年国内生产总值的发展速度(以上年为 100%)分别为 112%、108%、114%、116% 和 113%,要求:计算这 5 年国内生产总值的平均发展速度。

解:由公式(4.11)可得平均发展速度:

$$G_m = \sqrt[5]{x_1 \times x_2 \times x_3 \times x_4 \times x_5}$$

$$= \sqrt[5]{112\% \times 108\% \times 114\% \times 116\% \times 113\%}$$
$$= 112.57\%$$

注意,如果已知的是各年的增长速度,要计算若干年的平均增长速度,则需要先将增长率加上100%得到发展速度,再根据上述方法计算出平均发展速度,最后用平均发展速度减100%得到平均增长速度。

(二) 加权几何平均数

当计算几何平均数的各变量值出现的次数不等,即数据经过了统计分组时,则应采用加权几何平均数。若 x_i 表示第 i 组的变量值($i = 1, 2, \cdots, k$),f_i 表示第 i 组的频数($i = 1, 2, \cdots, k$),k 为组数,则加权几何平均数的计算公式为

$$G = \sqrt[\sum_{i=1}^{k} f_i]{x_1^{f_1} \times x_2^{f_2} \times \cdots \times x_k^{f_k}} = \sqrt[\sum_{i=1}^{k} f_i]{\prod_{i=1}^{k} x_i^{f_i}} \tag{4.12}$$

【例 4.1.16】 某笔为期12年的投资以复利计算收益。近12年来的收益率有4年为3%,2年5%,2年为8%,3年为10%,1年为15%。求整个投资期内的平均收益率。

解:由公式(4.12)可得平均发展速度:

$$G = \sqrt[\sum_{i=1}^{k} f_i]{x_1^{f_1} \times x_2^{f_2} \times \cdots \times x_k^{f_k}}$$
$$= \sqrt[12]{103\%^4 \times 105\%^2 \times 108\%^2 \times 110\%^3 \times 115\%^1}$$
$$= 106.85\%$$
$$G - 1 = 6.85\%$$

即整个投资期的平均收益率为6.85%。

第二节 离散程度的测度

集中趋势描述的是数据中各变量值向其中心值聚集的程度,其测度值是对数据一般水平的概括性度量,而集中趋势测度值对该组数据的代表程度的大小取决于该组数据的离散程度。一般而言,数据的离散程度越大,集中趋势的测度值对该组数据的代表性就越差;离散程度越小,集中趋势的测度值的代表性就越好。而数据的离散程度怎样,各个变量值之间的差异状况如何,需要考察数据的离散程度测度统计量。离散程度常用的测度统计量有异众比率、四分位差、极差、平均差、方差、标准差和离散系数等。

一、异众比率

异众比率(variation ratio)是指非众数组的频数占总频数的比例,用 V_r 表示,其计算公式为

$$V_r = \frac{\sum_{i=1}^{k} f_i - f_{M_0}}{\sum_{i=1}^{k} f_i} = 1 - \frac{f_{M_0}}{\sum_{i=1}^{k} f_i} \tag{4.13}$$

式中，$\sum_{i=1}^{k} f_i$ 为变量值的总频数，f_{M_0} 为众数组的频数。

异众比率主要用于衡量众数对一组数据的代表程度。异众比率越大，说明非众数组的频数占总频数的比重越大，众数的代表性越差；异众比率越小，说明非众数组的频数占总频数的比重越小，众数的代表性越好。异众比率主要适合测度分类数据的离散程度，当然，对于顺序数据以及数值型数据也可以计算异众比率。

【例 4.2.1】 根据【例 4.1.6】某高档汽车销售公司的 30 名销售员完成的汽车销售额的分组数据，计算异众比率。

解：根据公式(4.13)，得

$$V_r = \frac{\sum_{i=1}^{k} f_i - f_{M_0}}{\sum_{i=1}^{k} f_i} = 1 - \frac{8}{30} = 0.73$$

这说明在所调查的 30 人当中，月销售额高于或低于 330 万的销售员人数占到 73%，异众比率比较大。因此，用"330 万"来代表销售员的月销售额的情况，其代表性不是很好。

二、四分位差

四分位差是指一组数据的上四分位数与下四分位数之差，以 Q_D 表示四分位差的计算公式为

$$Q_D = Q_U - Q_L \tag{4.14}$$

四分位差反映的是中间的 50%数据的差异范围，它不受极端值的影响，主要用于衡量中位数的代表性。四分位差越小，表明中位数的代表性越好，数据分布的集中趋势越明显；四分位差越大，表明中位数的代表性越差，数据分布越分散。

【例 4.2.2】 根据【例 4.1.3】中某高校篮球队队员的身高数据，计算该球队队员身高的四分位差。

解：根据【例 4.1.3】中某高校篮球队队员的身高数据计算可知，$Q_L = 176$，$Q_U = 181.5$，

四分位差 = 181.5 - 176 = 5.5（厘米）

三、极差

极差(range)是总体中各单位标志值中最大值与最小值之差，用以说明被研究现象变量值变动的总范围。极差数值大，说明变量值离散程度大，平均数的代表性小；极差值小，说明变量值离散程度小，平均数的代表性大。其计算公式为

$$R = x_{\max} - x_{\min} \tag{4.15}$$

其中，R 代表极差，$x_{\max}$ 代表最大变量值，$x_{\min}$ 代表最小变量值。

【例 4.2.3】 根据【例 4.1.3】中某高校篮球队队员的身高数据，计算该球队队员身高的极差。

解：
$$R = x_{\max} - x_{\min} = 186 - 173 = 13(厘米)$$

数据的极差是容易计算和理解的。但是，当数据集很大时，它对数据变化的反应是相当不敏感的。这是因为极差只是利用了一组数据两端的信息，不能反映出中间数据的分散情况，因而不能准确描述出数据的分散程度。

四、平均差

平均差（mean deviation）也称平均绝对离差（mean absolute deviation），它是各变量值与其平均数离差绝对值的平均数，用 M_d 表示。

根据未分组数据计算平均差的公式为

$$M_d = \frac{\sum_{i=1}^{n} |x_i - \bar{x}|}{n} \tag{4.16}$$

根据分组数据计算平均差的公式为

$$M_d = \frac{\sum_{i=1}^{k} |x_i - \bar{x}| f_i}{\sum_{i=1}^{k} f_i} \tag{4.17}$$

【例 4.2.4】 某高档汽车销售公司的 30 名销售员某月完成的汽车销售额的分组数据如下表 4-8 所示，计算出平均差。

表 4-8 某高档汽车销售公司 30 名销售员完成销售额数列

月销售额（万元）	销售员人数
300~310	3
310~320	6
320~330	8
330~340	10
340~350	3
合计	30

解：根据上表计算组中值、平均值、组中值与平均值的绝对差，具体数据如表 4-9 所示。

表 4-9 某高档汽车销售公司 30 名销售员完成销售额的平均差计算表

月销售额（万元）	组中值 x_i	销售员人数 f_i	$x_i \times f_i$	$|x_i - \bar{x}|$	$|x_i - \bar{x}| \times f_i$
300~310	305	3	915	21.3	63.9
310~320	315	6	1890	11.3	67.8
320~330	325	8	2600	1.3	10.4
330~340	335	10	3350	8.7	87
340~350	345	3	1035	18.7	56.1
合计		30	9790		285.2

根据上表可得：

$$\bar{x} = \frac{\sum_{i=1}^{5} x_i f_i}{\sum_{i=1}^{5} f_i} = \frac{9790}{30} = 326.3(万元)$$

$$M_d = \frac{\sum_{i=1}^{5} |x_i - \bar{x}| f_i}{30} = \frac{285.2}{30} = 9.51(万元)$$

这说明每名销售员的月销售额与平均月销售额的差额为 9.51 万元。

平均差以平均数为中心，反映了每个数据与平均数的平均差异程度，它能全面准确地反映一组数据的离散状况。平均差越大，说明数据的离散程度越大；反之，则说明数据的离散程度越小。为了避免离差之和等于零而无法计算平均差这一问题，在计算时对离差取了绝对值，以离差绝对值来表示总离差，这就给计算带来了不便，因而在实际中应用较少。但平均差的实际意义比较清楚，容易理解。

五、方差和标准差

方差是各个变量值与其算术平均数离差平方的平均数。方差的平方根，称为标准差，又称均方差。方差的计量单位和量纲不便于从经济意义上进行解释，而标准差的计量单位与平均数相同，所以实际统计工作中多用标准差来测度统计数据的离散程度，方差和标准差的计算也分为简单平均法和加权平均法。方差和标准差是测度数据离散程度最重要、最常用的统计量。

(一) 总体方差和标准差

方差(variance)是各变量值与其平均数离差平方的平均数。它在数学处理上是通过平方的方法消去离差的正负号，然后再进行平均。方差的平方根称为标准差(standard deviation)。方差(或标准差)能较好地反映出数据的离散程度，是实际中应用最广的离散程度测量值。

对于未分组数据，方差和标准差的计算公式分别为

$$\sigma^2 = \frac{\sum_{i=1}^{n}(x_i - \mu)^2}{N}$$

$$\sigma = \sqrt{\frac{\sum_{i=1}^{n}(x_i - \mu)^2}{N}} \tag{4.18}$$

式中，μ 表示总体均值，σ^2 表示总体方差；σ 表示总体标准差。

对于分组数据，方差 σ^2 和标准差 σ 的计算公式分别为

$$\sigma^2 = \frac{\sum_{i=1}^{k}(x_i-\mu)^2 f_i}{\sum_{i=1}^{k} f_i}$$

$$\sigma = \sqrt{\frac{\sum_{i=1}^{k}(x_i-\mu)^2 f_i}{\sum_{i=1}^{k} f_i}} \tag{4.19}$$

(二)样本方差与标准差

设样本方差、标准差分别为 S^2, S。

未分组数据的样本方差和标准差计算公式为

$$S^2 = \frac{\sum_{i=1}^{n}(x_i-\bar{x})^2}{n-1}$$

$$S = \sqrt{\frac{\sum_{i=1}^{n}(x_i-\bar{x})^2}{n-1}} \tag{4.20}$$

分组数据的样本方差和标准差计算公式为

$$S^2 = \frac{\sum_{i=1}^{k}(x_i-\bar{x})^2 f_i}{\sum_{i=1}^{k} f_i - 1}$$

$$S = \sqrt{\frac{\sum_{i=1}^{k}(x_i-\bar{x})^2 f_i}{\sum_{i=1}^{k} f_i - 1}} \tag{4.21}$$

样本方差与总体方差在计算上的区别是:总体方差是用数据个数或总频数去除离差平方和;样本方差则是用样本数据个数或总频数减1去除离差平方和,其中样本数据个数减1即 $n-1$ 称为样本方差的自由度[①]。

【例 4.2.5】 根据【例 4.2.4】中某高档汽车销售公司的 30 名销售员某月完成的汽车销售额的分组数据,计算出方差和标准差。

解:根据【例 4.2.4】计算方差、标准差相关数据如表 4-10 所示。

由表 4-10 数据可得:

[①]自由度是指样本统计量中能自由取值的随机变量个数。若样本容量为 n,在计算样本方差之前,需先确定样本均值 $\bar{x}$,于是在满足恰定均值为 $\bar{x}$ 的条件下,也即在受到这个条件的约束下计算样本方差时,能自由取值的随机变量的个数就减少了一个,即自由度为 $n-1$。

表 4-10 30名销售员完成汽车销售额的方差、标准差计算表

月销售额（万元）	组中值x_i	销售员人数f_i	离差$x_i-\bar{x}$	离差平方$(x_i-\bar{x})^2$	离差平方×次数$(x_i-\bar{x})^2 f_i$
300~310	305	3	-21.3	453.69	1361.07
310~320	315	6	-11.3	127.69	766.14
320~330	325	8	-1.3	1.69	13.52
330~340	335	10	8.7	75.69	756.9
340~350	345	3	18.7	349.69	1049.07
合计		30			3946.7

$$S^2 = \frac{\sum_{i=1}^{5}(x_i-\bar{x})^2 f_i}{\sum_{i=1}^{5} f_i - 1} = \frac{3946.7}{30-1} = 136.1(万元)$$

$$S = \sqrt{\frac{\sum_{i=1}^{5}(x_i-\bar{x})^2 f_i}{\sum_{i=1}^{5} f_i - 1}} = \sqrt{\frac{3946.7}{30-1}} = 11.67(万元)$$

【例 4.2.6】 考察一台机器的生产能力,利用抽样程序来检验其生产出来的产品质量是否稳定。根据行业标准,如果样本零件尺寸的标准差大于0.3 cm,则表明该零件的质量不稳定,需要对该机器进行停工检修。抽样搜集的数据如表4-11所示。

表 4-11 16个零件的尺寸数据表

序号	1	2	3	4	5	6	7	8
尺寸(cm)	34.3	34.5	34.3	34.6	34.4	34.5	34.6	34.8
序号	9	10	11	12	13	14	15	16
尺寸(cm)	34.1	34.4	34.6	34.5	34.7	34.9	34.4	34.2

要求:根据上述资料计算样本标准差,以判断机器是否需要停工检修。

解:根据表4-11中的数据计算得到

$$平均尺寸:\bar{x} = \frac{\sum_{i=1}^{n} x_i}{n} = \frac{551.8}{16} = 34.4875(cm)$$

$$标准差:S = \sqrt{\frac{\sum_{i=1}^{n}(x_i-\bar{x})}{n-1}} = \sqrt{\frac{0.6782}{16-1}} \approx 0.21(cm)$$

由于计算出来的样本标准差为0.21厘米,小于0.3厘米,表明该台机器还不需停工检修。

标准差是反映数据分布离散程度的测度值之一,它不仅可以说明平均数的代表性,而且在实际工作中还可以用来衡量产品的生产质量是否稳定。方差和标准差是根据全部数据计算的,它反映了每个数据与其均值的平均偏差、平均距离,因此它能准确地反映出数据的离

散程度,因而在实际中应用最广泛。

六、离散系数

离散系数也称为变异系数(coefficient of variation),它是一组数据的标准差与其相应的平均数之比。其计算公式为

$$V_s = \frac{S}{\bar{x}} \tag{4.22}$$

【例 4.2.7】 为了分析某企业男女职工的年薪差异,分别从 80 名女职工和 120 名男职工中随机抽取 20 名,调查获得他们的年薪数据如表 4-12 所示。

表 4-12 某企业职工年薪样本数据

女职工	49200	48300	42300	48900	33300	66600	45900	44700	48300	50100
	49500	40200	42900	52500	50100	65100	58500	42300	60000	36300
男职工	207500	47400	194000	61500	87900	53100	56100	47400	117500	109800
	71100	60000	61500	92000	92000	90000	84000	135000	141750	61800

要求:计算男女职工平均年薪及离散系数,说明两组数据的离散程度及均值的代表性。

解: 由题意知,

$$\bar{x}_{女} = \frac{\sum_{i=1}^{20} x_i}{n} = \frac{975000}{20} = 48750(元)$$

$$S_{女} = \sqrt{\frac{\sum_{i=1}^{20}(x_i - \bar{x}_{女})^2}{n-1}} = \sqrt{\frac{1435230000}{19}} = 8691.28(元)$$

$$V_{女} = \frac{S_{女}}{\bar{x}_{女}} = \frac{8691.28}{48750} = 17.83\%$$

$$\bar{x}_{男} = \frac{\sum_{i=1}^{20} x_i}{n} = \frac{1871350}{20} = 93567.50(元)$$

$$S_{男} = \sqrt{\frac{\sum_{i=1}^{20}(x_i - \bar{x}_{男})^2}{n-1}} = \sqrt{\frac{40084761375}{19}} = 45931.74(元)$$

$$V_{男} = \frac{S_{男}}{\bar{x}_{男}} = \frac{45931.74}{93567.50} = 49.09\%$$

由于 $V_{男} > V_{女}$,说明男职工年薪的离散程度更高,女职工的平均年薪的代表性比男职工好。

离散系数是测度数据离散程度的相对统计量,主要是用于比较不同样本数据的离散程度,离散系数大,说明数据的离散程度也大;离散系数小,说明数据的离散程度也小。

七、标准分数

平均数描述的是一组数据的一般水平,标准差测度是数据组各变量值与其平均数的平均距离,若要考察一组数据中单个变量值与其平均数的距离,研究每个变量值在数据中的相对位置,需计算标准分数。标准分数(standard score)是指一组数据中的单个变量值与其平均数的离差除以标准差的值,记为 Z。标准分数的计算公式为

$$Z_i = \frac{x_i - \bar{x}}{S} \quad \text{或} \quad Z_i = \frac{X_i - \mu}{\sigma} \tag{4.23}$$

标准分数 Z 测度的是一个变量值在一组数据中的相对位置。若 $Z<0$,表明变量值低于平均数,位于平均值左侧;若 $Z>0$,表明变量值高于平均数,位于平均值右侧。标准分数只是通过对原始数据进行线性变换,使该组数据变为具有均值为 0,标准差为 1 的特性,它没有改变一个数据在该组数据中的位置。

【例 4.2.8】 根据【例 4.2.7】中的数据,计算男女职工的标准分数。

解: 根据已知数据计算得:$\bar{x}_女 = 48750, S_女 = 8471.22; \bar{x}_男 = 93567.50, S_男 = 44768.72$。

由式(4.23)得每个男女职工的标准分数如表 4-13 所示。

表 4-13 某企业男女职工的标准分数

职工编号	男职工		女职工	
	年收入(元)	标准分数	年收入(元)	标准分数
1	207500	2.54	49200	0.05
2	47400	-1.03	48300	-0.05
3	194000	2.24	42300	-0.76
4	61500	-0.72	48900	0.02
5	87900	-0.13	33300	-1.82
6	53100	-0.90	66600	2.11
7	56100	-0.84	45900	-0.34
8	47400	-1.03	44700	-0.48
9	117500	0.53	48300	-0.05
10	109800	0.36	50100	0.16
11	71100	-0.50	49500	0.09
12	60000	-0.75	40200	-1.01
13	61500	-0.72	42900	-0.69
14	92000	-0.04	52500	0.44
15	92000	-0.04	50100	0.16
16	90000	-0.08	65100	1.93
17	84000	-0.21	58500	1.15
18	135000	0.93	42300	-0.76
19	141750	1.08	60000	1.33
20	61800	-0.71	36300	-1.47

由表 4-13 可知,收入最低的男职工其年收入与平均数相比低 -1.03 个标准差,而收入最高的男职工其年收入与平均数相比高 2.54 个标准差;收入最低的女职工其年收入与平均数相比低 -1.82 个标准差,而收入最高的女职工其年收入与平均数相比高 2.11 个标准差。

标准分数可用以判断一组数据是否有离群点。经验法则表明,当一组数据呈对称分布时,约有 68% 的数据分布在平均数加减 1 个标准差的范围之内;约有 95% 的数据分布在平均数加减 2 个标准差的范围之内;约有 99% 的数据分布在平均数加减 3 个标准差的范围之内。一组数据中低于或高于平均数 3 倍标准差的数据是很少的。统计中,一般将远离平均数正负 3 倍标准差之外的数据称为离群点。

当一组数据不是对称分布时,经验法则不适用,可使用切比雪夫不等式。对于任意分布形态的数据,根据切比雪夫不等式,至少有 $1-1/k^2$ 的数据落在平均数加减 k 个标准差之内,其中 k 是大于 1 的任意值,但不一定是整数。如 k 取 2、3、4,依据切比雪夫不等式,至少有 75% 的数据在平均数加减 2 个标准差的范围内;至少有 89% 的数据在平均数加减 3 个标准差的范围之内;至少有 94% 的数据在平均数加减 4 个标准差的范围之内。无论是经验法则还是切比雪夫不等式都告诉我们,数据组中所有观察值的 Z 值的绝对值几乎都要小于 4,如 Z 大于 4,可能是异常观察值,它所代表的是一个偶然事件。

第三节 偏态与峰态的测度

集中趋势和离散程度是数据分布的两个重要特征,但要全面了解数据分布特点,还需要知道数据分布的形状是否对称、斜的程度是陡峭还是平坦。偏态和峰态是以标准正态分布为标准对数据分布形状的测度。

一、偏态及其测度

偏态是对数据分布对称性的测度,测度数据分布偏斜程度的指标称偏态系数,记为 SK。对于数值型数据,在单峰分布前提下,可利用众数、中位数和平均数之间的关系大体判断数据分布是对称、左偏或右偏。如果数据的分布是对称的(如图 4-1(a)),那么众数(M_0)、中位数(M_e)和平均数($\bar{x}$)必定相等,即 $M_0 = M_e = \bar{x}$;如果数据是左偏分布(如图 4-1(b)),说明数据存在极小值,必然拉动平均数向极小值一方靠,而众数和中位数由于是位置代表值,不受极值的影响,因此三者之间的关系表现为:$\bar{x} < M_e < M_0$;如果数据是右偏分布(如图 4-1(c)),说明数据存在极大值,必然拉动平均数向极大值一方靠,因此 $M_0 < M_e < \bar{x}$。

为了进一步测度数据的偏斜程度,需要计算偏态系数。偏态系数的计算方法有很多,这里仅介绍中心距法。

在根据未分组的原始数据计算偏态系数时,通常采用下面的公式:

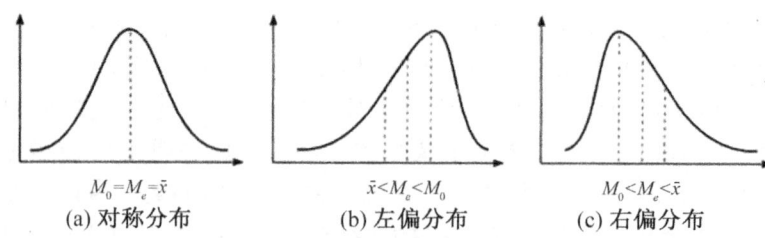

图 4-1 利用众数、中位数和平均数看分布

$$SK = \frac{M_3}{S^3} = \frac{\sum_{i=1}^{n}(x_i - \bar{x})^3}{nS^3} \qquad (4.24)$$

式中,S^3 是样本标准差的 3 次方。

根据分组数据计算时,公式为

$$SK = \frac{M_3}{S^3} = \frac{\sum_{i=1}^{n}(x_i - \bar{x})^3 f_i}{S^3 \sum_{i=1}^{n} f_i} \qquad (4.25)$$

这里用到的"矩"的概念原是物理学中表示力与力臂对重心关系的术语,统计学中把变量与权数对平均数的关系类比于"矩",用它来描述数据分布的性质。

定义 M_k 为 k 阶中心矩,公式为

$$M_k = \frac{\sum_{i=1}^{n}(x_i - \bar{x})^k f_i}{\sum_{i=1}^{n} f_i} \qquad (4.26)$$

统计上使用三阶中心矩来计算偏态系数,是因为中心矩本身可以通过高于平均数的离差之和与低于平均数的离差之和的比较来显示分布的对称与非对称性。显然,当高于平均数的离差之和与低于平均数的离差之和相等时,全部离差之和等于零,数据呈对称分布;当这两种离差之和不相等,经正、负离差相互抵消之后,结果便可显示出分布的偏斜程度。由于一阶中心矩恒为零,而对偶数阶中心矩而言,离差的偶数次方都是正数,没有正负抵消,所以这两种中心矩都不能用于测度偏态程度,只有奇数次阶的中心矩能满足正负离差和的比较,其中又以三阶中心矩最为简单,故常用 M_3 与 S^3 对比的相对数来测度偏度。

如果一组数据的分布是对称的,则偏态系数等于 0;如果偏态系数明显不等于 0,表明分布是非对称的。若偏态系数大于 1 或小于 −1,则称为高度偏态分布;若偏态系数在 0.5~1 或 −1~−0.5 范围内,则认为是中等偏态分布;偏态系数越接近 0,偏斜程度就越低。

二、峰态及其测度

峰态是指一组数据分布的平缓或陡峭状态。对数据分布峰态程度的测度指标称为峰态系数。描述一组数据的峰态程度是以标准正态分布曲线为标准,反映分布曲线顶端相对于

正态曲线顶端而言平坦或尖的程度。简言之,峰态系数是反映分布曲线顶峰尖峭程度的特征值。

峰态可以分为高峰度和低峰度两种。若频率分布中各变量值对众数的相对位置都较正态曲线更为密集,因而使其曲线呈陡峭形,则称为高峰度;若频率分布中各变量值对众数的相对位置都较正态曲线更为分散,其曲线较为平缓,则称为低峰度。如图4-2所示。

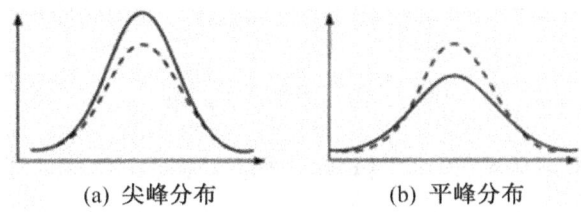

(a) 尖峰分布　　　　(b) 平峰分布

图4-2　峰态图

统计中常用四阶中心矩 M_4 测定峰度,但这只是峰度的绝对测定量,具有计量单位,不能据此比较不同频率分布的峰度。因此,为了便于比较,需要将四阶中心矩 M_4 除以标准差的四次方 S^4,得到峰度的相对测定量,称为峰态系数,并以 K 表示。

根据未分组原始数据计算峰态系数时,公式为

$$K = \frac{M_4}{S^4} - 3 = \frac{\sum_{i=1}^{n}(x_i - \bar{x})^4}{nS^4} - 3 \quad (4.27)$$

根据分组数据计算峰态系数时,计算公式为

$$K = \frac{M_4}{S^4} - 3 = \frac{\sum_{i=1}^{n}(x_i - \bar{x})^4 f_i}{S^4 \sum_{i=1}^{n} f_i} - 3 \quad (4.28)$$

当 $K>0$ 时,数据分布呈高峰态,表明变量值的差异程度小,平均数的代表性好;

当 $K=0$ 时,数据分布峰度适中,也就是标准正态分布;

当 $K<0$ 时,数据分布呈低峰态,表明变量值的差异程度大,平均数的代表性差。

【例4.3.1】 根据【例4.2.4】中的数据,计算出偏态系数。

解:根据30名销售员某月完成的销售额分组数据计算偏态系数,结果如表4-14所示。

表4-14　30名销售员某月完成的销售额分组数据偏态系数计算结果

月销售额(万元)	x_i	f_i	$x_i f_i$	$x_i - \bar{x}$	$(x_i-\bar{x})^2$	$(x_i-\bar{x})^2 f_i$	$(x_i-\bar{x})^3 f_i$	$(x_i-\bar{x})^4 f_i$
300~310	305	3	915	-21.3	453.69	1361.07	-28990.791	617503.85
310~320	315	6	1890	-11.3	127.69	766.14	-8657.382	97828.42
320~330	325	8	2600	-1.3	1.69	13.52	-17.576	22.85
330~340	335	10	3350	8.7	75.69	756.9	6585.03	57289.76
340~350	345	3	1035	18.7	349.69	1049.07	19617.609	366849.29
合计	1625	30	9790	-6.5	1008.45	3946.7	-11463.11	1139494.17

根据上表的数据可得

$$S = \sqrt{\frac{\sum_{i=1}^{5}(x_i-\bar{x})^2 f_i}{\sum f_i}} = \sqrt{\frac{3946.7}{30}} \approx 11.47$$

$$M_3 = \frac{\sum_{i=1}^{5}(x_i-\bar{x})^3 f_i}{\sum f_i} = \frac{-11463.11}{30} \approx -382.1$$

$$S_k^{(3)} = \frac{M_3}{S^3} = \frac{-382.1}{(11.47)^3} \approx -0.25$$

根据偏态系数的结果来看,该汽车销售公司的销售员月销售额的分布为负偏态分布,且偏度轻微。

【例 4.3.2】 根据【例 4.3.1】中计算偏度系数表格中的数据计算汽车销售员月销售额的峰度系数。

$$M_4 = \frac{\sum_{i=1}^{5}(x_i-\bar{x})^4 f_i}{\sum_{i=1}^{5} f_i} = \frac{1139494.17}{30} = 37983.14$$

$$S = \sqrt{\frac{\sum_{i=1}^{5}(x_i-\bar{x})^2 f_i}{\sum f_i}} = \sqrt{\frac{3946.7}{30}} \approx 11.47$$

$$K = \frac{M_4}{S^4} - 3 = \frac{37983.14}{(11.47)^4} - 3 = -0.81$$

结果表明,该汽车销售公司的销售员月销售额的峰度为扁平分布。

Excel 中常用的统计函数如表 4-15 所示。

表 4-15 Excel 中常用的统计函数

函数名称	语法	功能
AVEDEV	AVEDEV(number1,number2,…)	计算平均差
GEOMEAN	GEOMEAN(number1,number2,…)	计算几何平均数
HARMEAN	HARMEAN(number1,number2,…)	计算调和平均数
TRIMMEAN	TRIMMEAN(number1,number2,…)	计算切尾平均数
KUPT	KUPT(number1,number2,…)	计算峰度系数
STDEVP	STDEVP(number1,number2,…)	计算总体标准差
QUARTILE	QUARTILE(number1,number2,…)	计算四分位差
SKEW	SKEW(number1,number2,…)	计算偏态系数
VARP	VARP(number1,number2,…)	计算总体方差

本章小结

本章讲述了数据分布的集中趋势、离散程度、偏态与峰态的测度方法。

1. 集中趋势是测度一组数据向中心靠拢的情况,其测度方法有众数、中位数、分位数、算术平均数、加权平均数、调和平均数和几何平均数等。众数是变量数列中出现次数最多、频率最高的变量值。中位数是在以升序(或降序)排列测量值后,处于中间位置的数值。四分位数是将一组数据排序后处于25%和75%位置上的值。算术平均数就是数据中测量值的加总除以所有测量值的个数。加权平均数是以各组变量值(或组中值)乘以相应的频数求出各组标志总量,加总各组标志总量得出总体标志总量,再用总体标志总量除以总频数。调和平均数是变量值倒数的算术平均数的倒数。算术平均数、调和平均数和几何平均数三者的大小关系是:调和平均数小于等于几何平均数,几何平均数小于等于算术平均数,即 $H \leq G \leq \bar{x}$。

2. 从分布的角度看,众数(M_0)始终是一组数据分布的最高峰值,中位数(M_e)是处于一组数据中间位置上的值,而平均数($\bar{x}$)则是全部数据的算术平均。因此,对于具有单峰分布的大多数数据而言,众数、中位数和平均数之间具有以下关系:如果数据的分布是对称的,那么众数、中位数和平均数必定相等;如果数据是左偏分布,说明数据存在极小值,必然拉动平均数向极小值一方靠,而众数和中位数由于是位置代表值,不受极值的影响;如果数据是右偏分布,说明数据存在极大值,必然拉动平均数向极大值一方靠。

3. 离散程度是反映数据偏离中心的程度,从另一个侧面说明了集中趋势测度值的代表程度。不同类型的数据有不同的离散程度测度值,数值型数据一般用极差、平均差、方差和标准差;分类数据用异众比率。极差是总体中各单位标志值中最大值与最小值之差。平均差是各变量值与其平均数离差绝对值的平均数。方差是各变量值与其平均数离差平方的平均数,方差的平方根称为标准差。异众比率是非众数组的频数占总频数的比例。

4. 偏态系数是测度数据频数分布曲线是否对称、偏斜的方向,峰度系数是测度数据频数分布曲线顶端的尖峭或扁平程度。如果一组数据的分布是对称的,则偏态系数等于0;如果偏态系数明显不等于0,表明分布是非对称的,若偏态系数大于1或小于-1,称为高度偏态分布;若偏态系数在0.5~1或-1~-0.5之间,则认为是中等偏态;分布偏态系数越接近0,偏斜程度就越低。峰态通常是与标准正态分布相比较而言的。如果一组数据服从标准正态分布,则峰态系数的值等于0;若峰态系数的值明显不等于0,则表明分布比正态分布更平或更尖。当峰态系数 $K>0$ 时为尖峰分布,数据的分布更集中;当 $K<0$ 时为扁平分布,数据的分布更分散。

【思考与练习】

一、思考题

1. 什么是集中趋势?测度集中趋势的主要指标有哪些?
2. 什么是算术平均数?加权算术平均数与简单算平均数有何联系?

3. 什么是调和平均数？调和平均数与算术平均数有何关系？

4. 什么是几何平均数？其应用场合主要有哪些？

5. 什么是离散趋势？测度离散趋势的主要指标有哪些？

6. 简述样本方差与标准差的计算方法。

7. 为什么要计算离散系数？

8. 什么是标准分数？它有什么特性？

9. 什么是偏态和峰态？如何根据偏态系数和峰态系数判断数据分布的形态。

二、练习题

1. 市场上有三种大米的价格分别是每千克16元、12元和8元，计算三种大米的平均价。如果每种大米都购买3千克和每种大米都购买40元，分别计算其平均价格。两种情况的平均价有什么区别？试通过计算加以说明。

2. 某集团公司30家企业的资金利润率分组数据和各组年利润数据如下表所示。

按资金利润率分组(%)	企业数	年利润额(万元)
8以下	2	300
8~12	8	1000
12~16	13	2500
16~20	4	1300
20以上	3	500
合计	30	5600

要求：

(1) 计算平均每个企业的利润额。

(2) 计算全公司的平均资金利润率。

3. 某企业三个车间生产同一种产品，某月的人均产量与总产量情况如下表所示。

车间	人均产量(件/人)	总产量(件)
A	110	3800
B	120	4500
C	115	3200
		11500

要求：

(1) 计算该公司该月的平均每个车间的总产量，并说明这属于什么平均数。

(2) 计算该企业该月的人均产量，并说明这属于什么平均数。

4. 某公司某年50个门店的流通费用率分组数据与各组流通费用额比重如下表所示。

按流通费用率分组(%)	门店数	流通费用额比重(%)
6以下	2	15
6~8	10	25
8~10	22	40
10~12	12	15
12以上	4	5
合计	50	100

计算该公司平均的流通费用率。

5. 某公司最近对部分员工进行调查,来了解员工居住地与公司总部的距离,结果如下表所示。请计算距离的均值与标准差。

距离(km)	频数
0~5	4
5~10	15
10~15	30
15~20	11
20~25	5

6. 由20家软件公司组成一个样本,下面是2020年每家收益情况(单位:万元)。

| 0.13 | 0.38 | 0.52 | 1.12 | 1.22 | 1.28 | 1.48 | 2.14 | 3.15 | 3.22 |
| 3.32 | 4.20 | 4.86 | 4.98 | 5.36 | 6.55 | 9.23 | 12.36 | 13.88 | 15.70 |

要求:
(1)均值、中位数和标准差分别是多少?
(2)假设该样本数据服从轻微偏态分布,偏态系数是多少?

7. 某企业分别对10名主管和领班每月的工资进行抽样调查,结果如下:

单位:元

| 主管 | 5430 | 5580 | 6000 | 6080 | 5120 | 5800 | 6030 | 5990 | 6240 | 6570 |
| 领班 | 4310 | 4480 | 4900 | 4780 | 4670 | 4869 | 4980 | 4490 | 4290 | 4080 |

要求:
(1)比较主管级和领班级的工资差异。
(2)比较分析哪一组的工资差异大。

8. 我国2000年至2017年生活煤炭消费量(万吨)数据如下:
8457 8410 8413 9005 9768 10039 10036 9761 9148
9122 9212 9253 9290 9253 9347 9492 9283

要求:
(1)计算这组数据的众数、中位数、平均数。
(2)计算这组数据的极差、四分位差和标准差。
(3)计算这组数据的标准分数。
(4)计算分布的偏态系数和峰态系数。

9. 随机抽取30个网络用户,得到他们的年龄数据如下:

单位:岁

19	13	15	14	17	18
23	21	18	24	20	19
17	16	19	24	23	22
20	27	34	16	18	19
41	31	22	24	18	17

要求:

(1) 计算众数、中位数。

(2) 计算平均数和四分位数。

(3) 计算偏态系数和峰态系数。

(4) 对网民年龄的分布特征进行综合分析。

第五章 统计指数

【学习目标】
1. 理解统计指数的概念、特点和作用。
2. 掌握综合指数、数量指数、质量指数、平均指数的编制原理和计算方法。
3. 掌握总指数、数量指数、质量指数三者之间的关系,总平均指数、组水平变动指数和结构变动指数三者之间的关系,总指数和总平均指数的因素分解。
4. 了解实际中常用的几种指数。

从某超市获得2018年12月(基期)和2019年12月(报告期)三种食用商品价格及相应的销售量资料如表5-1所示。

表5-1 某超市三种主要食品价格和销售量资料

商品名称	计量单位	销售量		销售价格(元)	
		基期	报告期	基期	报告期
大米	公斤	5000	4500	7	8
食用油	升	1000	1100	10	12
牛奶	箱	1500	1600	55	50

试根据表5-1的资料回答以下问题:
(1)各种商品的价格和销售量的个体指数如何?
(2)三种商品价格变动的总指数和销售量变动的总指数如何?
(3)三种商品销售总额变化程度如何?
(4)商品销售价格及销售量的变动对销售总额有何影响?

为了回答上述问题,本章着重介绍统计指数的概念、分类,总指数的编制原理和方法,利用指数体系分析价值总量指标变动的影响情况,统计指数的应用等内容。

第一节 统计指数的概述

一、统计指数的概念

统计指数(statistics index),简称指数,起源于人们对价格变动的研究。1675年,英国经济学家赖斯·沃恩(Rice Vanghan)为了测定当时的劳资双方对于货币的比例,将1650年的谷物、家畜、鱼类、皮革和布帛的价格分别与1352年的价格相比较来考察价格变动情况,这便是统计指数的萌芽。

此后,指数的应用开始从反映单一商品价格的变动,过渡到反映多种商品价格的综合变动,并且随着社会经济活动的不断深入与发展,被广泛应用到价格变动之外的各个领域。通常编制的指数有居民消费价格指数、工业生产指数、商品零售价格指数、气象指数、交通出行指数、情感指数、幸福指数、股票价格指数、廉政指数、经济景气指数等。

那么,究竟什么是统计指数?国内外学者对指数有不同的定义,且有广义和狭义之分。从广义上说,指数是指一切用来测定社会经济现象数量变动或差异程度的相对数。例如,国家统计局公布,2020年6月份,全国居民消费价格同比上涨2.5%,食品烟酒类价格同比上涨8.8%;2020年5月份,全国规模以上工业企业实现利润总额5823.4亿元,同比增长6.0%;石油加工行业利润由4月份全行业亏损218.0亿元转为5月份盈利116.2亿元,同比增长8.9%;5月份,电力行业利润增长10.9%,4月份为下降15.7%。

狭义的统计指数是指综合反映复杂总体数量变动方向和程度的特殊相对数。所谓复杂总体是指由许多度量单位不同或性质各异的个体组成的、数量上不能直接加总的总体。如居民消费包括食品、衣着、医疗保健和个人用品、娱乐教育文化用品及服务等,居民消费品价格是不同使用价值的货币表现,即使都用货币价值"元"来表示,也不能加总。所以居民消费总量、消费价格就是复杂总体。

本节主要介绍狭义指数的特点、作用和编制方法。

二、统计指数的特点

根据指数的定义,统计指数具有以下三个基本性质的特点。

第一,相对性。指数通常是不同时间现象水平的对比,也可以是不同空间(如国家、地区、部门等)现象水平的对比,或是现象的实际水平与计划水平的对比,具有相对数的表现形式。

第二,综合性。它综合反映了复杂现象总体的数量变化关系。复杂现象总体中各个项目的数量变化往往是不一致的,如社会零售商品中各种商品价格的变动,有的上涨,有的下跌,而且上涨和下跌的幅度也不一样。商品价格总指数就反映了各种商品价格综合变动的结果。

第三,平均性。指数所表示的综合变动是所研究现象中每个项目共同变动的一般水平,也可以说是平均的变动水平。如某年度社会零售商品价格指数为104%,说明各种商品价格有涨有跌,但平均来说涨了4%。

三、统计指数的作用

统计指数的基本作用可以概括为以下三个方面。

第一,综合反映无法同度量总体相对变动的方向、程度和绝对值。综合反映无法同度量

（无法直接相加减）现象总体相对变动的方向和程度，是统计指数最基本的作用。由于统计指数的计算结果用百分数表示，百分比大于100%，即说明现象总体上来看是上升的，小于100%，则说明总体的变动是下降的；比100%大多少或小多少，说明总体上升或下降程度的大小。如2018年我国居民消费价格指数为102.1%，说明居民消费价格总的来说上涨了2.1%，即居民购买同样多的消费品多花了2.1%的钱。

第二，统计指数可以从相对数据和绝对数据两个方面，分析和测度复杂现象中各构成现象的变动对总变动的影响方向和程度。例如，在总成本变动分析中，可以利用统计指数方法，分析单位成本和产品产量两个因素的变动对于总成本的变动各有多大的影响作用。又如，在企业总产值分析中，可以从职工人数、劳动生产率和产品出厂价格这三个因素分析对总产值影响作用的大小。

第三，编制指数数列可以反映现象在长时期内的发展变化趋势，还可以把相互联系指标的指数数列加以分析比较，进一步认识复杂现象总体之间数量上的变动关系。例如，根据2001年至2020年共20年的零售商品价格资料，编制80个季度环比价格指数，从而构成价格指数数列。这样，就可以揭示2001年至2020年价格的变动趋势。

四、统计指数的种类

从不同角度出发，统计指数可以划分为以下类型。

（一）按所反映现象的范围不同，可分为个体指数和总指数

个体指数用 k 来表示，说明单个事物或现象在不同时期上的变动程度。例如，一种商品的价格指数，一种产品的产量指数和成本指数等。个体指数实质上就是一般的相对数，包括动态相对数、比较相对数和计划完成相对数。

总指数用 $\overline{K}$ 表示，说明多种事物或现象在不同时期上的综合变动程度。例如，几种产品综合的产值指数、全部商品的物价指数等。

总指数考察的是整个总体现象的数量对比关系。总指数与个体指数的区别不仅在于考察范围不同，更在于研究方法不同。个体指数就是将个别事物变动前后的数值直接对比求得的相对数。编制总指数的方法比较复杂，一般有两种：一种是先综合，后对比，称为综合指数法；另外一种是先对比，后平均，称为平均指数法。

（二）按所反映现象的特征不同，可分为数量指数和质量指数

数量指数是反映现象的总规模、水平或工作总量的变化。例如，产品产量指数、商品销售量指数等，这些指数是根据产量、销售量等数量指标计算的。数量指数分为数量个体指数和数量总体指数。数量个体指数用 k_q 表示，反映个别事物数量变动的对比相对数。如某工业产品的产量指数、某种商品的销售量指数等。数量总体指数用 $\overline{K}_q$ 表示，综合反映多种数量总变动的对比相对数。如某工厂的工业产品产量指数、某网店的商品销售量指数等。

质量指数是反映工作质量的变动情况。例如，劳动生产率指数、成本指数、价格指数等，它们是根据劳动生产率、成本、价格等质量指标计算的。质量指数分为质量个体指数和质量总指数。质量个体指数用 k_p 表示，反映个别事物质量指标变动的对比相对数，如某种商品

的价格指数。质量总指数用 $\overline{K}_p$ 表示,综合反映许多事物质量指标总变动的对比相对数,如某商店的商品销售价格指数。

（三）按反映现象对比性质的不同,可以分为动态指数和静态指数

动态指数也叫时间指数,是通过不同时间上的同类现象水平对比来计算的指数,考察的是同类现象的某种数量在不同时间上的发展变化情况。动态指数是最为常见的指数,商品零售价格指数、股票价格指数、居民消费价格指数、房地产价格指数等都是动态指数。动态指数按照所采用基期是否固定又可分为定基指数和环比指数两种。以某一固定时期作为对比基期的指数就是定基指数,以前一期作为对比基期的指数就是环比指数。

静态指数则包括空间指数与计划完成指数两种。空间指数是通过不同空间（如不同国家、不同区域、不同企业）上的同类现象水平对比来计算的指数,考察的是同类现象的某种数量在不同空间上的发展变化情况或差异程度。例如,地区人均 GDP 比较指数、地区价格比较指数等,都是空间指数。计划完成指数则是现象的实际水平与计划水平对比的结果,考察的是计划目标实现的程度。例如,能耗降低计划完成指数、全面小康建设进程指数等都属于这一类。

（四）按表现形式的不同,可分为综合指数、平均指数和平均指标指数

总指数按照计算和编制方法的不同,可以分为综合指数、平均指数和平均指标指数。综合指数是由两个总量指标对比而形成的指数;平均指数是先通过对比计算个别现象的个体指数,然后将个体指数进行加权而得到的总指数,主要有算术平均指数和调和平均指数两类;平均指标指数则是通过两个有联系的加权算术平均指标对比计算得到的总指数。这三种指数既有区别,又有联系,各适用于说明不同的问题。

第二节 综合指数

一、综合指数编制原理

指数是用来反映社会经济现象变动相对程度的统计指标,对于一些简单的个别现象,只需将各种商品报告期的价格与基期的价格对比计算个体价格指数,将报告期的销售量与基期销售量对比计算个体销售量指数即可。

个体价格指数计算公式：

$$k_p = \frac{p_1}{p_0} \tag{5.1}$$

个体销售量指数计算公式：

$$k_q = \frac{q_1}{q_0} \tag{5.2}$$

式中，p_0，q_0 分别代表基期商品的价格和销售量；p_1，q_1 分别代表报告期商品的价格和销售量。

对于复杂的不能直接相加的社会经济现象总体，研究其综合变动情况时，必须计算总指数。在计算总指数时，首先要确定同度量因素，把不能度量的复杂现象过渡到能够同度量、能够加总的另一种现象；其次是确定同度量因素所在的时期。

(一) 同度量因素的确定

在计算引例中三种商品销售量和价格的总指数时，由于构成总体的三种商品，其使用价值不同、度量单位不同，不能直接加总，统计上称为不同度量。因此，要综合反映它们的变动，首先要解决加总的问题。为此设法引入一个媒介因素，使不同度量、不能加总的现象转化为同度量的、可加总的另一种现象。

同度量因素是指能够使不同度量的现象过渡为可以同度量的媒介因素。同度量因素在编制指数中不仅起到同度量的作用，还起到权数的作用，所以又称为权数。在研究经济现象中，以什么因素为同度量因素，要以现象之间的客观联系来决定，很多社会经济现象的联系，可以用经济方程式来表示，比如：

商品销售额＝销售量×销售价格

产品总成本＝产品产量×单位产品成本

职工工资总额＝职工人数×职工工资水平

国内生产总值＝劳动者人数×社会劳动生产率

这些经济方程式等号右边是两种复杂现象的总体：数量指标和质量指标，两种指标影响等号左边的价值总量。例如，在编制计算商品销售量指数时，由于各商品的计量单位不同导致销售量不能直接相加，但是乘以销售价格转化为销售额之后就可以相加，这里销售价格是销售量指数的同度量因素；同理，若计算销售价格指数时，销售价格是指数化因素，而销售量则变为同度量因素。例如，在编制企业产品成本价格指数时，由于各种单位产品价格不能相加，但是乘以产品产量转化为产品成本使用额就可以相加，这里产品产量是产品成本价格指数的同度量因素；在编制企业生产量指数时，由于各种产品实物量不能相加，但是乘以单位成本转化为产品成本使用额就可以相加，这里的产品成本价格是企业生产量指数的同度量因素。显然，在决定总量指标的各因素中，指数化因素和同度量因素的区分是相对的，它们互为同度量因素。

(二) 同度量因素时期的确定

为了明确反映某种现象的变动，必须把同度量因素固定在一定时期水平上。编制价格总指数，是要单纯反映价格的变动，应该消除销售量因素变动的影响。因此，必须把销售量同度量因素固定在同一个时期，此时基期和报告期的价格都以同一时期的销售量来计算销售额。然后，再把两个时期的销售额指标进行对比，得到所研究商品的价格综合变动程度。同理，编制销售量总指数时，要把作为同度量的价格固定在同一时期水平上，再把得出的两个时期的销售额指标进行比较，得出反映销售量综合变动的总指数。将同度量因素的时期固定，可以消除同度量因素本身的影响，单纯反映指数化因素综合变动的程度。如为研究几种商品销售量的总变动方向,必须将价格固定下来,也就是说,各种商品报告期、基期的销售量乘以相同时期的价格得到相应的报告期销售额和基期销售额,然后用报告期销售总额除以基期销售总额即是销售量总指数。

销售量综合指数计算公式:

$$\overline{K}_q = \frac{\sum pq_1}{\sum pq_0} \tag{5.3}$$

价格综合指数计算公式:

$$\overline{K}_p = \frac{\sum p_1 q}{\sum p_0 q} \tag{5.4}$$

综上所述,编制总指数的基本原理是:首先,确定同度量因素,通过同度量因素将复杂现象同度量化,使各因素能直接相加;其次,确定同度量因素的时期,即根据实际情况固定在某个时期,以单纯考察复杂现象中研究的那个因素的综合变动情况;最后,将属于不同时期的两个总量指标对比,得出反映复杂总体综合变动的总指数。

二、加权综合法指数

加权综合法是指对复杂总体通过引入同度量因素并将其固定在某一时期来编制总指数,以反映总体变动程度的指数编制方法。加权综合法是编制总指数的基本形式,由此编制的总指数,习惯上称为综合指数。编制综合指数时,由于同度量因素有基期水平和报告期水平两种,因此就有基期加权综合法和报告期加权综合法之分。

(一)基期加权综合法

基期加权综合法是指将同度量因素固定在基期水平来编制总指数的方法,由德国经济学家拉斯贝尔(E. Laspeyres)于1864年首先提出,故根据基期加权综合法编制的指数称为拉氏指数。拉氏指数分数量指标指数和质量指标指数,其计算公式如下:

数量指标指数

$$\overline{K}_q = \frac{\sum p_0 q_1}{\sum p_0 q_0} \tag{5.5}$$

质量指标指数

$$\overline{K}_p = \frac{\sum p_1 q_0}{\sum p_0 q_0} \tag{5.6}$$

不难发现,在上述公式中,$\sum p_0 q_0$ 是基期真实的总量,而 $\sum p_0 q_1$ 和 $\sum p_1 q_0$ 都是假设的总量。可见,指数的计算具有一定的假定性。

【例 5.2.1】 某商场三种商品基期和报告期的销售量及销售价格数据如表 5-2 所示,根据表中列出的数据计算三种商品的拉氏销售量指数和价格总指数。

表 5-2 某超市三种主要食品价格和销售量资料

商品名称	计量单位	销售量 q		价格 p(元)	
		基期 q_0	报告期 q_1	基期 p_0	报告期 p_1
甲	公斤	400	350	80	85
乙	米	600	560	36	43
丙	箱	500	540	55	60

解:根据指数编制要求必须计算 $p_0q_0, p_1q_1, p_0q_1, p_1q_0$,价格计算结果如表 5-3 所示。

表 5-3 某超市三种主要食品 $p_0q_0, p_1q_1, p_0q_1, p_1q_0$ 价格计算结果

品名	销售额(元)			
	p_0q_0	p_1q_1	p_0q_1	p_1q_0
甲	32000	29750	28000	34000
乙	21600	24080	20160	25800
丙	27500	32400	29700	30000
合计	81100	86230	77860	89800

三种商品的销售量拉氏指数为

$$\overline{K}_q = \frac{\sum p_0 q_1}{\sum p_0 q_0} = \frac{80 \times 350 + 36 \times 560 + 55 \times 540}{80 \times 400 + 36 \times 600 + 55 \times 500} = \frac{28000 + 20160 + 29700}{32000 + 21600 + 27500} = \frac{77860}{81100} \approx 96\%$$

三种商品的价格拉氏指数为

$$\overline{K}_p = \frac{\sum p_1 q_0}{\sum p_0 q_0} = \frac{85 \times 400 + 43 \times 600 + 60 \times 500}{80 \times 400 + 36 \times 600 + 55 \times 500} = \frac{34000 + 25800 + 30000}{32000 + 21600 + 27500} = \frac{89800}{81100} = 110.73\%$$

用拉氏指数编制商品销售量(或价格)综合指数是以基期价格(或销售量)作为同度量因素(权数),目的是说明在物价水平(或销售量)不变的前提下,销售量(或价格)综合变动的程度。这种方法不仅可以综合地表明复杂总体变动的相对程度,而且由于用以对比的三个综合总量有着明显的经济内容,还可以从绝对量上分析由于销售量和价格的变动所带来的绝对效果。因此,在实际工作中编制工业产品产量、商品销售量、农副产品收购量等数量指标总指数时,常采用这一方法。

(二)报告期加权综合法

报告期加权综合法是指将同度量因素固定在报告期水平来编制综合指数的方法。该方法由德国经济学家哈曼帕许(H. Passche)于 1874 年首先提出,故根据报告期加权综合法编制的指数称为派氏指数(或译为帕氏指数),其编制数量指数和质量指数的公式如下:

数量指标指数
$$\overline{K}_q = \frac{\sum p_1 q_1}{\sum p_1 q_0} \tag{5.7}$$

质量指标指数 $$\overline{K}_p = \frac{\sum p_1 q_1}{\sum p_0 q_1} \tag{5.8}$$

同样不难发现,在上述公式中,$\sum p_1 q_1$ 是报告期真实的总量,而 $\sum p_0 q_1$ 和 $\sum p_1 q_0$ 都是假设的总量,指数的计算同样具有一定的假定性。

【例 5.2.2】 根据【例 5.2.1】中的数据,计算出三种商品的派氏价格指数和销售量指数。

解:三种商品的派氏销售量指数为

$$\overline{K}_q = \frac{\sum p_1 q_1}{\sum p_1 q_0} = \frac{85 \times 350 + 43 \times 560 + 60 \times 540}{85 \times 400 + 43 \times 600 + 60 \times 500} = \frac{86230}{89800} = 96.02\%$$

三种商品的派氏价格指数为

$$\overline{K}_p = \frac{\sum p_1 q_1}{\sum p_0 q_1} = \frac{85 \times 350 + 43 \times 560 + 60 \times 540}{80 \times 350 + 36 \times 560 + 55 \times 540} = \frac{86230}{77860} = 110.75\%$$

通过比较计算出的拉氏和派氏价格综合指数可以看出,由于同度量固定在不同的时期,拉氏和派氏总指数的计算结果存在一定差异。拉氏总指数把权数固定在基期,派氏价格总指数把权数固定在报告期。拉氏总指数略小于派氏总指数。

由于选择的同度量因素时期不同,拉氏指数和派氏指数的结果略有不同。从指数计算的现实意义和指数体系的要求出发,考虑到现象不同的数量特征,对销售量总指数和价格总指数的编制和计算一般采用不同的方法。

编制物价指数的目的不仅是要反映市场物价水平变动的方向和程度,还要反映这种变动对社会经济生活带来的实际影响,即物价变化对国家、企业、人民群众货币收支和生活水平的实际影响。由于物价变化发生在报告期,国家、企业、居民因物价变动而得到的实惠或受到的损失也与报告期购买量有关,而不可能与物价变动以前的任何一个时期的购买量有关。所以,从应用的角度来讲,用派氏指数编制物价总指数才具有现实的经济意义。然而派氏销售量总指数以报告期物价作为权数,目的是说明在报告期物价水平不变的前提下,销售量综合变动的程度。

(三)其他类型的综合指数

1. 马埃指数

所谓马埃指数就是以同度量因素的基期数值与报告期数值的简单算术平均数作为权数的一种综合指数,由英国经济学家马歇尔(A. Marshall)于 1887 年提出,后由英国统计学家艾吉沃兹(F. Y. Edgeworth)加以推广。其编制公式如下:

数量指标指数 $$\overline{K}_q = \frac{\sum q_1 \left(\frac{p_1 + p_0}{2} \right)}{\sum q_0 \left(\frac{p_1 + p_0}{2} \right)} = \frac{\sum p_1 q_1 + \sum p_0 q_1}{\sum p_1 q_0 + \sum p_0 q_0} \tag{5.9}$$

质量指标指数 $$\overline{K}_p = \frac{\sum p_1\left(\frac{q_0+q_1}{2}\right)}{\sum p_0\left(\frac{q_0+q_1}{2}\right)} = \frac{\sum p_1 q_0 + \sum p_1 q_1}{\sum p_0 q_0 + \sum p_0 q_1} \tag{5.10}$$

【例 5.2.3】 根据【例 5.2.1】中的数据,计算出三种商品的马埃指数。

解:三种商品的马埃数量指标指数为

$$\overline{K}_q = \frac{\sum q_1\left(\frac{p_1+p_0}{2}\right)}{\sum q_0\left(\frac{p_1+p_0}{2}\right)} = \frac{\sum p_1 q_1 + \sum p_0 q_1}{\sum p_1 q_0 + \sum p_0 q_0} =$$

$$\frac{(85 \times 350 + 43 \times 560 + 60 \times 540) + (80 \times 350 + 36 \times 560 + 55 \times 540)}{(85 \times 400 + 43 \times 600 + 60 \times 500) + (80 \times 400 + 36 \times 600 + 55 \times 500)} = 96.02\%$$

三种商品的马埃质量指标指数为

$$\overline{K}_p = \frac{\sum p_1\left(\frac{q_0+q_1}{2}\right)}{\sum p_0\left(\frac{q_0+q_1}{2}\right)} = \frac{\sum p_1 q_0 + \sum p_1 q_1}{\sum p_0 q_0 + \sum p_0 q_1} =$$

$$\frac{(85 \times 400 + 43 \times 600 + 60 \times 500) + (85 \times 350 + 43 \times 560 + 60 \times 540)}{(80 \times 400 + 36 \times 600 + 55 \times 500) + (80 \times 350 + 36 \times 560 + 55 \times 540)} = 110.74\%$$

马埃指数的计算结果处在拉氏指数与派氏指数之间,它是对拉氏指数和派氏指数计算结果差异的一种修正。

2. 费雪指数

费雪指数是以拉氏指数与派氏指数的几何平均数来编制综合指数的一种形式,由美国经济学家沃尔什(C. M. Walsh)和皮古(Pigou)先后于 1901 年和 1912 年提出,并由美国统计学家费雪(I. Fisher)于 1912 年进行了系统总结。其编制公式如下:

数量指标指数 $$\overline{K}_q = \sqrt{\frac{\sum p_1 q_1}{\sum p_1 q_0} \times \frac{\sum p_0 q_1}{\sum p_0 q_0}} \tag{5.11}$$

质量指标指数 $$\overline{K}_p = \sqrt{\frac{\sum p_1 q_1}{\sum p_0 q_1} \times \frac{\sum p_1 q_0}{\sum p_0 q_0}} \tag{5.12}$$

费雪认为,评判指数优劣的检验方法有三种:时间互换检验、因子互换检验和循环检验,并且证明了以拉氏指数与派氏指数的几何平均数来计算指数的优良性。同时认为,对于同一个所要计算的指数,拉氏形式与派氏形式的结果不一样,一个偏低,另一个偏高,而它们的几何平均数可以正好纠正这种偏差,结果最为理想。所以,费雪把拉氏指数与派氏指数的几何平均数称为理想指数。

3. 杨格指数

杨格指数也称固定权数综合指数,就是把同度量因素固定在报告期与基期以外的某个常态时期(n),或以同度量因素的若干时期数值的平均数作为权数的一种综合指数形式,由英国经济学家杨格(A. Yaung)提出。其编制公式如下：

数量指标指数 $$\overline{K}_q = \frac{\sum p_n q_1}{\sum p_n q_0} \text{ 或 } \overline{K}_q = \frac{\sum \bar{p} q_1}{\sum \bar{p} q_0}$$ (5.13)

质量指标指数 $$\overline{K}_p = \frac{\sum p_1 q_n}{\sum p_0 q_n} \text{ 或 } \overline{K}_p = \frac{\sum \bar{q} p_1}{\sum \bar{q} p_0}$$ (5.14)

式中：p_n 和 q_n 为同度量因素的固定水平，$\bar{p}$ 和 $\bar{q}$ 分别表示质量指标和数量指标在某一时期内的平均水平。它不因比较时期（报告期或基期）的改变而改变。因此采用固定权数综合指数，比较便于进行现象长期发展变化的动态分析，对于编制可比的指数具有重要作用。

在指数数列中，由于采用固定权数，环比指数的连乘积等于定基指数，因此，不同年份的指数相互换算也非常方便。然而，在利用杨格公式计算指数时，应注意一个问题，随着时间的推移，旧的权数可能背离实际构成状况，如不及时更换，会使指数产生偏误，因此需要定期更换权数，通常五年更换一次。

第三节 平均指数

一、平均指数的概念与特点

所谓平均指数是指由个体指数加权平均得到的指数，它是综合指数的另一种形式。

平均指数的编制特点是：先对比，就是先计算总体中各事物或各项目指数化因素变动的相对数，即指数化因素的个体指数；后综合，就是通过选择适当权数和加权方法，对指数化的个体指数进行加权平均，把单个的个体指数综合成总指数，综合的过程就是平均的过程。

二、平均指数的常见形式

平均指数的常见形式有加权算术平均指数、加权调和平均指数和固定权数加权综合指数。

(一)加权算术平均指数

加权算术平均指数是个体指数的加权算术平均数，即采用加权算术平均的方法，对个体指数进行加权平均。但是用什么指标作为权数呢？根据综合指数要求来选择权数，所用的权数既要考虑经济意义，又要考虑资料取得的可能性。一般情况下，如果掌握的资料只是个体数量指标指数和综合指标的实际资料，那么以采用个体数量指标指数的加权算术平均形式来编制数量指标总指数。

设总值 B 为权数,由于个体数量指标指数 $k_q = \dfrac{q_1}{q_0}$ 和个体质量指数 $k_p = \dfrac{p_1}{p_0}$,则数量加权算术平均指数的计算公式为

$$\overline{K}_q = \dfrac{\sum k_q B}{\sum B} \tag{5.15}$$

质量加权算术平均指数的计算公式为

$$\overline{K}_p = \dfrac{\sum k_p B}{\sum B} \tag{5.16}$$

现在的问题是,B 该如何确定?在前面介绍综合指数时已经提到,指数化因素与同度量因素是相互联系的,共同决定了可相加的量,因而在编制平均指数时,我们虽然不掌握同度量因素的任何资料,但在对指数化因素的个体指数进行平均时,只有以由指数化因素与同度量因素共同决定的可相加的量为权数,才符合指数编制的一般原则和意义。因此,$B = pq$。

新的问题是,pq 应该是基期的数据,还是报告期的数据,或是假设的数据?我们认为,一般情况下应该遵循以下两个原则:一是应该采用真实的数据,即 $p_0 q_0$ 或 $p_1 q_1$,因为指数就是为了反映客观现象数量的真实变动;二是应该与综合指数编制的一般规则相一致,以便保证计算结果的同一性。

拉氏数量指标指数的计算公式:

$$\overline{K}_q = \dfrac{\sum k_q p_0 q_0}{\sum p_0 q_0} = \dfrac{\sum \dfrac{q_1}{q_0} p_0 q_0}{\sum p_0 q_0} \tag{5.17}$$

拉氏质量指标指数的计算公式:

$$\overline{K}_p = \dfrac{\sum k_p p_0 q_0}{\sum p_0 q_0} = \dfrac{\sum \dfrac{p_1}{p_0} p_0 q_0}{\sum p_0 q_0} \tag{5.18}$$

【例 5.3.1】 根据【例 5.2.1】计算出来的三种商品基期和报告期的销售量和价格个体指数如表 5-4 所示,要求计算三种商品的价格和销售量算术平均指数。

表 5-4 某超市三种商品基期和报告期的销售量和价格个体指数

商品名称	计量单位	销售量 q			价格 p			销售额(元)	
		基期 q_0	报告期 q_1	个体指数 $k_q = \dfrac{q_1}{q_0}$	基期 p_0	报告期 p_1	个体指数 $k_p = \dfrac{p_1}{p_0}$	$p_0 q_0$	$p_1 q_1$
甲	公斤	400	350	87.5%	80	85	106.25%	32000	29750
乙	米	600	560	93.33%	36	43	119.44%	21600	24080
丙	箱	500	540	108%	55	60	109.1%	27500	32400
合计								81100	86230

解: 根据表 5-4 计算的数据,可以计算销售量总指数为

$$\overline{K}_q = \frac{\sum k_q p_0 q_0}{\sum p_0 q_0} = \frac{\sum \frac{q_1}{q_0} p_0 q_0}{\sum p_0 q_0} =$$

$$\frac{87.5\% \times 80 \times 400 + 93.33\% \times 36 \times 600 + 108\% \times 55 \times 500}{80 \times 400 + 36 \times 600 + 55 \times 500} = \frac{77860}{81100} = 96\%$$

价格总指数为

$$\overline{K}_p = \frac{\sum k_p p_0 q_0}{\sum p_0 q_0} = \frac{\sum \frac{p_1}{p_0} p_0 q_0}{\sum p_0 q_0} =$$

$$\frac{106.25\% \times 80 \times 400 + 119.44\% \times 36 \times 600 + 109.1\% \times 55 \times 500}{80 \times 400 + 36 \times 600 + 55 \times 500} = \frac{89800}{81100} = 110.73\%$$

不难看出,此例计算结果与【例 5.2.1】中的拉氏销售量和价格指数的计算结果是一样的。事实上,稍加推导不难得到,采用基期总值加权的算术平均指数,就是拉氏综合指数的变形:

$$\overline{K}_q = \frac{\sum k_q p_0 q_0}{\sum p_0 q_0} = \frac{\sum \frac{q_1}{q_0} p_0 q_0}{\sum p_0 q_0} = \frac{\sum p_0 q_1}{\sum p_0 q_0} \tag{5.19}$$

$$\overline{K}_p = \frac{\sum k_p p_0 q_0}{\sum p_0 q_0} = \frac{\sum \frac{p_1}{p_0} p_0 q_0}{\sum p_0 q_0} = \frac{\sum p_1 q_0}{\sum p_0 q_0} \tag{5.20}$$

需要指出的是,加权算术平均指数不仅仅是拉氏综合指数的变形,更是一种相对独立的总指数编制方法,具有广泛的适用性。以价格指数为例,其计算公式可变形为

$$\overline{K}_p = \frac{\sum \frac{p_1}{p_0} p_0 q_0}{\sum p_0 q_0} = \sum \frac{p_1}{p_0} \times \frac{p_0 q_0}{\sum p_0 q_0} = \sum k_p w \tag{5.21}$$

上式表明算术平均数不仅可以用绝对数(总值)加权,也可以用相对数(总值比例)w 加权。在实际工作中,往往采用经济发展比较稳定的某一时期的总值比例作为固定的权数,一经确定,权数可沿用数年,这不仅可以避免每次编制指数时权数资料不全的难题,还便于前后不同时期的比较。

(二) 加权调和平均指数

加权调和平均指数就是个体指数的加权调和平均数,即采用加权调和平均的方法,对个体指数进行加权平均。如果以 M 表示绝对数形式的权数,那么加权调和平均指数的基本形式为

$$\overline{K}_q = \frac{\sum M}{\sum \dfrac{M}{k_q}} \tag{5.22}$$

$$\overline{K}_p = \frac{\sum M}{\sum \dfrac{M}{k_p}} \tag{5.23}$$

同样的问题是,如何确定 M? 按照与 B 相一致的确定原则,设 $M = p_1 q_1$。

我们可以得到如下派氏的数量指数和质量指数公式:

$$\overline{K}_q = \frac{\sum p_1 q_1}{\sum \dfrac{p_1 q_1}{k_q}}$$

$$\overline{K}_p = \frac{\sum p_1 q_1}{\sum \dfrac{p_1 q_1}{k_p}} \tag{5.24}$$

这是以报告期数据 $p_1 q_1$ 为权数的加权调和平均指数,我们称为报告期加权调和平均指数。

同样我们可以发现,报告期加权调和平均指数的公式与派氏指数公式有相同之处:

$$\overline{K}_q = \frac{\sum p_1 q_1}{\sum \dfrac{p_1 q_1}{k_q}} = \frac{\sum p_1 q_1}{\sum \dfrac{p_1 q_1}{\left(\dfrac{q_1}{q_0}\right)}} = \frac{\sum p_1 q_1}{\sum p_1 q_0}$$

$$\overline{K}_p = \frac{\sum p_1 q_1}{\sum \dfrac{p_1 q_1}{k_p}} = \frac{\sum p_1 q_1}{\sum \dfrac{p_1 q_1}{\left(\dfrac{p_1}{p_0}\right)}} = \frac{\sum p_1 q_1}{\sum p_0 q_1} \tag{5.25}$$

由此,我们可以发现报告期加权调和平均指数是派氏指标指数的变形。

【例 5.3.2】 根据表 5-4 计算三种商品销售量和价格加权调和平均指数。

解:根据上述加权调和平均指数计算公式,可得三种商品的销售量调和平均指数为

$$\overline{K}_q = \frac{\sum p_1 q_1}{\sum \dfrac{p_1 q_1}{k_q}} = \frac{\sum p_1 q_1}{\sum \dfrac{p_1 q_1}{\left(\dfrac{q_1}{q_0}\right)}} = \frac{29750 + 24080 + 32400}{\dfrac{29750}{87.5\%} + \dfrac{24080}{93.33\%} + \dfrac{32400}{108\%}} = 96.02\%$$

三种商品的价格调和平均指数为

$$\overline{K}_p = \frac{\sum p_1 q_1}{\sum \dfrac{p_1 q_1}{k_p}} = \frac{\sum p_1 q_1}{\sum \dfrac{p_1 q_1}{\left(\dfrac{p_1}{p_0}\right)}} = \frac{29750 + 24080 + 32400}{\dfrac{29750}{106.25\%} + \dfrac{24080}{119.44\%} + \dfrac{32400}{109.1\%}} = 110.75\%$$

计算结果与派氏指数公式的结果一样。

三、加权综合法与加权平均法的联系和区别

加权综合法与加权平均法是编制总指数的方法,两者之间既有联系,也存在区别。

(1)两者之间的联系。

其一,两种方法都是总指数的编制方法,其最后结果都是总指数。其二,在一定条件下,两类指数间具有变形关系,即只有使用 $p_0 q_0$ 或 $p_1 q_1$ 这个权数时,加权平均指数才是加权综合指数的变形;如果使用 $p_0 q_0$ 或 $p_1 q_1$ 以外的权数,这种变形关系就不会存在。其三,当掌握的资料不能直接用加权综合法计算总指数时,则可用它的变形(加权平均指数)形式计算,这种条件下的加权平均指数与其相应的加权综合指数具有完全相同的经济意义与计算结果。

(2)两者之间的区别。

其一,两种方法计算总指数的出发点不同。在解决复杂总体不能直接同度量的问题上,加权综合指数是通过引入同度量因素,先计算出总体的总量,然后进行对比,即先综合,后对比;而加权平均指数则是在个体指数基础上进行加权平均计算总指数,即先对比,后综合。两种方法各有其独立的意义。其二,两种方法所用权数不同。加权综合指数使用的权数(同度量因素)是不同时期的数量(产量或销售量)或是物价,加权平均指数所使用的权数是不同时期的价值量(产值或销售额)。其三,两种方法编制指数所依据的资料不同。加权综合指数需要有总体的全面资料,所选用的同度量因素要求比较严格,一般应采用与指数指标有明确经济联系的指标。而加权平均指数既适用于全面资料,也适用于非全面的资料。

第四节　指数体系和因素分析

一、指数体系与因素分析

社会经济现象是复杂的,某种现象的变动往往受多个因素的共同影响。例如,商品的销售额是由销售量和销售价格两个因素构成的,销售额的变动必然受其构成因素变动的影响。由于现象间的联系是多种多样的,因此指数间的联系也是多种多样的。例如,反映工业经济总体的变动情况,可利用一系列经济指数来说明,如工业产品质量指数、工业劳动生产率指数、工业消耗指数、工业成本指数、工业产品出厂指数、产品库存指数等等,从不同侧面反映

工业经济总体变动情况,这一系列指数组成了一个工业指数体系,这是广义上的指数体系。从狭义上讲,指数体系是指不仅在经济上具有一定联系,而且在数量上具有一定对等关系的三个或三个以上的指数所构成的一个整体。狭义指数体系的概念强调了指数间的数量对等关系。通常指数体系至少要由三个指数构成。本节讲的指数体系是狭义的指数体系。

例如:

$$销售额指数 = 销售量指数 \times 销售价格指数$$
$$总产值指数 = 产量指数 \times 产品价格指数$$
$$总成本指数 = 产量指数 \times 单位产品成本指数$$
$$销售利润指数 = 销售量指数 \times 销售价格指数 \times 销售利润率指数$$

指数体系的主要作用:一是利用指数体系可进行指数间的相互推算,即根据有关现象的变动程度来推算另一种现象的变动程度;二是利用指数体系可进行因素分析。由于某种经济现象的变动是受多个因素变动共同作用的结果,利用指数体系可以分别测定各个影响因素对所研究现象的影响。这种方法在用于多因素分析时,又称连锁关系替代法。它不仅用于分析现象总量的变动,也适用于分析分组情况下总平均数的变动。

因素分析是指利用指数体系从相对数和绝对数两个方面,分析现象的总变动受各个因素变动影响的情况。依据指数体系进行因素分析时,按被研究现象性质的不同可以分为价值总量的因素分析和平均数的因素分析两类。前者分析价值总量的变动中受价格因素和数量因素的影响情况;后者分析加权平均数的变动中受变量值、权数结构的影响情况。将两种分类结合起来,利用指数体系进行因素分析可进一步分为多种情形,如价值总量的两因素分析、价值总量的多因素分析和平均数的两因素分析等。

二、价值总量的两因素分析

价值总量的两因素分析,在指数体系上表现为总变动指数等于两个因素指数的乘积。要保证两个因素指数之积等于被研究现象变动的总指数,最关键的是确定同度量因素时期。可以遵循这样的原则:一个因素指数的同度量因素固定在报告期,则另一个因素指数的同度量因素要固定在基期。

编制指数体系时,依据综合指数的编制原理及选择的同度量因素的不同,可以形成不同的指数体系。实际分析中,最常用的是数量指标指数采用基期加权拉氏指数法,质量指标指数采用报告期加权派氏指数法。运用这一方法,前面所述的"商品销售额指数 = 商品销售量指数 × 商品价格指数"指数体系用公式可写成

$$\frac{\sum p_1 q_1}{\sum p_0 q_0} = \frac{\sum p_1 q_1}{\sum p_0 q_1} \times \frac{\sum p_0 q_1}{\sum p_0 q_0} \tag{5.26}$$

$$\sum p_1 q_1 - \sum p_0 q_0 = \left(\sum p_1 q_1 - \sum p_0 q_1 \right) + \left(\sum p_0 q_1 - \sum p_0 q_0 \right) \tag{5.27}$$

销售额指数 = 商品价格指数 × 商品数量指数
销售额实际增减变动 = 各因素指数增减变动额之和

编制上面的指数体系,质量指标指数即价格指数 $\dfrac{\sum p_1 q_1}{\sum p_0 q_1}$ 的同度量因素销售量固定在报告期(q_1),数量指标指数即销售量指数 $\dfrac{\sum p_0 q_1}{\sum p_0 q_0}$ 的同度量因素价格固定在基期(p_0),这样形成的指数体系,各指数的实际意义如下:

(1)销售额指数 $\dfrac{\sum p_1 q_1}{\sum p_0 q_0}$,表明总体中各种商品销售总额的变动方向及变动幅度。指数的分子与分母之差,即 $\sum p_1 q_1 - \sum p_0 q_0$,说明销售实际增加或减少的绝对额。

(2)价格指数 $\dfrac{\sum p_1 q_1}{\sum p_0 q_1}$,表明多种商品价格的综合变动方向及变动幅度。指数的分子与分母之差,即 $\sum p_1 q_1 - \sum p_0 q_1$,说明由于价格的涨跌变动,对销售额影响的绝对数额。

(3)销售量指数 $\dfrac{\sum p_0 q_1}{\sum p_0 q_0}$,表明多种商品销售量的综合变动方向及变动幅度。指数的分子与分母的差,即 $\sum p_0 q_1 - \sum p_0 q_0$,说明由于销售量的增减变动,对销售额影响的绝对数额。

【例 5.4.1】 根据【例 5.2.1】给出的三种商品基期和报告期的销售量和销售价格数据,分别利用相对数和绝对数计算价格变动和数量变动引起三种商品销售额变动情况。

解:根据价值总量指标两因素分析原理,构建如下的指数体系:

销售额指数 = 商品价格指数 × 商品销售量指数

$$\frac{\sum p_1 q_1}{\sum p_0 q_0} = \frac{\sum p_1 q_1}{\sum p_0 q_1} \times \frac{\sum p_0 q_1}{\sum p_0 q_0}$$

$\sum p_1 q_1 - \sum p_0 q_0 = \left(\sum p_1 q_1 - \sum p_0 q_1 \right) + \left(\sum p_0 q_1 - \sum p_0 q_0 \right)$

将相关数据代入上述公式,可得:

商品销售额指数 $= \dfrac{\sum p_1 q_1}{\sum p_0 q_0} = \dfrac{86230}{81100} = 106.33\%$

商品价格派氏指数 $= \dfrac{\sum p_1 q_1}{\sum p_0 q_1} = \dfrac{86230}{77860} = 110.75\%$

商品销售量拉氏指数 $= \dfrac{\sum p_0 q_1}{\sum p_0 q_0} = \dfrac{77860}{81100} = 96\%$

根据指数体系: $\dfrac{\sum p_1 q_1}{\sum p_0 q_0} = \dfrac{\sum p_1 q_1}{\sum p_0 q_1} \times \dfrac{\sum p_0 q_1}{\sum p_0 q_0}$

得到销售额指数变动分解为 106.33% = 110.75% × 96%。

根据 $\sum p_1q_1 - \sum p_0q_0 = (\sum p_1q_1 - \sum p_0q_1) + (\sum p_0q_1 - \sum p_0q_0)$，得到销售额变动分解为 5130 元 = 8370 元 + (-3240 元)

计算结果表明，由于价格报告期比基期平均上涨 10.75%，使销售额增加了 8370 元；又由于销售量报告期比基期平均下降了 4%，使销售额减少了 3240 元。价格与销售量两个因素综合作用的结果，使商品的销售额报告期比基期上涨 6.33%，使销售额增加了 5130 元。

三、价值总量的多因素分析

多因素分析就是将所研究现象分解为三个或三个以上的影响因素，分别测定各影响因素的变动程度及其影响作用。多因素分析原理和方法与两因素分析是一致的，但在分析过程中要注意以下几点：

(1)多因素分析必须遵循连环替代法的原则，即在分析受多因素影响的事物发展变化时，要逐项分析，逐项确定同度量因素。分析第一个因素变动影响后，接着分析第二个因素的影响，然后再分析第三个因素的影响，以此类推。

(2)在多因素分析中，为了分析某一因素的影响，要求把其余因素固定不变。具体方法是：在分析第一个因素的影响时，就把其他所有因素固定不变，并都作为同度量因素固定在基期；在分析第二个因素的变动时，则把已经分析过的因素固定在报告期，没有分析过的因素仍然固定在基期；分析第三个因素的变动影响时，就把已经分析过的两个因素固定在报告期，没有分析过的因素固定在基期；以此类推。

(3)对多因素的排列顺序，要具体分析现象的经济内容，使之符合客观事物的联系或逻辑，保证相邻两个指标具有实际含义。各因素顺序一般应遵循数量指标因素在前，质量指标在后的原则。

例如，要对某企业生产活动原材料费用额进行因素分析，企业生产耗用这些原材料的产品数量、单耗以及这些原材料价格的变动都会对原材料费用额有直接的影响，按这些因素内在的逻辑关系，原材料费用额可以写成如下的分解式：

原材料费用额 = 产品数量(q) × 单耗(m) × 原材料价格(p)

单位产品原材料消耗量相对于产品产量而言是质量指标，相对于原材料单价来说则是数量指标。

在排序上，它们的逻辑关系为：

$$\text{原材料费用} = \underbrace{\text{产品生产量} \times \text{单耗}}_{\text{原材料耗用量}} \times \text{原材料价格}$$

指数体系可以写成

$$\frac{\sum q_1 m_1 p_1}{\sum q_0 m_0 p_0} = \frac{\sum q_1 m_0 p_0}{\sum q_0 m_0 p_0} \times \frac{\sum q_1 m_1 p_0}{\sum q_1 m_0 p_0} \times \frac{\sum q_1 m_1 p_1}{\sum q_1 m_1 p_0} \quad (5.28)$$

$$\sum q_1 m_1 p_1 - \sum q_0 m_0 p_0 = (\sum q_1 m_0 p_0 - \sum q_0 m_0 p_0) +$$

$$(\sum q_1 m_1 p_0 - \sum q_1 m_0 p_0) + (\sum q_1 m_1 p_1 - \sum q_1 m_1 p_0) \qquad (5.29)$$

四、平均数指标的因素分解

在分组的条件下,总平均指标的变动受两个因素的影响:一个是各组变动值变动的影响;另一个是各组单位数在总体总数中所占比重变动的影响,即结构变动的影响。如某单位职工平均工资的变动,既受各类职工工资水平(或组平均工资)变动的影响,也受各类职工人数占职工总数比重变化的影响(结构变动)。

在分组数据情况下,加权算术平均数的计算公式为

$$\bar{x} = \frac{\sum xf}{\sum f} = \sum \left(x \frac{f}{\sum f} \right) \qquad (5.30)$$

式中 x 是各组的变量水平,$\dfrac{f}{\sum f}$ 是各组的结构。

(1) 总平均水平指数

$$I_{xf} = \frac{\bar{x}_1}{\bar{x}_0} = \frac{\sum x_1 f_1 / \sum f_1}{\sum x_0 f_0 / \sum f_0} \qquad (5.31)$$

式中 $\bar{x}_1 = \dfrac{\sum x_1 f_1}{\sum f_1}$ 是报告期平均值,$\bar{x}_0 = \dfrac{\sum x_0 f_0}{\sum f_0}$ 是基期平均值,$\dfrac{f_1}{\sum f_1}$ 是各组报告期结构,$\dfrac{f_0}{\sum f_0}$ 是各组基期结构。

(2) 组水平变动指数

$$I_x = \frac{\bar{x}_1}{\bar{x}_n} = \frac{\sum x_1 f_1 / \sum f_1}{\sum x_0 f_1 / \sum f_1} \qquad (5.32)$$

(3) 结构变动指数

$$I_f = \frac{\bar{x}_n}{\bar{x}_0} = \frac{\sum x_0 f_1 / \sum f_1}{\sum x_0 f_0 / \sum f_0} \qquad (5.33)$$

此时,指数体系的具体表现为:

总平均水平指数=组水平变动指数×结构变动指数,即

$$\frac{\sum x_1 f_1 / \sum f_1}{\sum x_0 f_0 / \sum f_0} = \frac{\sum x_1 f_1 / \sum f_1}{\sum x_0 f_1 / \sum f_1} \times \frac{\sum x_0 f_1 / \sum f_1}{\sum x_0 f_0 / \sum f_0} \qquad (5.34)$$

简写为 $I_{xf} = I_x \times I_f$

总平均水平变动额=各组水平变动影响额+结构变动影响额,即

$$(\sum x_1 f_1 / \sum f_1 - \sum x_0 f_0 / \sum f_0) =$$
$$(\sum x_1 f_1 / \sum f_1 - \sum x_0 f_1 / \sum f_1) + (\sum x_0 f_1 / \sum f_1 - \sum x_0 f_0 / \sum f_0) \qquad (5.35)$$

简写为
$$\bar{x}_1 - \bar{x}_0 = (\bar{x}_1 - \bar{x}_n) + (\bar{x}_n - \bar{x}_0)$$

【例 5.4.2】 某食品厂要对其三条生产流水线进行招工,并对工人进行了生产技术的培训和工序的调整以提升生产效率,对工人培训前后的数据资料如表 5-5 所示。

表 5-5 食品厂工人培训前后的数据资料

流水线名称	劳动生产率 x(千元/人)		工人数 f(人)	
	基期 x_0	报告期 x_1	基期 f_0	报告期 f_1
甲	50	60	50	60
乙	100	120	80	100
丙	60	90	100	120
合计	—	—	230	280

要求:利用指数体系分析该工厂各个流水线的劳动生产率和生产工人数变动对整个工厂劳动生产率变动的影响情况。

解:根据表 5-5 计算 x_0f_0, x_1f_1, x_0f_1,计算结果如表 5-6 所示。

表 5-6 x_0f_0, x_1f_1, x_0f_1 的计算结果

流水线名称	劳动生产率 x(千元/人)		工人数 f(人)		增加值 xf(千元)		
	基期 x_0	报告期 x_1	基期 f_0	报告期 f_1	x_0f_0	x_1f_1	x_0f_1
甲	50	60	50	60	2500	3600	3000
乙	100	120	80	100	8000	12000	10000
丙	60	90	100	120	6000	10800	7200
合计	—	—	230	280	16500	26400	20200

根据表 5-6 可以计算总平均水平指数:

$$I_{xf} = \frac{\bar{x}_1}{\bar{x}_0} = \frac{\sum x_1 f_1 / \sum f_1}{\sum x_0 f_0 / \sum f_0} = \frac{(3600 + 12000 + 10800) \div 280}{(2500 + 8000 + 6000) \div 230} = \frac{26400/280}{16500/230} = 131.43\%$$

总水平变动额:

$$\sum x_1 f_1 / \sum f_1 - \sum x_0 f_0 / \sum f_0 = \frac{26400}{280} - \frac{16500}{230} = 22.55(千元)$$

组水平变动指数:

$$I_x = \frac{\bar{x}_1}{\bar{x}_n} = \frac{\sum x_1 f_1 / \sum f_1}{\sum x_0 f_1 / \sum f_1} = \frac{(3600 + 12000 + 10800) \div 280}{(3000 + 10000 + 7200) \div 280} = 130.70\%$$

组水平变动额:

$$\sum x_1 f_1 / \sum f_1 - \sum x_0 f_1 / \sum f_1 = 94.29 - 72.14 = 22.15(千元)$$

结构变动指数:

$$I_f = \frac{\bar{x}_n}{\bar{x}_0} = \frac{\sum x_0 f_1 / \sum f_1}{\sum x_0 f_0 / \sum f_0} = \frac{20200/280}{16500/230} = 100.56\%$$

结构变动额：
$$\sum x_0 f_1 / \sum f_1 - \sum x_0 f_0 / \sum f_0 = 72.14 - 71.74 = 0.4(千元)$$

指数体系：　　　　　　131.43% = 130.70%×100.56%
总水平变动：　　　　　22.55 = 22.15+0.4(单位均为千元)

计算结果表明，各流水线劳动生产率上升使整个工厂平均劳动生产率上升30.7%，人均增加值增加22.15千元；各流水线工人数结构发生变化使整个工厂平均劳动生产率上升0.56%，人均增加值增加0.4千元。两个影响因素的共同作用，使整个工厂的平均劳动生产率报告期比基期提高了31.43%，每个工人创造的增加值报告期比基期增加了22.55千元。

第五节　常见的经济指数

指数在社会经济领域的应用十分广泛。本节主要介绍工业生产指数、工业生产者价格指数、居民消费价格指数、股票价格指数和国内生产总值缩减指数。

一、工业生产指数

工业生产指数是指以代表产品的生产量为基础，用报告期产量除以基期产量取得产品产量的个体指数，并以工业增加值为权数来加权计算的总指数。该指数实质上是工业生产量总指数，它反映的是某一时期工业经济的景气和发展趋势，可以表明一个国家经济发展的基本情况。世界上大多数国家都非常重视工业生产指数的编制。我国从1997年开始试算工业生产指数，并将按此方法计算的工业生产指数代替以前按不变价总产值计算的工业发展速度指标。

计算工业生产指数使用的公式是拉氏数量指数的变形公式。它是以基期的增加值 p_0q_0 为权数，以代表产品的个体指数 k_q 为变量，采用加权算术平均法的形式计算的总指数。其公式为

$$\bar{K}_q = \frac{\sum k_q p_0 q_0}{\sum p_0 q_0} \tag{5.36}$$

式中，k_q 为代表产品的个体产量指数，p_0q_0 指相应的代表产品的基期增加值。

从上式可以看出，计算工业生产指数的两大关键要素，一个是产品产量，一个是工业增加值的权数，掌握好这两点，就能保证生产指数的准确性。确定产品产量不可能用全部产品，只能选取代表产品。要掌握适度，选太多工作量大，选太少不足以反映产品结构。根据国家规定，年度代表产品1000多种，月度代表产品500多种。权数是对产品的个体指数在

生产指数形成过程中的重要性进行界定的指标,在工业总体中比重大的产品或行业,权数也大,对生产指数的作用也大,权数正确与否直接影响总指数的准确性。我国采用工业增加值作为计算权数的总值指标。

在实际应用中,如果掌握了各工业部门增加值在全部工业增加值中所占的比重 w,即可采用固定加权算术平均法编制工业生产指数,其公式为

$$\overline{K}_q = \frac{\sum k_q w}{\sum w} \tag{5.37}$$

新中国成立以来,我国一直采用不变价格工业总产值计算工业发展速度,随着经济体制改革的深入发展,此法渐渐偏离了工业经济发展的实际。随着新国民经济核算制度的实施,工业生产的总量指标是增加值,再以总产值计算速度也不适当,因此编制工业生产指数,也便于进行国际比较分析。

计算工业生产指数的基本方法:

(1)确定代表产品目录,这是计算工业生产指数的一个重要环节。代表产品的选取是否科学合理,直接影响到生产指数计算结果的准确性。我国编制月度工业生产指数时选了500多种代表产品。其选取的基本原则主要包括:从各个行业分品种和规格来选择代表产品,并注重价值量比较大、处于上升趋势和经济寿命期长,且在一定时期内相对稳定的产品。

(2)搜集权数基期年的有关基础资料,计算并确定权数。计算权数的基础资料主要包括代表产品的价格、单位产品增加值、分行业总产值和增加值、代表产品基期年产量等。我国初定权数基期固定在1995年,且5年不变。确定一套权数,是编制工业生产指数难度最大的工作。

(3)根据代表产品的个体指数,用各自的权数加权平均计算出分类指数(行业指数)和总指数。

二、工业生产者价格指数

工业生产者价格指数(Producer Price Index for Industrial Products,简称PPI)是指反映工业生产产品出厂价格和购进价格在变动趋势和变动幅度的相对数。该指数包括工业生产者出厂价格指数和工业生产者购进价格指数。前者反映工企业产品第一次出售时的出厂价格的变动趋势和变动幅度。后者反映企业作为中间投入产品的购买价格的变化趋势和变动幅度。

编制工业生产者价格指数的主要步骤:

(1)选择代表规格品。编制工业品价格指数选择代表产品时依据的原则是:选择对国计民生影响比较大,生产、销售量比较大的产品;选择有发展前景的产品;选择生产较为稳定的合格产品;选择有地方特色的产品。我国工业生产者出厂价格统计调查涵盖1702个基本分类的11000多种工业产品的价格;工业生产者购进价格统计调查需900多个基本分类的6000多种工业产品的价格。

(2)选择调查企业。对全部规模以上工业企业(即年主营业务收入2000万元以上的工业企业)通过主观选样与抽样相结合方式确定调查企业,对观模以下工业企业通过随机抽样方式确定调查企业。我国工业生产者价格调查涉及全430多个市县的近6万家工业企业。调查内容是所选工业生产的各种规格品的价格。

(3)开展价格调查。价格方式采用企业报表形式。规格品价格采集日相对固定在某月的某天,如果调查日当日没有发生交易,价格则为距调查日最近发生交易当天的价格。

(4)确定权数。出厂价格指数的中类、大类权数根据工业统计中分行业的销售产值资料计算,中类以下权数根据调查资料估算确定;购进价格指数的权数根据投入产出资料和典型调查资料估算确定。一般每5年更换一次,在5年期内各年度适当调整。

(5)具体计算工业生产者价格指数,用固定加权算术平均法。计算公式为

$$\overline{K} = \frac{\sum k_p w}{\sum w}$$

式中,$\overline{K}$ 为价格指数,k_p 为代表产品个体指数,w 为代表产品权数。

三、居民消费价格指数

居民消费价格指数(Consumer Price Index,简称 CPI)是指综合反映一定时期内城乡居民所购买的生活消费品价格和服务项目价格变动趋势和程度的相对数。该指数是我国政府统计部门编制的一种重要价格指数。其目的是观察和分析消费品的零售价格和服务项目价格变动对城乡居民实际生活费用支出的影响程度,也用它来测度通货膨胀和货币购买力的变动,缩减其他经济指标的名义值为实际值。为了及时性的要求,我国居民消费价格指数按月编制,并公布月度和年度数据;为了各层面分析的要求,我国居民消费价格指数分为全国和地区居民消费价格指数、全国和地区城镇居民消费价格指数、全国和地区农村居民消费价格指数。

编制居民消费价格指数时,调查地区和调查点以及代表性商品和规格品的选择采用分层抽样调查,将这些代表性商品和规格品作为样本,对市场价格进行经常性的调查,以样本推断总体。具体步骤如下:

(1)选择调查地区和调查点。按照经济区域和地区分布合理的原则,在全国选出有代表性的大、中、小地区。采用抽样调查方法抽选确定调查网点,按照"定人、定点、定时"的原则,直接派人到调查网点采集原始价格。数据来源于全国31个省(区、市)500个市县的6.3万余家价格调查点,包含食杂店、百货店、超市、便利店、专业市场、专卖店、购物中心以及农贸市场与服务消费单位等。

(2)选择代表性商品和规格品。全国居民消费价格指数涵盖全国城乡居民生活消费的食品、烟酒及用品、衣着、家庭设备用品及维修服务、医疗保健和个人用品、交通和通信、娱乐教育文化用品及服务、居住等八大类、262个基本分类的商品与服务价格。每个基本分类下设置一定数量的代表规格品,目前有600种左右的商品和服务项目的代表规格品,作为经常性调查项目。

(3) 收集价格资料。各省(区、市)都有固定的价格调查人员和临时调查员按统一规定进行价格收集工作。调查点确定以后,各市、县价格调查人员就要按照规定时间对选定的商品、市场和服务网点的商品或服务价格,采用"三定"原则进行收集调查登记,"三定"原则即定点、定时、定人直接采价。定点,就是到已选定的调查点,即固定的调查商店和农贸市场,以保障价格资料来源的稳定性和可比性;定时,即在固定的日子和时间来采价,以保证基期价格和报告期价格在时间上具有可比性;定人,就是在一定时期内由固定调查人员去调查,这是为了避免因调查人员的频繁变动而引起的人为价格调查误差,以保持价格资料的稳定性、连续性和可比性。同时各地也常常利用价格采集点的计算机管理系统作为辅助性调查工具。

(4) 确定权数。根据城乡居民家庭消费构成确定各种代表品的权数。居民消费价格指数的权数代表居民家庭所购买的一篮子消费商品和服务中每一个项目各自的重要性,以反映调查商品或服务项目的价格变动在总指数形成中的影响程度。目前,我国消费价格指数的权数实行千分制,即大类权数之和、大类中各中类权数之和、中类中各小类权数之和、小类中各基本分类权数之和均为1000。

(5) 计算价格指数。计算方法采用国际通用的链式拉氏公式,以便使价格指数能够更真实地反映固定时期总体价格水平变动中的纯价格变动,准确地解释价格的变动趋势,实现月距环比价格指数(月环比价格指数)与年距环比指数(月同比价格指数)之间的逻辑检验。链式拉氏公式如下:

$$k_{pt} = \left(\sum \frac{p_t}{p_{t-1}} w \right) \times k_{pt-1} \tag{5.38}$$

月环比价格指数等于当月定期价格指数与上月定期价格指数之比,月同比价格指数等于当月定期价格指数与上年同月定期价格指数之比,年度价格指数等于当年各月定期价格指数的平均数与上年各月定期价格指数的平均数之比,即

$$月环比指数 = \frac{k_{pt}}{k_{pt-1}} \tag{5.39}$$

$$月同比价格指数 = \frac{k_{pt}}{k_{pt-12}} \tag{5.40}$$

$$年度价格指数 = \frac{\left(\sum_{i=1}^{12} k_{pt} \right) \div 12}{\left(\sum_{i=1}^{12} k_{pt-12} \right) \div 12} \tag{5.41}$$

具体计算过程是,先计算代表性商品的个体指数,再计算各类商品的小、中、大类指数,最后计算总指数。

居民消费价格指数除了能反映城乡居民所购买的生活消费品和服务项目价格的变动趋势和程度,还有以下几个方面的作用。

第一,反映通货膨胀状况。通货膨胀的严重程度是用通货膨胀率来反映的,它说明了一定时期内商品价格持续上升的幅度。通货膨胀率一般以居民消费价格指数来表示。计算公式为

$$通货膨胀率 = \frac{报告期居民消费价格指数 - 基期居民消费价格指数}{基期居民消费价格指数} \times 100\% \quad (5.42)$$

第二,反映居民购买力水平。货币购买力是指单位货币购买到的消费品和服务的数量。居民消费价格指数上涨,货币购买力则下降,反之则上升,因此,居民消费价格指数的倒数就是货币购买力指数。计算公式为

$$货币购买力指数 = \frac{1}{居民消费价格指数} \times 100\% \quad (5.43)$$

第三,测定职工实际工资水平。居民消费价格指数的提高意味着实际工资的减少,居民消费价格指数下降则意味着实际工资的提高。因此,利用居民消费价格指数可以将名义工资转化为实际工资。计算公式为

$$实际工资 = \frac{名义工资}{居民消费价格指数} \quad (5.44)$$

四、股票价格指数

股票价格指数是指根据选择的那些具有代表性和敏感性强的样本股票某时点平均市场价格计算的,用以反映某一股市股票价格总变动趋势的相对数。该指数通常简称股价指数,其单位一般用"点"表示,即以基期为100(或1000),每上升或下降一个单位称为一点。股票价格指数是股票价格变动的指示器。世界各地的股票市场都有自己的股票价格指数,一般较有影响的有:道-琼斯股价指数、标准-普尔股价指数、恒生股价指数及日经股价指数。我国股票价格指数主要有上证综合指数、深证综合指数、上证180指数、深圳成分指数、沪深300指数等。虽然股价指数编制原理相同,但在具体问题上不同指数的处理方法不尽相同。本节仅以我国的上证综合指数为例,简要介绍股价指数的编制。

上证综合指数全称为"上海证券交易所综合股价指数",有时简称上证指数,是国内外普遍采用的反映上海股市总体走势的统计指标。上证综合指数是以上海证券交易所挂牌的全部股票为计算范围,以发行量为权数的加权综合股价指数。上证指数以"点"为单位,以1990年12月19日为基准,基日指数定为100点,自1991年7月15日开始发布。其计算公式为

$$报告期股价指数 = \frac{报告期股票市价总值}{基日股票市价总值} \times 100 \quad (5.45)$$

其中, 报告期股票市值 = $\sum$(报告期收盘价 × 发行股数)

基期股票市价总值 = $\sum$(基日收盘价 × 发行股数)

上证综合指数包括挂牌上市的所有股票,相对于成分指数而言,它能全面、准确地反映某个时点股票价格的全面变动情况,能考虑到行业分布和不同公司的规模,具有广泛的代表性。但因为包含的股票数量多,敏感性差,不能及时反映主要上市公司股票价格对市场大势的影响;而且只要有新股上市就要计入指数中,这会导致指数内部结构频繁变动,从而影响指数前后的可比性。另外,计算上证指数的权数是发行量,虽然符合国际通行做法,但由于我国股票发行中的法人股占有一定的比重,且不能上市流通,由此计算的指数所反映的只能

是流通市场的潜在变化,而不是现实市场股价的综合变动。

随着上海股票市场的不断发展,于 1992 年 2 月 21 日,增设上证 A 股指数与上证 B 股指数,以反映不同股票(A 股、B 股)的各自走势。1993 年 6 月 1 日,又增设了上证分类指数,即工业类指数、商业类指数、地产业类指数、公用事业类指数、综合业类指数,以反映不同行业股票的各自走势。至此,上证指数已发展为包括综合股价指数、A 股指数、B 股指数、分类指数在内的股价指数系列。

五、国内生产总值缩减指数

现行国内生产总值(下文简称 GDP)是按照核算期当期的价格衡量一个国家在一定时期内的经济活动成果,通常用来反映国民经济的总体规模、经济结构和经济发展水平。但是要从动态上研究国民经济发展变化规律,使用现价 GDP 就不太合适。因为现价 GDP 包含了物量不变的情况下,纯粹的价格变化不是真正意义上的经济规模的扩大,也不会提高人民的生活水平。因此,一个国家的经济增长率应该是根据不变价 GDP(亦称可比价 GDP)计算出来的实际增长率,而不是根据现价 GDP 计算出来的名义增长率。

计算不变价 GDP 可以采用价格缩减法,价格缩减法是利用价值量等于物量乘以价格这样一个关系,用价格指数对现价价值额进行缩减,也就是用现价价值额除以价格指数,最后求出物量值,即得到不变价 GDP。要计算不变价 GDP,需要获得 GDP 缩减指数。因此下面仅介绍 GDP 缩减指数。

国内生产总值缩减指数是指现价国内生产总值与不变价国内生产总值相比得到的反映价格变动趋势的相对数,又称国内生产总值缩平减指数,下文简称 GDP 缩减指数。各种价格指数是独立编制的,每一个价格指数都反映了特定范围内的价格变化趋势。但是,从国民经济宏观管理看,不仅需要这样的局部价格指数,更需要一个能反映国民经济整体价格水平变化的指数,而且这样的价格指数应该是以 GDP 所覆盖的"一篮子"货物和服务为对象的综合价格指数,即 GDP 价格指数。

GDP 价格指数该如何计算?从指数理论看,GDP 价格指数要借助于 GDP 所包含的物量来综合计算价格从基期到报告期的变动,如果采用派氏指数形式,该指数就应该是报告期现价 GDP 与报告期不变价之间的比值,即

$$\text{GDP 价格指数} = \frac{\text{报告期现价 GDP}}{\text{报告期不变价 GDP}} = \frac{\sum p_1 q_1}{\sum p_0 q_1} \tag{5.46}$$

报告期现价 GDP 通常是已知的,关键是如何计算报告期不变价 GDP。如果 GDP 价格指数已知,根据指数体系:

GDP 价值指数 = GDP 价格指数×GDP 物量指数

GDP 物量指数 = GDP 价值指数÷GDP 价格指数

GDP 物量指数(及经济增长率)可以直接通过物价指数对现价 GDP 指数的缩减得到。正是基于这个意义,GDP 价格指数称为 GDP 缩减指数。在统计实务中,一般并不是先计算 GDP 价格指数,恰恰相反,而是先依据各单项价格指数分别缩减现价 GDP 的各个构成项目,得到

可比价(不变价)GDP,然后在此基础上计算 GDP 物量指数,进而推算 GDP 价格指数。

本章小结

本章讲述了统计指数的概念、编制指数的基本原理、指数的因素分析和几种主要指数。

1. 统计指数的概念与编制方法。统计指数是用以测度复杂的经济现象总体相对变动程度的一种统计方法,在实际工作中应用很广。从不同的角度来看,指数可进行多种分类,如个体指数与总指数、质量指标指数与数量指标指数等。无论是哪种指数,都是对研究总体综合变动幅度的一种相对度量,在编制指数时,其基本原理为:为了研究受多因素影响的复杂总体综合变动的状况,需引入同度量因素,将不能直接相加的量同度量化,并将引入的同度量因素固定在某个时期,以便单纯地考察复杂总体中研究的那个现象变动的情况,依据掌握资料的不同,编制不同类型的指数。编制指数常用的方法有加权综合法和加权平均法。而加权综合法有基期加权综合法和报告期加权综合法,在实际工作中,编制数量指标指数时多采用基期加权综合法,编制质量指标指数时多运用报告期加权综合法。

2. 指数体系与因素分析。社会经济现象总量的变动是由多个因素影响而形成的,这些因素之间在数量上有严格的依存关系,可以用经济方程式表现出来,即形成指数体系。因素分析是以指数体系为依据,分解量化各种因素的变动对经济总量变动的影响情况。例如,利用指数体系可以分析价格和销售量的变动对销售额的影响情况,分析职工结构及工资水平的变动对企业总平均工资变动的影响。因素分析法可以用来分析价值总量及平均数的变动情况和变动原因。

3. 几种主要的经济指数。在经济工作中,指数常常用来量化复杂现象的变动程度,为相关部门作决策提供参考依据。如工业生产指数、工业生产者价格指数、居民消费价格指数、农产品收购价格指数、货币购买力指数、股票价格指数、国内生产总值缩减指数等都是经济工作中常常需要编制以及运用的指数。

【思考与练习】

一、思考题

1. 什么是统计指数?它有何作用?
2. 简述报告期加权综合法与基期加权综合法在计算价格指数时的异同。
3. 什么是指数体系?利用指数体系进行因素分析应注意什么问题?
4. 什么是同度量因素?同度量因素在统计指数中有何作用?
5. 简述基期加权综合法与加权算术平均法在计算数量指数时的区别与联系。
6. 什么是指数体系的分解?讲述价值总量的两因素分解和多因素分解。

二、练习题

1. 某厂产品成本资料如下表所示。

某厂产品成本资料

产品名称	计量单位	单位成本(元)		产品产量	
		基期	报告期	基期	报告期
甲	件	10	9	1000	1100
乙	个	9	9	400	500
丙	米	8	7	700	800

要求：
(1) 分别计算三种产品的成本个体指数和产量个体指数；
(2) 计算该厂产品的成本和产量的拉氏、派氏和费雪指数。

2. 某公司三种商品销售额及价格变动资料如下表所示。

某公司三种商品销售额及价格变动资料

商品名称	商品销售额		价格变动(%)
	基期	报告期	
甲	500	650	2
乙	200	200	−5
丙	1000	1200	10

要求：
(1) 计算三种商品价格的加权算术平均指数和加权调和平均指数；
(2) 计算三种商品销售量的加权算术平均指数和加权调和平均指数。

3. 某工业企业甲、乙、丙三种产品产量及价格资料如下表所示。

某工业企业甲、乙、丙三种产品产量及价格资料

产品名称	计量单位	价格(元)		产品产量	
		基期	报告期	基期	报告期
甲	套	300	320	360	340
乙	吨	460	540	120	120
丙	台	60	60	680	620

要求：
(1) 计算三种产品的产值指数、产值增长的绝对额；
(2) 计算三种产品的产量综合指数、产量变动对产值增长影响的绝对额；
(3) 计算三种产品的价格综合指数、价格变动对产值增长影响的绝对额；
(4) 从相对数和绝对数上简要分析产量及价格变动对总产值变动的影响。

4. 某工业企业三种产品的价格和销售量资料如下表所示。

某工业企业三种产品的价格和销售量资料

产品名称	计量单位	价格（元）		销售量	
		基期	报告期	基期	报告期
A	台	180	210	300	400
B	件	20	18	400	380
C	提	26	28	500	560

要求：从价格和销售量两个方面对产品销售总额的变动进行因素分析。

5. 某企业劳动工资资料如下表所示。

某企业劳动工资

指数	符号	基期	报告期
工资总额（万元）	E	33.000	38.808
平均工人数（人）	C	800	840
平均每人工作小时数	B	187.50	168.00
小时工资（元）	A	2.20	2.75

要求：从相对数和绝对数分析工人数、每人工作小时数及工资三因素各自对工资总额变动的影响。

第六章 综合评价

【学习目标】
1. 掌握综合评价的内涵和作用。
2. 掌握综合评价的要素和基本步骤。
3. 掌握综合评价指标体系构建和数据处理。
4. 掌握综合评价中指标权数的确定与评价方法的选择。

中国省级高质量发展如何测度？

自党的十九大做出我国经济已由高速增长阶段转向高质量发展阶段的论断以来，2018年和2019年中央经济工作会议均把"推动高质量发展"作为工作重点。21世纪经济研究院按照高质量发展的内涵，以党中央关于推进高质量发展征求意见稿的精神为指导，从宏观经济、创新、协调、绿色、开放、共享等方面初步构造了我国主要城市高质量发展的评价指标体系框架，具体指标如表6-1所示。

表6-1 省高质量发展监测评价指标

监测指标	计量单位	权重	反映内容
一、经济发展质量	—	30%	
1. 人均GDP	元	12%	经济发展水平
2. 经济发展综合效益	%	3%	经济发展总体质态
3. 集约发展水平	亿元/公顷	3%	集约发展水平
4. 绿色优质农产品比重	%	2%	农产品质量
5. 制造业投资占固定资产投资比重	%	2%	实体经济发展后劲
6. 服务业增加值占GDP的比重	%	4%	产业结构优化
7. 研发投资水平	%	2%	创新投资和产出能力
8. 政府性债务	元	2%	政府性债务风险情况
二、改革开放高质量	—	10%	
9. 营商环境指数	%	4%	市场环境情况
10. 净增企业法人单位数占企业法人单位总数的比重	%	2%	改革激发创新状况
11. 一般贸易出口占货物进出口总额比重	%	2%	外贸优进优出
12. 战略性新兴产业实际利用外资占实际利用外资总额比重	%	2%	利用外资质量
三、城乡建设质量	—	12%	
13. 农村供水入户率	%	2%	落实农村战略成效

续表

监测指标	计量单位	权重	反映内容
14. 美丽宜居乡村建设达标率	%	4%	居民宜居情况
15. 行政村双车道四级公路覆盖率	%	2%	落实农村战略成效
16. 城乡万人公路交通车辆拥有量	标台	2%	城市品质化发展
17. 行政村百兆光纤宽带覆盖率	%	2%	落实农村战略成效
四、文化建设品质	-	12%	
18. 社会文明程度测评指数	%	3%	公共文明素质和道德风尚建设状况
19. 人均拥有公共文化体育设施面积	平方米	3%	文化体育基础设施健全情况
20. 村(社区)综合文化服务中心建成率	%	3%	
21. 注册志愿人数占城镇常住人口比重	%	1%	志愿服务水平
22. 居民综合阅读率	%	2%	公众文化素养
五、生态环境高质量	-	10%	
23. 空气质量	%	2%	空气质量改善情况
24. 地表水达到或好于Ⅲ类水体比率	%	2%	水环境质量
25. 林木覆盖率	%	2%	生态绿化情况
26. 城镇污水集中处理率	%	2%	污水处理能力和成效
27. 垃圾分类集中处理率	%	2%	垃圾处理能力和成效
六、人民生活质量	-	16%	
28. 居民人均可支配收入	元	2%	居民收入水平
29. 人均有用社会保障福利总额	元	2%	社会保障水平
30. 义务教育优质均衡比例	%	2%	现代教育发展水平
31. 每万常住人口全科医生数	人	2%	医疗健康水平
32. 护理型床位数占养老机构床位数比例	%	2%	养老服务供给质量
33. 低收入人口脱贫率	%	2%	脱贫率
34. 公共安全感	%	2%	居民需求安全保障
35. 网络创建达标率	%	2%	居民需求安全保障
七、满意度指数	%	10%	
36. 人民群众对高质量发展成效的满意度	%	10%	人民群众对高质量发展成效的满意度

资料来源:https://tech.sina.com.cn/roll/2019-12-31/doc-iihnzhfz9364249.shtml

由于每个指标仅反映高质量发展某个方面,难以全面评价高质量发展,因此,首先需要对每个指标进行无量纲化处理,然后根据指标的重要性赋予权重,最后对指标体系进行加权平均,得到高质量发展综合评价指数。

试根据表6-1中的资料回答以下问题:

(1)统计测度各省高质量发展与统计测度 GDP 指标、CPI 指标有何区别?

(2)表中统计测度指标体系如何构建?每一个指标都具有它自身的度量单位,如何处理这些不同量纲指标?

(3)定量指标由多个指标组成,每一指标的重要程度如何?

(4)多指标最后如何合成一个指数?这种综合性的定量分析所有的统计分析功能

是什么?

为了回答上述问题,本章将讨论综合评价的相关问题,主要包括:评价指标体系的建立、指标权重的确定和常用的综合方法等。

第一节 综合评价概述

一、综合评价的含义

社会、经济、自然、科技等现象总体总是由多因素构成的,要正确认识总体的状况,就要从不同的侧面和角度对其数量进行反映和分析,这就会形成由多个指标构成的指标体系。但是各个指标在不同时间或不同空间的数值大小各不相同,可能出现相互矛盾、异向变化等复杂情况。为达到对总体的全面认识,就必须将被评价事物的多方面指标信息综合分析,以最终结果来反映评价对象的整体情况。

综合评价法是指以被评价事物在不同侧面的数量特征为基础,通过运用一系列数学、统计学方法将这些数量特征的指标转化为一个能够反映综合情况的指标,并以此对被评价事物进行整体评价的方法系统,又称多指标综合评价方法,简称为综合评价,它是对多指标进行综合的一系列有效方法的总称。

例如,在对高校教师的生活质量进行评价时,需要对高校教师生活的方方面面进行综合测评,并将这一目标具体化为一套如图6-1所示的高校教师生活质量评价系统结构图。评

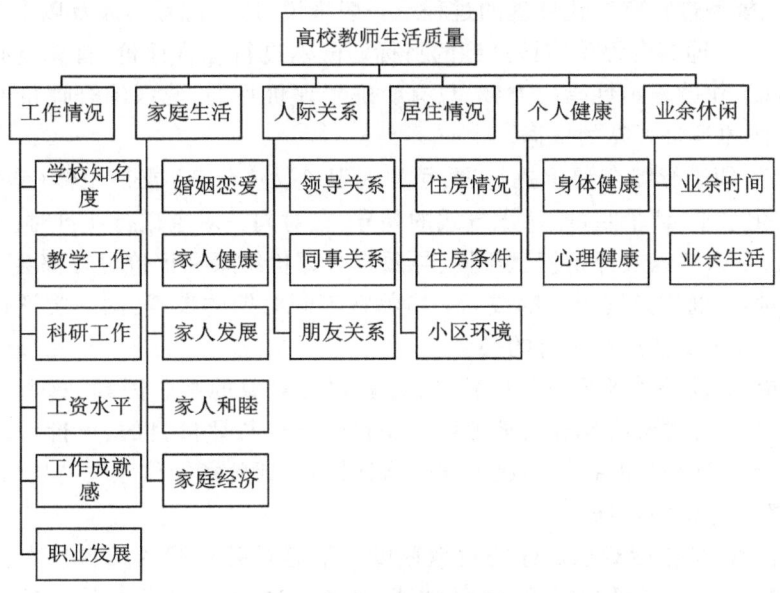

图6-1 高校教师生活质量评价系统结构图

价者依据这套指标体系,运用一系列方法将反映高校教师生活质量各个方面的指标换算成一个有序的综合指标,即"高校教师生活质量评价指标",并计算出高校教师生活质量指标的综合分值,然后按照综合分值的大小对高校教师生活质量进行评判与分析。

从图 6-1 可以看出,为了评价高校教师生活质量,需要从评价目标出发,经过层层分解,最终将目标转化成具体的测评指标;然后根据具体测评指标的数量特征,又反向综合成高校教师生活质量指数值。因而,从某种程度上说,综合评价本质上是一个信息处理过程,在这一过程中,需要我们选取适当的反映数量特征的指标,规范这些指标的数量信息,确定不同数量特征指标的重要程度,给出综合指标的数量模型,最终将无序的信息有序化,以便进行决策。

综合评价的作用表现在以下三个方面:

一是可以对评价对象多个方面的特征做出整体性的认识。综合评价将多个评价指标的基本信息全部集中到或浓缩到一个综合评价值之上,从而实现对评价对象的整体性认识。

二是可以对所评价的全部对象进行分类或排序。依据综合评价结果,掌握各评价对象的综合优劣或发展程度,可以对其做出分类、比较或者排序。

三是可以对评价对象的综合发展变化进行动态比较分析。通过对评价对象各个时期综合评价值的计算,可以了解各指标综合发展变化情况,并进一步寻找出变化的主要方面与主要原因,以改进工作。

二、综合评价的基本要素和步骤

(一)综合评价的基本要素

综合评价本质上是一个信息处理系统,开展评价的过程是将客观对象无序属性信息,运用一定的方法、模型进行有序化处理的过程。一般来说,这一过程会涉及以下基本要素:

(1)评价目的,即综合评价应该达到的目标。既然进行综合评价,首先就必须明确评价目的,这是评价工作的根本性指导方针,只有明确了评价目的,选取综合评价的测度指标和综合评价的方法才具备可靠的依据。

(2)评价者,即进行综合评价执行者,可以是某个人(专家)或某团体(专家小组)。由于评价者的文化水平、评价目的、认识方式的差异,在对同一对象进行评价时,可能选取的评价指标体系、权重系数以及评价模型不同,导致综合评价结果和评价过程都会产生差异。

(3)评价对象,通常是同类事物或同一事物在不同时期的表现,同一类评价对象的个数要足够多,小于等于 1 就没有评价的必要。

(4)评价指标,反映了评价对象的特征,代表评价对象的某个因素,每个评价指标都是从不同侧面刻画评价对象所具有的某种特征。它的选取与评价目的、评价对象以及评价主体等有关。若干相互联系的指标构成了评价指标体系,评价指标体系具有层次性、多样性与变异性,它是综合评价的依据。

(5)指标权重,是指标对总目标的贡献程度。指标对总目标的贡献越大,权重越大;相反,则反之。很显然,当被评价对象及评价指标都确定时,综合评价的结果就依赖于指标权重,它关系到综合评价结果的可信度,在综合评价中具有极为重要的地位。

(6)评价方法,通常是数据的处理方法、权重系数的确定方法和综合评价价值函数(模型)的总称。

(7)评价结果,是指综合评价输出的评价结果、含义以及依据评价结果进行的决策。应该注意的是,综合评价结果只是具有相对意义,即只能用于性质相同的对象之间的比较和排序。

(二)综合评价的基本步骤

综合评价是一项复杂的统计活动过程,通常要经历确定评价目的和评价对象,构建综合评价指标体系,选择定性或定量评价方法,构建综合评价模型,分析综合得出的结论,提出评价报告等过程。基本流程如图6-2所示,包括了以下步骤:

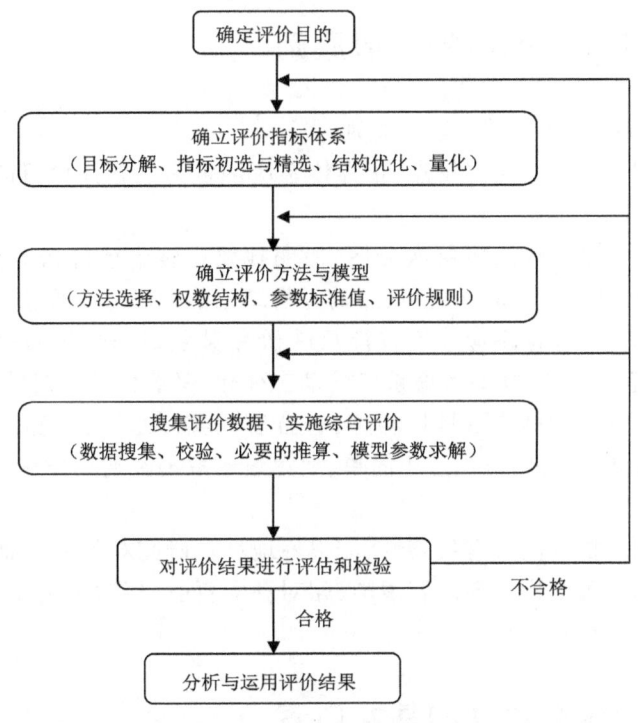

图6-2 综合评价的基本过程

(1)确定评价目的。就是要明确为什么进行综合评价,只有这样才能确定评价对象及其属性特征,整个综合评价活动才能够有序进行。

(2)确定评价对象和属性集。评价对象就是被评价的事物,即被评价的单位。属性集就是被评价事物基本特征的总称,即指标体系。在明确了综合评价目的以后,就应该明确对哪些单位进行评价以及选取评价对象的哪些基本属性特征作为评价依据。

(3)确定权重系数和综合指数测度模型。确定权重系数和综合指数测度模型,就是要确定各属性指标在整个属性集中的地位,以及采用什么样的综合模型将各属性特征综合起来。

(4)对属性集中的指标数据进行搜集和处理。在选取的评价属性特征确定以后,就应该按照要求搜集有关数据并进行处理。

(5)给出评价结果。将数据代入模型,就可以给出综合评价的基本结果,也可进行排序、分类或水平比较。评价结果具体以何种形式表现,完全取决于综合评价的研究目的。

(6)对结果进行检验。检验的主要内容包括:代表性、客观性、一致性和差异性。

(7)分析和运用评价结果。就是对综合评价结果进行分析,提出对策建议。

第二节 综合评价指标体系的构建和数据处理

一、评价指标体系构建的一般原则

在选取评价指标时一般应遵循以下原则:

(1)目的性原则。目的性是出发点,指标体系应涵盖为达到评价目的所需的基本内容,能反映对象的全部信息。

(2)层次性原则。指标体系要层次分明,简明扼要。整个评价指标体系的构成必须紧紧围绕着综合评价的目的层层展开,使最后的评价结论能准确反映评价意图。

(3)综合性原则。指标体系应该不仅能反映研究对象某一个侧面的特征,更重要的是能够综合反映它的整体特性;既要考虑系统的动态变化,又要保持相对的稳定性。

(4)可操作性原则。指标应可具体实施,符合客观实际水平,有稳定的数据来源,易于操作,既要防止面面俱到,又要防止过于简单,要尽量选取国际通用指标,尽量与现行统计方法制度相衔接。

(5)代表性原则。指标应具有代表性,能很好地反映研究对象某方面的特性。

(6)简要性原则。每个指标要内容清晰、相对独立;同一层次的各个指标间应相互不重叠,相互间不存在因果关系。

二、评价指标体系建立的基本内容

由于综合评价指标体系是从多个视角和层次反映特定评价事物的数量规模与数量水平,所以,指标体系的构建包括单个指标的选择与各指标间相互关系的结构安排两方面内容。单个指标的选择是具体测评指标的构造,指标间的结构安排是根据综合评价目标的分解即评价层次结构建立的。

(一)评价指标体系层次构造

综合评价都是对复杂现象的测评,复杂现象如同一个信息系统,其内涵丰富、外延广泛,往往会表现为不同的层次结构,形成子系统。例如,对学生的综合素质测评,根据综合素质的内涵,包含了德、智、体、美、劳五方面,这五个方面就构成了综合素质总体的五个子系统,这五个子系统又分别具有不同的内涵与外延,因此它们又可以进一步细分为各自的子系统或具体的特征。

再比如,在图 6-1 所示的高校教师生活质量评价系统中,将生活质量分为工作情况、家庭生活、人际关系、居住情况、个人健康和业余休闲六个方面,这六个方面又进一步细分为 21 个具体的测评指标。

综合评价指标体系层次如何构建?一般来说,构造指标体系可以采用层次分析法进行,层次分析法构造指标体系层次结构是将综合评价指标体系的度量对象和度量目标划分成若干个不同组成部分或不同侧面(即子系统),并逐步细分(即形成各级子系统及功能模块),直到每一个部分和侧面都可以用具体的指标来描述和实现。这是构造综合评价指标体系最基本、最常用的方法,具体步骤是:

第一步,对评价问题的内涵与外延做出合理解释,划分概念的侧面结构,明确评价的总目标与子目标。

第二步,对每一子目标或概念侧面进行细分解。越是复杂的多指标综合评价问题,这种细分解就越重要。

第三步,重复第二步,直到每一个子目标或概念侧面都可以直接用一个或几个明确的指标来反映为止。

第四步,设计每一子层次的指标。需要指出的是,这里的指标既包括数量指标,也包括质量指标。

评价指标的层次结构如图 6-3 所示。

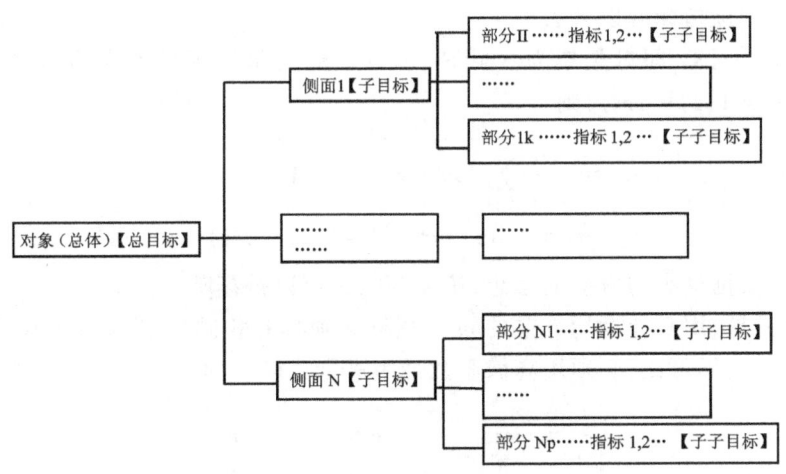

图 6-3　综合评价指标体系层次结构图

(二) 单个指标的选择

单个指标的选择就是要明确该评价指标体系由哪些具体指标组成,且各指标的概念、计算范围(包括计算的总体范围界定、时空范围界定、标志内容界定)、计算方法、计量单位分别是什么等。单个指标是参与综合评价的具体指标,是构成综合评价的指标集的元素。比如,在高校教师生活质量评价系统中,首先要明确高校教师的生活质量主要是为了回答高校教师生活得"好不好"的问题。生活的好坏,需要一些客观条件,也需要有一些主观感受。客观条件包括工作情况、居住情况、家庭经济等;主观感受包括工作成就感、恋爱婚姻、家人和睦、个人心理和身体健康、人际关系等。基于此分析,从工作情况、家庭生活、人际关系、居住情况、个人健康、业余休闲六个方面选取指标,每一方面包括几个具体指标。比如,工作情况具体包括学校知名度、教学工作、科研工作、工资水平、工作成就感和职业发展6个指标;家庭情况包括婚姻恋爱、家人和睦、家人发展、家人健康和家庭经济5个指标;人际关系包括领导关系、同事关系和朋友关系3个指标;居住情况包括住房情况、住房条件和小区环境3个指标;个人健康包括身体健康和心理健康2个指标;业余休闲包括业余时间和业余生活2个指标。六个方面21个指标构成高校教师生活质量的综合评价指标集的元素。

三、指标的筛选方法

在前述评价高校教师生活质量的指标体系中,反映工作情况的指标还可以包括现有的职称、学历,教师是否是本地人等客观指标;主观指标还有信仰、国际化水平等。但是最后进入工作情况的指标仅有6个,这说明在构建完整的指标体系前,还要对这些指标进行筛选。筛选指标的定量方法主要有最小均方差法、极小极大离差法、极大不相关法、聚类分析法、主成分分析法等。

(一)最小均方差法

最小均方差法的基本思想是:在评价对象中,若某项指标数值相差不大(即方差很小),即使该指标在理论分析上是重要的,但对于对象集中的若干单位而言,该指标对各单位的排序并不起作用,则该指标可以舍去。

设有 $S_1, S_2, \cdots, S_n$,即对象集为 $S = \{S_1, S_2, \cdots, S_n\}$,每一评价对象有 m 个特征指标 x_{ij} ($i=1,2,\cdots,n; j=1,2,\cdots,m$),则

$$\sigma_j = \sqrt{\frac{1}{n}\sum_{i=1}^{n}(x_{ij}-\bar{x}_j)^2} \quad (j=1,2,\cdots,m) \tag{6.1}$$

$$\sigma_h = \min_{j=1,2,\cdots,m}(\sigma_j) \quad (h=1,2,\cdots,m) \tag{6.2}$$

根据上述公式,依据最小均方差的思想,第 h 项指标可以被剔除。

需要指出的是,用来计算均方差的 m 个指标必须具有相同的量纲和均值,否则,由这些指标计算的均方差不可比,必须用离散系数最小进行比较。即

$$v_h = \min_{j=1,2,\cdots,m}\left(\frac{\sigma_j}{\bar{x}_j}\right)(h=1,2,\cdots,m) \tag{6.3}$$

【例6.2.1】 为了比较2018年我国部分城市的综合经济实力,搜集了部分城市的相关指标数据如表6-2所示,试用最小均方差法筛选指标。

表6-2 2018年我国部分城市的经济实力相关指标

地区	GDP (亿元) x_1	年末总人口(人) x_2	财政收入(亿元) x_3	社会商品零售总额(亿元) x_4	房地产开发投资额(亿元) x_5
北京	33105.97	1375.8	5785.92	11747.7	3873.35
天津	13362.92	1081.63	2106.24	5533	2424.49
石家庄	6082.62	981.6	519.68	3274.4	1010.71
哈尔滨	6300.48	951.54	384.37	4125.1	584.99

续表

地区	GDP（亿元）x_1	年末总人口（人）x_2	财政收入（亿元）x_3	社会商品零售总额（亿元）x_4	房地产开发投资额（亿元）x_5
上海	36011.82	1462.38	7108.15	12668.7	4033.18
南京	12820.4	696.94	1470.02	5832.5	2354.17
杭州	13509.15	774.1	1825.06	5715.3	3068.9
厦门	4791.41	242.53	754.54	1542.4	884.58
济南	7856.56	655.9	752.82	4404.5	1370.43
郑州	10143.32	863.9	1152.06	4268.1	3258.41
武汉	14847.29	883.73	1528.7	6843.9	2780.01
广州	22859.35	927.69	1634.22	9256.2	2701.93
深圳	24221.98	454.7	3538.41	6168.9	2640.71
重庆	21588.8	3403.64	2265.54	7977	4248.76
成都	15342.77	1476.05	1424.16	6801.8	2273.16
昆明	5206.9	571.67	595.63	2787.4	1839.79
西安	8349.86	986.87	684.7	4658.7	2213.68
兰州	2732.94	328.48	253.32	1352.1	575.22
乌鲁木齐	3099.77	222.26	458.28	1354	659.15

解：根据上表有关资料，计算其均方差和离散系数，结果如表 6-3 所示。

表 6-3　2018 年我国部分城市经济实力相关指标的均方差和离散系数

地区	GDP（亿元）x_1	年末总人口（人）x_2	财政收入（亿元）x_3	社会商品零售总额（亿元）x_4	房地产开发投资额（亿元）x_5
北京	33105.97	1375.8	5785.92	11747.7	3873.35
天津	13362.92	1081.63	2106.24	5533	2424.49
石家庄	6082.62	981.6	519.68	3274.4	1010.71
哈尔滨	6300.48	951.54	384.37	4125.1	584.99
上海	36011.82	1462.38	7108.15	12668.7	4033.18
南京	12820.4	696.94	1470.02	5832.5	2354.17
杭州	13509.15	774.1	1825.06	5715.3	3068.9
厦门	4791.41	242.53	754.54	1542.4	884.58
济南	7856.56	655.9	752.82	4404.5	1370.43
郑州	10143.32	863.9	1152.06	4268.1	3258.41
武汉	14847.29	883.73	1528.7	6843.9	2780.01
广州	22859.35	927.69	1634.22	9256.2	2701.93
深圳	24221.98	454.7	3538.41	6168.9	2640.71
重庆	21588.8	3403.64	2265.54	7977	4248.76
成都	15342.77	1476.05	1424.16	6801.8	2273.16
昆明	5206.9	571.67	595.63	2787.4	1839.79

续表

地区	GDP（亿元）x_1	年末总人口（人）x_2	财政收入（亿元）x_3	社会商品零售总额（亿元）x_4	房地产开发投资额（亿元）x_5
西安	8349.86	986.87	684.7	4658.7	2213.68
兰州	2732.94	328.48	253.32	1352.1	575.22
乌鲁木齐	3099.77	222.26	458.28	1354	659.15
均值 $\bar{x}_j$	13801.80579	965.3373684	1802.20105	5595.352632	2252.401053
均方差 σ_j	9482.18227	678.8059881	1790.14582	3097.42104	1138.522879
离散系数 v_j	0.687024757	0.703180059	0.99331083	0.553570301	0.505470763

可以看出,年末总人口的均方差约为678.8,在这5个均方差中最小。在比较2018年我国部分城市的综合经济实力时,如果不考虑量纲问题,根据最小均方差法的基本思想和要求,指标"年末总人口"在衡量城市的经济实力时可以舍去。但是年末总人口的单位是"人",而其他几个指标的单位是"亿元",这时采用离散系数最小的思想,房地产开发投资额离散系数为0.5,房地产开发投资这个指标可以舍去。

（二）极小极大离差法

这一方法与最小均方差法的思想基本一致,判断的准则也是去掉特征指标之间差异最小的指标,只是判断的角度略有不同。其基本步骤如下：

第一,计算对象集 S 中第 j 项指标在各单位之间的差异值 r_j,即

$$r_j = \max_{1 \leq i,k \leq m} \{|x_{ij} - x_{kj}|\} \quad (j=1,2,\cdots,m) \tag{6.4}$$

x_{kj}, x_{ij} 分别是第 j 项指标在第 k 和第 i 个单位的取值,r_j 为极差。

第二,再求 r_j 中的最小值,即

$$r_h = \min_{1 \leq j \leq m} \{r_j\} \tag{6.5}$$

此时,第 h 项指标可以剔除。

【例6.2.2】 试根据表6-2中的数据,采用极小极大离差法筛选指标。

解：根据表6-2中的数据,可以计算每项指标的极差,结果如表6-4所示。

表6-4 2018年我国部分城市经济实力相关指标极差法计算结果

地区	GDP（亿元）x_1	年末总人口（人）x_2	财政收入（亿元）x_3	社会商品零售总额（亿元）x_4	房地产开发投资额（亿元）x_5
北京	33105.97	1375.8	5785.92	11747.7	3873.35
天津	13362.92	1081.63	2106.24	5533	2424.49
石家庄	6082.62	981.6	519.68	3274.4	1010.71
哈尔滨	6300.48	951.54	384.37	4125.1	584.99
上海	36011.82	1462.38	7108.15	12668.7	4033.18
南京	12820.4	696.94	1470.02	5832.5	2354.17
杭州	13509.15	774.1	1825.06	5715.3	3068.9
厦门	4791.41	242.53	754.54	1542.4	884.58

续表

地区	GDP(亿元) x_1	年末总人口(人) x_2	财政收入(亿元) x_3	社会商品零售总额(亿元) x_4	房地产开发投资额(亿元) x_5
济南	7856.56	655.9	752.82	4404.5	1370.43
郑州	10143.32	863.9	1152.06	4268.1	3258.41
武汉	14847.29	883.73	1528.7	6843.9	2780.01
广州	22859.35	927.69	1634.22	9256.2	2701.93
深圳	24221.98	454.7	3538.41	6168.9	2640.71
重庆	21588.8	3403.64	2265.54	7977	4248.76
成都	15342.77	1476.05	1424.16	6801.8	2273.16
昆明	5206.9	571.67	595.63	2787.4	1839.79
西安	8349.86	986.87	684.7	4658.7	2213.68
兰州	2732.94	328.48	253.32	1352.1	575.22
乌鲁木齐	3099.77	222.26	458.28	1354	659.15
极差 r_j	33278.88	3181.38	6854.83	11316.6	3673.54

所以根据极小极大离差法的基本思想和要求,在比较2018年我国部分城市的综合经济实力时,指标"年末总人口"可以舍弃。

四、数据的处理

(一)数据的无量纲化处理

一般来说,一个评价指标体系中各指标间会存在不同的量纲,这会使得评价指标存在不可公度性。为确保评价指标体系中各指标的评价具有可比性与评价结果的一致性,排除由于各指标间的量纲不同以及数值数量级间的悬殊差别所带来的影响,需要对被评价指标进行无量纲化处理。

指标的无量纲化处理,就是通过数学变换来消除原始指标量纲的影响。在综合评价方法中,无量纲化的方法很多,在此只介绍两种常用的无量纲化方法。

1. 阈值法

阈值也称临界值。在经济现象中,阈值就是衡量经济变量发展变化的特征指标值,如极大值、极小值、满意值和不允许值等。因此阈值法也就是临界值法。

阈值法是指将实际值与阈值对比,以消除不同指标的量纲,使所有指标都调整为统一的数量级的方法。阈值法中常用的无量纲化基本公式有以下两种:

(1)增加型无量纲化公式:

$$y_i = \frac{x_i}{\max_{1 \leq i \leq n} x_i} \tag{6.6}$$

或

$$y_i = \frac{x_i - \min x_i}{\max x_i - \min x_i} \tag{6.7}$$

其中 x_i 为实际值,y_i 为无量纲化值。

(2)减少型无量纲化公式：

$$y_i = \frac{\max x_i + \min x_i - x_i}{\max x_i} \quad (6.8)$$

或

$$y_i = \frac{\max x_i - x_i}{\max x_i - \min x_i} \quad (6.9)$$

其中,x_i 为实际值,y_i 为无量纲化值。y_i 会随实际值 x_i 的增大而减小,适合对逆向指标进行无量纲化处理。

2. 标准化法

这种方法就是常用的标准化方法。其基本做法是用每一个变量值与其均值的离差除以变量值的标准差,计算公式为

$$y_i = \frac{x_i - \bar{x}}{s} \quad (6.10)$$

式中,y_i 为无量纲化值,$\bar{x}$ 和 s 分别为相应指标的均值和标准差。这种方法主要适用于无量纲化值允许为负值或者为零的情形。

【例 6.2.3】 我国 2010—2019 年的 GDP 数据如表 6-5 所示,请分别用阈值法、标准化法对该指标进行无量纲化处理。

表 6-5 中国 2010—2019 年的 GDP 数据

年份	2010 年	2011 年	2012 年	2013 年	2014 年	2015 年	2016 年	2017 年	2018 年	2019 年
x_i	412119.3	487940.2	538580	592963.2	643563.1	688858.2	746395.1	832035.9	919281.1	990865.1

解:(1)阈值法。

首先找出 $\max x_i = 990865.1$,$\min x_i = 412119.3$,计算 $\max x_i - \min x_i = 578745.8$,根据公式 $y_i = \frac{x_i - \min x_i}{\max x_i - \min x_i}$,可得表 6-5 中的数据经过阈值法无量纲化处理后的结果如表 6-6 所示。

表 6-6 中国 2010—2019 年的 GDP 数据阈值法无量纲化结果

年份	2010 年	2011 年	2012 年	2013 年	2014 年	2015 年	2016 年	2017 年	2018 年	2019 年
x_i	412119.3	487940.2	538580	592963.2	643563.1	688858.2	746395.1	832035.9	919281.1	990865.1
$x_i - \min x_i$	0	75820.9	126460.7	180843.9	231443.8	276738.9	334275.8	419916.6	507161.8	578745.8
y_i	0	0.131008985	0.218508195	0.312475529	0.399905796	0.478170036	0.577586567	0.725563106	0.876311845	1

(2)标准化法。

求出平均值 $\bar{x} = 685260.1$,标准差 $s = 178540.5$,根据公式 $y_i = \frac{x_i - \bar{x}}{s}$,表 6-5 中的数据经过标准化法无量纲化处理后的结果如表 6-7 所示。

表 6-7　中国 2010—2019 年的 GDP 数据标准化法无量纲化处理结果

年份	2010 年	2011 年	2012 年	2013 年	2014 年	2015 年	2016 年	2017 年	2018 年	2019 年
x_i	412119.3	487940.2	538580	592963.2	643563.1	688858.2	746395.1	832035.9	919281.1	990865.1
$x_i-\bar{x}$	-273140.8	-197319.9	-146680.1	-92296.9	-41697	3598.1	61135	146775.8	234021	305605
y_i	-1.529853451	-1.105182858	-0.821550853	-0.516952176	-0.23354565	0.02015285	0.342415306	0.822086865	1.310744621	1.711684464

(二) 数据的同向化处理

在综合评价的实践中,评价对象的属性指标多种多样,除量纲可能不同外,指标变动的方向也可能有别。所以,在对指标的无量纲化处理完成之后,需要对不同变动方向的指标进行同向调整,调整完后,才能将这些不同类型的指标进行综合。

一般来说,指标 $x_1,x_2,\cdots,x_n$ 中,可能含有"极大型"指标、"极小型"指标、"居中型"指标和"区间型"指标。对于某些定量指标,如产值、利润等,我们自然期望它们的取值越大越好,这类指标被称为"极大型"指标;而对于诸如成本、能耗这一类指标,我们期望它们的取值越小越好,这类指标称为"极小型"指标;对于人的身高、体重等指标,我们既不期望它们的取值太大,也不期望取值过小,我们称这类指标为"居中型"指标;而"区间型"指标是期望其取值以落在某个区间内为最佳的指标。

根据指标的不同类型,把指标集 $X=\{x_1,x_2,\cdots,x_n\}$ 划分为 $X_i(i=1,2,3,4)$, $X_i(i=1,2,3,4)$ 分别为极大型指标集、极小型指标集、居中型指标集和区间型指标集,则:

$$X=\bigcup_{i=1}^{4}X_i 且 X_i\cap X_j=\varnothing(i,j=1,2,3,4) \tag{6.11}$$

式中,$\varnothing$ 为空集。

若指标集 $\{x_1,x_2,\cdots,x_m\}$ 中既有极大型指标、极小型指标,又有居中型指标或区间型指标,则必须在对各备选方案进行综合评价之前,将评价指标的类型作一致化处理。否则,就无法定性地判断综合评价函数的取值是越大越好还是越小越好,或是居中最好,也就无法根据其取值来综合评价各备选方案的优劣。

一般地,我们称极大型指标为"标准型指标",同向化处理就是将其他变化方向的指标转化为标准型指标的过程。具体来看,同向化处理的方法有以下几种:

1. 极小型指标的同向化处理

设 x_i 为极小型指标,x_i' 为同向化处理后的指标值。若 x_i 存在上限 M,则可通过如下变换将其转化成标准型指标数值:

$$x_i'=M-x_i(-\infty<x_i<+\infty) \tag{6.12}$$

若 x_i 不存在上限且 $x_i>0$,则可以通过如下变换将其转化成标准型指标数值:

$$x_i'=\frac{1}{x_i} \tag{6.13}$$

若 x_i 不存在上限 M 且 $x_i<0$,则可以通过如下变换将其转化成标准型指标数值:

$$x_i'=-x_i 或 |x_i| \tag{6.14}$$

2. 居中型指标的同向化处理

设 x_i 为居中型指标,a 为最合适值,x_i' 为同向化处理后的指标值。若 x_i 存在上限 M 和下限 m,a 为区间中点,则可以通过如下变换将其转化成标准型指标数值:

$$x'_i = \begin{cases} \dfrac{2(x_i-m)}{M-m} & \left(m \leq x_i \leq \dfrac{M+m}{2} = a\right) \\ \dfrac{2(M-x_i)}{M-m} & \left(a = \dfrac{M+m}{2} \leq x_i \leq M\right) \end{cases} \quad (6.15)$$

若 x_i 不存在上限 M 和下限 m, a 为任意给定值,则可以通过如下变换将其转化成标准型指标数值:

$$x'_i = \dfrac{1}{1+|a-x_i|} \quad (6.16)$$

3. 区间型指标的同向化处理

设 x_i 为区间型指标,q_1,q_2 分别为区间型指标的上、下限,M 和 m 分别是最大和最小允许值,可以通过如下变换将其转化成标准型指标数值:

$$x'_i = \begin{cases} 1 - \dfrac{q_1-x_i}{\max\{q_1-m, M-q_2\}} & (x_i < q_1) \\ 1 & (x_i \in (q_1, q_2)) \\ 1 - \dfrac{x_i-q_2}{\max\{q_1-m, M-q_2\}} & (x_i > q_2) \end{cases} \quad (6.17)$$

其中 x'_i 为同向化处理后的指标值。

【例 6.2.4】 为了评价 2005—2018 年中国城镇居民生活质量状况,指标体系中含有城镇居民的恩格尔系数这一指标,其具体数据如表 6-8 所示,请对恩格尔系数进行同向化处理。

表 6-8 2005—2018 年中国城镇居民恩格尔系数(%)

年份	2005	2006	2007	2008	2009	2010	2011	2012	2013	2014	2015	2016	2017	2018
恩格尔系数	36.7	35.8	36.3	37.9	36.5	35.7	36.3	36.2	30.1	30.0	29.7	29.3	28.6	27.7

解:由经济意义可知,恩格尔系数为极小型指标,且指标上限为 100%,则可以根据公式(6.12)对数据进行同向化处理:

$$x'_i = M - x_i \quad (0 < x_i < 100)$$

在此,x'_i 为同向化处理后的指标值,x_i 为各年份恩格尔系数,M 为指标上限 100,同向化处理结果如表 6-9 所示:

表 6-9 2005—2018 年中国城镇居民恩格尔系数同向化处理结果

年份	2005	2006	2007	2008	2009	2010	2011	2012	2013	2014	2015	2016	2017	2018
恩格尔系数	36.7	35.8	36.3	37.9	36.5	35.7	36.3	36.2	30.1	30.0	29.7	29.3	28.6	27.7
x'_i	63.3	64.2	63.7	62.1	63.5	64.3	63.7	63.8	69.9	70.0	70.3	70.7	71.4	72.3

五、综合评价指标体系的检验

指标体系由多个单项指标构成,指标体系作为一个总体,其功能应是完整的。指标体系形成后应该对指标体系的科学合理性进行检验。检验时,所选择的检验方法可以是定性的,也可以是定量的。定性的检验是对指标含义的重叠、指标分层结构的交叉、指标对评价目的的偏离情况进行判断,这主要依据评价者对评价系统的认识,要求评价者的专业知识较强。定量检验是利用统计方法及相关的数学理论,在一定的假设前提下,对指标体系的数量关系进行检验。

在检验内容上,不仅要保证指标体系中的每一个单项指标的科学性和合理性,而且还要保证整体上的科学性和合理性。因此,指标体系的检验就包括了两个方面:单项指标的检验和指标体系的检验。

(一) 单项指标的检验

单项指标的检验是对评价指标体系中的每一个指标进行可行性、正确性、真实性的分析,其包括指标计算内容的完整性和合理性检验,指标计算方法的正确性、指标数据来源的可行性、指标数值的真实性、指标数值的准确性检验等。

(二) 指标体系的检验

指标体系的检验主要是检查整个评价指标体系中指标间的协调性、完整性、一致性等。其中,完整性检验是为了确保指标体系包含了被评价对象的总体价值,以避免遗漏了重要的信息,同时确保指标集是一个最小完备集。完整性检验通常可通过分析指标体系结构的复杂性进行。指标体系结构的复杂性可以用熵的量度公式来计算:

$$H(r) = - \sum_{i=1}^{k} \frac{L_i}{M^2 - M} \log \frac{L_i}{M^2 - M} \tag{6.18}$$

其中,$L_i(1 \leq i \leq k)$ 是具有相关关系的指标二元组序对个数,被称为外延度;M 为全部指标个数,$M^2 - M$ 是全部指标二元关系最大可能数目,即最大可能外延。根据 $H(r)$ 的大小可以反映指标体系的结构简化程度,即是否具有完整性。

第三节 指标权重的确定

在统计综合评价中,由于不同的指标所包含的评价含义或者评价信息量不尽相同,与评价目的的关系或者说对评价目标的影响不同,因此,各个指标在汇总综合的过程中的重要程度也应不同。这就需要根据评价目标与指标的特点给每一指标赋予一定的权重。一般来说,越是重要(即与评价目标关系越密切)的评价指标,就应该赋予越大的权重。因此,怎样科学地确定各评价指标的权重对综合评价结果具有重要影响。

确定权重的方法很多,但从大范围来看,可以分为两大类:主观赋权法和客观赋权法。

一、主观赋权法

主观赋权法是根据专业知识、实践经验,通过主观分析研究后,确定各个评价指标权重的方法。主观赋权法主要有两种类型:专家评判法和层次分析法。

(一)专家评判法

专家评判法是指通过收集整理专家对各个指标重要性程度给出的主观判断信息来确定权重的赋权法。常用的专家评判法是德尔菲法,其基本思路是邀请一批对所研究问题有深入了解的专家,让他们各自独立地对每个评价指标赋予权重,然后将专家意见进行统计处理,计算每一个指标所得权重的均值和标准差,将计算结果及补充的背景材料和要求再寄给各位专家,要求那些给出权重与平均值偏离比较大的专家说明所赋权重的依据,同时要求各位专家在新的基础之上重新确定各指标的权重。经过几轮(一般三至五轮)征询、反馈,直至各项指标权重的标准或变异系数小于等于预先给定的标准值,或各专家不再修改权重为止,并以最后一轮各专家所确定的权重的平均值为评价指标的权重。

(二)层次分析法

层次分析法(Analytic Hierarchy Process,AHP)是由美国学者萨蒂(T. L. Saaty)于20世纪70年代提出的一种多目标决策分析方法。此种方法能把系统的决策思维进行层次化,把决策过程中定性和定量的因素有机地结合起来。通过判别矩阵的建立、排序计算和一致性检验得到的最后结果具有说服力,同时,可将人的主观性依据以数量的形式表达出来,使之条理化、科学化。从而,可避免由于人的主观性导致权重预测与实际情况相矛盾的现象发生,克服了决策者和决策分析者难以相互沟通的现象,克服了决策者的个人偏好,提高了决策的有效性,在多目标规划领域具有广泛的应用价值。

1. 层次分析法确定权重的原理

假定我们已知几个物品的重量总和为1,每个物品的重量分别为 $w_1, w_2, \cdots, w_n$。把这些物品两两比较(相除),很容易得到表示几个物品相对重量关系的比较矩阵(以后称之为判断矩阵):

$$A = \begin{pmatrix} w_1/w_1 & w_1/w_2 & \cdots & w_1/w_n \\ w_2/w_1 & w_2/w_2 & \cdots & w_2/w_n \\ \vdots & \vdots & & \vdots \\ w_n/w_1 & w_n/w_2 & \cdots & w_n/w_n \end{pmatrix} = (a_{ij})_{n \times n} \quad (6.19)$$

显然,$a_{ii}=1, a_{ij}=\dfrac{w_i}{w_j}=\dfrac{1}{a_{ji}}, a_{ij}=\dfrac{a_{ik}}{a_{jk}}, i,j,k=1,2,\cdots,n$,且

$$AW = \begin{pmatrix} w_1/w_1 & w_1/w_2 & \cdots & w_1/w_n \\ w_2/w_1 & w_2/w_2 & \cdots & w_2/w_n \\ \vdots & \vdots & & \vdots \\ w_n/w_1 & w_n/w_2 & \cdots & w_n/w_n \end{pmatrix} \begin{pmatrix} w_1 \\ w_2 \\ \vdots \\ w_n \end{pmatrix} = \begin{pmatrix} nw_1 \\ nw_2 \\ \vdots \\ nw_n \end{pmatrix} = nW \quad (6.20)$$

即 n 是 A 的一个特征根,每一个物品的重量是 A 对应于特征根 n 的特征向量的每一分量。很自然地,我们会提出一个相反的问题,如果事先不知道每一个物品的重量,没有衡器称重,那么我们能否设法得到判断矩阵(比较每两个物品的重量是最容易的),能否导出物品的相对重量呢?显然是可以的,在判断矩阵具有完全一致性的条件下,我们可以通过下式

$$AW = \lambda_{\max} W$$

求出最大特征值对应的正规化特征向量(即假设物品的总重为1),从而得到 n^2 个物品的相

对重量。同样,对于复杂的社会、经济、科技等问题,通过建立层次分析结构模型,构造判断矩阵,利用特征值方法即可确定各种方案和措施的重要性排序权值。

2. 求解比较(正互反)判断矩阵

由于层次分析法确定权重的关键是构建比较判断矩阵,现假设层级结构中某层有 n 个因素:$X = \{x_1, x_2, \cdots, x_n\}$,通过采用 1~9 尺度,比较某一因素相对上一层某一准则(或目标)的相对重要程度,从而得到判断矩阵。假设用 a_{ij} 表示第 i 个因素相对于第 j 个因素的比较结果,则 $a_{ij} = \dfrac{x_i}{x_j} = \dfrac{1}{a_{ji}}$,则判断矩阵 A 可表示为

$$A = (a_{ij})_{n \times n} = \begin{pmatrix} a_{11} & a_{12} & \cdots & a_{1n} \\ a_{21} & a_{22} & \cdots & a_{2n} \\ \vdots & \vdots & & \vdots \\ a_{n1} & a_{n2} & \cdots & a_{nn} \end{pmatrix} \tag{6.21}$$

若矩阵 $A = (a_{ij})_{n \times n}$ 的元素满足以下条件:

(1) $a_{ij} > 0 \quad (i, j = 1, 2, \cdots, n)$;
(2) $a_{ii} = 1 \quad (i = 1, 2, \cdots, n)$;
(3) $a_{ji} = 1/a_{ij} \quad (i, j = 1, 2, \cdots, n)$,

则称 A 为比较(正互反)判断矩阵。

设比较(正互反)判断矩阵 $A = (a_{ij})_{n \times n}$,若

$$a_{ij} = \dfrac{a_{ik}}{a_{jk}} (i, j, k = 1, 2, \cdots, n) \tag{6.22}$$

则称 A 为一致性判断矩阵。

以下为叙述方便,定义指标集 $I = \{1, 2, \cdots, n\}$。Saaty 提出,当比较(正互反)判断矩阵 $A = (a_{ij})_{n \times n}$ 为一致性判断矩阵时,矩阵 A 的元素与权重向量 $W = (w_1, w_2, \cdots, w_n)^T$ 有如下逻辑关系:

$$a_{ij} = \dfrac{w_i}{w_j} (\forall i, j \in I) \tag{6.23}$$

设多属性决策问题中各个方案的权重向量为 $W = (w_1, w_2, \cdots, w_n)^T$,依据方案 A_i, A_j 的权重比 $\dfrac{w_i}{w_j} (\forall i, j \in I)$,可构造下面权重比的比较(正互反)一致性判断矩阵 A:

$$A = \begin{pmatrix} w_1/w_1 & w_1/w_2 & \cdots & w_1/w_n \\ \vdots & \vdots & & \vdots \\ w_n/w_1 & w_n/w_2 & \cdots & w_n/w_n \end{pmatrix} = (a_{ij})_{n \times n} \tag{6.24}$$

其中,矩阵元素 $a_{ii} = \dfrac{w_i}{w_i} = 1$,$a_{ij} = \dfrac{w_i}{w_j} = \dfrac{1}{w_j/w_i} = \dfrac{1}{a_{ji}}$,$a_{ij} = \dfrac{a_{ik}}{a_{jk}}$。

将权重向量 W 右乘矩阵 A,则有:

$$AW = \begin{pmatrix} w_1/w_1 & w_1/w_2 & \cdots & w_1/w_n \\ \vdots & \vdots & & \vdots \\ w_n/w_1 & w_n/w_2 & \cdots & w_n/w_n \end{pmatrix} \begin{pmatrix} nw_1 \\ nw_2 \\ \vdots \\ nw_n \end{pmatrix} = nW \quad (6.25)$$

由矩阵理论可知，n 是 A 的唯一非零的也是最大的特征根，记为 $\lambda_{\max}$，而 W 是 $\lambda_{\max}$ 对应的特征向量。在实际操作过程中，虽然权重向量 $1-\alpha$ 是未知的，但可以通过两两比较的方法得到一个估计矩阵 $A' = (a'_{ij})_{n \times n}$，$A'$ 被称为判断矩阵。然后求解 A' 的最大特征根 $\lambda'_{\max}$，即求解满足以下用行列式表示的一元多项式的最大根 $\lambda'_{\max}$：

$$\begin{vmatrix} a'_{11}-\lambda & a'_{12} & \cdots & a'_{1n} \\ a'_{21} & a'_{22}-\lambda & \cdots & a'_{2n} \\ \vdots & \vdots & & \vdots \\ a'_{n1} & a'_{n2} & \cdots & a'_{nn}-\lambda \end{vmatrix} = 0 \quad (6.26)$$

将求出的最大特征根 $\lambda'_{\max}$ 代入齐次线性方程组：

$$(A' - \lambda'_{\max} I) W' = 0 \quad (6.27)$$

从而解出 $\lambda'_{\max}$ 对应的特征向量 $W' = (w_1', w_2', \cdots, w_n')^T$。

如果判断矩阵 A' 具有一致性，则 $\lambda'_{\max}$ 对应的特征向量 W' 的各分量就是方案集的权重 W。一般地，判断矩阵 A' 未必是正互反的具有一致性的判断矩阵。为了达到满意的一致性，使得除 $\lambda'_{\max}$ 之外，其余特征根尽量接近于零，取其余下 $n-1$ 个特征根和绝对值平均作为检验判断矩阵一致性的指标（Consistency Index），即

$$C.I = \frac{\lambda'_{\max} - n}{n - 1} \quad (6.28)$$

一般来说，$C.I$ 越大，偏离一致性越大；反之，偏离一致性越小。另外判断矩阵的阶数 n 越大，判断的主观因数造成的偏差越大，偏差的一致性也就越大；反之，偏差一致性越小。因此，还必须引入平均随机一致性指标（Random Index），记为 $R.I$。$R.I$ 指标随判断矩阵的阶数而变，这些 $R.I$ 值是用随机方法构造判断矩阵，经过多次重复计算，求出一致性指标，并加以平均而得到的，具体的数据如表 6-10 所示。

表 6-10 $R.I$ 值与阶数对照表

阶数	1	2	3	4	5	6	7	8
$R.I$	0	0	0.52	0.89	1.12	1.26	1.36	1.41
阶数	9	10	11	12	13	14	15	
$R.I$	1.46	1.49	1.52	1.54	1.56	1.58	1.59	

一致性指标 $C.I$ 与同阶的随机一致性指标 $R.I$ 的比值称为一致性比率（Consistency ratio），记为

$$C.R = \frac{C.I}{R.I} \quad (6.29)$$

用一致性比率 $C.R$ 检验判断矩阵的一致性，当 $C.R$ 越小时，判断矩阵的一致性越好。一般认为，当 $C.R < 0.1$ 时，判断矩阵符合满意一致性标准。否则，需要修正判断矩阵。

【例 6.3.1】 已知判断矩阵 A 如下：

$$A = \begin{pmatrix} 1 & 1/3 & 1/2 \\ 3 & 1 & 3 \\ 2 & 1/3 & 1 \end{pmatrix}$$

试检验其一致性并求出权重。

解：首先求解

$$\begin{vmatrix} 1-\lambda & 1/3 & 1/2 \\ 3 & 1-\lambda & 3 \\ 2 & 1/3 & 1-\lambda \end{vmatrix} = 0$$

得到 $\lambda_{\max} = 3.00536, C.I = 0.0268, R.I = 0.52$

因此 $C.R = 0.05154 < 0.1$，故判断矩阵 A 具有一致性。

所以，

$$\begin{pmatrix} -2.0536 & 1/3 & 1/2 \\ 3 & 2.0536 & 3 \\ 2 & 1/3 & 2.0536 \end{pmatrix} \begin{pmatrix} w_1 \\ w_2 \\ w_3 \end{pmatrix} = 0$$

解得 $W = (0.1571, 0.5936, 0.2493)^T$

如果判断矩阵满足如下关系：

$$a_{ij} = \frac{a_{ik}}{a_{jk}} (i,j,k = 1,2,\cdots,n) \tag{6.30}$$

则称判断矩阵具有完全一致性，此时矩阵的最大特征根 $\lambda_{\max} = n$，其余特征根均为零。在一般情况下，可以证明判断矩阵的最大特征根为单根，且 $\lambda_{\max} \geq n$。

当判断矩阵具有满意的一致性时，$\lambda_{\max}$ 稍大于矩阵阶数 n，其余特征根接近于零，这时，得出的权值基本合理。但由于客观事物的复杂性和人们认识上的多样性，要求每一判断矩阵都有完全的一致性是不可能的。但是我们要求一定程度上的判断一致，因此对构造的判断矩阵需要进行一致性检验。

3. 判断矩阵权值的计算方法

一致判断矩阵 $A = (a_{ij})_{n \times n}$ 权值的计算方法有如下四种：

（1）行和正规化法。

$$w_i = \frac{\sum_{j=1}^{n} a_{ij}}{\sum_{k=1}^{n} \sum_{j=1}^{n} a_{kj}} (i = 1,2,3,\cdots,n) \tag{6.31}$$

（2）列和求逆法。

$$w_j = \frac{1}{\sum_{i=1}^{n} a_{ij}} (j = 1,2,3,\cdots,n) \tag{6.32}$$

将 $w_j(j=1,2,3,\cdots,n)$ 正规化得：

$$w_j = \frac{\bar{w}_j}{\sum_{i=1}^{n} \bar{w}_i} (j = 1,2,3,\cdots,n) \tag{6.33}$$

(3)和积法。

首先将评判矩阵 R 的每一列正规化,然后将列正规化后的矩阵按行加总,最后对加总后的向量再正规化,即为权向量。

以上三种方法都比较简单、易算,由于方法(1)(2)只考虑了一行或一列的影响,因此比较粗糙。方法(3)实际上是方法(1)(2)的综合。这三种方法都可以用计算机计算,也可以作为较精确方法的迭代初值。

(4)特征值法。

用幂解特征值问题:

$$AW = \lambda_{\max} W \tag{6.34}$$

其中,$W = (w_1, w_2, \cdots, w_n)^T$ 的各分量就是相应对象的排序权数。用幂法迭代时,可取由方法(1)得到的权向量 $W^{(0)}$ 作为初值。

二、客观赋权法

较为常见的赋权法有:等权法、德尔菲法、变异系数赋权法、最优赋权法、熵值赋权法等。

(一)等权法

这种赋权方法十分简单,在某种程度上讲,实际上就是不赋权(或无权)法。其本质就是在对指标进行综合时,对每一指标赋予相等的权重,即

$$w_i = \frac{1}{p} (i = 1, 2, \cdots, p) \tag{6.35}$$

此时,若有 $\sum_{i=1}^{p} w_i = 1$,则称 w_i 为规范化权重。

(二)变异系数赋权法

变异系数赋权法的基本思想是:若某一指标在每一个样品中的变异程度不大,则只能认为该指标提供的信息量较少,因此,在进行属性指标综合时,赋予的权重应该相应较小;反过来,若某项属性指标在每个样品中的变异程度较大,则认为该指标提供的信息量较多,则应该相应赋予较大权重。

在这里,采用标准差来反映每一项指标的差异程度。设 σ_j 为第 j 个指标的标准差,$\bar{x}_j$ 为各指标的平均值,则第 j 个指标的权重系数 w_j 为

$$w_j = \frac{\sigma_j}{\sum_{j=1}^{m} \sigma_j} (j = 1, 2, \cdots, m) \tag{6.36}$$

其中 $\sigma_j = \sqrt{\frac{1}{n-1} \sum_{i=1}^{n} (x_{ij} - \bar{x}_j)^2}$,$\bar{x}_j = \frac{1}{n} \sum_{j=1}^{n} x_{ij} (j = 1, 2, \cdots, n)$。

此式也可采用离散系数代替。

【例6.3.2】 表6-11是根据【例6.2.1】和【例6.2.2】中用最小均方差法和极小极大离差法筛选出来的三个指标,试确定这三个指标的权重系数。

表 6-11 部分城市经济发展水平的三个指标

地区	GDP(亿元)x_1	财政收入(亿元)x_2	社会商品零售总额(亿元)x_3
北京	33105.97	5785.92	11747.7
天津	13362.92	2106.24	5533
石家庄	6082.62	519.68	3274.4
哈尔滨	6300.48	384.37	4125.1
上海	36011.82	7108.15	12668.7
南京	12820.4	1470.02	5832.5
杭州	13509.15	1825.06	5715.3
厦门	4791.41	754.54	1542.4
济南	7856.56	752.82	4404.5
郑州	10143.32	1152.06	4268.1
武汉	14847.29	1528.7	6843.9
广州	22859.35	1634.22	9256.2
深圳	24221.98	3538.41	6168.9
重庆	21588.8	2265.54	7977
成都	15342.77	1424.16	6801.8
昆明	5206.9	595.63	2787.4
西安	8349.86	684.7	4658.7
兰州	2732.94	253.32	1352.1
乌鲁木齐	3099.77	458.28	1354

解:设 σ_j 为第 j 个指标的标准差,根据公式

$$\sigma_j = \sqrt{\frac{1}{n-1}\sum_{i=1}^{n}(x_{ij}-\bar{x}_j)^2} \quad (j=1,2,3)$$

分别求出三项指标的标准差:

$$\sigma_1 = \sqrt{\frac{1}{19-1}\sum_{i=1}^{19}(x_{i1}-\bar{x}_1)^2} = 9482.18$$

$$\sigma_2 = \sqrt{\frac{1}{19-1}\sum_{i=1}^{19}(x_{i2}-\bar{x}_2)^2} = 1790.15$$

$$\sigma_3 = \sqrt{\frac{1}{19-1}\sum_{i=1}^{19}(x_{i3}-\bar{x}_3)^2} = 3097.47$$

根据变异系数赋权法,第 j 个指标的权重系数 w_j 为

$$w_j = \frac{\sigma_j}{\sum_{j=1}^{3}\sigma_j} \quad (j=1,2,3)$$

$$w_1 = \frac{\sigma_1}{\sum_{j=1}^{3}\sigma_j} = 0.66, \quad w_2 = \frac{\sigma_2}{\sum_{j=1}^{3}\sigma_j} = 0.12, \quad w_3 = \frac{\sigma_3}{\sum_{j=1}^{3}\sigma_j} = 0.22$$

由结果可知,在对中国 19 个城市经济实力的评价中,GDP 这一指标的权重最大且过半

数(66%),其次为社会商品零售总额(22%),财政收入最小(12%)。

第四节 综合评价指标的计算方法

一、指标综合的方法

在确定了各项指标的评价值以及各项指标的权重之后,就可以采用一定的合成方法将各单项评价合成为一个综合评价值,以便对各评价对象进行综合评判。

对于给定各项指标 $x_i(i=1,2,3,\cdots,p)$ 和权数 $w_i(i=1,2,3,\cdots,p)$,有以下评价合成模型:

$$y = \xi(x_i, w_i) \tag{6.37}$$

其中,y 是综合评价值,ξ 代表了一种合成算法或规则。

在综合评价中,综合指数的计算方法主要有三大类:线性综合法、几何综合法以及混合综合法。

(一)线性综合法

线性综合法是采用加权算术平均数的形式对各指标的评价值进行综合,其计算公式为

$$y = \sum_{i=1}^{p} w_i x_i \tag{6.38}$$

式中,y 代表评价目标最后综合而成的指数,w_i 代表相应测评指标的权重,x_i 代表经无量纲化处理后的测评指标。运用线性综合法计算评价指标数值时,充分把握了各评价指标间线性替代的关系,即一些指标评价值的上升(或下降)可能通过另一些指标评价值的下降(或上升)来替代,从而使得评价指数更具有实际意义。但线性综合法只适用于评价指标间彼此不相关的情形。如果评价指标体系中各评价指标间有一定的相关关系,"由于求和"的结果会带来信息重复,而使综合评价值难以反映客观实际。

【例6.4.1】 根据【例6.3.2】中计算出来的我国部分省份的GDP(亿元)、财政收入(亿元)、社会商品零售总额(亿元)的权重,采用线性综合法计算评价指数。

解:先对GDP、财政收入、社会商品零售总额的数据使用标准化无量纲法进行无量纲化处理,得到的无量纲化的数据如表6-12所示。

表6-12 标准法无量纲化处理的数据

地区	GDP(亿元)x_1	财政收入(亿元)x_2	社会商品零售总额(亿元)x_3
北京	2.04	2.23	1.99
天津	-0.05	0.17	-0.02
石家庄	-0.81	-0.72	-0.75
哈尔滨	-0.79	-0.79	-0.47
上海	2.34	2.96	2.28

续表

地区	GDP(亿元)x_1	财政收入(亿元)x_2	社会商品零售总额(亿元)x_3
南京	-0.10	-0.19	0.08
杭州	-0.03	0.01	0.04
厦门	-0.95	-0.59	-1.31
济南	-0.63	-0.59	-0.38
郑州	-0.39	-0.36	-0.43
武汉	0.11	-0.15	0.40
广州	0.96	-0.09	1.18
深圳	1.10	0.97	0.19
重庆	0.82	0.26	0.77
成都	0.16	-0.21	0.39
昆明	-0.91	-0.67	-0.91
西安	-0.57	-0.62	-0.30
兰州	-1.17	-0.87	-1.37
乌鲁木齐	-1.13	-0.75	-1.37

采用线性综合法对指标进行综合,结果如表6-13所示:

表6-13 线性综合法指标值计算结果

地区	GDP(亿元)x_1	财政收入(亿元)x_2	社会商品零售总额(亿元)x_3	线性综合法指标值y_i
北京	2.04	2.23	1.99	2.05
天津	-0.05	0.17	-0.02	-0.01
石家庄	-0.81	-0.72	-0.75	-0.79
哈尔滨	-0.79	-0.79	-0.47	-0.72
上海	2.34	2.96	2.28	2.40
南京	-0.10	-0.19	0.08	-0.07
杭州	-0.03	0.01	0.04	-0.01
厦门	-0.95	-0.59	-1.31	-0.99
济南	-0.63	-0.59	-0.38	-0.57
郑州	-0.39	-0.36	-0.43	-0.39
武汉	0.11	-0.15	0.40	0.14
广州	0.96	-0.09	1.18	0.88
深圳	1.10	0.97	0.19	0.88
重庆	0.82	0.26	0.77	0.74
成都	0.16	-0.21	0.39	0.17
昆明	-0.91	-0.67	-0.91	-0.88
西安	-0.57	-0.62	-0.30	-0.52
兰州	-1.17	-0.87	-1.37	-1.18
乌鲁木齐	-1.13	-0.75	-1.37	-1.14

(二)几何综合法

几何综合法是采用加权几何平均数的形式对各指数的评价值进行综合,其基本公式为

$$y = \sqrt[\sum_{i=1}^{p} w_i]{\prod_{i=1}^{p} x_i^{w_i}} = \prod_{i=1}^{p} x_i^{w_i} \quad (6.39)$$

式中,y 代表评价目标最后综合而成的指数,w_i 代表相应测评指标的权重,x_i 代表评价值,其中 $\sum_{i=1}^{p} w_i = 1$。与线性综合法不同,几何综合法适宜于指标间有较强的相互关系的情形。这是由乘积运算的性质所决定的,而且要求单项评价值都为正数。由于几何平均数易受极小值的影响,因此用几何综合法会更突出评价值较小的指数的影响,即各评价指标中只要有一项的评价值接近零,就会使综合评价值迅速趋于零,而不论其他指标的评价值有多大。一般来讲,若在评价中有意"严惩落后指标",鼓励各项指标均衡发展,则应选择几何综合法。

【例 6.4.2】 表 6-14 是 2012 年河南省发展与民生的分类指数和权重,采用几何综合法的方式将其综合成一个发展与民生指数。

表 6-14　2012 年河南省发展与民生的分类指数和权重

	经济发展	民生改善	社会发展	生态建设	科技创新
权重(%)w_i	20	26	21	20	13
数值 x_i	62.56	64.79	67.93	65.58	18.17

解:根据公式(6.38),

$$y = \prod_{i=1}^{5} x_i^{w_i} = 62.56^{0.2} \times 64.79^{0.26} \times 67.93^{0.21} \times 65.58^{0.2} \times 18.17^{0.13} = 55.21$$

所以 2012 年河南省发展与民生的综合指数为 55.21。

(三)混合综合法

混合综合法是将线性综合法和几何综合法混合在一起,从而计算评价指数的一种方法。混合的方式有多种,较常用的方式是直接混合,即

$$y = \sum_{i=1}^{p} w_i x_{i1} + \prod_{j=1}^{L} x_{j2}^{w_j}$$

式中,y 代表评价目标最后综合而成的指数,w_i 代表线性测评指标的权重,x_{i1} 代表 i 指标无量纲化值;w_j 代表几何测评指标的权重,x_{j2} 代表 j 指标评价值。

二、综合评价的局限性

虽然综合评价可以从多维度更全面地反映复杂经济问题,但其也存在以下局限性。

一是信息不完整。将若干个指标数值综合成一个数值,损失了原有指标带来的大量信息,使结果变得比较抽象。

二是主观性很强。一方面,选择什么指标、选择多少指标无一不体现研究者对社会经济状况的主观认识;另一方面,对社会经济现象进行综合评价时,多数是根据指标的重要性主观赋权,哪个指标更重要,不同的人,站在不同的角度、不同的地区,认识是不相同的,没有公认的标准。

三是评价的结果不具有唯一性。选择不同的方法,可能有不同的结果,即使采用同样的方法,由于各指标的赋权不同,也有可能使评价的结果不同。

本章小结

本章介绍了综合评价的基本概念、指标体系构建、指标筛选方法、指标权重的确定和综合评价的模型等。

1. 综合评价问题从本质上来说是一个信息处理问题。与单项指标的测度不同,综合评价是为解决综合性问题而产生的,多指标合成是综合评价的主要特征。综合评价的要素涉及评价目的、评价者、评价对象、评价指标、指标权重、评价方法、评价结果。综合评价的基本步骤包括:确定评价目的、确定评价对象和属性集、对属性集中的指标数据进行搜集和处理、确定权重系数和综合指数测度模型、给出评价结果、对结果进行检验、分析和运用评价结果。

2. 评价指标体系构建的一般原则包括目的性原则、层次性原则、综合性原则、可操作性原则、代表性原则、简要性原则。评价指标体系建立的基本内容包含评价指标体系层次构造、单个指标的选择;指标集优化的定量方法主要有最小均方差法、极小极大离差法等;数据的无量纲化处理主要有阈值法和标准化法;数据的同向化处理涉及极小型指标的同向处理、居中型指标的同向处理、区间型指标的同向处理;综合评价指标体系的检验包括单项指标的检验和指标体系的检验。

3. 指标权重的确定主要讨论了等权法、变异系数赋权法和层次分析法。综合评价指数的计算方法主要有线性综合法、几何综合法以及混合综合法等。

【思考与练习】

一、思考题

1. 什么是综合评价?
2. 试述综合评价的作用。
3. 综合评价的基本要素有哪些?
4. 试述综合评价的基本步骤。
5. 综合评价指标体系构建的一般原则是什么?
6. 指标集优化的定量方法有哪些?
7. 如何进行数据的同向化处理?
8. 综合评价中确定权重的方法有哪些?
9. 综合评价指数的计算方法有哪些?

二、练习题

1. 近年来我国淡水湖水质富营养化的污染日益严重,我们观测了五个主要湖泊的情况,其参数的实测数据如下表所示。

全国五个主要湖泊参数的实测数据

	总磷(mg/L)	耗氧量(mg/L)	透明度(m)	总氮(mg/L)
杭州西湖	130	10.30	0.35	2.76
武汉东湖	105	10.70	0.40	2.0
青海湖	20	1.4	4.5	0.22
巢湖	30	6.26	0.25	1.67
滇池	20	10.13	0.50	0.23

要求:请分别用阈值法和标准化法将上述指标进行无量纲化处理。

2. 为比较四个地区的人口素质情况,构建的评价指标体系及其数值如下表所示。

人口素质评价指标及其数值

地区	人均受教育年限(年)	每万人拥有执业医师、助理执业医师人数(人)	每百人图书拥有量(册)	在校中学生体育锻炼达标率(%)	每万人拥有专业技术人员(人)
1	10.2	14	25	94	233
2	9.7	16	12	96	216
3	10.8	17	34	90	280
4	12.4	48	45	95	874
无量纲化结果					
1					
2					
3					
4					

要求:

(1)利用阈值法对各指标进行无量纲化处理,将计算结果填入表中。

(2)采用变异系数赋权法计算各指标的权重,并采用几何综合法对各地区的人口素质进行综合比较。

3. 某地区六个区县义务教育阶段办学条件的评价指标及其数值如下表所示,试用各指标在六个区县中的最优值作为标准值进行无量纲化处理,用变异系数赋权法确定权重,采用线性综合法计算六个区县的综合评价值,并做出比较排序。

六个区县义务教育办学条件评价指标及其数值

区县	生均校舍建筑面积(平方米/人)	生均运动场地面积(平方米/人)	生均图书藏量(册/人)	生机比(人/台)	生均仪器设备总值(万元/人)
A	11.28	9.11	28.23	8.16	0.13
B	11.77	10.90	30.17	3.88	0.54
C	9.27	11.84	34.94	6.40	0.20
D	10.57	10.71	34.23	8.79	0.10
E	11.29	8.73	24.99	9.69	0.09
F	12.49	14.62	24.63	9.99	0.12

注:生机比为在校生数与计算机台数之比。

4. 为了解 2018 年我国各地区高质量发展情况,我们选取了相应的评价指标,并且在全国范围内抽查了十个地区,选取的高质量发展评价指标及各地区指标值如下表所示。

高质量发展评价指标及各地区指标值

地区	人均GDP(元/人)	居民人均消费支出(元/人)	每十万人口高等学校平均在校生数(人)	人均拥有公共图书馆藏量(册/人)	每万人拥有卫生技术人员数(人)	人均公园绿地面积(平方米/人)
北京	153095	39842.69	5268	1.34	119	16.30
上海	148744	39791.85	3517	3.26	81	8.49
江西	49013	15792.02	2771	0.54	53	14.67
云南	43366	14249.93	2166	0.66	62	11.85
河南	52114	15168.50	2653	0.33	65	12.69
湖北	71109	19537.79	3088	0.66	69	11.47
四川	51556	17663.55	2409	0.47	67	12.97
贵州	42767	13798.06	2254	0.41	68	15.51
河北	43108	16722.00	2457	0.36	61	14.23
浙江	101813	29470.68	2370	1.50	85	13.73

要求:首先利用阈值法对各指标值进行无量纲化处理,再通过层次分析法对各指标进行赋权,最后采用线性综合法对这十个地区的高质量发展情况进行排序。

第七章 概率分布

【学习目标】
1. 掌握随机变量、离散型随机变量、连续型随机变量等基本概念,了解二项分布、泊松分布、均匀分布、指数分布等常见分布。
2. 了解常用的统计量,以及统计量的常见分布。
3. 掌握大数定律和中心极限定理的基本思想。

为新型电冰箱做广告时所用的一种共同手法,就是宣传冰箱的节能情况。最近在某电视台播放的一则某品牌的新型电冰箱广告宣称,所有该型号的电冰箱每日耗电量仅 0.5 度,而据了解市场上同类型电冰箱每天平均耗电量为 0.55 度。然而,宣传所有的该型号的电冰箱每日耗电量都仅为 0.5 度也是不合情理而且不切实际的。因此,0.5 这个值很可能是对这种冰箱的样本进行测试后得出的平均值。假设厂商对该型号的电冰箱估计出的耗电量是精确的,即所有该型号的电冰箱在通常情况下的每日平均耗电量为 0.5 度。

下面考虑如下问题:
(1)所有被测试的该型号的电冰箱在通常情况下的耗电量至少为 0.55 度的比例是多少?
(2)某台电冰箱在通常情况下进行测试时,得出耗电量为 0.45 度的概率有多大?
如何解决上述问题?另外,如果想回答上述问题我们还需要掌握哪些信息?
希望学习完本章内容,我们可以找到解决该问题的方法。

本章首先介绍随机变量的概率分布,然后介绍样本统计量的抽样分布,最后介绍统计推断的理论,即大数定律和中心极限定理。

第一节 随机变量的分布

一、概率的基本概念

(一)随机变量的定义
在某项试验或观察中可能出现很多结果,在一次试验之前出现什么结果并不确定,但在大量重复试验或观察中出现的情况具有某种规律性,我们把试验可能出现的各种不确定结果叫作随机事件。

对于一个随机事件 A 来说,它在一次试验中可能发生,也可能不发生,我们用 0~1 之间的数值表示某随机事件的发生可能性,即该事件出现的概率 $P(A)$。

将随机事件换成数量标识,随机事件的数量标识变为随机变量,随机变量可以看作是一个函数。由于随机事件出现与否是不确定的,因此,随机变量的取值也是随机的,同样随机变量的取值大小具有一定的规律,这种规律性就是随机变量的概率分布。

(二) 随机变量的类型

按照随机变量的特性,通常可把随机变量分为两类,即离散型随机变量和连续型随机变量。

1. 离散型随机变量

若随机变量 X 的所有取值都可以逐个列举出来,则称 X 为离散型随机变量。例如,一天之内某一特定共享单车被骑行的次数,单位时间内某一路段的车流量等都是离散型随机变量。

设有一离散型随机变量 X,可能取值 $x_1, x_2, \cdots, x_n$,其相对应的概率为 $p_1, p_2, \cdots, p_n$,即 $P(X=x_i) = p_i (i=1,2,\cdots,n)$,如表 7-1 所示,则称该表格形式为离散型随机变量 X 的概率分布,其中,$P(X=x_i) = p_i$ 是 X 的概率函数。

表 7-1 离散型随机变量的概率分布

$X=x_i$	x_1	x_2	$\cdots$	x_n
$P(X=x_i)=p_i$	p_1	p_2	$\cdots$	p_n

【例 7.1.1】 某市某社区共有 120 户居民,有 8 户贫困家庭。现从该社区中随机抽取 10 户居民,求抽出贫困数的概率分布。

解:设 X 为抽出的贫困数,则

$$P(X=0) = \frac{C_8^0 C_{112}^{10}}{C_{120}^{10}}$$

$$P(X=1) = \frac{C_8^1 C_{112}^9}{C_{120}^{10}}$$

$$P(X=2) = \frac{C_8^2 C_{112}^8}{C_{120}^{10}}$$

$\cdots$

X 的分布律为

$X=x_i$	0	1	2	3	4	5	6	7	8
$P(X=x_i)=p_i$	0.488	0.379	0.115	0.018	0.001	0.000	0.000	0.000	0.000

2. 连续型随机变量

若随机变量 X 的所有取值无法逐个列举出来,而是取数轴上某一区间内的任一点,则称 X 为连续型随机变量。例如,一批电子元件的寿命、实际中常遇到的测量误差等都是连续型随机变量。

由于连续型随机变量有无穷多个取值,无法一一列出,而且每个取值的概率都是无穷小,因此讨论某个取值出现的概率没有意义,只能讨论取值出现在某个区间内的概率,故需要用"概率密度函数"的方式表现其概率分布。我们用 $f(x)$ 来表示变量的概率密度函数(probability density function)。

概率密度函数应满足两个条件:

① $f(x) \geq 0$;

② $\int_{-\infty}^{+\infty} f(x)dx = 1$。

在连续分布的情况下以曲线下面的面积表示概率,如随机变量 X 在 a 与 b 之间的概率可以写成:

$$P(a < X < b) = \int_a^b f(x)dx \tag{7.1}$$

即图 7-1 中阴影部分的面积。

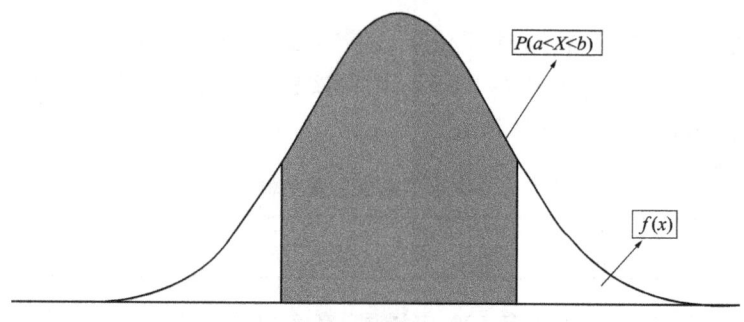

图 7-1 概率 $P(a<X<b)$

连续型随机变量的概率也可以用分布函数 $F(x)$ 来表示,分布函数定义为

$$F(x) = P(X \leq x) = \int_{-\infty}^{x} f(t)dt \tag{7.2}$$

【例 7.1.2】 某厂商购进一批设备,该设备的使用寿命为随机变量,其概率密度函数为

$$f(x) = \begin{cases} Ke^{-0.3x}, & x > 0 \\ 0, & x \leq 0 \end{cases}$$

要求:(1)试确定常数 K;(2)求 $P(X>1)$。

解:(1)由于

$$\int_0^{+\infty} Ke^{-0.3x}dx = 1$$

解得

$$K = 0.3$$

于是随机变量的概率密度为

$$f(x) = \begin{cases} 0.3e^{-0.3x}, & x > 0 \\ 0, & x \leq 0 \end{cases}$$

(2) $$P(X > 1) = \int_1^{+\infty} 0.3e^{-0.3x}dx \approx 0.7408$$

(三)随机变量的数字特征

为了能够全面了解随机变量 X 的概率性质,自然应该知道 X 的概率分布。然而在实际问题中,一个随机变量的概率分布往往不好确定。其实还有不少问题,并不需要知道 X 的所有概率性质,只需要知道它的某些数字特征就够了。因此,在对随机变量的研究中,确定某些数字特征是重要的。在这些数字特征中,最重要的是期望值和方差。

1. 随机变量的数学期望

(1)离散型随机变量的数学期望。

离散型随机变量 X 的期望值定义为:在离散型随机变量 X 的一切可能值的完备组中,各可能值 x_i 与其对应概率 p_i 的乘积之和称为该随机变量 X 的期望值,记作 $E(X)$ 或 μ。

若 X 取数值 $x_1, x_2, \cdots, x_n$,其对应的概率为 $p_1, p_2, \cdots, p_n$,则期望值为

$$E(X) = \sum_{i=1}^{n} x_i p_i \tag{7.3}$$

【例 7.1.3】 某大型商场准备搞促销活动。根据之前的统计资料,如果在商场内搞促销活动,可获得经济效益 3 万元;在商场外搞促销活动,如果不遇到雨天可获得经济效益 12 万元,如果遇到雨天则有经济损失 5 万元。天气预报称当天当地有雨的概率为 40%,那么商场应该选择哪种促销方式?

解:在商场外搞促销活动的平均效益为

$$E(X) = 12 \times 0.6 + (-5) \times 0.4 = 5.2$$

因此,应该在商场外搞促销活动。

(2)连续型随机变量的数学期望。

设连续型随机变量 X 的分布密度函数为 $f(x)$,若积分 $\int_{-\infty}^{+\infty} x f(x) \mathrm{d}x$ 绝对收敛,则称其为 X 的数学期望或均值,记为 $E(X)$,即连续型随机变量 X 的期望值为 $E(X) = \int_{-\infty}^{+\infty} x f(x) \mathrm{d}x$。

【例 7.1.4】 某商店经销商品的利润率 X 的概率密度为

$$f(x) = \begin{cases} 2(1-x), & 0 < x < 1 \\ 0, & x \leq 0 \end{cases}$$

求 $E(X)$。

解:

$$E(X) = \int_0^1 x \cdot 2(1-x) \mathrm{d}x = \frac{1}{3}$$

(3)数学期望的性质。

(Ⅰ)设 c 是常数,则有 $E(c) = c$。

(Ⅱ)设 X 是随机变量,设 c 是常数,则有 $E(cX) = cE(X)$。

(Ⅲ)设 X, Y 是随机变量,则有 $E(X+Y) = E(X) + E(Y)$(该性质可推广到有限个随机变量之和的情况)。

(Ⅳ)设 X, Y 是相互独立的随机变量,则有 $E(XY) = E(X)E(Y)$(该性质可推广到有限个随机变量之积的情况)。

2. 随机变量的方差、标准差

前面讨论的数学期望是随机变量的一个重要数字特征,它表示随机变量本身的平均水平或集中程度。这里将讨论随机变量与其数学期望的离差的平均水平,用它可以测定随机变量的变异程度或离散程度,它是随机变量的另一个重要数字特征。

设随机变量 X 的方差 σ^2 为

$$\sigma^2 = D(X) = E[X-E(X)]^2 \tag{7.4}$$

若 X 是离散型随机变量,则

$$\sigma^2 = D(X) = \sum_{i=1}^{n} [x_i - E(X)]^2 p_i \tag{7.5}$$

连续型随机变量的方差为

$$D(X) = \int_{-\infty}^{+\infty} [x - E(X)]^2 f(x) \mathrm{d}x = \sigma^2 \tag{7.6}$$

在计算方差时,一个常用的简化公式为

$$\sigma^2 = D(X) = E(X^2) - [E(X)]^2 \tag{7.7}$$

由定义可知,若 X 的取值比较集中,则方差较小;若 X 的取值比较分散,则方差较大。此外,称随机变量方差的平方根为标准差,记为

$$\sigma = \sqrt{D(X)} \tag{7.8}$$

由于标准差与随机变量 X 有相同的度量单位,所以在实际中经常使用。

【例 7.1.5】 在【例 7.1.4】中我们求出了某商店经销商品的利润率 X 的 $E(X)$,现进一步求 $D(X)$。

解:由于 $E(X^2) = \int_0^1 x^2 \cdot 2(1-x) \mathrm{d}x = \frac{1}{6}$,所以

$$D(X) = E(X^2) - [E(X)]^2 = \frac{1}{6} - \left(\frac{1}{3}\right)^2 = \frac{1}{18}$$

3. 离散系数

由于方差会受到数量单位的影响,这样对于不同数量单位的两组数据的比较就失去了意义。可以采用离散系数比较不同期望值的总体之间的离中趋势。计算公式为

$$V = \frac{\sigma}{E(X)} \tag{7.9}$$

【例 7.1.6】 如果投资股票的预期回报率为 8%,标准差为 6%;而投资基金的预期回报率为 12%,标准差为 7%,哪个投资方式风险较大?

解:股票的离散系数:

$$V = \frac{0.06}{0.08} = 0.75$$

基金的离散系数:

$$V = \frac{0.07}{0.12} \approx 0.583$$

投资股票每单位回报率承受 0.75 单位的风险,而投资基金每单位回报率的风险为 0.583 单位,因此投资股票的风险较大。

二、常见的概率分布

(一)离散型随机变量的概率分布

1. 0-1 分布

设离散型随机变量 X 只可能取 0 和 1 两个值,它的概率分布为

$$P(x) = p^x q^{1-x}, x = 0, 1 \quad (7.10)$$

式中,$p,q>0$ 为常量,$p+q=1$,称 X 服从 0-1 分布。

0-1 分布也可以写成如下表式(见表 7-2):

表 7-2 0-1 分布的概率分布

X	1	0
$P(x)$	p	q

【例 7.1.7】 某班级 40 名学生中有 4 名是少数民族,现从中任意抽查一名学生(每位学生被抽到的可能性是相同的),写出抽取结果(是少数民族,不是少数民族)的分布律。

解:用随机变量 X 表示抽取结果。若结果是少数民族,记 $X=1$;若结果不是少数民族,记 $X=0$。分布律如下所示:

$X=x$	1	0
$P(X=x)$	0.1	0.9

2. 二项分布

实际问题中,有许多试验与掷硬币的试验有共同的性质,它们只包含两个结果。例如在市场调查中考虑产品的喜好,则在调查的样本中回答喜欢的人数所服从的概率分布通常称为二项分布。二项分布所具有的性质可总结如下:

①包含了 n 个相同的试验。

②每次试验只有两个可能的结果:"成功"或"失败"。出现"成功"的概率为 p,"失败"的概率为 q,且 $p+q=1$。

③试验是互相独立的。

④试验"成功"或"失败"可以计数,即试验结果对应于一个离散型随机变量。

通常称具有上述特征的 n 次重复独立试验为 n 重伯努利试验,简称伯努利试验。以 X 表示 n 次重复独立试验中事件 A(成功)出现的次数,不难得出:

$$P(X=x) = C_n^x p^x q^{n-x}, x = 0, 1, 2, \cdots, n \quad (7.11)$$

显然

$$P(X=x) \geq 0, x = 0, 1, 2, \cdots, n$$

$$\sum_{x=0}^{n} C_n^x p^x q^{n-x} = (p+q)^n = 1$$

注意到 $C_n^x p^x q^{n-x}$ 正好是二项式 $(p+q)$ 的展开式中的第 $x+1$ 项,故我们称随机变量 X 服从二项分布,参数为 n,p,并记为 $X \sim B(n,p)$。

二项分布的期望值和方差分别为

$$E(X) = np \quad (7.12)$$
$$D(X) = npq \quad (7.13)$$

特别地,当 $n=1$ 时,二项分布化为

$$P\{X=x\} = p^x q^{1-x}, x = 0, 1$$

【例 7.1.8】 人口普查的研究结果表明,某市有 6% 的工人失业。随机进行电话调查,则 20 个人中有 2 个或 2 个以下的人失业的概率是多少?

解：设 X 表示 20 个被调查者中的失业人数，则 $X \sim B(20, 0.06)$，根据二项分布可得

$$P(X \leq 2) = P(X=0) + P(X=1) + P(X=2)$$
$$= C_{20}^0 (0.06)^0 (0.94)^{20} + C_{20}^1 (0.06)^1 (0.94)^{19} + C_{20}^2 (0.06)^2 (0.94)^{18}$$
$$\approx 0.2901 + 0.3703 + 0.2246 = 0.885$$

3. 超几何分布

超几何分布的试验背景是：对有限总体进行不放回方式（每次抽取后，所抽取单位不再放回总体）的简单随机抽样。观察样本（总量为 N）中具有某种特征的单位数目为 M，对这个总体进行 n 次不放回简单随机抽样，用随机变量 X 表示样本中具有某种特征的单位的数目，则 X 服从参数为 (N, M, n) 的超几何分布。超几何分布的概率函数是

$$P(X=k) = \frac{C_M^k C_{N-M}^{n-k}}{C_N^n} \quad (k=0, 1, \cdots, \min\{n, M\}) \tag{7.14}$$

其中，k 为样本中具有某种特征的单位的数目。

超几何分布的数字特征如下：

① 数学期望 $E(X) = np$（这里，$p = M/N$）；

② 方差 $D(X) = np(1-p)\left(\dfrac{N-n}{N-1}\right)$。

【例 7.1.9】 6 个石油公司各派 4 名董事参加关于能源开发的会议。随机抽取 6 名代表作为未来石油需求、供应等方面讨论小组的组长。试求下列概率：

(1) 6 个公司中的 4 名董事各有 1 名代表当上了讨论小组的组长；

(2) 公司 A 有 4 名代表当上了讨论小组的组长；

(3) 公司 B 没有代表当上讨论小组的组长。

解：(1) $\quad f(1,1,1,1,1,1) = \dfrac{C_4^1 C_4^1 C_4^1 C_4^1 C_4^1 C_4^1}{C_{24}^6} = \dfrac{4096}{134596} = 0.0304$

(2) $\quad f(x=4) = \dfrac{C_4^4 C_{20}^2}{C_{24}^6} = \dfrac{190}{134596} = 0.0014$

(3) $\quad f(x=0) = \dfrac{C_4^0 C_{20}^6}{C_{24}^6} = \dfrac{38760}{134596} = 0.2880$

4. 泊松分布

泊松分布（Poisson distribution）是用来描述在一指定时间范围内或在指定的面积和体积之内某一事件出现的次数的分布。

泊松分布的公式为

$$P(X) = \frac{\lambda^x e^{-\lambda}}{x!}, \quad x = 0, 1, 2, \cdots \tag{7.15}$$

式中，λ 为给定的某种范围内的间隔事件的平均数。

泊松分布的期望值和方差分别为

$$E(X) = \lambda$$
$$D(X) = \lambda$$

【例 7.1.10】 某人寿保险公司对 5000 名 42 岁的男性进行生命保险，保险统计师的研

究表明,任意 1 名 42 岁的男性在某 1 年内死亡的概率为 0.001,若用二项分布求得在 1 年内对 $X=4$ 名男性必须支付赔偿费用的精确概率为

$$P(X=4) = C_n^x p^x q^{n-x} = \frac{5000!}{4!\ 4996!}(0.001)^4(0.999)^{4996}$$

由于二项分布表对上述计算是无能为力的,现试应用泊松分布求其近似概率。

解:$\lambda = np = 5000 \times 0.001 = 5$,将其代入泊松分布公式得:

$$P(4) = \frac{\lambda^x e^{-\lambda}}{x!} = \frac{5^4 e^{-5}}{4!} = \frac{625 \times 0.0067}{24} = 0.175$$

(二) 连续型随机变量的概率分布

1. 均匀分布

均匀分布用来描述一个随机变量在一个区间上每一点的概率密度相同。

随机变量 X 服从均匀分布时,其概率密度为

$$f(x) = \begin{cases} \dfrac{1}{b-a}, & a<x<b \\ 0, & 其他 \end{cases} \tag{7.16}$$

其中 a,b 为两个参数,并记为 $X \sim R(a,b)$。此时,$E(X)=(a+b)/2, D(X)=(b-a)^2/12$。

【例 7.1.11】 根据保险协会统计,某个国家用于汽车保险的年平均成本是 691 美元。假设该国汽车保险费用服从均匀分布,变化范围是 200~1182 美元。如果某个人在该国的汽车保险费用介于 410 和 825 美元之间,那么这种情况发生的概率是多少?

解:设 X 为汽车保险费用,则 $X \sim R(200,1182)$,其概率密度为

$$f(x) = \begin{cases} \dfrac{1}{1182-200}, & 200<x<1182 \\ 0, & 其他 \end{cases}$$

汽车保险费用介于 410 和 825 美元之间的概率为

$$P(410 \leq X \leq 825) = \int_{410}^{825} \frac{1}{1182-200} dx \approx 0.4226$$

也就是说,该国大约有 42.26% 的人会支出这笔费用。

2. 指数分布

如果随机变量 X 的概率密度为

$$f(x) = \begin{cases} \lambda e^{-\lambda x}, & x>0 \\ 0, & 其他 \end{cases} \tag{7.17}$$

其中 $\lambda>0$ 为常数,那么称随机变量 X 服从参数为 λ 的指数分布,记为 $X \sim E(\lambda)$。此时,$E(X)=1/\lambda, D(X)=1/\lambda^2$。

指数分布在实际中有重要的应用,通常用来描述对某事件发生的等待时间,也称作寿命分布。如乘客在公共汽车站候车的时间,电子元件的使用寿命,两名不同的顾客到达商场的时间间隔等等。

【例 7.1.12】 一个公司一直进行统计质量控制,对生产过程中的组件进行随机抽取并测试。从测试记录来看,一件样品残次部分的发生服从泊松分布,在生产线上平均每 20 分

钟就产生 1.38 个残次品。求任意两个残次品之间产生时间少于 15 分钟的概率。

解：设 X 为任意两个残次品之间产生时间，根据题意 $X \sim E(\lambda)$，$\lambda = 1.38/20 = 0.069$，其概率密度为

$$f(x) = \begin{cases} 0.069e^{-0.069x}, & x>0 \\ 0, & 其他 \end{cases}$$

则任意两个残次品之间产生时间少于 15 分钟的概率为

$$P(0 < X < 15) = \int_0^{15} 0.069 e^{-0.069x} dx \approx 0.6448$$

3. 正态分布

(1) 正态分布的定义及图形特点。

正态分布的密度函数为

$$f(x) = \frac{1}{\sigma\sqrt{2\pi}} e^{-\frac{1}{2\sigma^2}(x-\mu)^2}, -\infty < x < +\infty \tag{7.18}$$

记作 $X \sim N(\mu, \sigma^2)$，其中 $-\infty < \mu < +\infty$，$\sigma > 0$，μ 为随机变量 X 的均值，σ 为随机变量 X 的标准差。

$X \sim N(\mu, \sigma^2)$ 通常读成随机变量 X 服从均值为 μ，方差为 σ^2 的正态分布。

正态分布的分布图是一条对称的钟形曲线，它的分布图和密度函数有如下特点：

① $f(x) \geq 0$，即整个概率密度曲线都在 x 轴的上方。

② 曲线 $f(x)$ 相对于 $x = \mu$ 对称，并在 $x = \mu$ 处达到最大值，$f(\mu) = \frac{1}{\sigma\sqrt{2\pi}}$。

③ 曲线的陡峭程度由 σ 决定，σ 越大，曲线越平缓；σ 越小，曲线越陡峭。

④ 当 x 趋于无穷时，曲线以 x 轴为其渐近线。

为了说明参数 μ，σ 对曲线位置、形状的影响，可参照图 7-2 中参数 μ，σ 对曲线位置、形状的影响。

从图 7-2 可以看出来，μ 决定了曲线的中心位置，σ 决定了图形中曲线的陡峭程度。

正态分布在统计推断中处于核心地位，其原因在于：首先我们接触的大多数随机变量都满足正态分布；其次正态分布有着优良的数学性质，使统计模型易于处理和估计。另外，如果随机变量不满足正态分布，在大样本情况下也会趋于正态分布。

(2) 标准正态分布。

当式(7.18)中 $\mu = 0$，$\sigma = 1$ 时，有

$$f(x) = \frac{1}{\sqrt{2\pi}} e^{-\frac{x^2}{2}}, -\infty < x < +\infty$$

相应的正态分布 $N(0,1)$ 称为标准正态分布。对标准正态分布，通常用 $\varphi(x)$ 表示概率密度函数，用 $\Phi(x)$ 表示分布函数，即

$$\varphi(x) = \frac{1}{\sqrt{2\pi}} e^{-\frac{x^2}{2}}$$

$$\Phi(x) = \int_{-\infty}^{x} \varphi(t) dt = \int_{-\infty}^{x} \frac{1}{\sqrt{2\pi}} e^{-\frac{t^2}{2}} dt$$

标准正态分布的概率密度函数 $\varphi(x)$ 和分布函数 $\Phi(x)$ 的图形如图 7-3 所示。

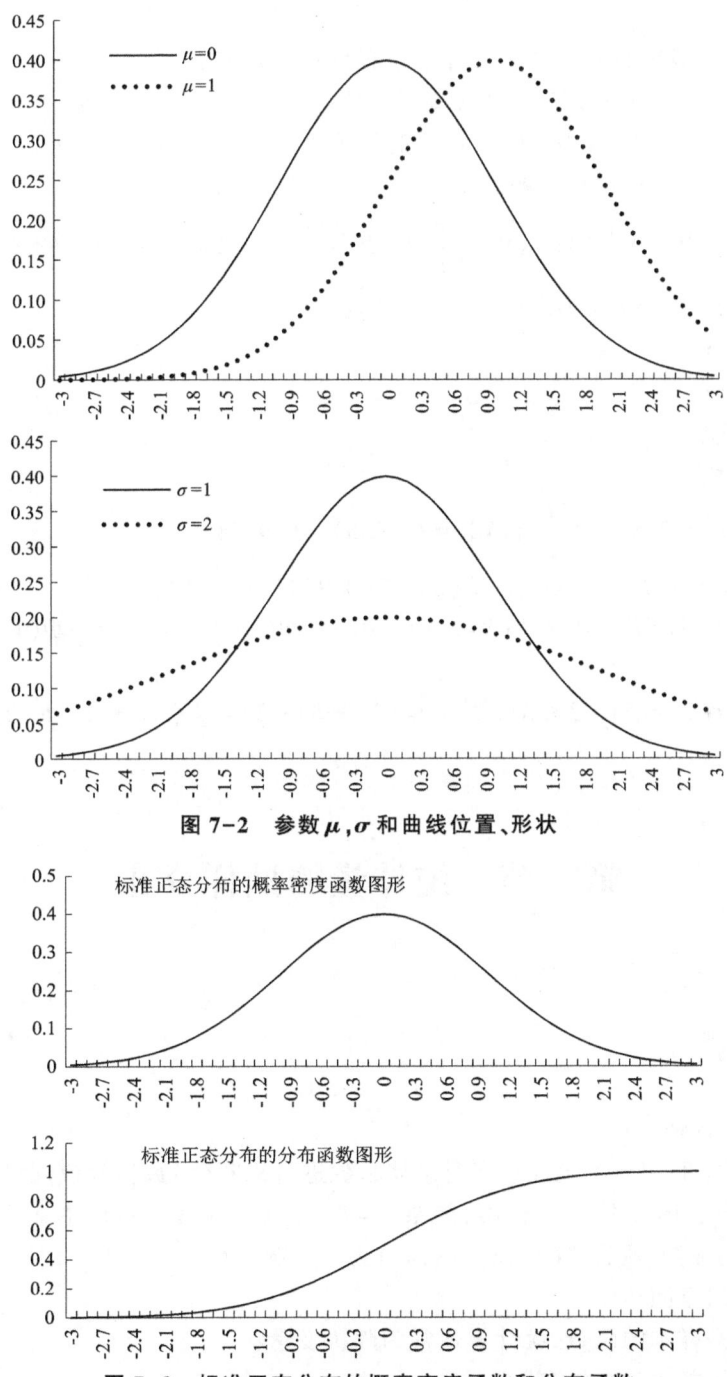

图 7-2 参数 μ,σ 和曲线位置、形状

图 7-3 标准正态分布的概率密度函数和分布函数

标准正态分布的重要性在于,任何一个一般的正态分布都可以通过线性变换转化为标准正态分布。

设 $X \sim N(\mu,\sigma^2)$,则

$$Z = \frac{\overline{X} - \mu}{\sigma} \sim N(0,1) \tag{7.19}$$

上式就是将一般正态分布转化为标准正态分布的公式。

【例 7.1.13】 某商场经统计发现,顾客对某商品的日需求量 X 服从正态分布,且日平均需求量为 40 件,标准差为 10 件,求这种商品销售量为 30~50 件的概率。

解:由于 $X \sim N(\mu, \sigma^2)$,根据题意,$\mu = 40, \sigma = 10$,则

$$P(30 \leq X \leq 50) = \Phi\left(\frac{50-40}{10}\right) - \Phi\left(\frac{30-40}{10}\right) = 2\Phi(1) - 1 = 0.6826$$

【例 7.1.14】 设 $X \sim N(0,1)$,求以下概率:
(1) $P(X<2.5)$;
(2) $P(X>3)$;
(3) $P(-1<X<3)$;
(4) $P(|X| \leq 2)$。

解:(1) $P(X < 2.5) = \int_{-\infty}^{2.5} \varphi(t) dt = \Phi(2.5) = 0.9938$。

(2) $P(X>3) = 1 - P(X \leq 3) = 1 - \Phi(3) = 1 - 0.9987 = 0.0013$。

(3) $P(-1<X<3) = P(X<3) - P(X \leq -1) = \Phi(3) - \Phi(-1) = \Phi(3) - [1-\Phi(1)] = 0.9987 - (1-0.8413) = 0.84$。

(4) $P(|X| \leq 2) = P(-2 \leq X \leq 2) = \Phi(2) - \Phi(-2) = \Phi(2) - [1-\Phi(2)] = 2\Phi(2) - 1 = 0.9545$。

第二节 统计量的抽样分布

一、统计量

(一)样本统计量

统计推断就是利用样本统计量来对总体参数进行推断(参数估计或假设检验)。设 $X_1, X_2, \cdots, X_n$ 是来自总体 X 的一个样本,如果 $T = T(X_1, X_2, \cdots, X_n)$ 是样本 $X_1, X_2, \cdots, X_n$ 的函数,T 中不含任何参数,则称 $T(X_1, X_2, \cdots, X_n)$ 为一个统计量。

统计量有以下两个特征:
(1)统计量是样本的函数,统计量通常为随机变量;
(2)统计量不能含有未知参数。

(二)常用的统计量

1. 样本均值

设 $X_1, X_2, \cdots, X_n$ 是总体 X 中的简单随机样本,则样本均值 $\overline{X}$ 为

$$\overline{X} = \frac{1}{n}\sum_{i=1}^{n} X_i \tag{7.20}$$

2. 样本方差

$$S^2 = \frac{1}{n-1}\sum_{i=1}^{n}(X_i - \overline{X})^2 \tag{7.21}$$

3. 样本标准差

$$S = \sqrt{S^2} = \sqrt{\frac{1}{n-1}\sum_{i=1}^{n}(X_i - \overline{X})^2} \tag{7.22}$$

4. 样本比例

$$p = \frac{m}{n} \tag{7.23}$$

其中 n 为样本容量,m 为样本中具有某一属性特征的单位数。实质上,比例就是特殊均值,只是变量取值为 0 或 1。

二、抽样分布

如果想利用样本统计量对总体参数进行推断(参数估计和假设检验),首先必须知道统计量的抽样分布。下面介绍在总体呈正态分布假设下,常用到的统计量的分布。

(一)χ^2 分布

设 $X_1, X_2, \cdots, X_n$ 是相互独立的随机变量,且 $X_i(i=1,2,\cdots,n)$ 服从标准正态分布 $N(0,1)$,则称它们的和 $X_1^2 + X_2^2 + \cdots + X_n^2$ 服从自由度为 n 的 χ^2 分布,记为 $\chi^2 \sim \chi^2(n)$。

χ^2 分布的概率密度函数为

$$f_k(x) = \frac{(1/2)^{\frac{k}{2}}}{\Gamma(k/2)} x^{k/2-1} e^{-x/2} \tag{7.24}$$

其中 $x \geq 0$,当 $x \leq 0$ 时 $f_k(x) = 0$。这里 Γ 代表 Gamma 函数。

χ^2 分布的密度函数曲线如图 7-4 所示。

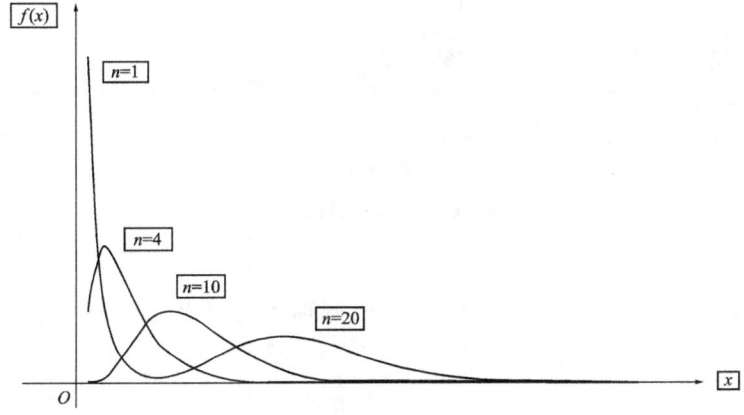

图 7-4 不同自由度的 χ^2 分布

χ^2 分布的可加性:设 $\chi_1^2 \sim \chi^2(n_1)$,$\chi_2^2 \sim \chi^2(n_2)$,并且 χ_1^2,χ_2^2 相互独立,则有
$$\chi^2(n_1)+\chi^2(n_2)=\chi^2(n_1+n_2)$$

χ^2 分布的数学期望与方差:若 $\chi^2 \sim \chi^2(n)$,则有
$$E(\chi^2)=n, D(\chi^2)=2n$$

χ^2 分布的上分位点:对于任意给定的正数 α,$0<\alpha<1$,称满足条件
$$P(X>x_\alpha)=1-F(x_\alpha)=\int_{x_\alpha}^{\infty}f(x)\mathrm{d}x=\alpha$$

若 $P[\chi^2 \geqslant \chi_\alpha^2(n)]=\alpha$,则称 $\chi_\alpha^2(n)$ 为 $\chi^2(n)$ 分布 α 水平的上侧分位点,其值称为 α 水平的上侧分位数。把满足 $P[\chi^2 \leqslant \chi_{1-\alpha/2}^2(n)]=P[\chi^2 \geqslant \chi_{\alpha/2}^2(n)]=\alpha/2$ 的点 $\chi_{1-\alpha/2}^2(n)$,$\chi_{\alpha/2}^2(n)$ 称为 χ^2 分布的双侧分位点。上侧分位数和双侧分位数的几何意义如图 7-5(a)(b)所示。

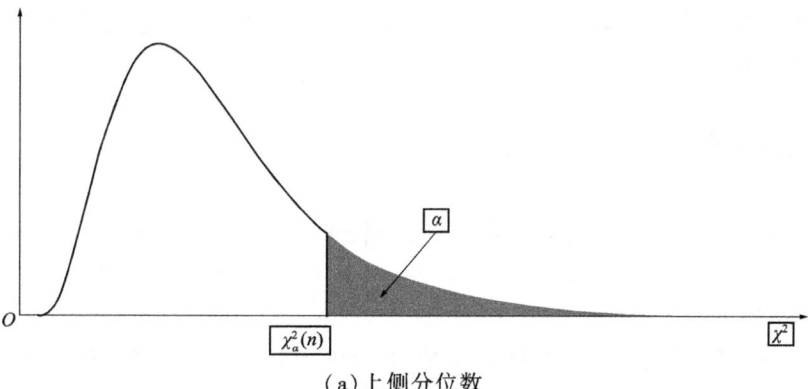

(a)上侧分位数

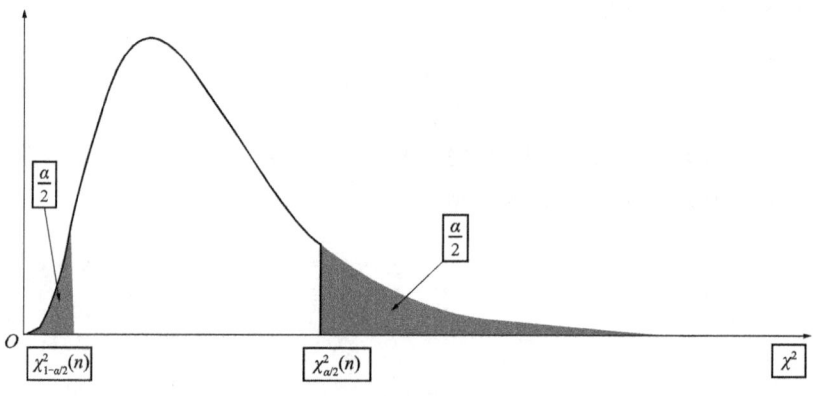

(b)双侧分位数

图 7-5 χ^2 分布分位数的几何意义

(二) t 分布

设 $X \sim N(0,1)$,$Y \sim \chi^2(n)$,且 X,Y 相互独立,则称随机变量

$$t=\frac{X}{\sqrt{Y/n}} \tag{7.25}$$

服从自由度为 n 的 t 分布,记为 $t \sim t(n)$。

t 分布的密度函数图形如图 7-6 所示。

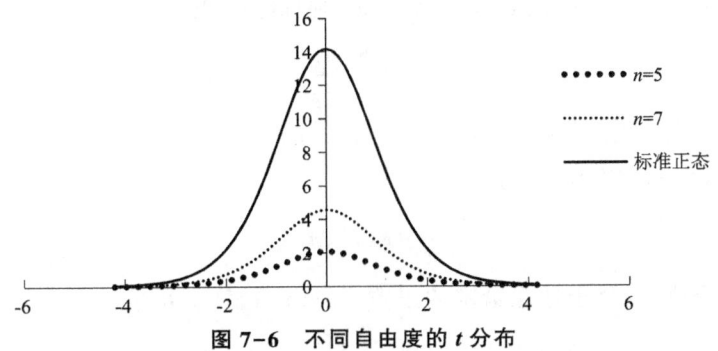

图 7-6　不同自由度的 t 分布

t 分布的上分位点：对于任意给定的正数 α，$0<\alpha<1$，称满足条件

$$P\{X>t_\alpha(n)\}=\int_{t_\alpha(n)}^{\infty}h(t)\mathrm{d}t=\alpha$$

若 $P[t\geqslant t_\alpha(n)]=\alpha$，则称 $t_\alpha(n)$ 为 $t(n)$ 分布 α 水平的上侧分位点，其值称为 $t(n)$ 分布 α 水平的上侧分位数。若 $P[|t|\geqslant t_{\alpha/2}(n)]=\alpha$，则称 $\pm t_{\alpha/2}(n)$ 为 $t(n)$ 分布的双侧分位点，其值称为 $t(n)$ 分布的双侧分位数。$t(n)$ 分布的上侧分位数和双侧分位数如图 7-7(a)(b) 所示。

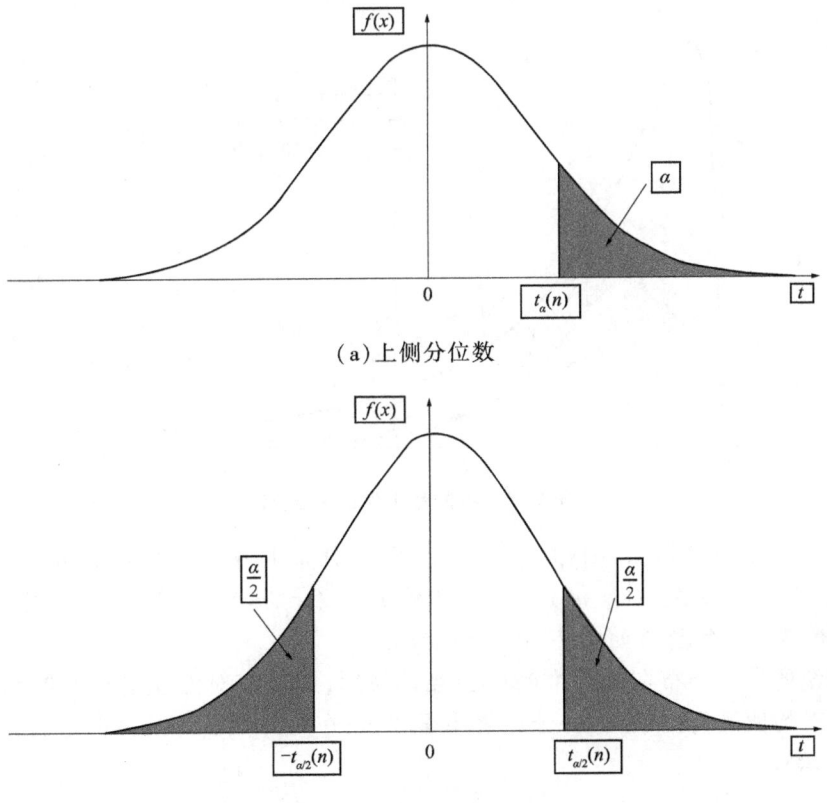

图 7-7　$t(n)$ 分布的分位数

(三) F 分布

设 $U \sim \chi^2(n_1), V \sim \chi^2(n_2)$,且 U,V 相互独立,则称随机变量

$$F = \frac{U/n_1}{V/n_2} \tag{7.26}$$

服从自由度为 (n_1,n_2) 的 F 分布,记为 $F \sim F(n_1,n_2)$。

由定义可知,若 $F \sim F(n_1,n_2)$,则

$$\frac{1}{F} \sim F(n_2,n_1)$$

F 分布的上分位点:对于任意给定的正数 $\alpha,0<\alpha<1$,称满足条件

$$P\{F > F_\alpha(n_1,n_2)\} = \int_{F_\alpha(n_1,n_2)}^{\infty} \varphi(y)\mathrm{d}y = \alpha$$

F 分布的上 α 分位点有如下重要的性质:

$$F_{1-\alpha}(n_1,n_2) = \frac{1}{F_\alpha(n_2,n_1)}$$

F 分布的密度函数图形如图 7-8 所示。

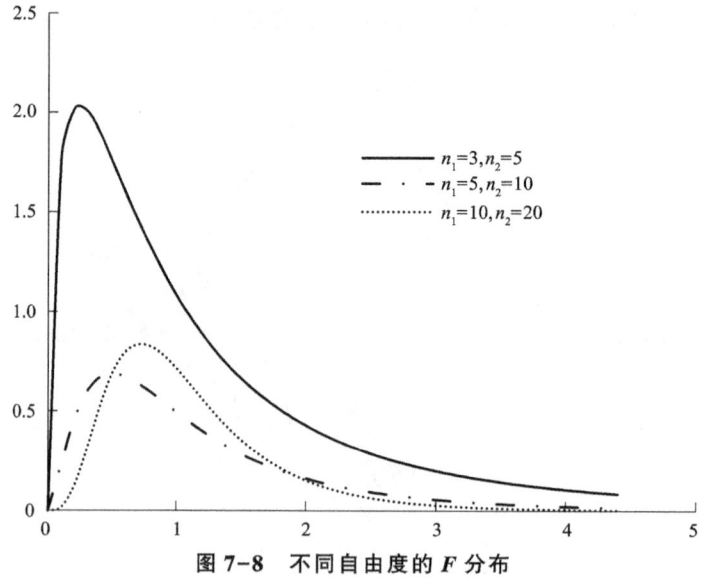

图 7-8 不同自由度的 F 分布

若 $P[F>F_\alpha(n_1,n_2)]=\alpha$,则称 $F_\alpha(n_1,n_2)$ 为 F 分布上 α 的分位数。满足条件 $P[F \leqslant F_{1-\alpha/2}(n_1,n_2)] = P[F \geqslant F_{\alpha/2}(n_1,n_2)] = \alpha/2$ 的数 $F_{1-\alpha/2}(n_1,n_2)$ 和 $F_{\alpha/2}(n_1,n_2)$ 称为 F 分布上 α 的双侧分位数。几何意义如图 7-9(a)(b)所示。

上面介绍的三大分布在统计推断中会经常使用,比如在对方差进行推断时,经常使用 χ^2-分布;在对均值进行推断时,t-分布使用得较多;在对两个总体的方差进行比较时,经常采用 F-分布等。

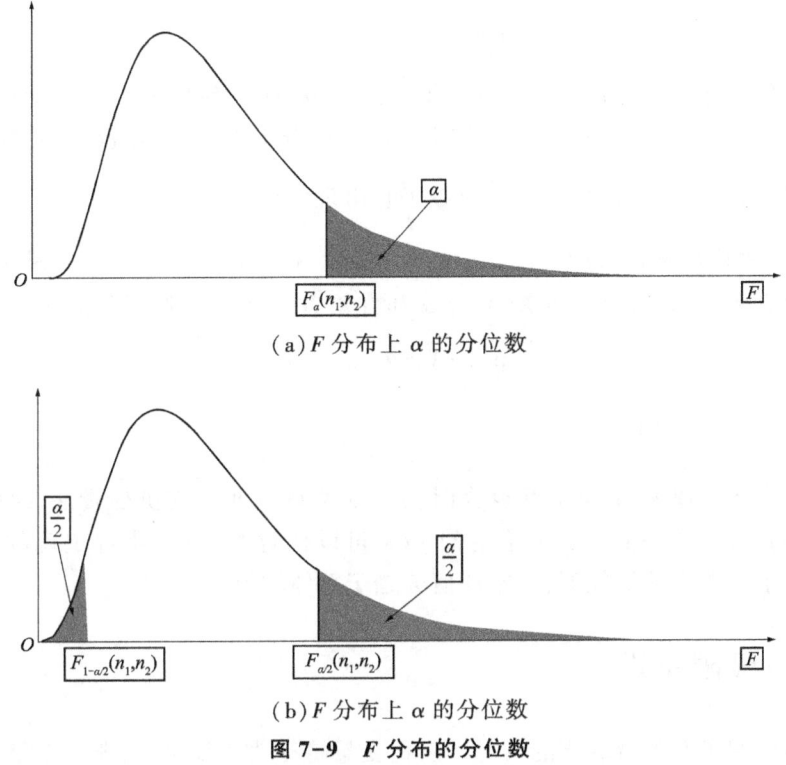

(a) F 分布上 α 的分位数

(b) F 分布上 α 的分位数

图 7-9　F 分布的分位数

第三节　大数定律和中心极限定理

下面介绍在统计推断中比较重要的两个定理,它们是大数定律和中心极限定理。其中大数定律奠定了由样本推断总体的理论基础,而中心极限定理则是区间估计和假设检验的理论基础。

一、大数定律

要研究随机现象的规律性,必须做大量的观察或试验。对于随机现象而言,个体的表现纯属偶然,但通过大量的观察或试验,可以发现随机现象表现出一定的规律性。这种规律性的出现是由于在大量观察或试验的过程中,随机现象的各种偶然性在一定程度上互相抵消、互相补偿。因此,大量观察或试验的结果表现出来的规律性非常稳定。统计学所要研究和寻找的正是这种规律性。阐明在大量观察或试验中随机现象稳定性的一系列定律称为大数定律。大数定律是研究随机现象规律性的理论基础。

【贝努利大数定律】　设 m 是在 n 次独立观察中事件 A 出现的次数。P 是事件 A 在每次观察中出现的概率,则对于任意正数 ε,有

$$\lim_{n\to\infty} P\left(\left|\frac{m}{n}-p\right|<\varepsilon\right) = 1 \tag{7.27}$$

贝努利大数定律说明,当 n 足够大时,即 n 趋于 ∞,频率与概率之差的绝对值小于任意给定的 ε(ε 可以是任意小的数)这一事件出现的概率等于 1。也就是说,在相同条件下进行多次观察时,随机事件 A 出现的频率 $\frac{m}{n}$ 收敛于它出现的概率。

【切比雪夫大数定律】 设相互独立的随机变量 $X_1, X_2, \cdots, X_n$ 是 n 个相互独立且服从同一分布的随机变量,有数学期望 $E(X_i)=\mu$ 和方差 $D(X_i)=\sigma^2$,则对任意一个正数 ε,有

$$\lim_{n\to\infty}(|\overline{X}_n - \mu|<\varepsilon) = 1 \tag{7.28}$$

式中,$\overline{X}_n = \frac{1}{n}(X_1+X_2+\cdots+X_n)$。

切比雪夫大数定律说明,当 n 足够大时,n 个独立同分布的随机变量 X_i 的均值 $\overline{X}_n$ 与它们的数学期望 μ 之间的差值会小于给定的 ε(ε 可以任意小)这一事件出现的概率等于 1。也就是说在样本足够大的情况下,样本均值会趋于总体均值。

二、中心极限定理

大数定律说明了在大量观察的情况下随机变量特征值的稳定性,即频率稳定于概率,平均值稳定于数学期望。中心极限定理则说明了在大量观察的情况下,随机变量的特征值在分布上所表现的稳定性。

设 $X_1, X_2, \cdots, X_n$ 为独立同分布的随机变量,则不论其分布如何,只要有

$$E(X_i) = \mu, D(X_i) = \sigma^2 (i=1,2,\cdots,n)$$

成立,则随机变量

$$Y_n = \frac{\sum_{i=1}^{n} X_i - n\mu}{\sqrt{n}\sigma}$$

的分布函数 $F(y)$ 对于任意 ε 都满足

$$\lim_{n\to\infty} F(y) = \lim_{n\to\infty} P\left\{\frac{\sum_{i=1}^{n} X_i - n\mu}{\sqrt{n}\sigma} \leq \varepsilon\right\} = \frac{1}{\sqrt{2\pi}}\int_{-\infty}^{y} e^{-\frac{t^2}{2}} dt$$

这个式子表明,当 n 趋于无穷大时,随机变量 Y_n 服从标准正态分布。

中心极限定理在抽样调查中具有重要意义。中心极限定理告诉我们,设从均值为 μ、方差为 σ^2(有限)的任意一个总体中抽取样本量为 n 的样本,当 n 充分大时($n>30$),样本均值 $\bar{x}$ 的抽样分布近似服从均值为 μ、方差为 σ^2/n 的正态分布。

【例 7.3.1】 设从一个均值 $\mu=10$、标准差 $\sigma=0.6$ 的总体中随机选取容量为 $n=36$ 的样本。假定该总体不是很偏,要求:

(1)计算样本均值 $\bar{x}$ 小于 9.9 的近似概率。

(2) 计算样本均值 $\bar{x}$ 超过 9.9 的近似概率。

(3) 计算样本均值 $\bar{x}$ 在总体均值 $\mu=10$ 附近 0.1 范围内的近似概率。

解：根据中心极限定理，不论总体的分布是什么形状，在假定总体分布不是很偏的情形下，当从总体中随机选取 $n=36$ 的样本时，样本均值 $\bar{x}$ 近似服从均值 $\mu_{\bar{x}}=\mu=10$、标准差 $\sigma_{\bar{x}}=\frac{\sigma}{\sqrt{n}}=\frac{0.6}{\sqrt{36}}=0.1$ 的正态分布，即

$$\bar{x} \sim N(10, 0.1^2)$$

(1) $P(\bar{x}<9.9)=P\left(\frac{\bar{x}-10}{0.1}<\frac{9.9-10}{0.1}\right)=P\left(Z<\frac{-0.1}{0.1}\right)=P(Z<-1)=1-P(Z<1)=1-\Phi(1)=1-0.8413=0.1587$。

(2) $P(\bar{x}>9.9)=1-P(\bar{x}\leq 9.9)=1-0.1587=0.8413$。

(3) $P(9.9<\bar{x}<10.1)=P\left(\frac{9.9-10}{0.1}<\frac{\bar{x}-10}{0.1}<\frac{10.1-10}{0.1}\right)=P\left(Z<\frac{10.1-10}{0.1}\right)-P\left(Z<\frac{9.9-10}{0.1}\right)=P(Z<1)-P(Z<-1)=2P(Z<1)-1=2\Phi(1)-1=2\times 0.8413-1=0.6826$。

本章小结

本章介绍了随机变量，随机变量的分布，几种常见的离散型随机变量和连续型随机变量的分布，统计量的抽样分布和中心极限定理。

1. 随机变量、离散型随机变量和连续型随机变量的定义。如果随机变量 X 的所有取值都可以逐个列举出来，则称 X 为离散型随机变量。如果随机变量 X 的所有取值无法逐个列举出来，而是取数轴上某一区间内的任一点，则称 X 为连续型随机变量。

2. 随机变量的期望、方差、标准差和离散系数的计算。离散型随机变量的期望为 $E(X)=\sum_{i=1}^{n}x_i p_i$，连续型随机变量的期望为 $E(X)=\int_{-\infty}^{+\infty}xf(x)\mathrm{d}x$；随机变量的方差为 $\sigma^2=D(X)=E[X-E(X)]^2$，随机变量的标准差为 $\sigma=\sqrt{D(X)}$。

3. 常见的离散型随机变量分布：0-1 分布、二项分布、超几何分布和泊松分布。常见的连续型随机变量分布：均匀分布、指数分布、正态分布。

4. 样本统计量的含义及特征，常用的统计量（均值、方差、标准差和比例）的计算。设 $X_1,X_2,\cdots,X_n$ 是来自总体 X 的一个样本，如果 $T=T(X_1,X_2,\cdots,X_n)$ 是样本 $X_1,X_2,\cdots,X_n$ 的函数，T 中不含任何参数，则称 $T(X_1,X_2,\cdots,X_n)$ 为一个统计量。统计量有以下两个特征：统计量是样本的函数，统计量通常为随机变量；统计量不能含有未知参数。

5. 统计推断常用的三大分布：χ^2 分布、t 分布和 F 分布。三大分布在统计推断中有着广泛的应用。

6. 大数定律和中心极限定理。其中大数定律奠定了由样本推断总体的理论基础，而中心极限定理则是区间估计和假设检验的理论基础。

【思考与练习】

一、思考题

1. 按照随机变量的取值特点,随机变量分为几类?
2. 如何表示离散型随机变量和连续型随机变量的概率分布?
3. 随机变量的数字特征值有哪些? 它们是如何计算的? 各自的含义是什么?
4. 常用的统计量有哪些? 具体形式是什么?
5. 统计推断的三大分布是什么?
6. 为什么大数定律和中心极限定理在统计推断中的地位非常重要?

二、练习题

1. 一批零件中,有5%是不合格品。如果随机抽取20个零件,其中有2个不合格品的概率是多少?

   (1) 服从二项分布的情况;

   (2) 近似服从泊松分布的情况。

2. 已知某地区居民生活消费支出服从正态分布,平均值为1500,标准差为500,试求:

   (1) 消费支出少于1000的概率是多少?

   (2) 消费支出在1500~1600的概率是多少?

   (3) 消费支出在1600~2000的概率是多少?

3. 某商店的市场营销人员正考虑一新的促销计划。假设已知每个顾客购买额的均值为300元,标准差为20元。如果随机抽取50名顾客,试计算平均购买额超过350元的概率。

4. 从均值为100、标准差为20的总体中,抽取$n=100$的简单随机样本,用样本均值$\bar{x}$估计总体均值。

   (1) $\bar{x}$的期望值是多少?

   (2) $\bar{x}$的标准差是多少?

   (3) $\bar{x}$的概率分布是什么?

第八章 参数估计

【学习目标】
1. 掌握点估计方法的基本思想。
2. 理解估计量的评价标准。
3. 掌握一个总体参数和两个总体参数的区间估计。
4. 掌握样本量确定的计算方法。

某连锁餐饮公司做了一项顾客排队等候时间与服务员数量之间关系的研究,以便将等候时间控制在顾客可以接受的范围内,并能尽量节约经营成本。研究人员获取了去年10家店铺的2500名顾客等候时间的数据,他们所报道的顾客平均等候时间为 $\bar{x}$。假定该连锁公司去年所有顾客的平均等候时间为 $\mu = 3.4$ 分钟,标准差为 $\sigma = 1.2$ 分钟。

下面考虑如下问题:
(1)求 $\bar{x}$ 值落在3分钟和4分钟之间的概率。
(2)据以往餐饮企业的研究表明,顾客等候超过4分钟就会产生厌烦情绪。试求 $P(\bar{x} < 4)$。

希望通过对本章内容的学习,我们能够正确地解决上述问题。

本章首先将介绍参数估计的方法,即点估计;然后在此基础上,学习如何得到参数的区间估计,包括一个总体参数的区间估计和两个总体参数的区间估计;最后介绍要想达到要求的估计精度,最小样本量的计算方法。

第一节 点估计

一、点估计

(一)点估计的概念

在参数估计中,用来估计总体参数的统计量称为估计量,用符号 $\hat{\theta}$ 表示;用样本统计量 $\hat{\theta}$ 的某个取值直接作为总体参数 θ 的估计值。设 $X_1, X_2, \cdots, X_n$ 是 X 的一个样本,$x_1, x_2, \cdots, x_n$ 是相应的一个样本值。点估计问题就是要构造一个适当的 $\hat{\theta}(X_1, X_2, \cdots, X_n)$,用它的观

察值 $\hat{\theta}(x_1, x_2, \cdots, x_n)$ 作为未知参数 θ 的近似值。

(二)常用的点估计方法

1. 矩估计法

当样本容量 n 很大时,就可以用样本各阶矩去估计总体各阶矩,样本矩的函数作为总体矩的函数的估计。按这种思想去获得未知参数的估计方法称为矩法,所得的估计量称为矩估计量。

如总体 k 阶矩 $\mu_k = E(X^k)$ 的估计量是样本 k 阶矩,即

$$A_k = \frac{1}{n} \sum_{i=1}^{n} X_i^k \tag{8.1}$$

故总体均值的矩估计量是样本均值 $\overline{X}$。

总体 k 阶中心矩 $v_k = E[X - E(X)]^k$ 的估计量是样本 k 阶中心矩,即

$$B_k = \frac{1}{n} \sum_{i=1}^{n} (X_i - \overline{X})^k \tag{8.2}$$

故总体方差的矩估计量是样本二阶中心矩。

2. 极大似然估计法

设 $X_1, X_2, \cdots, X_n$ 为取自离散总体 $p(x_i; \theta)$ 的样本,θ 是未知参数,$X_1, X_2, \cdots, X_n$ 的联合概率函数为

$$\prod_{i=1}^{n} p(x_i; \theta) \tag{8.3}$$

这里,θ 是常量,$x_1, x_2, \cdots, x_n$ 是变量。

若我们已知样本取的值是 $x_1, x_2, \cdots, x_n$,则事件 $\{X_1 = x_1, \cdots, X_n = x_n\}$ 发生的概率为

$$L(\theta) = L(x_1, x_2, \cdots, x_n, \theta) = \prod_{i=1}^{n} p(x_i; \theta) \tag{8.4}$$

这一概率随 θ 的取值而变化,它是 θ 的函数,$L(\theta)$ 称为样本的**似然函数**。该函数对不同的 θ 取值,反映了在观察结果 $X_1, X_2, \cdots, X_n$ 已知的条件下,θ 取各种值的"似然程度"(与真参数值的相像程度)。显然,应该用似然程度最大的那个 $\hat{\theta}$,即满足

$$L(x_1, x_2, \cdots, x_n, \hat{\theta}) = \max_{\theta \in \Theta} L(x_1, x_2, \cdots, x_n, \theta) \tag{8.5}$$

的 $\hat{\theta}$ 作为 θ 的估计值(Θ 是参数 θ 的可能取值范围),因为在已得样本 $x_1, x_2, \cdots, x_n$ 的条件下,它"看起来像"是真参数值,这个估计 $\hat{\theta}$ 就叫作参数 θ 的**极大似然估计(MLE)**。

二、评价估计量的标准

参数估计是用样本估计量 $\hat{\theta}$ 作为总体参数 θ 的估计。实际上,用于估计 θ 的估计量有很多,比如,可以用样本均值作为总体均值的估计量,也可以用样本中位数作为总体均值的估计量,等等。那么,究竟用样本的哪种估计量作为总体参数的估计呢?自然要用估计效果最好的那种估计量。什么样的估计量才算是一个好的估计量呢?这就需要有一定的评价标

准。统计学家给出了评价估计量的一些标准,主要有以下几个。

(一)无偏性

无偏性是指估计量抽样分布的数学期望等于被估计的总体参数。设总体参数为 θ,所选择的估计量为 $\hat{\theta}$,如果 $E(\hat{\theta})=\theta$,则 $\hat{\theta}$ 称为 θ 的**无偏估计量**。图 8-1(a)(b) 为无偏估计和有偏估计。

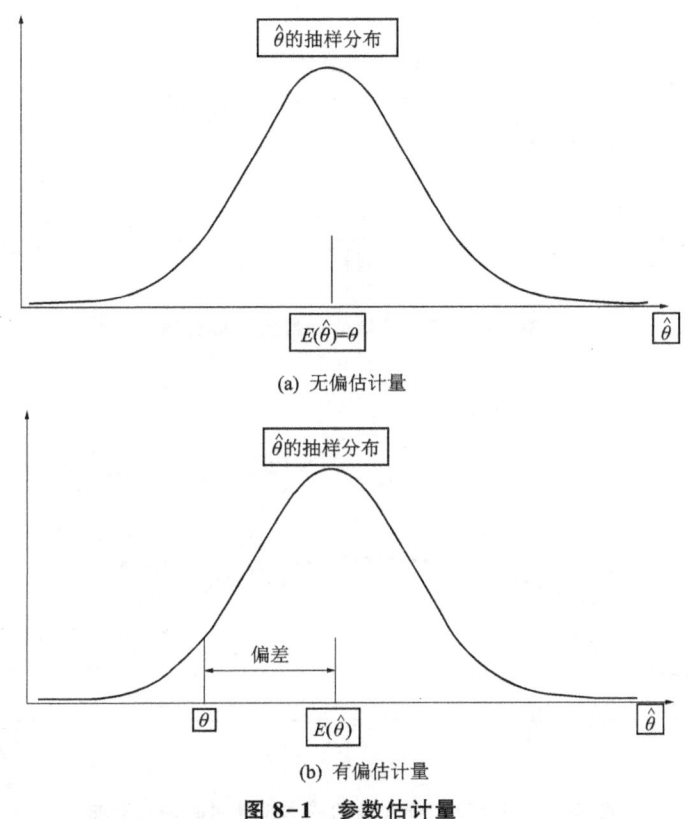

图 8-1 参数估计量

根据样本均值的抽样分布可知,$E(\bar{x})=\mu$,$E(p)=\pi$,$E(S^2)=\sigma^2$,因此 $\bar{x},p,S^2$ 分别是总体均值 μ,总体比例 π,总体方差 σ^2 的无偏估计量。

(二)有效性

有效性是指对同一总体参数的两个无偏估计量,有更小标准差的估计量更有效。假定有两个用于估计总体参数的无偏估计量,分别用 $\hat{\theta}_1$ 和 $\hat{\theta}_2$ 表示,它们的抽样分布的方差分别用 $D(\hat{\theta}_1)$ 和 $D(\hat{\theta}_2)$ 表示,如果 $\hat{\theta}_1$ 的方差小于 $\hat{\theta}_2$ 的方差,即 $D(\hat{\theta}_1)<D(\hat{\theta}_2)$,就称 $\hat{\theta}_1$ 是比 $\hat{\theta}_2$ 更有效的一个估计量。在无偏估计的条件下,估计量的方差越小,估计就越有效。

图 8-2 说明了两个无偏估计量 $\hat{\theta}_1$ 和 $\hat{\theta}_2$ 的抽样分布。可以看到,$\hat{\theta}_1$ 的方差比 $\hat{\theta}_2$ 的方差小,因此 $\hat{\theta}_1$ 的值比 $\hat{\theta}_2$ 的值更接近总体的参数,即 $\hat{\theta}_1$ 比 $\hat{\theta}_2$ 更有效,是一个更好的估计量。

(三)一致性

一致性是指随着样本量的增大,估计的值越来越接近被估总体的参数。比如,样本均值抽样分布的标准差为 $\sigma_{\bar{x}} = \sigma/\sqrt{n}$，$\sigma_{\bar{x}}$ 与样本量大小有关，样本量越大，$\sigma_{\bar{x}}$ 的值就越小。因此可以说，样本均值是总体均值的一个一致估计量。对于一致性，可以用图8-3直观地说明它的意义。

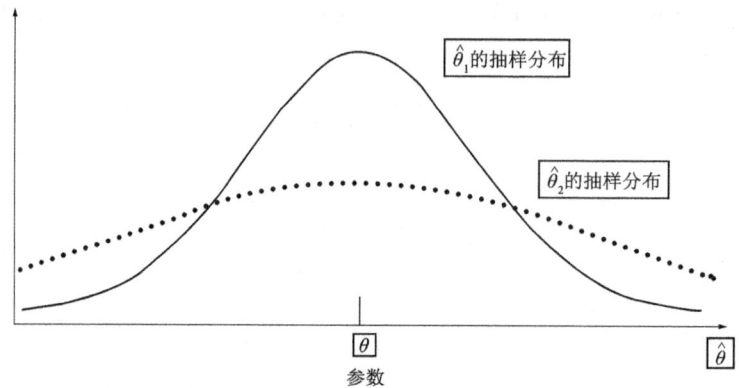

图 8-2　两个无偏估计量的抽样分布

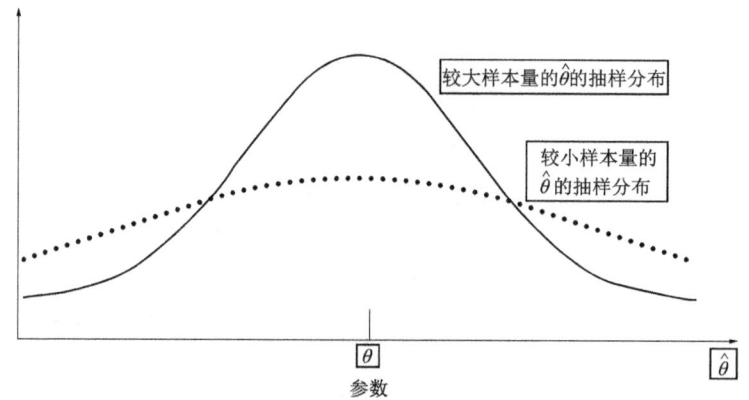

图 8-3　两个不同样本量的样本统计量的抽样分布

第二节　一个总体参数的区间估计

一、区间估计法的含义及步骤

（一）区间估计法的含义

点估计的优点是方便、直观，缺点是没有提供关于估计精度的信息。用点估计法来估计总体参数，即使是优良的估计量，也会由于样本的随机性，使得从一个样本值计算得到的估计量的值不一定恰好是所要估计的参数真值。而且，即使真正相等，由于参数本身是未知的,也无从肯定。有什么办法能知道估计值和参数真值二者大概相差多少呢?总体参数的区间估计可回答这个问题,即根据估计量的分布,在一定的可靠程度下,指出被估计的总体参数的可能范围。

区间估计法是指根据一定的把握程度与精确度的要求,由样本统计量构造出适当的区间,以作为总体的分布参数(或参数的函数)的真值所在范围的估计方法。

设 θ 是总体 X 的一个参数,$X_1,X_2,\cdots,X_n$ 是来自总体 X 的样本,$\alpha(0<\alpha<1)$ 为一实数,如果统计量 $\hat{\theta}_1(X_1,X_2,\cdots,X_n)$,$\hat{\theta}_2(X_1,X_2,\cdots,X_n)$ 满足

$$P(\hat{\theta}_1<\theta<\hat{\theta}_2)\geqslant 1-\alpha \qquad (8.6)$$

则称随机区间 $(\hat{\theta}_1,\hat{\theta}_2)$ 为参数 θ 的 $1-\alpha$ 置信区间,而 $1-\alpha$ 称为置信区间 $(\hat{\theta}_1,\hat{\theta}_2)$ 的置信水平或置信度,$\hat{\theta}_1,\hat{\theta}_2$ 称为 θ 的置信限。其中,$\hat{\theta}_1$ 称为置信下限,$\hat{\theta}_2$ 称为置信上限。

置信水平 $1-\alpha$ 在区间估计中的作用,是说明区间 $(\hat{\theta}_1,\hat{\theta}_2)$ 包含总体参数 θ 的可靠程度,其意义是若在相同的样本容量下反复抽样多次,每次取得一个样本值,确定一个区间 $(\hat{\theta}_1,\hat{\theta}_2)$,每个这样的区间或者包含 θ 的真值,或者不包含 θ 的真值,从频率角度解释就是,在这样多的区间中,包含 θ 真值的约占 $100(1-\alpha)\%$,不包含 θ 真值的仅占 $100\alpha\%$。例如,若 $\alpha=0.05$,重复抽样 100 次,则在得到的 100 个区间中包含 θ 真值的至少有 95 个,不包含 θ 真值的不超过 5 个。实际计算时,式(8.6)一般取等号,而 α 通常取 0.05 或者更小。在理解置信区间的含义时,我们不能说总体参数 θ 落在置信区间的概率至少是 $100(1-\alpha)\%$,因为总体参数是常数,不是随机变量。

一般来说,在样本容量一定的情况下,事先给的置信度不同,置信区间的长短就不同,置信度越高,置信区间就越长,于是在进行区间估计时,置信度和精确度就成为无法回避的两个问题:

(1)置信度:表明估计结果的可靠程度,人们希望随机区间 $(\hat{\theta}_1,\hat{\theta}_2)$ 包含被估参数 θ 的概率 $P(\hat{\theta}_1<\theta<\hat{\theta}_2)$ 越大越好,即随机区间 $(\hat{\theta}_1,\hat{\theta}_2)$ 的平均长度越长越好。

(2)精确度:简称精度,表明估计结果的误差大小,人们希望包含被估参数 θ 的随机区间 $(\hat{\theta}_1,\hat{\theta}_2)$ 的平均长度越短越好。

在样本容量 n 一定的条件下,上述两个要求是相互矛盾的,解决这对矛盾要依 J.奈曼原则:在保证置信度的前提下,尽可能提高估计的精确度,这就是为什么做区间估计时总是要事先给定置信度的原因。

(二)枢轴量的含义

从参数的一个点估计出发,构造与 θ 有关的一个函数 G,使得 G 的分布是已知的,而且与 θ 无关,通常称这种函数为枢轴量。由定义可知,枢轴量是随机变量,但由于包含了待估的总体参数,所以它并不是统计量,如 $Z=\dfrac{\bar{x}-\mu}{\sigma/\sqrt{n}}$,$Z$ 就是一个枢轴量。

需要说明的是,由于常用的枢轴量(如 Z,χ^2,F)均为连续型随机变量,故(8.6)中用小

于号"<"或者小于等于号"≤",从概率的角度讲都是成立的。所以有的教材使用的形式是 $P(\hat{\theta}_1 \leq \theta \leq \hat{\theta}_2) \geq 1-\alpha$,这样构成的置信区间是闭区间 $[\hat{\theta}_1, \hat{\theta}_2]$。本教材根据谨慎性原则,采用(8.6)式的形式,故置信区间为开区间 $(\hat{\theta}_1, \hat{\theta}_2)$。

(三)区间估计法的基本步骤

区间估计法的基本步骤可以归纳为
①依题意确定待估参数;
②依题设条件构造与待估参数相对应的枢轴量;
③确定枢轴量的抽样分布;
④依枢轴量的抽样分布,由给定的置信度计算待估参数置信区间的上、下限。

二、一个总体均值的区间估计

在对总体均值进行区间估计时,需要考虑总体是否为正态分布,总体方差是否已知,用于构造估计量的样本是大样本(通常要求 $n \geq 30$)还是小样本($n < 30$)等几种情况。

(一)正态总体、方差已知,或非正态总体、大样本

当总体服从正态分布且 σ^2 已知时,或者总体不是正态分布但为大样本时,样本均值 $\bar{x}$ 的抽样分布均为正态分布,其数学期望为总体均值 μ,方差为 σ^2/n。而枢轴量 Z 则服从标准正态分布,即

$$Z = \frac{\bar{x} - \mu}{\sigma/\sqrt{n}} \sim N(0, 1)$$

根据上式和正态分布的性质可知

$$P(-z_{\alpha/2} < Z < z_{\alpha/2}) = P\left(-z_{\alpha/2} < \frac{\bar{x} - \mu}{\sigma/\sqrt{n}} < z_{\alpha/2}\right) = 1 - \alpha$$

对上式括号内的部分进行变换,有

$$P\left(\bar{x} - z_{\alpha/2} \frac{\sigma}{\sqrt{n}} < \mu < \bar{x} + z_{\alpha/2} \frac{\sigma}{\sqrt{n}}\right) = 1 - \alpha$$

总体均值 μ 在 $1-\alpha$ 置信水平下的置信区间为

$$\left(\bar{x} - z_{\alpha/2} \frac{\sigma}{\sqrt{n}}, \bar{x} + z_{\alpha/2} \frac{\sigma}{\sqrt{n}}\right) \tag{8.7}$$

式中,$\bar{x} - z_{\alpha/2} \frac{\sigma}{\sqrt{n}}$ 称为置信下限,$\bar{x} + z_{\alpha/2} \frac{\sigma}{\sqrt{n}}$ 称为置信上限;α 是事先所确定的一个概率值,也称为风险值,它是总体均值不包括在置信区间的概率;$1-\alpha$ 称为置信水平;$z_{\alpha/2}$ 是标准正态分布右侧面积为 $\alpha/2$ 时的 z 值;$z_{\alpha/2} \frac{\sigma}{\sqrt{n}}$ 是估计总体均值时的估计误差。

这就是说,总体均值的置信区间由两部分组成:点估计值和描述估计量精度的 $\pm z_{\alpha/2} \frac{\sigma}{\sqrt{n}}$,

这个 $\pm z_{\alpha/2} \dfrac{\sigma}{\sqrt{n}}$ 值称为估计误差。

如果总体服从正态分布但 σ^2 未知,或总体并不服从正态分布,只要是在大样本条件下,下式中的总体方差 σ^2 就可以用样本方差 S^2 代替,这时总体均值 μ 在 $1-\alpha$ 置信水平下的置信区间可以写为

$$\left(\bar{x}-z_{\alpha/2}\dfrac{S}{\sqrt{n}},\ \bar{x}+z_{\alpha/2}\dfrac{S}{\sqrt{n}}\right) \tag{8.8}$$

【例 8.2.1】 某银行想对本月银行储户提取的现金平均数做估计,现采用随机不放回抽样方式在现有的 2000 名储户中抽取 400 名储户的提现记录,测得样本的平均提现额度为 1000 元。已知储户提现额度服从正态分布,且标准差为 150 元。试以 95% 的置信度估计本月该行储户的平均提现额度的置信区间。

解: 已知 $\bar{x}=1000$ 元,$n=400$,$\sigma=150$,$1-\alpha=95\%$,$\alpha=5\%$。这时查标准正态分布表,可得临界值为

$$z_{\alpha/2}=z_{0.025}=1.96$$

由于总体服从正态分布,不放回抽样,置信区间上、下限是:

$$\bar{x}\pm z_{\alpha/2}\dfrac{\sigma}{\sqrt{n}}\sqrt{\dfrac{N-n}{N-1}}=1000\pm 1.96\times\dfrac{150}{\sqrt{400}}\sqrt{\dfrac{2000-400}{2000-1}}\approx 1000\pm 13.15$$

因此,在置信度 95% 下,该行储户的平均提现额度的置信区间为 986.85~1013.15 元。

(二) 正态总体、方差未知、小样本

如果总体服从正态分布,则无论样本量如何,样本均值 $\bar{x}$ 的抽样分布都服从正态分布。这时,只要总体方差 σ^2 已知,即使是在小样本的情况下,也可以按式(8.7)建立总体均值的置信区间。但是,如果总体方差 σ^2 未知,而且是在小样本情况下,则需要用样本方差 S^2 代替 σ^2,这时,枢轴统计量则服从自由度为 $(n-1)$ 的 t 分布,即

$$t=\dfrac{\bar{x}-\mu}{S/\sqrt{n}}\sim t(n-1)$$

由 t 分布的定义可知

$$P\left[-t_{\alpha/2}(n-1)<\dfrac{\bar{x}-\mu}{S/\sqrt{n}}<t_{\alpha/2}(n-1)\right]=1-\alpha$$

$$P\left[\bar{x}-t_{\alpha/2}(n-1)\dfrac{S}{\sqrt{n}}<\mu<\bar{x}+t_{\alpha/2}(n-1)\dfrac{S}{\sqrt{n}}\right]=1-\alpha$$

因此,根据 t 分布建立的总体均值 μ 在 $1-\alpha$ 下的置信区间为

$$\left(\bar{x}-t_{\alpha/2}\dfrac{S}{\sqrt{n}},\ \bar{x}+t_{\alpha/2}\dfrac{S}{\sqrt{n}}\right) \tag{8.9}$$

【例 8.2.2】 某社区便利店在 4 星期内抽查 25 位顾客的消费额(元)如表 8-1 所示,求置信度为 90% 的顾客平均消费额估计区间。

表 8-1 25 位顾客的消费额

15	24	38	34	30
18	30	25	46	34
44	20	24	26	34
48	18	46	19	22
36	42	24	32	31

解：通过计算得 $\bar{x}=30.4$，$S=9.73$，$\sigma_{\bar{x}}=S/\sqrt{n}\approx 1.95$。

根据给定的置信度 $1-\alpha=90\%$，查 t 分布概率表得

$$t_{\alpha/2}=1.71$$

计算估计区间的上、下限：

平均消费额下限：$\bar{x}-1.71\sigma_{\bar{x}}\approx 27.07$（元）。

平均消费额上限：$\bar{x}+1.71\sigma_{\bar{x}}\approx 33.73$（元）。

因此，置信度为 90% 的社区便利店顾客的平均消费额置信区间为 27.07~33.73 元。

三、总体比例的区间估计

这里只讨论大样本情况下总体比例的估计问题。由样本比例 p 的抽样分布可知，当样本量足够大时，比例 p 的抽样分布可用正态分布近似。p 的数学期望为 $E(p)=\pi$，p 的方差 $\sigma_p^2=\dfrac{\pi(1-\pi)}{n}$，则枢轴统计量服从标准正态分布，即

$$Z=\frac{p-\pi}{\sqrt{\pi(1-\pi)/n}}\sim N(0,1)$$

与总体均值的区间估计类似，在样本比例 p 的基础上加减估计误差为 $z_{\alpha/2}\sigma_p$，即得总体比例 π 在置信水平下的置信区间为

$$\left(p-z_{\alpha/2}\sqrt{\frac{\pi(1-\pi)}{n}},\ p+z_{\alpha/2}\sqrt{\frac{\pi(1-\pi)}{n}}\right)$$

用上式计算总体比例 π 的置信区间时，π 值应该是已知的。但实际情况不然，π 值恰好是要估计的，所以，需要用样本比例 p 来代替 π。这时，总体比例的置信区间可表示为

$$\left(p-z_{\alpha/2}\sqrt{\frac{p(1-p)}{n}},\ p+z_{\alpha/2}\sqrt{\frac{p(1-p)}{n}}\right) \tag{8.10}$$

【例 8.2.3】 某保险公司欲了解本地区汽车保险的出险情况，随机抽查了 100 辆机动车过去一年的保单，其中有 35 份保单有出险记录。试以 95% 的置信度估计该地区汽车保险出险率的置信区间。

解：已知 $n=100$，样本出险率 $p=35/100=0.35$，置信度 $1-\alpha=95\%$，$\alpha=5\%$，查正态分布表有 $z_{\alpha/2}=1.96$，因此总体比例的置信区间为

$$\left(p-z_{\alpha/2}\sqrt{\frac{p(1-p)}{n}},\ p+z_{\alpha/2}\sqrt{\frac{p(1-p)}{n}}\right)$$

$$= \left(0.35 - 1.96\sqrt{\frac{0.35 \times 0.65}{100}}, 0.35 + 1.96\sqrt{\frac{0.35 \times 0.65}{100}}\right) \approx (0.31, 0.45)$$

故该地区机动车的出险率在95%置信度下的估计区间为31%~45%。

四、总体方差的区间估计

根据$\frac{(n-1)S^2}{\sigma^2} \sim \chi^2(n-1)$可知，枢轴统计量的分布$\chi^2 = \frac{(n-1)S^2}{\sigma^2} \sim \chi^2(n-1)$，设$\chi^2$分布$\alpha$水平的双侧分位数分别为$\chi^2_{\alpha/2}$及$\chi^2_{1-\alpha/2}$，则由图8-4构造总体方差的置信区间。

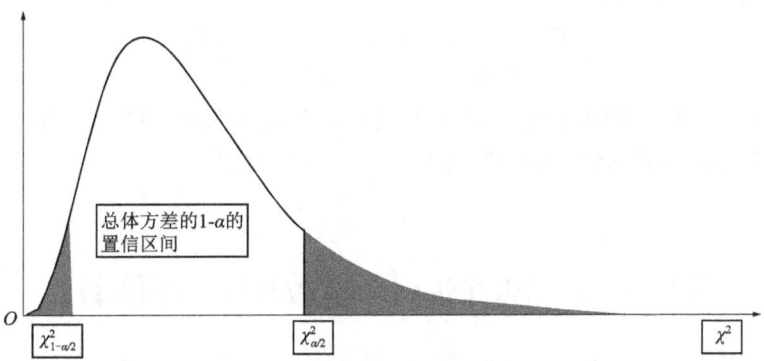

图8-4 总体方差的置信区间

由图8-4可以看出，建立总体方差σ^2的置信区间，也就是要找到一个χ^2值，使其满足

$$P[\chi^2_{1-\alpha/2}(n-1) < \chi^2 < \chi^2_{\alpha/2}(n-1)] = 1-\alpha$$

由于$\frac{(n-1)S^2}{\sigma^2} \sim \chi^2(n-1)$，可用它来代替$\chi^2$，于是有

$$P\left[\chi^2_{1-\alpha/2}(n-1) < \frac{(n-1)S^2}{\sigma^2} < \chi^2_{\alpha/2}(n-1)\right] = 1-\alpha$$

根据上式可推导出总体方差σ^2在$1-\alpha$置信水平下的置信区间为

$$\left(\frac{(n-1)S^2}{\chi^2_{\alpha/2}}, \frac{(n-1)S^2}{\chi^2_{1-\alpha/2}}\right) \tag{8.11}$$

【例8.2.4】 一家食品生产企业以生产袋装食品为主，每天的产量大约为8000袋。按规定每袋的重量应为100克。为对产品重量进行监测，企业质检部门经常要进行抽检，以分析每袋重量是否符合要求。现从某天生产的一批食品中随机抽取25袋，测得每袋重量如表8-2所示。

表8-2 随机抽取的25袋食品的重量

112.5	101.0	103.0	102.0	100.5
102.6	107.5	95.0	108.8	115.6
100.0	123.5	102.0	101.6	102.2
116.6	95.4	97.8	108.61	105.0
136.8	102.8	101.5	98.4	93.3

已知产品重量服从正态分布,以 95%的置信水平建立食品总重量标准差的置信区间。

解:根据样本数据计算的样本方差为

$$S^2 = \frac{\sum_{i=1}^{n}(x_i - \bar{x})}{n-1} = \frac{2237.02}{25-1} = 93.21$$

根据置信水平 $\alpha = 0.05$ 和自由度 $n-1 = 25-1 = 24$,查 χ^2 分布表得

$$\chi^2_{\alpha/2}(n-1) = \chi^2_{0.025}(25-1) = 39.3641$$
$$\chi^2_{1-\alpha/2}(n-1) = \chi^2_{0.975}(25-1) = 12.4011$$

所以,总体方差 σ^2 的置信区间为

$$\left(\frac{(25-1) \times 93.21}{39.3641}, \frac{(25-1) \times 93.21}{12.4041}\right)$$

即 $56.83 \leq \sigma^2 \leq 180.39$。相应的总体标准差的置信区间则为 $(7.54, 13.43)$,即该企业生产的食品总体重量标准差的 95%的置信区间为 $7.54 \sim 13.43$ 克。

第三节 两个总体参数的区间估计

对于两个总体,所关心的参数主要有两个总体的均值之差 $\mu_1 - \mu_2$,两个总体的比例之差 $\pi_1 - \pi_2$,两个总体的方差比 σ_1^2/σ_2^2 等。

一、两个总体均值之差的区间估计:独立样本

设两个总体的均值分别为 μ_1 和 μ_2,从两个总体中分别抽取样本量为 n_1 和 n_2 的两个随机样本,其样本均值分别为 $\bar{x}_1$ 和 $\bar{x}_2$。两个总体均值之差 $\mu_1 - \mu_2$ 的估计量显然是两个样本的均值之差 $\bar{x}_1 - \bar{x}_2$。

(一)大样本的估计

如果两个样本是从两个总体中独立抽取的,即一个样本中的元素与另一个样本中的元素相互独立,则称为独立样本。如果两个总体都为正态分布,或两个总体不服从正态分布,但两个样本都为大样本($n_1 \geq 30$ 和 $n_2 \geq 30$),根据抽样分布的知识可知,两个样本均值之差 $\bar{x}_1 - \bar{x}_2$ 的抽样分布服从期望值为 $(\mu_1 - \mu_2)$,方差为 $\left(\frac{\sigma_1^2}{n_1} + \frac{\sigma_2^2}{n_2}\right)$ 的正态分布,而两个样本均值之差经标准化后则服从标准正态分布,标准化的 Z 视为枢轴统计量,即

$$Z = \frac{(\bar{x}_1 - \bar{x}_2) - (\mu_1 - \mu_2)}{\sqrt{\frac{\sigma_1^2}{n_1} + \frac{\sigma_2^2}{n_2}}} \sim N(0,1)$$

$$P\left[-z_{\alpha/2} < \frac{(\bar{x}_1 - \bar{x}_2) - (\mu_1 - \mu_2)}{\sqrt{\frac{\sigma_1^2}{n_1} + \frac{\sigma_2^2}{n_2}}} < z_{\alpha/2}\right] = 1 - \alpha$$

当两个总体的方差 σ_1^2 和 σ_2^2 都已知时,两个总体均值之差 $\mu_1 - \mu_2$ 在 $1-\alpha$ 置信水平下的置信区间为

$$\left((\bar{x}_1 - \bar{x}_2) - z_{\alpha/2}\sqrt{\frac{\sigma_1^2}{n_1} + \frac{\sigma_2^2}{n_2}},\ (\bar{x}_1 - \bar{x}_2) + z_{\alpha/2}\sqrt{\frac{\sigma_1^2}{n_1} + \frac{\sigma_2^2}{n_2}}\right) \tag{8.12}$$

当两个总体的方差 σ_1^2 和 σ_2^2 都未知时,可用两个样本方差 S_1^2 和 S_2^2 来代替,则两个总体均值之差 $\mu_1 - \mu_2$ 在 $1-\alpha$ 置信水平下的置信区间为

$$\left((\bar{x}_1 - \bar{x}_2) - z_{\alpha/2}\sqrt{\frac{S_1^2}{n_1} + \frac{S_2^2}{n_2}},\ (\bar{x}_1 - \bar{x}_2) + z_{\alpha/2}\sqrt{\frac{S_1^2}{n_1} + \frac{S_2^2}{n_2}}\right) \tag{8.13}$$

【例 8.3.1】 河南省教育管理部门想估计两所大学的学生英语四级的平均分数之差,为此在两所大学独立抽取两个随机样本,两个样本的有关数据如表 8-3 所示。

表 8-3 两所大学的学生英语四级分数相关数据

大学 1	大学 2
$n_1 = 460$	$n_2 = 330$
$\bar{x}_1 = 444$	$\bar{x}_2 = 426$
$S_1 = 7.8$	$S_2 = 8.2$

试建立两所大学英语四级平均分数之差 95% 的置信区间。

解:

$$(\bar{x}_1 - \bar{x}_2) \pm z_{\alpha/2}\sqrt{\frac{S_1^2}{n_1} + \frac{S_2^2}{n_2}} = (444 - 426) \pm 1.96 \times \sqrt{\frac{7.8^2}{460} + \frac{8.2^2}{330}} = 18 \pm 1.136 = (16.864, 19.136)$$

两所大学英语四级平均分数之差 95% 的置信区间为 $16.864 \sim 19.136$ 分。

【例 8.3.2】 某百货集团公司负责人想知道,最近一个月两家分店的顾客平均每人来店消费之差。他从两家分店各抽取了一个由 36 名顾客组成的随机样本。样本平均值为 A 分店 4500 元/人,B 分店 3250 元/人。已知两个总体方差分别为 $\sigma_A^2 = 2500$ 和 $\sigma_B^2 = 3600$,且两家分店顾客的消费均服从正态分布。试求在置信度 95% 下 $\mu_A - \mu_B$ 的区间估计。

解: 依题意有

$$\bar{X}_A \sim N(\mu_A, 2500),\ \bar{X}_B \sim N(\mu_B, 3600)$$
$$\bar{x}_A = 4500,\ \bar{x}_B = 3250,\ n_A = n_B = 36$$

因而

$$(\bar{x}_A - \bar{x}_B) \pm z_{\alpha/2}\sqrt{\frac{\sigma_A^2}{n_A} + \frac{\sigma_B^2}{n_B}} = (4500 - 3250) \pm 1.96 \times \sqrt{\frac{2500}{36} + \frac{3600}{36}}$$
$$\approx 1250 \pm 25.51$$

$\mu_A - \mu_B$ 的置信度为 95% 的置信区间为 $(1224.49, 1275.51)$。

(二) 小样本的估计

在两个样本都为小样本的情况下，为估计两个总体的均值之差，需要作出以下假定：

(1) 两个总体都服从正态分布。

(2) 两个随机样本独立地分别抽自两个总体。

在上述假定下，无论样本量的大小，两个样本均值之差都服从正态分布。当两个总体方差 σ_1^2 和 σ_2^2 已知时，可用式(8.12)建立两个总体均值之差的置信区间。当 σ_1^2 和 σ_2^2 未知时，有以下两种情况。

(1) 当两个总体的方差 σ_1^2 和 σ_2^2 未知但相等时，即 $\sigma_1^2 = \sigma_2^2$，需要用两个样本的方差 S_1^2 和 S_2^2 来估计，这时，需要将两个样本的数据组合在一起以给出总体方差的合并估计量 S_p^2，计算公式为

$$S_p^2 = \frac{(n_1-1)S_1^2 + (n_2-1)S_2^2}{n_1 + n_2 - 2}$$

这时，两个样本均值之差经标准化后服从自由度为 (n_1+n_2-2) 的 t 分布，即

$$t = \frac{(\bar{x}_1 - \bar{x}_2) - (\mu_1 - \mu_2)}{S_p\sqrt{\frac{1}{n_1} + \frac{1}{n_2}}} \sim t(n_1 + n_2 - 2)$$

可以将 t 分布作为枢轴统计量，由 t 分布双侧分位数的意义有

$$P[-t_{\alpha/2}(n_1+n_2-2) < t < t_{\alpha/2}(n_1+n_2-2)] = 1 - \alpha$$

$$P\left[-t_{\alpha/2}(n_1+n_2-2) < \frac{(\bar{x}_1 - \bar{x}_2) - (\mu_1 - \mu_2)}{S_p\sqrt{\frac{1}{n_1} + \frac{1}{n_2}}} < t_{\alpha/2}(n_1+n_2-2)\right] = 1 - \alpha$$

因此，两个总体均值之差 $\mu_1 - \mu_2$ 在 $1-\alpha$ 置信水平下的置信区间为

$$\left((\bar{x}_1 - \bar{x}_2) - t_{\alpha/2}(n_1+n_2-2)S_p\sqrt{\frac{1}{n_1}+\frac{1}{n_2}},\ (\bar{x}_1 - \bar{x}_2) + t_{\alpha/2}(n_1+n_2-2)S_p\sqrt{\frac{1}{n_1}+\frac{1}{n_2}}\right) \quad (8.14)$$

(2) 当两个总体的方差 σ_1^2 和 σ_2^2 未知且不相等时，即 $\sigma_1^2 \neq \sigma_2^2$，两个样本均值之差经标准化后近似服从自由度为 v 的 t 分布，自由度 v 的计算公式为

$$v = \frac{\left(\frac{S_1^2}{n_1} + \frac{S_2^2}{n_2}\right)^2}{\frac{(S_1^2/n_1)^2}{n_1 - 1} + \frac{(S_2^2/n_2)^2}{n_2 - 1}}$$

两个总体均值之差在 $1-\alpha$ 置信水平下的置信区间为

$$\left((\bar{x}_1 - \bar{x}_2) - t_{\alpha/2}(v)\sqrt{\frac{S_1^2}{n_1} + \frac{S_2^2}{n_2}},\ (\bar{x}_1 - \bar{x}_2) + t_{\alpha/2}(v)\sqrt{\frac{S_1^2}{n_1} + \frac{S_2^2}{n_2}}\right) \quad (8.15)$$

【例 8.3.3】 某连锁超市有两家分店，一家靠近商业区，一家靠近住宅区。同样的商品，在两家分店的销量有所不同，经理认为可能与两个地区顾客人群的差异有关。假定经理要求调查顾客平均年龄的差异，从两家分店收集到的样本数据如下：

商业区：样本顾客数 15，样本顾客的平均年龄 40，样本标准差 3；

住宅区:样本顾客数 16,样本顾客的平均年龄 35,样本标准差 5。

假定两区域顾客的年龄分布服从正态分布,且方差相等。试在置信度为 95% 的条件下,估计两分店顾客平均年龄差异的置信区间。

解:由题意知,两总体均服从正态分布,方差相等但具体数值未知,有
$$\bar{x}_1 = 40, \bar{x}_2 = 35, S_1^2 = 9, S_2^2 = 25, n_1 = 15, n_2 = 16$$

σ 的联合估计量为
$$S_p = \sqrt{\frac{(n_1-1)S_1^2+(n_2-1)S_2^2}{n_1+n_2-2}} = \sqrt{\frac{(15-1)\times 9+(16-1)\times 25}{15+16-2}} \approx 4.16$$

查表得
$$t_{\alpha/2}(n_1+n_2-2) = t_{0.025}(29) = 2.045$$

依公式,
$$(\bar{x}_1-\bar{x}_2) \pm t_{\alpha/2}(n_1+n_2-2) S_p \sqrt{\frac{1}{n_1}+\frac{1}{n_2}} = (40-35) \pm 2.045 \times 4.16 \times \sqrt{\frac{1}{15}+\frac{1}{16}}$$

从而 $\mu_1-\mu_2$ 的置信度为 95% 的置信区间为 $(1.94, 8.06)$。该结果显示,在 95% 的置信度下商业区与住宅区顾客平均年龄的差值在 2~8 岁。

【例 8.3.4】 沿用【例 8.3.3】的内容,假定两区域顾客的年龄分布服从正态分布,且方差不等。试在置信度为 95% 的条件下,估计两分店顾客平均年龄差异的置信区间。

解:由题意知,两总体均服从正态分布,$\sigma_1^2 \neq \sigma_2^2$,数值未知,两个样本均值之差经标准化后近似服从自由度为 v 的 t 分布,自由度 v 的值为
$$v = \frac{\left(\frac{S_1^2}{n_1}+\frac{S_2^2}{n_2}\right)^2}{\frac{(S_1^2/n_1)^2}{n_1-1}+\frac{(S_2^2/n_2)^2}{n_2-1}} = \frac{\left(\frac{9}{15}+\frac{25}{16}\right)^2}{\frac{(9/15)^2}{15-1}+\frac{(25/16)^2}{16-1}} \approx \frac{4.676}{0.187} \approx 25$$

查表得
$$t_{\alpha/2}(v) = t_{0.025}(25) = 2.0639$$

从而
$$(\bar{x}_1-\bar{x}_2) \pm t_{\alpha/2}(v) \sqrt{\frac{S_1^2}{n_1}+\frac{S_2^2}{n_2}} = (40-35) \pm 2.0639 \times \sqrt{\frac{9}{15}+\frac{25}{16}} = 5 \pm 3.03$$

两个总体均值之差在 95% 置信水平下的置信区间为 $(1.97, 8.03)$。

该结果显示,在 95% 的置信度下商业区与住宅区顾客平均年龄之差在 2~8 岁。

二、两个总体均值之差的区间估计:匹配样本

匹配样本:一个样本中的数据与另一个样本中的数据相对应。比如比较两组生产工艺的生产效率,可以找相同的 10 个工人,分别按照方法甲和方法乙进行生产,如此产生的两组数据就是匹配样本。

使用匹配样本进行估计时,在大样本条件下,两个总体均值之差 $\mu_d = \mu_1 - \mu_2$ 在 $1-\alpha$ 置信

水平下的置信区间为

$$\left(\bar{d}-z_{\alpha/2}\frac{\sigma_d}{\sqrt{n}},\bar{d}+z_{\alpha/2}\frac{\sigma_d}{\sqrt{n}}\right) \quad (8.16)$$

式中,d 表示两个匹配样本对应数据的差值;$\bar{d}$ 表示各差值的均值;σ_d 表示各差值的标准差。当总体的 σ_d 未知时,可用样本差值的标准差 S_d 来代替。

在小样本情况下,假定两个总体观察值的配对差服从正态分布。两个总体均值之差 $\mu_d = \mu_1 - \mu_2$ 在 $1-\alpha$ 置信水平下的置信区间为

$$\left(\bar{d}-t_{\alpha/2}\frac{S_d}{\sqrt{n}},\bar{d}+t_{\alpha/2}\frac{S_d}{\sqrt{n}}\right) \quad (8.17)$$

【例 8.3.5】 由 10 名学生组成一个随机样本,让他们分别采用 A 和 B 两套试卷进行测试,结果如表 8-4 所示。

表 8-4　10 名学生两套试卷的得分

学生编号	试卷 A	试卷 B	差值 d
1	78	71	7
2	63	44	19
3	72	61	11
4	89	84	5
5	91	74	17
6	49	51	-2
7	68	55	13
8	76	60	16
9	85	77	8
10	55	39	16

假定两套试卷分数之差服从正态分布,试建立两套试卷平均分数之差 $\mu_d = \mu_1 - \mu_2$ 的 95% 的置信区间。

解: 根据上表数据计算得

$$\bar{d} = \frac{\sum_{i=1}^{n} d_i}{n_d} = \frac{110}{10} = 11$$

$$S_d = \sqrt{\frac{\sum_{i=1}^{n}(d_i-\bar{d})^2}{n_d-1}} = 6.53$$

根据自由度 $(10-1)=9$ 查分布表得 $t_{\frac{0.05}{2}}(9)=2.2622$,因此

$$\bar{d} \pm t_{\alpha/2}(n-1)\frac{S_d}{\sqrt{n}} = 11 \pm 2.2622 \times \frac{6.53}{\sqrt{10}} = 11 \pm 4.67$$

即两套试卷平均分数之差 $\mu_d = \mu_1 - \mu_2$ 的 95% 的置信区间为 (6.33, 15.67)，两套试卷平均分数之差的 95% 的置信区间为 6.33~15.67 分。

三、两个总体比例之差的区间估计

由样本比例的抽样分布可知，从两个二项总体中抽出两个独立的样本，则两个样本比例之差的抽样分布服从正态分布。同样，两个样本的比例之差经标准化后服从标准正态分布，即

$$Z = \frac{(p_1 - p_2) - (\pi_1 - \pi_2)}{\sqrt{\frac{\pi_1(1-\pi_1)}{n_1} + \frac{\pi_2(1-\pi_2)}{n_2}}} \sim N(0,1)$$

当两个总体比例 π_1 和 π_2 未知时，可用样本比例 p_1 和 p_2 来代替，因此，根据正态分布建立的两个总体比例之差 $\pi_1 - \pi_2$ 在 $1-\alpha$ 置信水平下的置信区间为

$$\left((p_1-p_2) - z_{\alpha/2}\sqrt{\frac{p_1(1-p_1)}{n_1} + \frac{p_2(1-p_2)}{n_2}},\ (p_1-p_2) + z_{\alpha/2}\sqrt{\frac{p_1(1-p_1)}{n_1} + \frac{p_2(1-p_2)}{n_2}} \right) \quad (8.18)$$

【例 8.3.6】 某饮料公司对其所做的广告在两个城市的效果进行了比较，从两个城市中分别随机调查了 1000 个成年人，其中看过该广告的样本比例分别为 $p_1 = 0.18$ 和 $p_2 = 0.14$，试求两个城市成年人中看过该广告的比例之差的 95% 的置信区间。

解：由于样本容量 $n_1 = n_2 = 1000$，该样本属于大样本。由题意知

$$p_1 = 0.18, 1-p_1 = 0.82, p_2 = 0.14, 1-p_2 = 0.86, 1-\alpha = 0.95, z_{\alpha/2} = 1.96$$

故置信区间为

$$(0.18 - 0.14) \pm 1.96 \times \sqrt{\frac{0.18 \times 0.82}{1000} + \frac{0.14 \times 0.86}{1000}}$$

即 (0.0079, 0.0721)。因此，我们以 95% 的把握估计两个城市成年人中看过该广告的比例在 0.79%~7.21%。

四、两个总体方差比的区间估计

在实际中，经常会遇到比较两个总体的方差问题。比如，希望比较用两种不同方法生产的产品性能的稳定性，比较不同测量工具的精度，等等。

由于两个样本方差比的抽样分布服从 $F(n_1-1, n_2-2)$ 分布，因此可用 F 分布来构造两个总体方差比 $\dfrac{\sigma_1^2}{\sigma_2^2}$ 的置信区间。用 F 分布构造的两个总体方差比的置信区间可用图 8-5 来表示。

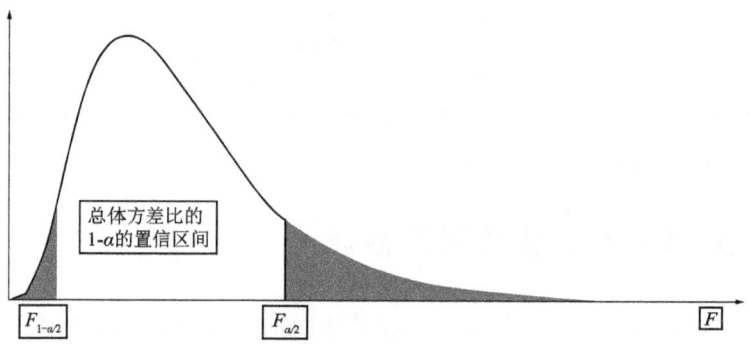

图 8-5 总体方差比的置信区间示意图

建立 $1-\alpha$ 置信水平下两个总体方差比的置信区间，也就是要找到一个 F 值，使其满足

$$P[F_{1-\alpha/2}(n_1-1,n_2-1)<F<F_{\alpha/2}(n_1-1,n_2-1)]=1-\alpha$$

由于 $\dfrac{S_1^2}{S_2^2}\cdot\dfrac{\sigma_2^2}{\sigma_1^2}\sim F(n_1-1,n_2-1)$，故可用它来代替 F，于是有

$$P\left[F_{1-\alpha/2}(n_1-1,n_2-1)<\frac{S_1^2}{S_2^2}\cdot\frac{\sigma_2^2}{\sigma_1^2}<F_{\alpha/2}(n_1-1,n_2-1)\right]=1-\alpha$$

根据上式，可以推导出两个总体方差比 σ_1^2/σ_2^2 在 $1-\alpha$ 置信水平下的置信区间为

$$\left(\frac{S_1^2/S_2^2}{F_{\alpha/2}},\frac{S_1^2/S_2^2}{F_{1-\alpha/2}}\right) \tag{8.19}$$

【例 8.3.7】 某高校为研究男女学生在生活费支出方面的差异，在某大学各随机抽取了 25 名男学生和 25 名女学生，得到下面的结果：

男学生：$\bar{x}_1=520, s_1^2=260$；

女学生：$\bar{x}_2=480, s_2^2=280$。

试以 90% 的置信水平估计男女学生生活费支出方差比的置信区间。

解：根据自由度 $n_1-1=25-1=24, n_2-1=25-1=24$ 查 F 分布表，得

$$F_{\alpha/2}(24,24)=F_{0.05}(24,24)=1.98$$

因此

$$F_{1-\alpha/2}(24,24)=F_{0.95}(24,24)=0.505$$

根据式(8.19)得

$$\frac{260/280}{1.98}\leqslant\frac{\sigma_1^2}{\sigma_2^2}\leqslant\frac{260/280}{0.505}$$

即 $0.47\leqslant\dfrac{\sigma_1^2}{\sigma_2^2}\leqslant 1.84$，男女学生生活费支出方差比的 90% 的置信区间为 $(0.47,1.84)$。

第四节 样本容量的确定

在进行参数估计之前，首先应该确定一个适当的样本量。通常，样本量的确定与可以容

忍的置信区间的宽度以及对此区间设置的置信水平有一定关系。

一、估计总体均值时样本量的确定

总体均值的置信区间是由样本均值 $\bar{x}$ 和估计误差两部分组成的。在重复抽样或无限总体抽样条件下，估计误差为 $z_{\alpha/2}\frac{\sigma}{\sqrt{n}}$。对于给定的 $z_{\alpha/2}$ 值和总体标准差 σ，就可以确定任一希望的估计误差所需要的样本量。令 E 代表所希望达到的估计误差，即

$$E = z_{\alpha/2}\frac{\sigma}{\sqrt{n}}$$

由此可以推导出确定样本量的公式如下：

$$n = \frac{(z_{\alpha/2})^2 \sigma^2}{E^2} \tag{8.20}$$

式中的 E 值是使用者在给定的置信水平下可以接受的估计误差，$z_{\alpha/2}$ 的值可直接由区间估计中所用到的置信水平确定。在实际应用中，如果 σ 的值不知道，可以用以前相同或类似的样本的标准差来代替；也可以用试验调查的办法，选择一个初始样本，以该样本的标准差作为 σ 的估计值。

可以看出，样本量与置信水平成正比，在其他条件不变的情况下，置信水平越大，所需的样本量也就越大；样本量与总体方差成正比，总体的差异越大，所要求的样本量也越大；样本量与估计误差的平方成反比，即可以接受的估计误差的平方越大，所需的样本量就越小。

需要说明的是：计算出的样本量不一定是整数，通常是将样本量取成较大的整数，也就是将小数点后面的数值一律进位成整数，如24.68取25，24.32也取25等。

【例8.4.1】 根据一次抽样调查表明，居民每日平均上网时间的95%的置信区间为[2.2, 3.4]小时，样本标准差是3.06，问：该次抽样样本平均上网时间 $\bar{x}$ 是多少？若想将估计误差降为0.4小时，那么在相同的置信水平下，样本容量应该为多少？

解：样本的平均上网时间为 $\bar{x} = \frac{2.2+3.4}{2} = 2.8$

样本容量为 $n = \frac{(z_{\alpha/2})^2 \sigma^2}{E^2} = \frac{1.96^2 \times 3.06^2}{0.4^2} = 224.8$

故该次抽样样本平均上网时间 $\bar{x}$ 是2.8小时，若想将估计误差降为0.4小时，那么在相同的置信水平下，样本容量应该为225。

二、估计总体比例时样本量的确定

与估计总体均值时样本量的确定方法类似，在重复抽样或无限总体抽样条件下，估计总体比例置信区间的估计误差为 $z_{\alpha/2}\sqrt{\frac{\pi(1-\pi)}{n}}$，$z_{\alpha/2}$ 的值、总体比例 π 和样本量 n 共同确定

了估计误差的大小。令 E 代表所希望达到的估计误差,即

$$E = z_{\alpha/2}\sqrt{\frac{\pi(1-\pi)}{n}}$$

由此可以推导出重复抽样或无限总体抽样条件下确定样本量的公式如下:

$$n = \frac{(z_{\alpha/2})^2 \pi(1-\pi)}{E^2} \tag{8.21}$$

式中的估计误差 E 必须是使用者事先确定的。在实际应用中,如果 π 的值不知道,可以用类似的样本比例来代替;也可以用试验调查的办法,选择一个初始样本,以该样本的比例作为 π 的估计值。当 π 的值无法知道时,通常取使 $\pi(1-\pi)$ 最大时的 0.5。

【例 8.4.2】 为了确定某大学学生配戴眼镜的比例,调查人员欲对该大学的学生进行抽样调查。而根据以往的调查结果,该大学有 75% 的学生配戴眼镜。则对于估计误差 E 为 5%,置信水平为 95%,抽取的样本容量为多少合适?

解: $$n = \frac{(z_{\alpha/2})^2 \pi(1-\pi)}{E^2} = \frac{1.96^2 \times 0.75 \times (1-0.75)}{0.05^2} \approx 289$$

故对于估计误差 E 为 5%,置信水平为 95%,抽取的样本容量为 289 最为合适。

本章小结

本章介绍了参数的估计量,估计量的评价标准,点估计和区间估计,样本容量的确定。

1. 点估计的方法:矩估计和极大似然估计。矩估计的基本思想就是在样本量足够大的情况下,利用样本矩去估计总体矩。极大似然估计的基本思想就是使似然函数取最大值的参数取值,作为该参数的估计值。

2. 参数估计的评价标准:无偏性、有效性和一致性。无偏性是指估计量抽样分布的数学期望等于被估计的总体参数。有效性是指对同一总体参数的两个无偏估计量,有更小标准差的估计量更有效。一致性是指随着样本量的增大,估计的值越来越接近被估总体的参数。

3. 一个总体参数的区间估计:均值、方差和比例。区间估计其中一个重要的步骤就是选择枢轴估计量,选择什么枢轴量要根据样本量的大小和总体方差是否已知等,看具体情况来确定。

4. 两个总体参数的区间估计:均值之差、比例之差和方差之比。两个参数区间估计统计量的选择,要看两个总体的样本量、方差是否已知,以及两个总体方差是否相等来确定。

5. 样本容量的确定。通常,样本量的确定与可以容忍的置信区间的宽度以及对此区间设置的置信水平有一定关系。

【思考与练习】

一、思考题

1. 常用的点估计方法有哪些？它们的基本思想是什么？
2. 估计量的评价标准有哪些？
3. 区间估计的基本思想是什么？如何正确地理解置信区间的含义？
4. 在大样本和方差未知的情况下，均值的区间估计采用什么分布？
5. 在小样本和方差未知的情况下，均值的区间估计采用什么分布？
6. 在估计总体均值和比例时，样本量如何确定？

二、练习题

1. 利用下面的信息，构建总体均值的置信区间。
   (1) $\bar{x}=25, \sigma=3.5, n=60$，置信水平为 95%。
   (2) $\bar{x}=110, s=23, n=80$，置信水平为 90%。
   (3) $\bar{x}=4, s=0.8, n=32$，置信水平为 90%。

2. 利用下面的信息，构建总体均值的置信区间。
   (1) 总体服从正态分布，且已知 $\sigma=500, n=15, \bar{x}=8900$，置信水平为 95%。
   (2) 总体不服从正态分布，且已知 $\sigma=500, n=35, \bar{x}=8900$，置信水平为 95%。
   (3) 总体不服从正态分布，σ 未知，$n=35, \bar{x}=8900, s=500$，置信水平为 90%。
   (4) 总体不服从正态分布，σ 未知，$n=35, \bar{x}=8900, s=500$，置信水平为 99%。

3. 某电视进行一项试验来确定观众打入热线电话所需等待的时间长度。下面是以分表示的时间，来自包含 8 名观众的简单随机样本：4.5、5.1、2.8、6.6、8.1、3.6、4.0 和 5.9。试为打入热线电话需要等待的平均时间建立一个 99% 的置信区间。

4. 利用下面的样本数据构建总体比例 π 的置信区间。
   (1) $n=44, p=0.51$，置信水平为 99%。
   (2) $n=300, p=0.02$，置信水平为 95%。
   (3) $n=1100, p=0.48$，置信水平为 90%。

5. 在一家公司，有人想了解赞成该公司采用新的考核制度的比例，随机抽选 50 名员工，其中赞成的有 31 名。试求全公司赞成采用新的考核制度的置信度为 90% 的置信区间。

6. 根据下面的样本结果，计算总体标准差 σ 的 90% 的置信区间。
   (1) $\bar{x}=21, s=2, n=50$。
   (2) $\bar{x}=1.3, s=0.5, n=20$。
   (3) $\bar{x}=160, s=20, n=20$。

7. 两个正态总体的方差未知但相等。从两个总体中分别抽取两个独立的随机样本，它们的均值和标准差如下：

来自总体 1 的样本	来自总体 2 的样本
样本量为 13	样本量为 8
样本均值为 52.1	样本均值为 44.5
样本方差为 97.6	样本方差为 105.2

(1) 求两个总体均值之差的 95% 的置信区间。

(2) 求两个总体均值之差的 99% 的置信区间。

8. 从两个总体中分别抽两个独立的随机样本,它们的均值和标准差如下表所示。

来自总体 1 的样本	来自总体 2 的样本
$\bar{x} = 36$	$\bar{x} = 30$
$s_1^2 = 9$	$s_2^2 = 16$

(1) 设 $n_1 = n_2 = 81$,求 $\mu_1 - \mu_2$ 的 95% 的置信区间。

(2) 设 $n_1 = n_2 = 10$,$\sigma_1^2 = \sigma_2^2$,求 $\mu_1 - \mu_2$ 的 90% 的置信区间。

(3) 设 $n_1 = n_2 = 10$,$\sigma_1^2 \neq \sigma_2^2$,求 $\mu_1 - \mu_2$ 的 90% 的置信区间。

(4) 设 $n_1 = 10, n_2 = 30$,$\sigma_1^2 = \sigma_2^2$,求 $\mu_1 - \mu_2$ 的 90% 的置信区间。

(5) 设 $n_1 = 9, n_2 = 16$,$\sigma_1^2 \neq \sigma_2^2$,求 $\mu_1 - \mu_2$ 的 90% 的置信区间。

9. 从两个总体中各抽取一个 $n_1 = n_2 = 360$ 的独立随机样本,来自总体 1 的样本比例为 $p_1 = 60\%$,来自总体 2 的样本比例为 $p_2 = 50\%$。

(1) 构建 $\pi_1 - \pi_2$ 的 90% 的置信区间。

(2) 构建 $\pi_1 - \pi_2$ 的 95% 的置信区间。

10. 从两个总体中各抽取一个 $n_1 = n_2 = 100$ 的独立随机样本,来自总体 1 的样本方差为 9,来自总体 2 的样本方差为 16。

(1) 构建 $\dfrac{\sigma_1^2}{\sigma_2^2}$ 的 90% 的置信区间。

(2) 构建 $\dfrac{\sigma_1^2}{\sigma_2^2}$ 的 95% 的置信区间。

11. 计算下列条件下所需的样本量。

(1) $E = 0.02, \pi = 0.40$,置信水平为 96%。

(2) $E = 0.04, \pi$ 未知,置信水平为 95%。

(3) $E = 0.05, \pi = 0.55$,置信水平为 95%。

12. 某运输企业有 300 辆运输车,该企业想估计运输车的平均载货量。以置信度为 99% 的置信区间进行估计,并使估计值处于真正平均值附近 0.3 吨的误差范围之内。一个先前抽取的小样本给出的标准差为 0.6 吨。试问:应该抽取多大的样本?

13. 某居民小区共有 1000 户,小区管理者准备对小区运动场所进行改造,想了解居民是否赞成。采取重复抽样方法随机抽取了 100 户,其中 64 户赞成,32 户反对。

(1) 求总体中赞成运动场所改造的户数比例的置信区间,置信水平为 95%。

(2) 如果预计赞成的比例能达到 80%,要求估计误差不超过 10%,应抽取多少户进行调查?

第九章 假设检验

【学习目标】
1. 了解假设检验的基本原理和相关概念。
2. 理解假设检验的两类错误。
3. 能够熟练掌握并运用假设检验的基本原理和步骤流程解决实际问题。
4. 掌握临界值和 P 值判别方法。

根据一种流行的管理行为模型,一个制造公司的自动化现状会影响管理人员对自动化问题的理解。为了研究这个问题,康科迪亚大学(蒙特利尔)调查了一些高自动化水平和低自动化水平公司的管理人员。调查中要求每一名管理人员发表他或她对所在公司自动化问题的看法。应答按 5 级分制记分(1 = 没有问题,5 = 问题较多),应答结果的汇总统计数据如表 9-1 所示。

表 9-1 管理人员对公司自动化应答结果的汇总统计数据

	样本容量	平均值	标准差
自动化水平高的公司	17	3.274	0.762
自动化水平低的公司	8	3.280	0.721

资料来源:Terry Sincich 著,陈鹤琴和罗明安译《例解商务统计学(第五版)》第 414 页。

根据上表中的数据是否能够推断两类公司的管理人员对自动化问题的看法存在差异?通过对这一章的学习,希望大家找到解决这类问题的方法。

本章将首先介绍假设检验的基本原理,然后是一个总体参数的假设检验,最后是两个总体参数的假设检验。

第一节 假设检验的基本原理

假设检验是统计推断的另一种形式,它在对总体的未知参数作出判断时,首先提出某种假设,例如假设未知参数为某一常数或总体服从某一已知分布等,然后由样本提供的信息,对所做假设的"真实性"做出否定还是肯定,即拒绝还是接受的判定。

一、假设检验的基本思想和相关概念

(一) 问题的提出

我们在很多时候知道总体的分布形式,不知道总体参数的具体值是多少,但知道参数是否超过或者是否不超过某个值就可以了。例如,某食品中的农药残留物是否超过标准,保健品中的主要成分是否达到说明书中提到的比例。在这些情况下,使用参数估计的方法显然不能直接满足要求,它需要用到参数假设检验的方法。

(二) 假设检验的基本思想

先看一个例子:某企业自称其某种产品的合格率为 99%,如何判断这一说法的正确性?

我们可以把该企业的说法当成是一种假设,用 $H_0: P = 0.99$ 表示。接下来需要对这种假设进行检验,看有没有充分的理由拒绝它,自然地,可以从其产品中随机抽取一些样本,根据所得的次品率多少作出适当的判断。为简单起见,假定只抽取一件产品,并根据抽样的结果作出判断,一般人的判断通常是这样的:

(1) 如果得到的是次品,则会否定或拒绝其说法。因为如果其假设正确,即次品率为 1%,直观地说,就是任意抽取一件产品得到次品,这是百次一遇的事件,而现在竟然在一次试验中便发生了,这种可能性太小。

(2) 相反地,如果得到的是合格品,就接受其说法,因为没有充足的理由否定其假设。

从例子中可以看到,当拒绝该假设时,并不是认为它绝对不正确。事实上,如果次品率为 1%,虽然很小,但在一次试验中仍然有发生的可能,之所以否定假设,是因为"抽到次品"这一事件发生的概率太小。这里,用于否定假设的主要依据是"小概率原理"。

在概率论中,一般把概率很小的事件(一般概率在 0.05 及 0.05 以下的事件)称为小概率事件。所谓小概率原理是指人们根据长期的经验坚持这样一个信念:小概率事件在一次试验中几乎不可能发生。如果在一次试验中,小概率事件居然发生了,那么人们宁愿相信该事件的前提条件起了变化。根据这个原理,可得到一般的推断方法:在某假设的条件下,事件 A 是一个小概率事件,现进行一次试验,如果事件 A 发生了,则自然有理由否定此假设,也就是拒绝此假设。由此可见,假设检验的基本思想是小概率反证法思想。至于事件的概率小到什么程度才算是小概率事件,并没有统一的界定标准,要视具体问题而定。

根据这一原理,在抽取一个样本后,从 H_0 出发若发现"相关统计量取到此样本代入统计量后的值"是一个小概率事件,亦即小概率事件在一次试验中发生了,则这与"小概率原理"矛盾,所以,此时就拒绝 H_0 并接受 H_1,反之,就只有接受 H_0。

由以上的分析,可以总结出假设检验的两个特点:

第一,假设检验采用逻辑上的反证法,即为了检验一个假设是否成立,首先假设它是真的,然后对样本进行观察,如果发现出现了不合理现象,则可以认为假设是不合理的,拒绝假设;否则可以认为假设是合理的,接受假设。

第二,假设检验采用的反证法带有概率性质。所谓假设的不合理不是绝对的,而是基于小概率原理。

(三)统计假设的含义和假设检验的类型

在假设检验中必须要用到统计假设和统计量,统计假设是对总体的某些未知的或不完全知道的性质所提出的待考察的命题,它在参数假设检验中是对总体参数值所作的陈述,分为原假设 H_0 和备择假设 H_1 两种。通常,将研究者想收集证据予以反对的假设称为原假设 H_0,而把研究者想收集证据予以支持的假设称为备择假设 H_1。从内容上看,原假设和备择假设是互相对立的假设。"假设检验"是对原假设 H_0 成立与否作出推断。

在假设检验中,一共有三组假设的形式可供选择,每组假设包括一个原假设 H_0 和一个备择假设 H_1。下面以对正态总体均值的检验为例,介绍统计假设的形式。

当假设的形式为原假设 $H_0:\mu=\mu_0$,备择假设 $H_1:\mu\neq\mu_0$ 时,称这组假设为双侧检验的假设,使用这组假设进行的检验称为双侧检验。

之所以称为双侧检验的假设,是因为从备择假设的内容看,存在有两种可能:$\mu>\mu_0$ 或者 $\mu<\mu_0$。对于正态总体方差已知时均值的检验问题,给定显著性水平 α,查表可得 $z_{\alpha/2}$ 的值,有 $P(-z_{\alpha/2}\leq Z\leq z_{\alpha/2})=1-\alpha$,所以 $[-z_{\alpha/2},z_{\alpha/2}]$ 为大概率发生的区域,也就是接受 H_0 的区域,简称为接受域;其余的部分 $(-\infty,-z_{\alpha/2})\cup(z_{\alpha/2},+\infty)$ 为小概率发生的区域,即拒绝 H_0 的区域,简称为拒绝域,拒绝域的边界点称为临界点,其值称为临界值。这里的 Z 称为检验统计量,它是从样本的函数构造出来,专门用来进行假设检验的统计量,我们据此对原假设作出拒绝或者接受的决策。

将双侧检验的概念综合起来可作图 9-1。

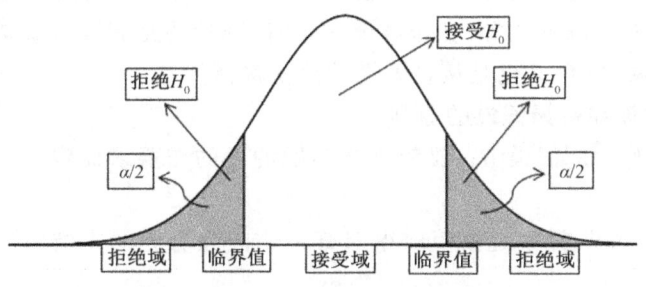

图 9-1 双侧检验相关概念示意图

由图 9-1 可知,作双侧检验时,显著性水平 α 分成两个相等的部分,左右各占 $\alpha/2$,临界值分别为 $\pm z_{\alpha/2}$。

若原假设 $H_0:\mu\geq\mu_0$,备择假设 $H_1:\mu<\mu_0$,则称它们是左侧检验的假设,所进行的检验称为左侧检验。显著性水平 α 全部放置在左则,$P(Z\geq -z_\alpha)=1-\alpha$,所以 $[-z_\alpha,+\infty)$ 是大概发生的区域,为接受域;其余的部分 $(-\infty,-z_\alpha]$ 为小概率发生的区域,即拒绝域。将左侧检验的概念综合起来可作图 9-2。

若原假设 $H_0:\mu\leq\mu_0$,备择假设 $H_1:\mu>\mu_0$,则称它们是右侧检验的假设,所进行的检验称为右侧检验。显著性水平 α 全部放置在右侧,$P(Z\leq z_\alpha)=1-\alpha$,所以 $(-\infty,z_\alpha]$ 是大概率发生的区域,为接受域;其余 $(z_\alpha,+\infty)$ 的部分为小概率发生的区域,即拒绝域。将右侧检验的概念综合起来可作图 9-3。

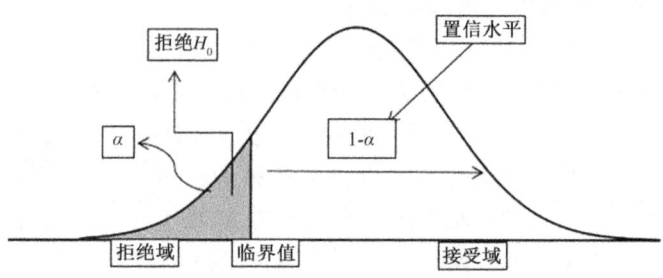

图 9-2　左侧检验相关概念示意图

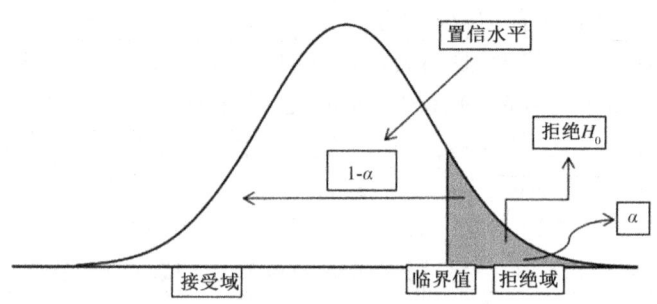

图 9-3　右侧检验相关概念示意图

这里需要说明两点：原假设的内容中使用的等号"="的含义，实际上指的是没有显著差异，而不是指绝对的、精确的相等，在作假设检验时，判断的是有没有显著性差异；大于等于"≥"及小于等于"≤"的含义也是从显著性的角度解释。

（四）确定原假设和备择假设的原则

选用哪个假设作为原假设 H_0，要依具体问题的目的与要求而定，一般可根据三个原则选择：

（1）当目的是希望从样本观察值取得对某一论断强有力的支持时，把这一论断的否定作为原假设 H_0。

（2）把由过去资料所提供的论断作为原假设 H_0，人们常常把那些保守的、历史的、经验的结果取为原假设，而把那些猜测的、可能的、预期的结果取为备择假设。

（3）把等号放在原假设中，例如，"="或"≤"或"≥"。

（五）假设检验与区间估计的联系和区别

假设检验是统计推断的另一种方式，它与区间估计的联系主要在于：都可以根据样本信息对总体参数进行推断；都是以抽样分布为理论依据；都是建立在概率基础上的推断，推断结果都有风险；可对同一参数进行判断。

假设检验与区间估计的差别主要在于：

（1）方法不同。区间估计是依据样本资料估计总体的未知参数的可能范围，假设检验是根据样本资料来检验对总体参数的先验假设是否成立。

（2）应用范围不同。区间估计通常进行的是参数的估计，假设检验不仅有参数检验，也有非参数检验。

(3) 特点不同。区间估计立足于大概率,通常以较大的把握程度 $(1-\alpha)$ 去估计总体参数的置信区间。假设检验立足于小概率,通常是给定很小的概率 α 去检验对总体参数的先验假设是否成立。

(4) 所使用的变量的性质不同。区间估计使用的随机变量是枢轴统计量,其分布有定理保证,即是无条件成立。假设检验使用的随机变量是检验统计量,其分布是有条件已知,即在原假设成立的条件下已知,在原假设不成立时则分布未知。

(六) 假设检验的基本步骤

假设检验的基本步骤可归纳为:

(1) 提出假设。根据研究需要,提出原假设 H_0 和备择假设 H_1。

(2) 构造检验统计量,确定拒绝域。根据已知条件,构造适当的检验统计量,由显著性水平确定拒绝域。

(3) 计算检验统计量的值(或 P 值)。

(4) 做出决策。将检验统计量值与临界值比较,作出拒绝或接受原假设的决策;或者将 P 值与 α 比较,作出拒绝或接受原假设的决策。

二、假设检验判断方法

(一) 临界值检验方法

临界值检验方法是指通过比较检验统计量的值与原假设 H_0 临界值的大小,进而对原假设 H_0 作出拒绝还是不拒绝的决策的假设检验方法。显然,对于双侧检验来说,区域 $[-z_{\alpha/2}, z_{\alpha/2}]$ 为接受域,检验统计量的值落在此区域即接受原假设 H_0;反之,检验统计量的值落在此区域之外即拒绝原假设 H_0。对于左侧检验,区域 $(-z_\alpha, +\infty)$ 为接受域,检验统计量的值落在此区域即接受原假设 H_0;反之,检验统计量的值落在此区域之外即拒绝原假设 H_0。对于右侧检验,区域 $(-\infty, z_\alpha)$ 为接受域,检验统计量的值落在此区域即接受原假设 H_0;反之,检验统计量的值落在此区域之外即拒绝原假设 H_0。

(二) P 值检验方法

P 值是指当原假设 H_0 为真时,得到特定样本观测值的结果及更极端结果的概率。P 值检验法则是只用 P 值的大小对假设检验作出决策的检验法,又称为概率值检验法。

P 值计算的是当 H_0 为真时,检验统计量 W 分布到目前观察值之外的可能性,即检验统计量 W 不小于目前观察值的概率(右侧检验),或检验统计量 W 不大于目前观察值的概率(左侧检验),或检验统计量 W 的绝对值不小于目前观察值的绝对值的概率(双侧检验)。P 值是根据样本数据计算的,不依显著性水平 α 的改变而改变。设检验统计量为 W,由抽样观察到的检验统计量的值为 W',则 P 值的计算式为

$$\text{右侧检验}: P \text{ 值} = P(W \geqslant W' | H_0 \text{ 为真})$$
$$\text{左侧检验}: P \text{ 值} = P(W \leqslant W' | H_0 \text{ 为真})$$
$$\text{双侧检验}: P \text{ 值} = P(|W| \geqslant |W'| | H_0 \text{ 为真})$$
$$= 2P(W \geqslant |W'| | H_0 \text{ 为真})$$

P 值越小,说明样本数据与总体的差别越大,判原假设为真的可能性越小,即样本数据所提供的否定原假设 H_0 的证据就越强;反之,P 值越大说明样本数据与总体的差别越小,那

么判原假设为真的可能性就越大,即样本数据所提供的否定原假设 H_0 的证据就越弱。可见 P 值表述了拒绝 H_0 的力度,同时也表述了对 H_0 作决策时犯第一类错误的实际犯错概率。

当 P 值小于事先设定的显著性水平 α 时,就会认为概率如此小的事件居然发生了,很可能是原假设有问题,就应该拒绝原假设;否则,就只能接受原假设。

利用 P 值进行假设检验的准则为:若 $P<\alpha$,则拒绝 H_0;若 $P>\alpha$,则不拒绝 H_0。

在假设检验中,当 $P=\alpha$ 时,一般不对 H_0 作定性判断。

在这三种情况下,P 值与 α 的关系对决策的影响如图 9-4 所示。

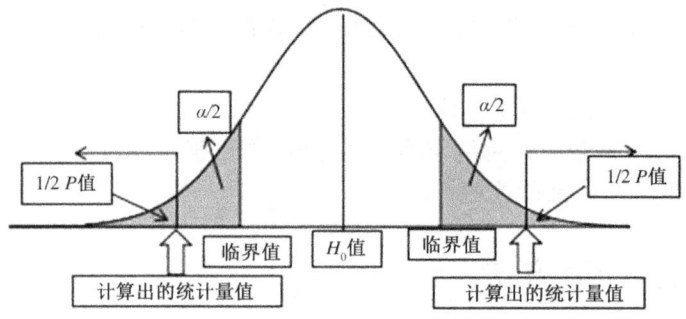

(a)双侧检验的 P 值图示

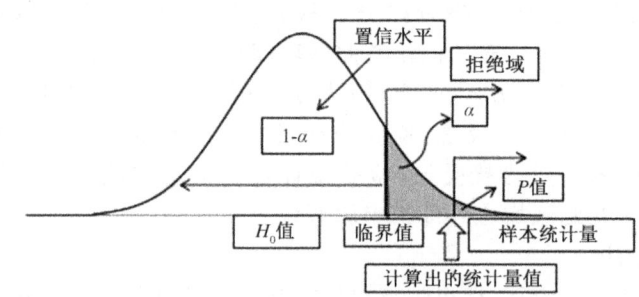

(b)右侧检验的 P 值图示

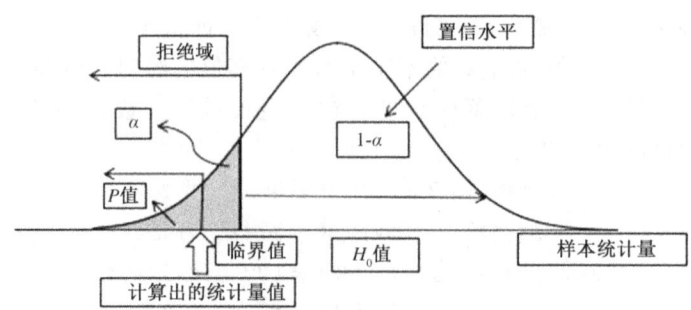

(c)左侧检验的 P 值图示

图 9-4 P 值与 α 的关系

由于手工计算较为麻烦,故一般借助计算机通过 Excel 或统计软件计算 P 值。

一般地,若 $P \leq 0.01$,则称检验是高度显著的,这时拒绝 H_0 的依据很强;若 $0.01 < P \leq 0.05$,则称检验是显著的,这时拒绝 H_0 的依据是强的;若 $0.05 < P < 0.1$,则称检验是不显著的,这时拒绝 H_0 的依据是弱的;若 $P > 0.1$,则称没有理由拒绝 H_0。

三、假设检验中的两类错误

(一)假设检验中的两类错误的含义

统计推断的特点,就是由抽取的样本所得到的信息来推断总体的某些统计特性。由于抽样的随机性和样本的波动性,并考虑推断的依据为小概率原理,因此这种推断的结果不可能百分之百正确,在拒绝或接受所提出的假设时,常常会产生以下两类错误:

(1)若原假设 H_0 本来正确,因抽样导致小概率事件发生,而错误地拒绝原假设 H_0,这种"弃真"的错误,称为第一类错误。

一般地,人们常把犯第一类错误的概率的上界记为 α,也称为显著性水平(significant level),用概率表达就是:

$$P(拒绝H_0 | H_0 为真) \leq \alpha$$

由于我们并不知道 H_0 是否为真,所以不可能通过以上公式计算犯第一类错误的概率,α 一般是事前直接给出的,通常取 $\alpha = 0.05, 0.01$ 或者 0.001。相应地,接受原假设时作出正确判断的概率分别为 $95\%, 99\%$ 和 99.9%。

(2)若原假设 H_0 本来不正确,但抽样结果未使得小概率事件发生,从而接受了原假设 H_0,这种"存伪"的错误,称为第二类错误。

人们常把犯第二类错误的概率的上界记为 β,用概率表达就是:

$$P(不拒绝H_0 | H_0 为伪) \leq \beta$$

根据假设检验的结果,决策正确与否一共有四种情况,可以归纳为表 9-2。

表 9-2 假设检验的结论和后果

未知总体状况	统计决策	
	接受H_0	否定H_0
H_0 为真	正确决策	第一类错误
H_0 为伪	第二类错误	正确决策

(二)两类错误的关系

根据接受域和拒绝域的意义,可以进一步分析犯两类错误的概率 α 和 β 的关系。以正态总体方差已知时均值的右侧检验为例,当 $H_0 : \mu_1 \leq \mu_0$ 成立时,有

$$Z = \frac{\overline{X} - \mu_0}{\sigma / \sqrt{n}} \sim N(0, 1)$$

当 $H_0 : \mu_1 \leq \mu_0$ 真的不成立时,有 $\mu = \mu_1 > \mu_0$,这时统计量 Z' 服从的分布为

$$Z' = \frac{\overline{X} - \mu_0}{\sigma / \sqrt{n}} = \frac{\overline{X} - \mu + \mu - \mu_0}{\sigma / \sqrt{n}} = \frac{\overline{X} - \mu}{\sigma / \sqrt{n}} + \frac{\mu - \mu_0}{\sigma / \sqrt{n}} \sim N\left(\frac{\mu - \mu_0}{\sigma / \sqrt{n}}, 1\right)$$

Z' 与 Z 的分布曲线的形态一样,只是向右平移了 $\dfrac{\mu-\mu_0}{\sigma/\sqrt{n}}$ 个单位。

由图 9-5 可知,当 $H_0:\mu_1\leq\mu_0$ 为真时,见图 9-5 上图,样本统计量的值应该在不显著大于 μ_0 的地方,犯第一类错误的概率为 α,即图 9-5 上图的弃真错误区。

若 $H_0:\mu_1\leq\mu_0$ 不真,见图 9-5 下图,参数 μ 显著大于 μ_0,设 $\mu=\mu_1>\mu_0$,样本统计量的值应该落在不显著小于 μ_1 的地方,犯第二类错误的概率为 β,即图 9-5 下图的取伪错误区。

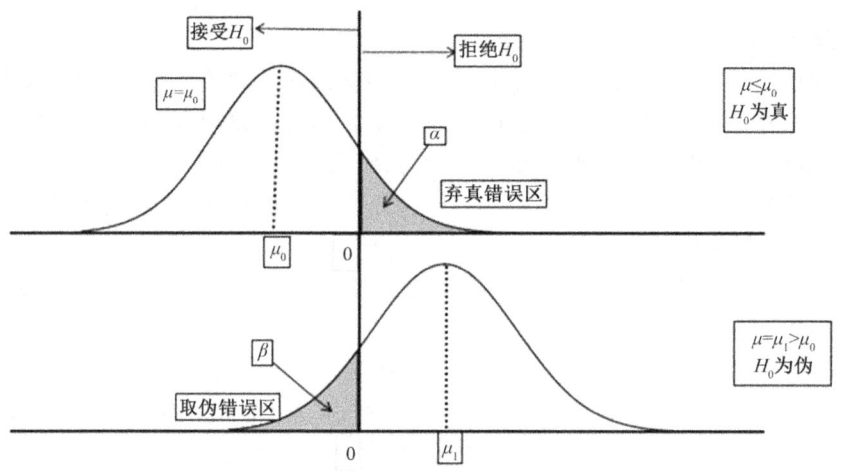

图 9-5 两类错误的关系示意图

显然,当 α 减小时,临界值 $z_{\alpha/2}$ 向右边移动,$\alpha/2$ 的值变小,显著性水平 α 的值变小,β 的值变大;反之,β 的值变小,显著性水平 α 的值变大。

既然是两类错误,我们当然希望犯两类错误的概率都尽可能地同时小,但从图 9-5 可知,当样本容量 n 固定时,若减少犯某一类错误的概率,则另一类错误的概率往往增大。若要使犯两类错误的概率都减小,则只有增加样本容量。但是,扩大样本容量必然增加调查费用,从经济性要求和成本约束两方面讲样本容量的增加是有上限的,这样一来,就需要对这两类错误的性质进行评估,根据哪一类错误造成的后果更加严重,来确定要控制的首要目标。

统计学家 J. 内曼(J. Neyman)和 E. 皮尔逊(E. Pearson)提出的原则是:在控制犯第一类错误的概率 α 的条件下,使犯第二类错误的概率 β 尽量减小。其含义是:原假设要受到保护,使它不至于轻易被否定,因为假设检验是从不利于原假设的角度来对原假设作决策的;若检验结果否定了原假设,则说明否定的理由是充分的,同时,犯第一类错误的概率 α 受到控制,亦使作出否定判断的可靠程度 $(1-\alpha)$ 得到了保证。

由于假设检验是针对原假设是否接受进行的检验,原假设的内容常常是明确的,而备择假设的内容常常是模糊的。故在假设检验中,通常的做法是把控制犯第一类错误的风险放在优先考虑的位置上,这也是为什么 α 是研究者事先给定的理由。

(三) 显著性检验

只对犯第一类错误的概率加以限制,而不考虑犯第二类错误的概率的假设检验,称为显著性检验。本教材采取的办法(也是通常采用的做法)是,只对犯第一类错误的概率加以控制,不考虑犯第二类错误的概率 β 的大小,即一般进行的是显著性检验。

我们之所以说"拒绝原假设的理由是充分的",是因为对犯第一类错误的概率 α 作了控制(检验的显著性水平 α 很小),这使得在原假设为真时错误地拒绝原假设的可能性很小(犯这种错误的概率不超过 α),就显著性检验的结果来说,拒绝原假设的理由是充分的,而接受原假设的理由是不充分的。因而我们在拒绝原假设时就有很大的把握。相反地,我们之所以说接受原假设的理由是不充分的,是因为没有控制犯第二类错误的概率 β。

假设检验中对犯第一类错误的概率 α 加以控制,体现了"保护原假设"的原则。由于在原假设 H_0 为真时错误地拒绝 H_0 的概率受到了控制,所以如果没有充足的理由原假设不能轻易被拒绝。

根据"保护原假设"的原则,在做假设检验工作时应将有把握的、不能轻易否定的命题作为原假设,而将没有把握的、不能轻易肯定的命题作为备择假设。

(四)检验结果显著的含义

在统计检验中,"显著"一词的意思是"只靠抽样的随机性不容易出现这样的结果",其中的"不容易"用显著性水平来具体描述,可见显著性水平是用来评估检验结果的显著性的。

拒绝原假设,说明检验结果是显著的;接受原假设,说明检验结果是不显著的。

例如,在 0.01 的显著性水平下,结果具有显著性,其含义是:在错判概率不超过 1% 的情况下,一次试验或抽样中出人意料的结果居然发生了,说明该结果在统计上是显著的或"有差异的",因此要作出拒绝原假设的判断。再比如,原假设为 $H_0:\mu_1=\mu_2$,在 5% 的显著性水平下检验结果显著,其含义就是:在错判概率不超过 5% 的情况下,μ_1 和 μ_2 之间的差异在统计上是可以分辨的,因此不能认为 $\mu_1=\mu_2$。

在临界值检验法中,显著性水平 α 是事先给定的,一般选 $\alpha=0.05$ 只是一种习惯,而不是绝对的标准,当原假设 H_0 为真,但因样本随机性却作出了拒绝 H_0 的判断,从而犯第一类错误的概率最大不能超过 α;而 P 值检验法中,P 值不是事先固定好的,而是由这次的样本数据计算出的检验中第一类错误的实际犯错概率值,因此,需要把它与我们事先能够允许的 α 进行比较才能作出判断。

第二节 一个总体参数的检验

一、检验统计量的确定

根据假设检验的不同内容和进行检验的不同条件,需要采用不同的检验统计量。选择什么统计量进行检验需要考虑一些因素,这些因素主要有样本量 n 的大小,总体的标准差 σ 是否已知。

1. 样本量

在样本量大的条件下,如果总体为正态分布,那么样本统计量服从正态分布;如果总体为非正态分布,那么样本统计量渐近服从正态分布。所以在这两种情况下,我们都可以把样本统计量视为正态分布,这时可以使用 Z 统计量(Z 分布)。Z 统计量的计算公式如式(8.6),即在总体标准差 σ 已知时,有

$$Z = \frac{\overline{X} - \mu_0}{\sigma / \sqrt{n}} \tag{9.1}$$

当总体标准差 σ 未知时,可以用样本标准差 S 代替,上式可以写为

$$Z = \frac{\overline{X} - \mu_0}{S / \sqrt{n}} \tag{9.2}$$

样本量较小时,情况有些复杂。在假设总体为正态分布的前提下,要看我们是否掌握总体标准差 σ 的信息。

2. 总体标准差 σ 是否已知

在样本量较小的情况下,如果总体标准差已知,样本统计量服从正态分布,这时可以采用 Z 统计量。如果总体标准差未知,这时只能使用样本标准差,样本统计量服从 t 分布。与正态分布相比,t 分布更为扁平,在相同概率条件下,t 分布的临界点向两边更为扩展,临界点与中心距离更远,这意味着推断的精度下降,这是总体标准差 σ 未知所要付出的代价。

t 统计量的计算公式为

$$t = \frac{\overline{X} - \mu_0}{S / \sqrt{n}} \tag{9.3}$$

t 统计量的自由度为 $n-1$。

总体均值和比例检验统计量的确定标准可以归结为图 9-6。

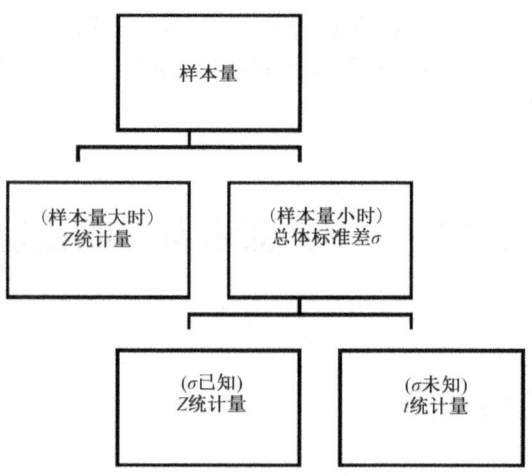

图 9-6 统计量的确定标准

二、总体均值的检验

(一)总体标准差已知

根据抽样分布理论可知,以下情形的样本平均数服从正态分布:
(1)总体服从正态分布;
(2)总体分布状况未知,但样本容量 n 充分大。

针对具体问题,我们设定不同形式的原假设与备择假设。当 H_0 为真,且总体标准差已知时,构造服从标准正态分布的检验统计量 Z:

$$Z = \frac{\overline{X} - \mu_0}{\sigma / \sqrt{n}} \sim N(0,1) \tag{9.4}$$

式中,μ_0 为原假设设定的总体均值。

通过样本数据计算 Z 统计量,根据其是否落入拒绝域作出判断。

(二)总体标准差未知

在正态总体条件下,用样本标准差替代总体标准差后,样本均值的抽样分布服从自由度为 $n-1$ 的 t 分布。因而,构造的检验统计量称为 t 统计量:

$$t = \frac{\overline{X} - \mu_0}{S / \sqrt{n}} \sim t(n-1) \tag{9.5}$$

式中,S 为样本标准差。

需要注意的是,在大样本下,t 分布与标准正态分布近似,此时可以用 Z 统计量代替 t 统计量。

【例 9.2.1】 从某市贫困人口中随机抽取了 900 人,他们的平均受教育年限为 8.3 年,受教育年限分布的标准差为 3 年。该市成年人的平均受教育年限为 8.4 年。

(1)该市贫困人口的受教育年限相对于该市成年人平均受教育年限是否有显著差异?
(2)能否说明贫困人口的受教育年限低于一般市民?(显著性水平 $\alpha = 0.05$)

解:$\mu_0 = 8.4, n = 900, \overline{X} = 8.3, S = 3$。

(1)由题设条件知,该设问属于双侧检验问题。

提出原假设与备择假设:

$$H_0 : \mu_0 = 8.4, \quad H_1 : \mu_0 \neq 8.4$$

计算 Z 统计量的值:

$$Z = \frac{\overline{X} - \mu_0}{S / \sqrt{n}} = \frac{8.3 - 8.4}{3 / \sqrt{900}} = -1$$

若使用 Z 统计量的值进行检验,根据 $\alpha = 0.05$ 查表得:$z_{\alpha/2} = 1.96$。

因为 $|Z| < 1.96$,所以接受原假设,即认为贫困人口的平均受教育年限与一般市民没有显著差异。

若使用 P 值进行检验,根据 Z 值计算的 P 值为

$$P = 2\times(1-0.8413) = 0.3174$$

因为 0.3174>0.05，所以根据小概率原理没有足够的理由拒绝原假设，即认为贫困人口的平均受教育年限与一般市民没有显著差异。

(2) 由题设条件知，该设问属于单侧检验问题。

提出原假设与备择假设：

$$H_0: \mu \geqslant 8.4$$
$$H_1: \mu < 8.4$$

计算 Z 统计量的值：

$$Z = \frac{\overline{X} - \mu_0}{S/\sqrt{n}} = \frac{8.3-8.4}{3/\sqrt{900}} = -1$$

若使用 Z 统计量的值进行检验，根据 $\alpha = 0.05$ 查表得：$z_\alpha = 1.645$。

因为 $Z = -1 > -1.645$，所以不能拒绝原假设，即认为贫困人口的平均受教育年限低于一般市民。

若使用 P 值进行检验，根据 Z 值计算的 P 值为

$$P = 1 - 0.8413 = 0.1587$$

因为 0.1587>0.05，所以根据小概率原理没有足够的理由拒绝原假设，即认为贫困人口的平均受教育年限不低于一般市民。

三、总体比例的检验

如果一个事件只可能有两种结果，我们将其称为二项分布，可以证明，在样本量大的情况下，若 $np>5$，则可以把二项分布问题变换为正态分布问题近似地去求解。

这就是说，在总体比例的检验中，通常采用 Z 统计量。一般而言，在有关比例的问题的调查中往往使用大样本量，而小样本量的结果是极不稳定的。

在比例问题的检验中，Z 统计量的计算公式为

$$Z = \frac{p - \pi_0}{\sqrt{\dfrac{\pi_0(1-\pi_0)}{n}}} \tag{9.6}$$

式中，p 为样本比例，π_0 为总体比例 π 的假设值。

【例 9.2.2】 某企业声明有 35% 以上的消费者对其产品质量满意。如果随机抽查 800 名消费者，表示对该产品满意的有 350 人。试在显著性水平 0.05 下，

(1) 检验调查结果是否支持企业的自我声明？

(2) 检验消费者对其产品质量满意是否超过了 35%？

解：(1) 由题设条件知，该设问属于双侧检验问题。

建立原假设和备择假设：

$$H_0: \pi_0 = 35\%, \quad H_1: \pi_0 \neq 35\%$$
$$p = \frac{350}{800} = 0.4375$$

计算 Z 统计量的值：

$$Z=\frac{\pi-\pi_0}{\sqrt{\dfrac{\pi_0(1-\pi_0)}{n}}}=\frac{0.4375-0.35}{\sqrt{\dfrac{0.35\times(1-0.35)}{800}}}\approx 5.178$$

若使用 Z 统计量的值进行检验，根据 $\alpha=0.05$ 查表得：$z_{\alpha/2}=1.96$。

因为 $|Z|>1.96$，所以拒绝原假设，即认为调查结果不支持企业的自我声明。

若使用 P 值进行检验，根据 Z 值计算的 P 值为

$$P=2\times(1-0.999999888)=0.000000224$$

因为 $0.000000224<0.05$，所以根据小概率原理有足够的理由拒绝原假设，即认为调查结果不支持企业的自我声明。

(2) 由题设条件知，该设问属于单侧检验问题。建立原假设和备择假设：

$$H_0:\pi_0\leqslant 35\%,\ H_1:\pi_0>35\%$$

$$p=\frac{350}{800}=0.4375$$

计算 Z 统计量的值：

$$Z=\frac{\pi-\pi_0}{\sqrt{\dfrac{\pi_0(1-\pi_0)}{n}}}=\frac{0.4375-0.35}{\sqrt{\dfrac{0.35\times(1-0.35)}{800}}}\approx 5.178$$

若使用 Z 统计量的值进行检验，根据 $\alpha=0.05$ 查表得：$z_\alpha=1.645$.

因为 $Z>1.645$，所以拒绝原假设，即认为消费者对其产品质量满意超过了 35%。

若使用 P 值进行检验，根据 Z 值计算的 P 值为

$$P=1-0.999999888=0.000000112$$

因为 $0.000000112<0.05$，所以根据小概率原理有足够的理由拒绝原假设，即认为消费者对其产品质量满意超过了 35%。

四、总体方差的检验

对方差进行检验的程序，与均值检验、比例检验是一样的，它们之间的主要区别是所使用的检验统计量不同。方差检验所使用的是 χ^2 统计量，可以证明其服从卡方分布，其公式为

$$\chi^2=\frac{(n-1)S^2}{\sigma^2} \tag{9.7}$$

【例 9.2.3】 自动装罐机装罐头食品，规定罐头净重的标准差不能超过 5 克，不然的话，必须停工检修机器。现检查 10 罐，测量并计算得净重的标准差为 5.5 克，假设罐头净重服从正态分布，取显著性水平为 0.05，问：机器工作是否正常？

解：建立原假设和备择假设：

$$H_0 : \sigma^2 \leqslant 25$$
$$H_1 : \sigma^2 > 25$$

已知，$n=10, \alpha=0.05, \chi^2_{0.05}(9)=16.919, S=5.5$。从而，

$$\chi^2 = \frac{(10-1) \times 5.5^2}{25} = 10.89 < 16.919$$

故不能拒绝原假设，所以在显著性水平为 0.05 下，认为机器工作正常。

第三节 两个总体参数的检验

在许多情况下，人们需要比较两个总体的参数，看它们是否有显著的区别。例如，在相同年龄组中，高学历和低学历的职工收入是否有明显的差异；同一种教学方法，在不同的年级或不同内容的课程中是否会有不同的效果；等等。对此，可以利用两个总体参数的检验寻找答案。

一、检验统计量的确定

两个总体参数检验的主要内容有：两个总体均值之差的检验，两个总体比例之差的检验，两个总体方差比的检验。与一个总体参数的检验讨论的问题类似，两个总体参数的检验也涉及检验统计量的选择问题。选择什么检验统计量取决于被检验参数的抽样分布，而抽样分布与样本量大小，与总体方差 σ^2 是否已知都有关系。

两个总体均值之差的检验中，可能出现的情况有：

(1) 总体方差 σ_1^2, σ_2^2 已知或未知。

在 σ_1^2, σ_2^2 已知的条件下，由抽样分布理论可知，样本统计量服从 z 分布；而在 σ_1^2, σ_2^2 未知的条件下，样本统计量服从 t 分布。故当 σ_1^2, σ_2^2 已知时，可以使用 z 检验；当 σ_1^2, σ_2^2 未知时，可以使用 t 检验。

(2) n_1, n_2 较大或较小。

当样本量 n_1, n_2 都较大时，如果总体方差 σ_1^2 和 σ_2^2 未知，可以用样本方差 S_1^2, S_2^2 替代，这时，样本统计量近似服从 z 分布，采用 z 作为检验统计量是可行的。但是，当 n_1, n_2 不大时，如果 σ_1^2, σ_2^2 未知，就应该采用 t 作为检验统计量。

两个总体比例之差的检验中，一般采用 Z 统计量，其理由与前一节一个正态总体比例的检验中采用 Z 统计量的理由相同。

两个总体方差比的检验中，正如之前章节中所讨论的，此时样本统计量服从自由度为 n_1-1 和 n_2-1 的 F 分布，故在这种情况下使用 F 作为检验统计量。

二、两个总体均值之差的检验

1. 独立样本的均值检验:σ_1^2, σ_2^2 已知

当两个总体均服从正态分布或虽然两个总体的分布形式未知,但抽自两个总体的样本量均较大,且两个总体的方差 σ_1^2, σ_2^2 已知时,可以证明,由两个独立样本算出的 $\bar{x}_1 - \bar{x}_2$ 的抽样分布服从正态分布,标准差为

$$\sigma_{\bar{x}_1 - \bar{x}_2} = \sqrt{\frac{\sigma_1^2}{n_1} + \frac{\sigma_2^2}{n_2}} \tag{9.8}$$

此时,作为检验统计量 Z 的计算公式为

$$Z = \frac{(\bar{x}_1 - \bar{x}_2) - (\mu_1 - \mu_2)}{\sqrt{\frac{\sigma_1^2}{n_1} + \frac{\sigma_2^2}{n_2}}} \tag{9.9}$$

式中,μ_1 为总体 1 的均值,μ_2 为总体 2 的均值。

【例 9.3.1】 为了研究经济学院学生和工学院学生在毕业之后平均收入的高低,从某学校中抽查了 30 名经济学院毕业生和 24 名工学院毕业生,测得他们收入的平均值分别为 3500 元和 3000 元,假定两学院毕业生的薪金均服从正态分布,且已知总体标准差分别为 250 元和 300 元,试问:抽样结果是否支持"经济学院毕业生的薪金比工学院毕业生更高"这一观点($\alpha = 0.05$)?

解:记 X_1, X_2 分别是经济学院毕业生和工学院毕业生薪金的样本数据,μ_1, μ_2 和 σ_1^2, σ_2^2 分别是两样本总体均值和方差。由题意知:$x_1 = 3500, x_2 = 3000, \sigma_1^2 = 250, \sigma_2^2 = 300$,两样本容量分别是 $n_1 = 30, n_2 = 24$。检验步骤如下:

建立原假设和备择假设:

$$H_0: \mu_1 - \mu_2 \leq 0, \ H_1: \mu_1 - \mu_2 > 0$$

假定 H_0 为真,计算检验统计量的样本观测值:

$$Z = \frac{(\bar{x}_1 - \bar{x}_2)}{\sqrt{\frac{\sigma_1^2}{n_1} + \frac{\sigma_2^2}{n_2}}} = \frac{3500 - 3000}{\sqrt{\frac{250^2}{30} + \frac{300^2}{24}}} \approx 6.547$$

判断:$Z = 6.547 > 1.645$,样本值落入拒绝域,因而有理由拒绝原假设,因此在 5% 的显著性水平下,经济学院毕业生的平均薪金水平显著高于工学院毕业生。

2. 独立样本的均值检验:σ_1^2, σ_2^2 未知,但相等

由于总体标准差未知,但两总体标准差相等,因此可用样本的联合标准差估计总体标准差。此时样本均值差的抽样分布服从自由度为 $n_1 + n_2 - 2$ 的 t 分布。我们构造相应的检验统计量,即 t 统计量,其计算公式是

$$t = \frac{(\bar{x}_1 - \bar{x}_2) - (\mu_1 - \mu_2)}{\sqrt{\frac{S_p^2}{n_1} + \frac{S_p^2}{n_2}}} \sim t(n_1 + n_2 - 2) \tag{9.10}$$

式中,$S_p^2 = \dfrac{\sum(x_1-\bar{x}_1)^2 + \sum(x_2-\bar{x}_2)^2}{(n_1-1)+(n_2-1)} = \dfrac{(n_1-1)S_1^2+(n_2-1)S_2^2}{(n_1+n_2-2)}$,是两样本方差的加权平均。

【例9.3.2】 某公司研究两家原材料供应商的送货时间,较短的平均送货时间将获得较高的满意度。目前来看,该公司对供应商 A 基本满意,如果其平均送货时间等于或小于供应商 B,则公司将继续与供应商 A 合作,否则公司将从供应商 B 处购买材料。现分别从供应商 A 和供应商 B 处订购 23 份和 19 份产品,从送货时间来看,供应商 A 的平均送货时间为 12.5 天/份,标准差为 3 天;供应商 B 的平均送货时间为 14 天/份,标准差为 2 天。现假定供应商 A 与供应商 B 送货时间的总体标准差相同,试问:在 5% 的显著性水平下,供应商 A 的送货时间是否显著比供应商 B 更短?公司应如何选择?

解:记 μ_1 和 μ_2 分别是 A、B 两供应商送货时间的总体均值,且假定 $\sigma_1 = \sigma_2$。依题意有:$\bar{x}_1 = 12.5, \bar{x}_2 = 14$,样本容量分别是 $n_1 = 23, n_2 = 19$,联合标准差的估计为

$$S_p^2 = \dfrac{(n_1-1)S_1^2+(n_2-1)S_2^2}{(n_1+n_2-2)} = \dfrac{22\times 9 + 18\times 4}{40} = 6.75$$

检验步骤如下:

(1)建立原假设和备择假设:
$$H_0: \mu_1 \geq \mu_2, \quad H_1: \mu_1 < \mu_2$$

(2)确定拒绝域:根据备择假设,选左侧检验。自由度为 40,显著性水平 $\alpha = 0.05$,查 t 分布表得临界值 $t_\alpha = 1.68$,拒绝域是 $(-\infty, -1.68)$。

(3)在 H_0 为真的假定下,计算检验统计量的样本观测值:

$$t_0 = \dfrac{(\bar{x}_1 - \bar{x}_2)}{\sqrt{\dfrac{S_p^2}{n_1} + \dfrac{S_p^2}{n_2}}} = \dfrac{12.5 - 14}{\sqrt{6.57\times\left(\dfrac{1}{23}+\dfrac{1}{19}\right)}} \approx -1.86$$

(4)判断:$t_0 = -1.86 < -1.68$,样本观测值落入拒绝域,故应拒绝原假设 H_0。可以认为在 0.05 的显著性水平下,供应商 A 的平均送货时间小于供应商 B,因此公司应继续选择供应商 A 作为供货对象。

三、配对样本的均值检验

设配对样本观察值为 (x, y),其差值为 $d = x - y$。差值的总体均值为 μ_d,标准差为 S_d。

由数理知识可推得,差值平均数 $\bar{d} = \dfrac{\sum d}{n}$ 的抽样分布服从自由度为 $n-1$ 的 t 分布,且 $E(\bar{d}) = \mu_d, S_d^2 = \dfrac{\sum(d-\bar{d})^2}{n-1}$。

配对样本的均值检验假设为

$$H_0: \mu_d = \mu_0, \quad H_1: \mu_d \neq \mu_0$$

构造的检验统计量为

$$t = \frac{\bar{d} - \mu_0}{S_d / \sqrt{n}} \sim t(n-1) \tag{9.11}$$

【例 9.3.3】 某厂商生产两种型号的洗衣机,一款为豪华型,一款为经济型。厂商在 4 周内分别从同时销售两款洗衣机的 7 个零售商那里获取销售资料,以了解两种型号洗衣机的市场受欢迎度是否相同。数据记录如表 9-3 所示。

表 9-3 两种洗衣机销售效果调查表　　　　　　单位:千元

零售商	1	2	3	4	5	6	7
豪华型销售额	80	93	98	101.5	70	79	95
经济型销售额	85	88	92	104.5	69	80.5	94
销售额差	-5	5	6	-3	1	-1.5	1

试在显著性水平 0.05 下,检验调查结果是否支持"厂商认为两款洗衣机有相同的市场受欢迎度"的观点。

解: 表中最后一行是配对数据差 d,$\bar{d} = 0.5$,

$$S_d = \sqrt{\frac{\sum(d-\bar{d})^2}{n-1}}$$

$$= \sqrt{\frac{(-5-0.5)^2 + (5-0.5)^2 + (6-0.5)^2 + (-3-0.5)^2 + (1-0.5)^2 + (-1.5-0.5)^2 + (1-0.5)^2}{6}}$$

$$= 4.031$$

假设它服从正态分布。该正态分布的标准差未知,需用样本数据估计。检验步骤如下:

(1) 建立原假设和备择假设:

$$H_0: \mu_d = 0, \quad H_1: \mu_d \neq 0$$

(2) 确定拒绝域。根据备择假设,选双侧检验。自由度为 6,显著性水平 $\alpha = 0.05$,查 t 分布表得临界值 $t_{\alpha/2}(6) = 2.447$,拒绝域是 $[2.447, +\infty) \cup (-\infty, -2.447]$。

(3) 当 H_0 为真时,计算检验统计量的样本观测值:

$$t = \frac{\bar{d}}{S_d / \sqrt{n}} = \frac{0.5}{4.031/\sqrt{7}} = 0.328$$

(4) 判断: $t_0 = 0.328 < 2.447$,样本统计量未落入拒绝域,故不能拒绝原假设。通过样本数据,我们可在 5% 的显著性水平下,认为两种型号的洗衣机受欢迎程度没有显著差异。

四、两个总体比例之差的检验

设两个总体服从二项分布,这两个总体中具有某种特征单位数的比例分别为 π_1 和 π_2,但 π_1 和 π_2 未知,可以用样本比例 p_1 和 p_2 代替。建立原假设和备择假设的表达式为

$$H_0: \pi_1 - \pi_2 = 0 \text{ 或 } H_0: \pi_1 = \pi_2$$

$$H_1: \pi_1 - \pi_2 \neq 0 \text{ 或 } H_1: \pi_1 \neq \pi_2$$

在大样本条件下,统计量 Z 的表达式为

$$Z = \frac{(p_1 - p_2) - (\pi_1 - \pi_2)}{\sqrt{\frac{p_1(1-p_1)}{n_1} + \frac{p_2(1-p_2)}{n_2}}} \tag{9.12}$$

【例 9.3.4】 现调查河南大学男、女生对于市内出行选择使用共享单车的情况,随机抽取一部分学生进行调查,调查校内男生 500 名,其中选择使用共享单车出行的有 368 名;调查校内女生 600 名,其中选择使用共享单车出行的有 432 名。在 $\alpha = 0.05$ 的显著性水平下比较河南大学男、女生对于市内出行选择使用共享单车是否有显著差异。

解: 建立原假设和备择假设:

$$H_0: \pi_1 - \pi_2 = 0$$
$$H_1: \pi_1 - \pi_2 \neq 0$$
$$p_1 = \frac{368}{500} = 0.736$$
$$p_2 = \frac{432}{600} = 0.72$$

检验统计量

$$Z = \frac{(p_1 - p_2) - (\pi_1 - \pi_2)}{\sqrt{\frac{p_1(1-p_1)}{n_1} + \frac{p_2(1-p_2)}{n_2}}} = \frac{0.736 - 0.72 - 0}{\sqrt{\frac{0.736 \times 0.264}{500} + \frac{0.72 \times 0.28}{600}}} = 0.595$$

这是一个双侧检验,$z_{\alpha/2} = 1.96$,$Z < z_{\alpha/2}$,故接受原假设,认为在显著性水平 $\alpha = 0.05$ 的条件下河南大学男、女生对于市内出行选择使用共享单车没有显著差异。

五、两个总体方差比的检验

为了比较两个未知的总体方差 σ_1^2 和 σ_2^2,我们用两个样本方差的比来判断,如果 S_1^2/S_2^2 接近于 1,说明两个总体方差 σ_1^2 和 σ_2^2 很接近,如果比值结果远离 1,说明 σ_1^2 和 σ_2^2 之间有较大差异。在两个正态总体条件下,两个方差之比服从 F 分布,即

$$F = \frac{S_1^2/\sigma_1^2}{S_2^2/\sigma_2^2} \tag{9.13}$$

在原假设 $\sigma_1^2 = \sigma_2^2$ 下,检验统计量 $F = \frac{S_1^2}{S_2^2}$,此时 F 统计量的两个自由度分别为:分子自由度 $n_1 - 1$,分母自由度 $n_2 - 1$。

在单侧检验中,一般把较大的 S^2 放在分子 S_1^2 的位置,此时 $F > 1$,拒绝域在 F 分布的右侧,原假设和备择假设分别为

$$H_0: \sigma_1^2 \leq \sigma_2^2$$
$$H_1: \sigma_1^2 > \sigma_2^2$$

临界点为 $F_\alpha(n_1-1,n_2-1)$。这样处理含义明确,易于理解,而且查表方便。

在双侧检验中,拒绝域在 F 分布的两侧,两个临界点的位置分别为
$$F_{\alpha/2}(n_1-1,n_2-1), F_{1-\alpha/2}(n_1-1,n_2-1)$$

【例 9.3.5】 在【例 9.3.3】中,豪华型洗衣机销售额的方差为 $S_1^2=11.728$;经济型洗衣机销售额的方差为 $S_2^2=10.927$。现以 $\alpha=0.05$ 的显著性水平检验两个总体方差是否相等。

解:由于是检验 σ_1^2 和 σ_2^2 是否相等,故采用双侧检验。

(1) 建立原假设和备择假设:
$$H_0: \sigma_1^2 = \sigma_2^2$$
$$H_1: \sigma_1^2 \neq \sigma_2^2$$

(2) 确定检验的统计量:
$$F = \frac{S_1^2}{S_2^2} = \frac{11.728}{10.927} = 1.073$$

对于 $\alpha=0.05, n_1-1=6, n_2-1=6$,查表得 $F_{0.025}(6,6)=5.82, F_{0.975}(6,6)=0.172$。

(3) 统计决策:$F=1.073 \in (0.172, 5.82)$,故不能拒绝原假设,所以在显著性水平 $\alpha=0.05$ 的条件下,可以认为这两个总体的方差不存在差异。

本章小结

本章讲述了假设检验的基本思想、原理、两类错误和步骤等内容。

1. 假设检验的基本思想小概率原理和两类错误。小概率原理是说,由于小概率事件发生的可能性非常小,进行一次试验就发生的可能性更小,所以可以认为小概率事件在一次试验中不可能发生。第一类错误或弃真错误,指错误地拒绝了真实的原假设,在原假设为真的情况下,统计量恰巧落入了小概率的拒绝区域,因而拒绝原假设。显著性水平 α 是犯第一类错误的概率。第二类错误或存伪错误,指没有拒绝错误的原假设,在原假设为假的情况下,统计量落入了接受域,未拒绝原假设。犯第二类错误的概率用 β 表示。

2. 一个总体参数的假设检验:均值、方差和比例。假设检验统计量的选择与区间估计类似,要看样本量的大小与方差是否已知来确定。

3. 两个总体参数比较的假设检验:均值之差、比例之差和方差之比。统计量的选择要看样本量的大小、方差是否已知,以及两个总体方差是否相等来确定。

【思考与练习】

一、思考题

1. 小概率原理的含义是什么?
2. 如何理解假设检验两类错误的含义?
3. 根据样本量和方差的不同情况,分别应该采用什么方法对总体均值进行假设检验?

4. 在配对样本情况下,如何对总体均值进行假设检验?

5. 在不同情况下,如何对两个总体均值之差进行假设检验?

二、练习题

1. 设总体服从标准差为 25 的正态分布,从该总体抽出容量为 35 的随机样本,得出样本均值为 70,试以 $\alpha=0.05$ 的显著性水平检验下面假设:

$$H_0:\mu=90, \quad H_1:\mu\neq 90$$

2. 对居民的一项调查表明,35% 的人上班选择公交汽车。某城市的公交公司认为,该城市的人上班选择公交汽车的比例更高。为验证这一说法,公交公司随机抽取一个 500 人的样本,其中 180 人选择上班乘坐公交汽车。在 $\alpha=0.05$ 的显著性水平下,检验公交公司的说法是否属实。

3. 某工厂对所生产的产品进行质量检验,规定次品率不超过 0.02 才算合格。现从一批产品中随机抽查 160 件,发现有次品 4 件,试问:在显著性水平 $\alpha=0.05$ 下,这批产品是否合格?

4. 为研究企业股东是否赞成该公司新的投资项目,在随机抽取的 100 个小股东中,赞成的有 30 个;而在对 30 个大股东的调查中,赞成的人数为 15 个。在 $\alpha=0.05$ 的显著性水平下,检验大、小股东赞同的人数比例是否有显著差异。

5. 两种纸制品的强度服从正态分布。分别抽取容量为 6 和 8 的两个总体进行检验,结果为 $s_1^2=35.23$,$s_2^2=21.5$,是否可以认为两个样本方差存在差异(取显著性水平 $\alpha=0.05$)?

6. 为了控制贷款规模,某商业银行有个内部要求,平均每项贷款数额不能超过 60 万元。随着经济的发展,贷款规模有增大的趋势。银行经理想了解在同样项目条件下,贷款的平均规模是否明显地超过 60 万元,故一个 $n=144$ 的随机样本被抽出,测得 $\bar{x}=68.1$ 万元,$s=45$。在 $\alpha=0.01$ 的显著性水平下采用 P 值进行检验。

7. 某工厂制造螺栓,规定螺栓口径为 7.0 cm,方差为 0.03 cm。今从一批螺栓中抽取 80 个测量其口径,得均值为 6.97 cm,方差为 0.0375 cm。假定螺栓口径服从正态分布,问:这批螺栓是否达到规定的要求($\alpha=0.05$)?

8. A、B 两厂生产同样的材料。已知其抗压强度服从正态分布,且 $\sigma_A^2=63^2$,$\sigma_B^2=57^2$。从 A 厂生产的材料中随机抽取 81 个样品,测得 $\bar{x}_A=1070$ kg/cm²;从 B 厂生产的材料中随机抽取 64 个样品,测得 $\bar{x}_B=1020$ kg/cm²。根据以上调查结果,能否认为 A,B 两厂生产的材料平均抗压强度相同($\alpha=0.05$)?

9. 有人说在大学中男生的学习成绩比女生的学习成绩好。现从一个学校随机抽取了 25 名男生和 16 名女生,对他们进行了同样题目的测试。测试结果表明,男生的平均成绩为 82 分,方差为 56 分,女生的平均成绩为 78 分,方差为 49 分。假设显著性水平 $\alpha=0.02$,从上述数据中能得到什么结论?

第十章 方差分析和 χ^2 分析

【学习目标】
1. 理解方差分析和 χ^2 分析的相关术语和概念。
2. 掌握单因素方差分析与双因素方差分析原理。
3. 掌握单因素方差分析、双因素方差分析和列联分析的方法步骤及统计软件实现。

某养鸡场欲检验不同的饲料配方对小鸡的平均增重是否存在差异。为此,他们在其他条件完全相同的饲养条件下,分别使用4种不同的饲料配方进行喂养,所得到的增重数据如表10-1所示。

表10-1 四种饲料配方下的小鸡增重数据　　　　　　　单位:克

配方1	450	440	380	420	390
配方2	350	350	340	310	300
配方3	420	400	390	370	360
配方4	300	320	300	330	340

试根据样本回答下面问题:
(1)在 $\alpha=0.05$ 的显著性水平下,不同的饲料配方对小鸡的平均增重是否存在显著差异?
(2)若存在差异,具体哪些组别存在差异?

为了回答上面问题,本章将介绍单因素方差和双因素方差的统计分析方法,最后一节介绍了列联分析的相关知识。

第一节 单因素方差分析

一、方差分析的基本概念

方差分析是20世纪20年代由英国统计学家费雪提出来的一种统计方法。目前它被广泛应用于分析心理学、生物学、工程和医药的试验数据。从形式上看,方差分析是比较多个总体的均值是否相同,但在本质上,它所研究的是变量之间的关系,这与下一章将要介绍的回归分析方法有许多相同之处,但又有本质区别。在研究一个(或多个)分类型自变量与一个数值型因变量之间的关系时,方差分析就是其中的主要方法之一,本节主要介绍单因素方差分析,下节介绍双因素方差分析。

方差分析(Analysis of Variance,ANOVA)是通过检验各总体的均值是否相等来判断分类型自变量对数值型因变量是否有显著影响的一种统计方法。表面上看方差分析是检验多个总体的均值是否相同,但本质上它所研究的是分类型自变量对数值型因变量的影响。

在方差分析中,所要检验的对象称为因素或因子(factor)。因素的不同表现称为水平(level)或处理(treatment)。每个因子水平下得到的样本数据称为观测值。例如,在引例中,要分析不同饲料配方对增重量是否有显著影响。这里的饲料配方是要检验的对象,称为因素或因子;配方 1、配方 2、配方 3、配方 4 是饲料配方的具体表现,称为水平或处理;在每种饲料配方下得到的样本数据(增重量)称为观测值。

在只有一个因素的方差分析(称为单因素方差分析)中,涉及两个变量:一个是分类型自变量,一个是数值型因变量。例如,在上面的例子中,饲料配方就是自变量,它是一个分类变量;增重量是因变量,它是一个数值型变量。方差分析要研究的就是不同饲料配方对增重量是否有显著影响。

与一般的假设检验方法相比,方差分析不仅可以提高检验的效率,同时由于它是将所有的样本信息结合在一起,也增加了分析的可靠性。比如,设 4 个总体的均值分别为 $\mu_1, \mu_2, \mu_3, \mu_4$,如果用一般假设检验方法,如 t 检验,一次只能研究两个样本,要检验 4 个总体的均值是否相等,需要做 6 次检验。检验 1:$H_0:\mu_1 = \mu_2$;检验 2:$H_0:\mu_1 = \mu_3$;检验 3:$H_0:\mu_1 = \mu_4$;检验 4:$H_0:\mu_2 = \mu_3$;检验 5:$H_0:\mu_2 = \mu_4$;检验 6:$H_0:\mu_3 = \mu_4$。很显然,做这样的两两比较十分烦琐。而且,如果 $\alpha = 0.05$,每次检验犯第一类错误的概率都是 0.05,那么做多次检验会使犯第一类错误的概率相应地增加。检验完成时,犯第一类错误的概率会大于 0.05,而置信度则会降低到 $0.95^6 = 0.735$。

一般来说,随着增加个体显著性检验的次数,偶然因素导致差别的可能性也会增加(并非均值真的存在差别)。而方差分析方法则是同时考虑所有的样本,因此排除了错误累积的概率,从而避免拒绝一个真实的原假设。

二、方差分析的基本思想与原理

为了分析分类型自变量对数值型因变量的影响,需要检验各个水平或者处理的均值是否相等。以前面的饲料配方对小鸡增重的影响为例,我们可以用散点图来描述饲料配方或品种对增重是否有显著差异。在四个配方中,我们选取每个配方的数据,画出它们的散点图,如图 10-1 所示。

仅仅从散点图上观察还不能提供充分的证据证明不同饲料配方之间对增重有显著差异,也许这种差异是由抽样的随机性造成的。因此,需要有更准确的方法来检验这种差异是否显著,也就是进行方差分析。之所以叫方差分析,是因为虽然感兴趣的是均值,但在判断均值之间是否有差异时需要借助于方差。这个名字也表示,它是通过对数据误差来源的分

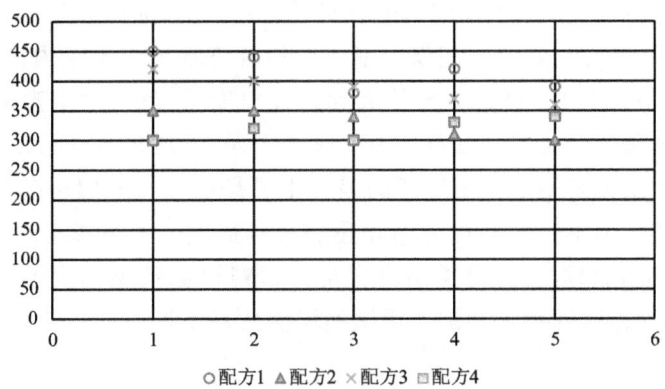

图 10-1 所选取的不同饲料配方的增重样本散点图

析来判断不同总体的均值是否相等,进而分析自变量对因变量是否有显著影响。因此,进行方差分析时,需要考察数据误差的来源。

首先,注意到在同一饲料配方(同一个总体)中,样本的各观测值是不同的,它们之间的差异可以看成是随机因素的影响造成的,或者说是由抽样的随机性所造成的随机误差。这种来自水平内部的数据误差也称为组内误差。例如,一群小鸡中所抽取的 5 只小鸡增重量之间的误差就是组内误差,它反映了一个样本内部数据的离散程度。显然,组内误差只含有随机误差。

其次,不同饲料配方(不同总体)之间的观测值也是不同的。来自不同水平之间的数据误差称为组间误差。这种差异可能是由抽样本身形成的随机误差,也可能是由饲料配方本身的系统性因素造成的系统误差。因此,组间误差是随机误差和系统误差的总和。例如,四种饲料配方增重量之间的误差就是组间误差,它反映了不同样本之间数据的离散程度。

在方差分析中,数据的误差是用平方和来表示的。

反映全部数据误差大小的平方和称为总平方和,记为 SST。例如,所抽取的全部 20 只小鸡增重量之间的误差平方和就是总平方和,它反映了全部观测值的离散状况。

反映组内误差大小的平方和称为组内平方和,也称为误差平方和或残差平方和,记为 SSE。例如,每个水平样本内部的数据平方和加在一起就是组内平方和,它反映了每个样本内各观测值的离散状况。

反映组间误差大小的平方和称为组间平方和,也称为因素平方和,记为 SSA。例如,四种饲料配方增重量之间的误差平方和就是组间平方和,它反映了不同水平样本均值之间的差异程度。

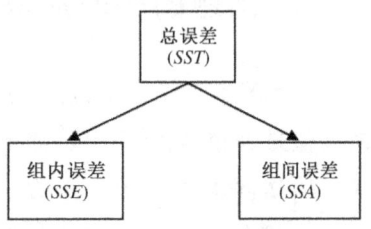

图 10-2 误差分解图

图 10-2 给出了数据误差的分解过程。有关各误差的计算方法将在第二节介绍。

如果不同饲料配方对增重没有影响,那么在组间误差中只包含随机误差,而没有系统误差。这时,组间误差与组内误差经过平均后的数值(称为均方或方差)就应该很接近,它们的比值就会接近1。反之,如果不同饲料配方对增重有影响,那么在组间误差中除了包含随机误差,还会包含系统误差,这时组间误差平均后的数值就会大于组内误差平均后的数值,它们之间的比值就会大于1。当这个比值大到某种程度时,就认为因素的不同水平之间存在着显著差异,也就是自变量对因变量有显著影响。因此,判断饲料配方对增重是否有显著影响这一问题,实际上也就是检验增重值的差异主要是由什么原因引起的。如果这种差异主要是系统误差,就认为不同饲料配方对增重有显著影响。在方差分析的假定前提下(见下面的介绍),要检验饲料配方(分类型自变量)对增重(数值型因变量)是否有显著影响,在形式上也就转化为检验四种饲料配方增重的均值是否相等。

三、方差分析中的基本假定

在方差分析中,要符合三个基本假定前提条件:

(1) 每个总体都应服从正态分布。也就是说,对于因素的每一个水平,其观测值是来自正态分布总体的简单随机样本。例如,在引例中,要求每种饲料配方增重量必须服从正态分布。

(2) 每个总体的方差 σ^2 必须相同。也就是说,每组观察数据是从具有相同方差的正态总体中抽取的。例如,在引例中,要求每个饲料配方增重量的方差都相同。

(3) 观测值是独立的。例如,在引例中,要求每种饲料配方增重量都与其他饲料配方增重量独立。

在上述假定成立的前提下,要分析自变量对因变量是否有影响,形式上也就转化为检验自变量的各个水平(总体)的均值是否相等。例如,判断饲料配方对增重量是否有显著影响,实际上也就是检验具有相同方差的4个正态总体的均值(增重量的均值)是否相等。

尽管不知道4个总体的均值,但可以用样本数据来检验它们是否相等。如果4个总体的均值相等,可以期望4个样本的均值也会很接近。事实上,4个样本的均值越接近,推断4个总体均值相等的证据也就越充分;反之,样本均值越不同,推断总体均值不同的证据就越充分。

四、问题的一般提法

设因素有 k 个水平,每个水平的均值分别用 $\mu_1, \mu_2, \cdots, \mu_k$ 表示,要检验 k 个水平(总体)的均值是否相等,需要提出如下假设:

$H_0: \mu_1 = \mu_2 = \cdots = \mu_i = \cdots = \mu_k$ 自变量对因变量没有显著影响

$H_1: \mu_i (i=1,2,\cdots,k)$ 不全相等   自变量对因变量有显著影响

在表10-1中,设第一种饲料配方增值重量均值为 μ_1,第二种饲料配方增值重量均值为 μ_2,第三种饲料配方增值重量均值为 μ_3,第四种饲料配方增值重量均值为 μ_4。为检验四种饲料配方对小鸡增重是否有影响,需要提出如下假设:

$H_0: \mu_1 = \mu_2 = \mu_3 = \mu_4$ 不同配方对小鸡增重没有影响

$H_1: \mu_i (i=1,2,3,4)$ 不全相等   不同配方对小鸡增重有影响

五、单因素方差分析的步骤

(一) 数据结构

单因素分析研究的是一个分类变量对数值型因变量的影响,假设某单因素 A 有 k 个水平,每个水平下有 n_i 个观察值,共有 $n = \sum_{i=1}^{k} n_i$,每个观察值用 $x_{ij} = (i=1,2,\cdots,k;j=1,2,\cdots,n_i)$ 表示,即 x_{ij} 表示第 i 个水平的第 j 个观察值。其数据结构表如表 10-2 所示。

表 10-2 单因素方差分析的数据结构

因素(i)	观测值(j)				平均
	1	2	$\cdots$	n_i	
A_1	x_{11}	x_{12}	$\cdots$	x_{1n_1}	$\bar{x}_{1.}$
A_2	x_{21}	x_{22}	$\cdots$	x_{2n_2}	$\bar{x}_{2.}$
$\vdots$	$\vdots$	$\vdots$		$\vdots$	$\vdots$
A_k	x_{k1}	x_{k2}	$\cdots$	x_{kn_k}	$\bar{x}_{k.}$

(二) 分析步骤

检验自变量对因变量是否有显著影响,需要用前面章节介绍的假设检验的统计思想和方法。首先需要提出"两个变量在总体中没有关系"的原假设,然后构造一个用于检验的统计量来检验这一假设是否成立。具体来说,方差分析包括提出假设、构造检验的统计量、做出判断等步骤。

1. 提出假设

在方差分析中,原假设所描述的是在按照自变量的取值分成的类中,每类自变量的均值相等。因此,检验因素的 k 个水平(总体)的均值是否相等,需要提出如下形式的假设:

$H_0: \mu_1 = \mu_2 = \cdots = \mu_i = \cdots = \mu_k$,自变量对因变量没有显著影响

$H_1: \mu_i (i=1,2,\cdots,k)$ 不全相等,自变量对因变量有显著影响

式中,μ_i 为第 i 个总体的均值。在引例中 $k=4$,自变量为不同的饲料配方,因变量是小鸡增重。

如果拒绝原假设 H_0,则意味着自变量对因变量有显著影响,也就是自变量与因变量之间有显著关系;如果不拒绝原假设 H_0,则没有证据表明自变量对因变量有显著影响,也就是说,不能认为自变量与因变量之间有显著关系。

2. 构造检验的统计量

为检验 H_0 是否成立,需要确定检验的统计量。

(1) 计算各样本的均值。

假定从第 i 个总体中抽取一个容量为 n_i 的简单随机样本,令 $\bar{x}_{i.}$ 为第 i 个总体的样本均值,则有

$$\overline{x}_{i.} = \frac{\sum_{j=1}^{n_i} x_{ij}}{n_i} \tag{10.1}$$

式中,n_i 为第 i 个总体的样本量,x_{ij} 为第 i 个总体的第 j 个观测值。例如,根据表 10 – 1 中的数据,计算饲料配方 1 的样本均值为

$$\overline{x}_{1.} = \frac{\sum_{j=1}^{5} x_{1j}}{5} = \frac{2080}{5} = 416$$

同样可以得到其他配方的均值:

$$\overline{x}_{2.} = \frac{\sum_{j=1}^{5} x_{2j}}{5} = \frac{1650}{5} = 330$$

$$\overline{x}_{3.} = \frac{\sum_{j=1}^{5} x_{3j}}{5} = \frac{1940}{5} = 388$$

$$\overline{x}_{4.} = \frac{\sum_{j=1}^{5} x_{4j}}{5} = \frac{1590}{5} = 318$$

(2)计算全部观测值的总均值。

它是全部观测值的总和除以观测值的总个数的结果。令总均值为 $\overline{\overline{x}}$,则有

$$\overline{\overline{x}} = \frac{\sum_{i=1}^{k} \sum_{j=1}^{n_i} x_{ij}}{n} \tag{10.2}$$

式中,$n = n_1 + n_2 + \cdots + n_k$。根据引例的数据计算得:

$$\overline{\overline{x}} = \frac{\sum_{i=1}^{k} \sum_{j=1}^{n_i} x_{ij}}{n} = \frac{7260}{20} = 363$$

(3)计算各误差平方和。

为构造检验的统计量,在方差分析中,需要计算三个误差平方和,它们是总平方和、组间平方和(因素平方和)、组内平方和(误差平方和或残差平方和)。

① 总平方和记为 SST,它是全部观测值 x_{ij} 与总均值 $\overline{\overline{x}}$ 的误差平方和,其计算公式为

$$SST = \sum_{i=1}^{k} \sum_{j=1}^{n_i} (x_{ij} - \overline{\overline{x}})^2 \tag{10.3}$$

例如,根据公式(10.2)可以计算出 $\overline{\overline{x}} = 363$。计算总平方和为

$$SST = (450 - 363)^2 + \cdots + (340 - 363)^2 = 42220$$

② 组间平方和记为 SSA,它是各组均值 $\overline{x}_{i.}(i = 1, 2, \cdots, k)$ 与总均值 $\overline{\overline{x}}$ 的误差平方和,反映各样本均值之间的差异程度,因此又称为因素平方和。其计算公式为

$$SSA = \sum_{i=1}^{k} n_i(\overline{x_{i.}} - \overline{\overline{x}})^2 \tag{10.4}$$

例如,根据引例及其有关结果,计算组间平方和为

$$SSA = \sum_{i=1}^{k} n_i(\overline{x_{i.}} - \overline{\overline{x}})^2$$
$$= 5 \times (416 - 363)^2 + 5 \times (330 - 363)^2 + 5 \times (388 - 363)^2 + 5 \times (318 - 363)^2$$
$$= 32740$$

③ 组内平方和记为 SSE。它是每个水平或组的各样本数据与其组均值的误差平方和,反映了每个样本各观测值的离散状况,因此称为组内平方和。该平方和反映了随机误差的大小,其计算公式为

$$SSE = \sum_{i=1}^{k} \sum_{j=1}^{n_i} (x_{ij} - \overline{x_{i.}})^2 \tag{10.5}$$

在引例中,先求出每种饲料配方增重值与其均值的误差平方和,然后将四种饲料配方的误差平方和加总,即为 SSE。计算误差平方和分别为

配方 1:

$$\sum_{j=1}^{5} (x_{1j} - \overline{x_{1.}})^2 = (450 - 416)^2 + (440 - 416)^2 + (380 - 416)^2 + (420 - 416)^2 +$$
$$(390 - 416)^2 = 3720$$

配方 2:

$$\sum_{j=1}^{5} (x_{2j} - \overline{x_{2.}})^2 = (350 - 330)^2 + (350 - 330)^2 + \cdots + (300 - 330)^2 = 2200$$

配方 3:

$$\sum_{j=1}^{5} (x_{3j} - \overline{x_{3.}})^2 = (420 - 388)^2 + (400 - 388)^2 + \cdots + (360 - 388)^2 = 2280$$

配方 4:

$$\sum_{j=1}^{5} (x_{4j} - \overline{x_{4.}})^2 = (300 - 318)^2 + (320 - 318)^2 + \cdots + (340 - 318)^2 = 1280$$

然后将其加总可以得到:

$$SSE = 3720 + 2200 + 2280 + 1280 = 9480$$

上述三个平方和之间的关系为

$$\sum_{i=1}^{k} \sum_{j=1}^{n_i} (x_{ij} - \overline{\overline{x}})^2 = \sum_{i=1}^{k} n_i(\overline{x_{i.}} - \overline{\overline{x}})^2 + \sum_{i=1}^{k} \sum_{j=1}^{n_i} (x_{ij} - \overline{x_{i.}})^2 \tag{10.6}$$

总平方和(SST) = 组间平方和(SSA) + 组内平方和(SSE)

上面的计算结果 42220 = 32740 + 9480 也可以验证这一点。

(4) 计算统计量。

由于各误差平方和的大小与观测值的多少有关,为了消除观测值多少对误差平方和大小的影响,需要将其平均,也就是用各平方和除以它们所对应的自由度,这一结果称为均方,也称为方差。三个平方和所对应的自由度分别为:

SST 的自由度为 $n-1$,其中 n 为全部观测值的个数;

SSA 的自由度为 $k-1$，其中 k 为因素水平（总体）的个数；

SSE 的自由度为 $n-k$。

由于要比较的是组间均方和组内均方之间的差异，所以通常只计算 SSA 的均方和 SSE 的均方。

SSA 的均方也称为组间均方或组间方差，记为 MSA，其计算公式为

$$MSA = \frac{\text{组间平方和}}{\text{自由度}} = \frac{SSA}{k-1} \tag{10.7}$$

例如，根据引例计算的 MSA 为

$$MSA = \frac{SSA}{k-1} = \frac{32740}{4-1} = 10913.3$$

SSE 的均方也称为组内均方或组内方差，记为 MSE，其计算公式为

$$MSE = \frac{\text{组内平方和}}{\text{自由度}} = \frac{SSE}{n-k} \tag{10.8}$$

例如，根据引例计算的 MSE 为

$$MSE = \frac{SSE}{n-k} = \frac{9480}{20-4} = 592.5$$

将上述 MSA 和 MSE 进行对比，即得到所需要的检验统计量 F，当 H_0 为真时，二者的比值服从分子自由度为 $k-1$，分母自由度为 $n-k$ 的 F 分布，即

$$F = \frac{MSA}{MSE} \sim F(k-1, n-k) \tag{10.9}$$

例如，根据引例计算得

$$F = \frac{MSA}{MSE} = \frac{10913.3}{592.5} = 18.419$$

3. 做出判断

如果原假设 $H_0: \mu_1 = \mu_2 = \cdots = \mu_i = \cdots = \mu_k$ 成立，则表明没有系统误差，组间方差 MSA 与组内方差 MSE 的比值差异不会太大；如果组间方差显著大于组内方差，说明各水平（总体）之间的差异显然不仅仅有随机误差，还有系统误差。用引例来说，如果饲料配方对增重没有影响，那么四种饲料配方增重量的均值之间的差异与每种配方增重量的内部差异相比，就不会相差很大；反之，则意味着饲料配方对增重有影响。可见，判断因素的水平是否对其观测值有显著影响，实际上也就是比较组间方差与组内方差之间差异的大小。那么，它们之间的差异大到何种程度才表明有系统误差存在呢？这就需要用检验的统计量进行判断。将统计量的值 F 与给定的显著性水平 α 的临界值 F_α 进行比较，从而作出对原假设 H_0 的决策。

根据给定的显著性水平 α，在 F 分布表中查找与分子自由度 $df_1 = k-1$，分母自由度 $df_2 = n-k$ 相应的临界值 $F_\alpha(k-1, n-k)$。

若 $F > F_\alpha$，则拒绝原假设 $H_0: \mu_1 = \mu_2 = \cdots = \mu_k$，表明 $\mu_i (i=1,2,\cdots,k)$ 之间有显著差异；也就是说，所检验的因素（饲料配方）对观测值（增重）有显著影响。

若 $F < F_\alpha$，则不拒绝原假设 H_0，没有证据表明 $\mu_i (i=1,2,\cdots,k)$ 之间有显著差异；也就是说，这时还不能认为所检验的因素（饲料配方）对观测值（增重）有显著影响。

例如,根据上面的计算结果,计算出的 $F=18.419$。若取显著性水平 $\alpha=0.05$,根据分子自由度 $df_1=k-1=4-1=3$ 和分母自由度 $df_2=n-k=20-4=16$,查 F 分布表得临界值 $F_{0.05}(3,16)=3.239$。由于 $F>F_\alpha$,因此拒绝原假设,表明不同饲料配方对小鸡增重有显著差异。

也可以根据 F 统计量对应的 P 值与显著性水平做比较来判断是否显著。F 统计量对应的 P 值如果大于显著性水平,则不显著,反之则显著。也就是说 P 值越小越显著,引例中 F 统计量对应的 P 值为 0.017,小于显著性水平 0.05,表明不同饲料配方对小鸡增重有显著差异。

上面详细介绍了方差分析的计算步骤和过程。为使计算过程更加清晰,通常将上述过程的内容列在一张表内,这就是方差分析表。其一般形式如表 10-3 所示。

表 10-3 方差分析表的一般形式

	A	B	C	D	E	F	G
1	误差来源	平方和 SS	自由度 df	均方 MS	F 值	P 值	F 临界值
2	组间(因素影响)	SSA	$k-1$	MSA	MSA/MSE		
3	组内(误差)	SSE	$n-k$	MSE			
4	总和	SST	$n-1$				

将引例的计算结果列成方差分析表,如表 10-4 所示。

表 10-4 四种饲料配方增重值的方差分析表

	A	B	C	D	E	F	G
1	误差来源	平方和 SS	自由度 df	均方 MS	F 值	P 值	F 临界值
2	组间(因素影响)	32740	3	10913.3	18.419	0.017	3.239
3	组内(误差)	9480	16	592.5			
4	总和	42220	19				

六、方差分析中关系强度的测量

引例的方差分析结果显示,不同饲料配方下小鸡增重的均值之间有显著差异,这意味着不同的饲料配方(自变量)与增重(因变量)之间的关系是显著的。从图 10-1 的散点图中也可以看出,不同饲料配方增重量之间是有明显差异的。

表 10-4 中给出了组间平方和(SSA),它度量了自变量(不同的饲料配方)对因变量(增重)的影响效应。实际上,只要组间平方和(SSA)不等于零,就表明两个变量之间有关系(只是是否显著的问题)。当组间平方和比组内平方和(组内 SS)大,而且大到一定程度时,就意味着两个变量之间的关系显著,大得越多,表明它们之间的关系就越强;反之,当组间平方和比组内平方和小时,就意味着两个变量之间的关系不显著,小得越多,表明它们之间的关系就越弱。

那么,怎样度量它们之间的关系强度呢?可以用组间平方和(SSA)占总平方和(SST)的比例大小来反映,这一比例记为 R^2,即

$$R^2 = \frac{SSA(组间\ SS)}{SST(总\ SS)} \tag{10.10}$$

其平方根 R 就可以用来测量两个变量之间的关系强度。

例如,根据表 10-4 中的计算结果计算得

$$R^2 = \frac{SSA(组间\ SS)}{SST(总\ SS)} = \frac{32740}{42220} = 0.775$$

这表明,饲料配方(自变量)对增重(因变量)的影响效应占总效应的 77.5%,而残差效应则占 22.5%。

七、方差分析中的多重比较

通过对引例的分析得出的结论是:不同饲料配方增重量的均值不完全相同。但究竟哪些均值之间不相等?这种差异到底出现在哪些饲料配方之间?这就需要做进一步的分析,所使用的方法就是多重比较方法,它是通过对总体均值之间的配对比较来进一步检验到底哪些均值之间存在差异。

多重比较方法有许多种,这里介绍由费希尔提出的最小显著差异方法,缩写为 LSD。使用该方法进行检验的具体步骤为

第一步,提出假设:$H_0: \mu_i = \mu_j$,$H_1: \mu_i \neq \mu_j$。

第二步,计算检验统计量:$\overline{x_i} - \overline{x_j}$。

第三步,计算 LSD,其公式为

$$LSD = t_{\alpha/2} \sqrt{MSE\left(\frac{1}{n_i} + \frac{1}{n_j}\right)} \tag{10.11}$$

式中,$t_{\alpha/2}$ 为 t 分布的临界值,通过查 t 分布表得到,其自由度为 $n-k$,这里的 k 是因素中水平的个数;MSE 为组内方差;n_i 和 n_j 分别是第 i 个样本和第 j 个样本的样本量。

第四步,根据显著性水平 α 作出决策。如果 $|\overline{x_i} - \overline{x_j}| > LSD$,则拒绝 H_0;如果 $|\overline{x_i} - \overline{x_j}| < LSD$,则不拒绝 H_0。

【例 10.1.1】 根据表 10-4 的输出结果,对四种配方的均值作多重比较($\alpha = 0.05$)。

解:(1)提出假设。

检验 1:$H_0: \mu_1 = \mu_2$,$H_1: \mu_1 \neq \mu_2$;

检验 2:$H_0: \mu_1 = \mu_3$,$H_1: \mu_1 \neq \mu_3$;

检验 3:$H_0: \mu_1 = \mu_4$,$H_1: \mu_1 \neq \mu_4$;

检验 4:$H_0: \mu_2 = \mu_3$,$H_1: \mu_2 \neq \mu_3$;

检验 5:$H_0: \mu_2 = \mu_4$,$H_1: \mu_2 \neq \mu_4$;

检验 6:$H_0: \mu_3 = \mu_4$,$H_1: \mu_3 \neq \mu_4$。

(2)计算检验统计量。

$$|\overline{x}_1 - \overline{x}_2| = |416 - 330| = 86,\ |\overline{x}_1 - \overline{x}_3| = |416 - 388| = 28$$

$$|\overline{x}_1 - \overline{x}_4| = |416 - 318| = 98,\ |\overline{x}_2 - \overline{x}_3| = |330 - 388| = 58$$

$$|\overline{x}_2 - \overline{x}_4| = |330 - 318| = 12,\ |\overline{x}_3 - \overline{x}_4| = |388 - 318| = 70$$

(3) 计算 LSD。根据表 10-4 的结果，$MSE = 592.5$。由于四种配方的样本量相同，不需要分别计算 LSD。根据自由度 $= n - k = 20 - 4 = 16$，查 t 分布表得 $t_{\alpha/2} = t_{0.025} = 2.1098$。各检验的 LSD 如下：

$$LSD = 2.1098 \times \sqrt{592.5 \times \left(\frac{1}{5} + \frac{1}{5}\right)} = 32.498$$

(4) 作出判断。

$$|\bar{x}_1 - \bar{x}_2| = 86 > 32.498$$

拒绝 H_0，认为配方 1 和配方 2 对于小鸡的增重有显著差异；

$$|\bar{x}_1 - \bar{x}_3| = 28 < 32.498$$

不拒绝 H_0，认为配方 1 和配方 3 对于小鸡的增重没有显著差异；

$$|\bar{x}_1 - \bar{x}_4| = 98 > 32.498$$

拒绝 H_0，认为配方 1 和配方 4 对于小鸡的增重有显著差异；

$$|\bar{x}_2 - \bar{x}_3| = 58 > 32.498$$

拒绝 H_0，认为配方 2 和配方 3 对于小鸡的增重有显著差异；

$$|\bar{x}_2 - \bar{x}_4| = 12 < 32.498$$

不拒绝 H_0，不能认为配方 2 和配方 4 对于小鸡的增重有显著差异；

$$|\bar{x}_3 - \bar{x}_4| = 70 > 32.498$$

拒绝 H_0，认为配方 3 和配方 4 对于小鸡的增重有显著差异。

第二节　双因素方差分析

一、双因素方差分析及其类型

单因素方差分析只是考虑一个分类型自变量对数值型因变量的影响。在对实际问题的研究中，有时需要考虑几个因素对试验结果的影响。例如，分析影响电脑销售量的因素时，需要考虑品牌、销售地区、价格、质量等多个因素。当方差分析中涉及两个分类型自变量时，称为双因素方差分析。

【例 10.2.1】 比较 A、B、C 三种新型化肥和传统化肥施撒在三种类型（酸性、中性和碱性）的土地上对作物的产量情况有无差别，将土地分成 12 块小区，施用 A、B、C 和传统化肥，收割后，测量各组作物的产量，得到的数据如表 10-5 所示。试分析化肥种类和土地类型对作物产量是否有显著影响。（$\alpha = 0.05$）

在上面的例子中，化肥种类和土地类型是两个分类型自变量，作物产量是一个数值型因变量。同时分析化肥种类和土地类型对销售量的影响，分析究竟是一个因素在起作用，还是两个因素都起作用，或是两个因素都不起作用，这就是一个双因素方差分析问题。

表 10-5　四种化肥种类在三种土地类型上的产量

化肥种类	土地类型		
	酸性	中性	碱性
A	30,35,33	31,32,33	32,30,31
B	31,32,34	36,35,36	32,30,34
C	30,33,35	34,30,34	30,31,34
传统	27,25,25	29,26,25	28,25,24

在双因素方差分析中,由于有两个影响因素,例如,土地类型和化肥种类因素,如果化肥种类和土地类型对作物产量的影响是相互独立的,分别判断化肥种类和土地类型对产量的单独影响,这时的双因素方差分析称为无交互作用的双因素方差分析(two-way analysis of variance),或称为无重复双因素分析;如果除了化肥种类和土地类型对产量的单独影响,两个因素的搭配还会对产量产生一种新的影响,也就是两个因素结合后产生的新效应,这时的双因素方差分析称为有交互作用的双因素方差分析,或称为可重复双因素分析。

二、无交互作用的双因素方差分析

1. 数据结构

在无交互作用的双因素方差分析中,由于有两个因素 A 和 B,因此在获取数据时,需要将一个因素安排在"行"的位置,称为行因素;另一个因素安排在"列"的位置,称为列因素。设行因素有 k 个水平:行1,行2,…,行 k;列因素有 r 个水平:列1,列2,…,列 r。行因素和列因素的每一个水平都可以搭配成一组,观察它们对试验数据的影响,共抽取 kr 个观察数据,其数据结构如表 10-6 所示。

表 10-6　双因素方差分析的数据结构

因素 A_i	因素 B						合计 $x_{i.}$	平均 $\bar{x}_{i.}$
	B_1	B_2	…	B_j	…	B_r		
A_1	x_{11}	x_{12}	…	x_{1j}	…	x_{1r}	$x_{1.}$	$\bar{x}_{1.}$
A_2	x_{21}	x_{22}	…	x_{2j}	…	x_{2r}	$x_{2.}$	$\bar{x}_{2.}$
⋮	⋮	⋮		⋮		⋮	⋮	⋮
A_i	x_{i1}	x_{i2}	…	x_{ij}	…	x_{ir}	$x_{i.}$	$\bar{x}_{i.}$
⋮	⋮	⋮		⋮		⋮	⋮	⋮
A_k	x_{k1}	x_{k2}	…	x_{kj}	…	x_{kr}	$x_{k.}$	$\bar{x}_{k.}$
平均	$\bar{x}_{.1}$	$\bar{x}_{.2}$	…	$\bar{x}_{.j}$	…	$\bar{x}_{.r}$		$\bar{\bar{x}}$

表 10-6 中行因素的 k 个水平和列因素的 r 个水平,每一个观测值 $x_{ij}(i=1,2,\cdots,k;j=1,2,\cdots,r)$ 看作从由行因素的 k 个水平和列因素的 r 个水平所组成的 $k \times r$ 个总体中抽取的1个独立随机样本。

表 10-6 中,$\bar{x}_{i.}$ 是行因素的第 i 个水平下各观测值的平均值,其计算公式为

$$\bar{x}_{i.} = \frac{\sum_{j=1}^{r} x_{ij}}{r}, i=1,2,\cdots,k \tag{10.12}$$

$\overline{x}_{.j}$ 是列因素的第 j 个水平下各观测值的平均值,其计算公式为

$$\overline{x}_{.j} = \frac{\sum_{i=1}^{k} x_{ij}}{k}, j = 1, 2, \cdots, r \tag{10.13}$$

$\overline{\overline{x}}$ 是全部 kr 个样本数据的总平均值,其计算公式为

$$\overline{\overline{x}} = \frac{\sum_{i=1}^{k}\sum_{j=1}^{r} x_{ij}}{kr} \tag{10.14}$$

2. 分析步骤

与单因素方差分析类似,双因素方差分析也包括提出假设、构造检验统计量、统计决策等步骤。

(1) 提出假设。

为了检验两个因素的影响,需要对两个因素分别提出如下假设。

对行因素提出的假设为

$H_0: \mu_1 = \mu_2 = \cdots = \mu_i = \cdots = \mu_k$　　行因素(自变量)对因变量没有显著影响
$H_1: \mu_i (i=1,2,\cdots,k)$ 不全相等　　行因素(自变量)对因变量有显著影响

式中,μ_i 为行因素的第 i 个水平的均值。

对列因素提出的假设为

$H_0: \mu_1 = \mu_2 = \cdots = \mu_j = \cdots = \mu_r$　　列因素(自变量)对因变量没有显著影响
$H_1: \mu_j (j=1,2,\cdots,r)$ 不全相等　　列因素(自变量)对因变量有显著影响

式中,μ_j 为列因素的第 j 个水平的均值。

(2) 构造检验统计量。

为检验 H_0 是否成立,需要分别确定检验行因素和列因素的统计量。与单因素方差分析构造统计量的方法一样,也需要从总平方和的分解入手。总平方和是全部样本观察值 $x_{ij}(i=1,2,\cdots,k; j=1,2,\cdots,r)$ 与总的样本平均值 $\overline{\overline{x}}$ 的误差平方和,记为 SST,即

$$\begin{aligned} SST &= \sum_{i=1}^{k}\sum_{j=1}^{r}(x_{ij} - \overline{\overline{x}})^2 \\ &= \sum_{i=1}^{k}\sum_{j=1}^{r}(\overline{x}_{i.} - \overline{\overline{x}})^2 + \sum_{i=1}^{k}\sum_{j=1}^{r}(\overline{x}_{.j} - \overline{\overline{x}}) + \sum_{i=1}^{k}\sum_{j=1}^{r}(x_{ij} - \overline{x}_{i.} - \overline{x}_{.j} - \overline{\overline{x}})^2 \end{aligned}$$

$$\tag{10.15}$$

其中,分解后的等式右边的第一项是行因素所产生的误差平方和,记为 SSR,即

$$SSR = \sum_{i=1}^{k}\sum_{j=1}^{r}(\overline{x}_{i.} - \overline{\overline{x}})^2 \tag{10.16}$$

第二项是列因素所产生的误差平方和,记为 SSC,即

$$SSC = \sum_{i=1}^{k}\sum_{j=1}^{r}(\overline{x}_{.j} - \overline{\overline{x}})^2 \tag{10.17}$$

第三项是除行因素和列因素之外的剩余因素所产生的误差平方和,称为随机误差平方和,记为 SSE,即

$$SSE = \sum_{i=1}^{k} \sum_{j=1}^{r} (x_{ij} - \bar{x}_{i.} - \bar{x}_{.j} - \bar{\bar{x}})^2 \tag{10.18}$$

上述各平方和的关系为

$$SST = SSR + SSC + SSE \tag{10.19}$$

在上述误差平方和的基础上计算均方,也就是将各平方和除以相应的自由度。与各误差平方和相对应的自由度分别是:

总平方和 SST 的自由度为 $kr-1$;

行因素的误差平方和 SSR 的自由度为 $k-1$;

列因素的误差平方和 SSC 的自由度为 $r-1$;

随机误差平方和 SSE 的自由度为 $(k-1)(r-1)$。

为构造检验统计量,需要计算下列各均方:

行因素的均方,记为 MSR,即

$$MSR = \frac{SSR}{k-1} \tag{10.20}$$

列因素的均方,记为 MSC,即

$$MSC = \frac{SSC}{r-1} \tag{10.21}$$

随机误差项的均方,记为 MSE,即

$$MSE = \frac{SSE}{(k-1)(r-1)} \tag{10.22}$$

为检验行因素对因变量的影响是否显著,采用下面的统计量:

$$F_R = \frac{MSR}{MSE} \sim F(k-1, (k-1)(r-1)) \tag{10.23}$$

为检验列因素对因变量的影响是否显著,采用下面的统计量:

$$F_C = \frac{MSC}{MSE} \sim F(r-1, (k-1)(r-1)) \tag{10.24}$$

(3)做出判断。

计算出检验统计量后,根据给定的显著性水平 α 和两个自由度,查 F 分布表得到相应的临界值 F_α,然后将 F_R,F_C 与 F_α 进行比较。

若 $F_R > F_\alpha$,则拒绝原假设 $H_0: \mu_1 = \mu_2 = \cdots = \mu_i = \cdots = \mu_k$,表明 $\mu_i(i=1,2,\cdots,k)$ 之间的差异是显著的;也就是说,所检验的行因素对观测值有显著影响。

若 $F_C > F_\alpha$,则拒绝原假设 $H_0: \mu_1 = \mu_2 = \cdots = \mu_j = \cdots = \mu_r$,表明 $\mu_j(j=1,2,\cdots,r)$ 之间的差异是显著的;也就是说,所检验的列因素对观测值有显著影响。

也可以根据 F 统计量对应的 P 值和显著性水平对比进行判断,当 F 统计量对应的 P 值大于显著性水平时不显著,反之显著。

为使计算过程更加清晰,通常将上述过程的内容列成方差分析表,其一般形式如表 10-7 所示。

表 10-7 双因素方差分析表

	误差来源	平方和 SS	自由度 df	均方 MS	F 值	P 值	F 临界值
1							
2	行因素	SSR	$k-1$	MSR	F_R		
3	列因素	SSC	$r-1$	MSC	F_C		
4	误差	SSE	$(k-1)\times(r-1)$	MSE			
5	总和	SST	$kr-1$				

【例 10.2.2】 设甲、乙、丙、丁四个工人操作机器Ⅰ、Ⅱ、Ⅲ各一天,其产品产量如下表,根据数据检验机器型号和工人对该产品产量是否有显著影响($\alpha=0.05$)。

表 10-8 不同工人使用不同型号机器的产量

机器型号	工人			
	甲	乙	丙	丁
机器Ⅰ	51	46	48	54
机器Ⅱ	65	55	59	59
机器Ⅲ	53	41	42	52

解:首先对两个因素分别提出如下假设。

行因素(机器型号):

$H_0:\mu_1=\mu_2=\mu_3$ 机器型号对产量没有显著影响

$H_1:\mu_1,\mu_2,\mu_3$ 不全相等 机器型号对产量有显著影响

列因素(工人):

$H_0:\mu_1=\mu_2=\mu_3=\mu_4$ 工人对产量没有显著影响

$H_1:\mu_1,\mu_2,\mu_3,\mu_4$ 不全相等 工人对产量有显著影响

双因素方差分析的计算较复杂,可直接利用 SPSS 给出其计算结果。表 10-9 就是 SPSS 输出的分析结果。

表 10-9 主体间效应检验

源	Ⅲ类平方和	自由度	均方	F	显著性
修正模型	510.083	5	102.017	13.653	0.003
截距	32552.083	1	32552.083	4356.413	0.000
地区	345.167	2	172.583	23.097	0.002
促销方式	164.917	3	54.972	7.357	0.020
误差	44.833	6	7.472		
总计	33107.000	12			
修正后总计	554.917	11			

由表 10-9 中 F 统计量对应的 P 值可知:在 0.05 的显著水平上,机器型号和工人对产量的影响均是显著的。

表 10-9 也给出了自变量(机器型号和工人)的平方和以及误差平方和,其中,机器型号

的平方和度量了机器型号这个自变量对因变量(产量)的影响效应;工人的平方和度量了工人这个自变量对因变量(产量)的影响效应。这两个平方和加在一起则度量了两个自变量对因变量的联合效应,联合效应与总平方和的比值定义为 R^2,其平方根 R 则反映了这两个自变量合起来与因变量之间的关系强度。即

$$R^2 = \frac{\text{联合效应}}{\text{总效应}} = \frac{SSR+SSC}{SST} \tag{10.25}$$

在本例中 $R^2 = \frac{SSR+SSC}{SST} = 0.919$, $R = 0.959$。

三、有交互作用的方差分析

在上面的分析中,假定两个因素对因变量的影响是独立的,但如果两个因素搭配在一起会对因变量产生一种新的效应,就需要考虑交互作用对因变量的影响,这就是有交互作用的双因素方差分析。

设有两个因素 A 和 B。因素 A 有 r 个水平:$A_1, A_2, \cdots, A_r$,因素 B 有 s 个水平:$B_1, B_2, \cdots, B_s$。在每一个水平搭配 A_iB_j 上均做 l 次重复实验,实验数据结构如表 10-10 所示。

表 10-10　有交互作用的双因素方差分析数据结构

因素 A	因素 B			
	B_1	B_2	$\cdots$	B_s
A_1	$x_{111}, \cdots, x_{11l}$	$x_{121}, \cdots, x_{12l}$	$\cdots$	$x_{1s1}, \cdots, x_{1sl}$
A_2	$x_{211}, \cdots, x_{21l}$	$x_{221}, \cdots, x_{22l}$	$\cdots$	$x_{2s1}, \cdots, x_{2sl}$
$\vdots$	$\vdots$	$\vdots$		$\vdots$
A_r	$x_{r11}, \cdots, x_{r1l}$	$x_{r21}, \cdots, x_{r2l}$	$\cdots$	$x_{rs1}, \cdots, x_{rsl}$

设:x_{ijl} 为对应于行因素的第 i 个水平和列因素的第 j 个水平的第 l 行的观测值;

$\bar{x}_{ij} = \frac{1}{l}\sum_{k=1}^{l} x_{ijk}$ 为行列交叉 A_iB_j 的平均数,

$\bar{x}_{i..} = \frac{1}{sl}\sum_{j=1}^{s}\sum_{k=1}^{l} x_{ijk}$ 为每一行 A_i 水平的平均数,

$\bar{x}_{.j.} = \frac{1}{rl}\sum_{i=1}^{r}\sum_{k=1}^{l} x_{ijk}$ 为每一列 B_j 水平的平均数,

$\bar{x}_{...} = \frac{1}{rsl}\sum_{i=1}^{r}\sum_{j=1}^{s}\sum_{k=1}^{l} x_{ijk}$ 为全部观察值的总体平均数。

各平方和的计算公式如下:
总平方和(SST):

$$SST = \sum_{i=1}^{r}\sum_{j=1}^{s}\sum_{k=1}^{l}(x_{ijk} - \bar{x}_{...})^2 \tag{10.26}$$

行变量平方和(SSA):

$$SSA = sl\sum_{i=1}^{r}(\bar{x}_{i..} - \bar{x}_{...})^2 \tag{10.27}$$

列变量平方和(SSB)：

$$SSB = rl \sum_{j=1}^{s} (\overline{x}_{\cdot j \cdot} - \overline{x}_{\cdots})^2 \qquad (10.28)$$

交互作用平方和($SSAB$)：

$$SSAB = l \sum_{i=1}^{r} \sum_{j=1}^{s} (\overline{x}_{ij\cdot} - \overline{x}_{i\cdot\cdot} - \overline{x}_{\cdot j\cdot} - \overline{x}_{\cdots})^2 \qquad (10.29)$$

误差平方和(SSE)：

$$SSE = \sum_{i=1}^{r} \sum_{j=1}^{s} \sum_{k=1}^{l} (x_{ijk} - \overline{x}_{ij\cdot})^2 \qquad (10.30)$$

即有

$$SST = SSA + SSB + SSAB + SSE$$

与无交互作用的方差分析方法类似，有交互作用的双因素方差分析也需要提出假设、构造检验统计量、统计决策等步骤。提出假设时，需要对行变量、列变量和交互作用变量分别提出假设，方法与上述类似，这里不再赘述。有交互作用的双因素方差分析表一般形式如表10-11所示。

表 10-11 有交互作用的双因素方差分析表的结构

误差来源	平方和 SS	自由度 df	均方 MS	F 值	P 值	F 临界值
行因素	SSR	$k-1$	$MSR = \dfrac{SSR}{k-1}$	$F_R = \dfrac{MSR}{MSE}$		
列因素	SSC	$r-1$	$MSC = \dfrac{SSC}{r-1}$	$F_C = \dfrac{MSC}{MSE}$		
交互作用	$SSRC$	$(k-1)(r-1)$	$MSRC = \dfrac{SSRC}{(k-1)(r-1)}$	$F_{RC} = \dfrac{MSRC}{MSE}$		
误差	SSE	$kr(m-1)$	$MSE = \dfrac{SSE}{kr(m-1)}$			
总和	SST	$n-1$				

【例 10.2.3】 沿用【例 10.2.1】的数据，试分析化肥种类与土地类型的交互作用对作物产量的影响。（$\alpha = 0.05$）

用 SPSS 软件分析结果如表 10-12 所示。

表 10-12 主体间效应检验（因变量：作物产量）

	Ⅲ 类平方和	自由度	均方	F	显著性
修正模型	329.556ᵃ	11	29.960	8.769	.000
截距	34348.444	1	34348.444	10053.203	.000
化肥种类	296.667	3	98.889	28.943	.000
土地类型	16.722	2	8.361	2.447	.108
化肥种类 * 土地类型	16.167	6	2.694	.789	.588
误差	82.000	24	3.417		
总计	34760.000	36			
修正后总计	411.556	35			

a. R 方 = .801（调整后 R 方 = .709）

由上表知,在 0.05 的显著性水平下,化肥类型对作物产量的影响是显著的,而化肥类型和土地类型对作物产量的交互影响是不显著的。

第三节 χ^2 分析

在实际统计分析中,经常遇到对定性数据进行分析的情况,比如不同性别对数学的爱好有没有差别,不同职业对某项公共政策满意程度是否有差异,这些分析都涉及两组或者多组分类变量或者顺序变量是否关联的问题。如果分类变量或者顺序变量彼此不关联,就称为独立,这类问题也称为独立性检验。χ^2 统计量可以测定两个分类变量之间的关联程度。

一、χ^2 统计量

若用 f_0 表示观察值频数,用 f_e 表示期望频数,则 χ^2 统计量可以写为

$$\chi^2 = \sum \frac{(f_0 - f_e)^2}{f_e} \tag{10.31}$$

其中 χ^2 统计量有如下特征:首先 $\chi^2 \geq 0$,因为它是对平方结果的汇总;其次,χ^2 统计量的分布与自由度有关;最后,χ^2 统计量描述了观察值与期望值的接近程度,即 $f_0 - f_e$ 的绝对值越小,计算出的 χ^2 值越小,反之,$f_0 - f_e$ 的绝对值越大,计算出的 χ^2 值也越大。χ^2 检验正是通过对 χ^2 的计算结果与 χ^2 分布中的临界值进行比较,做出是否拒绝原假设的统计决策。

χ^2 分布与自由度的关系图在第七章里面有。利用 χ^2 统计量,可以对分类变量数据进行拟合优度检验和独立性检验。

二、拟合优度检验

拟合优度检验(goodness of fit test)是用 χ^2 统计量进行统计显著性检验的重要内容之一。它是依据总体分布状况,计算出分类变量中各类别的期望频数,与分布的观察频数进行对比,判断期望频数与观察频数是否有显著差异,从而达到对分类变量进行分析的目的。

【例 10.3.1】某大型超市为研究三种品牌纯牛奶的销售情况,调查了一组 210 名的购买纯牛奶的顾客群体,结果 68 人购买了品牌 A,83 人购买了品牌 B,59 人购买了品牌 C。根据这些数据,试检验消费者对三种品牌的纯牛奶的偏好是否有显著性差异。

检验消费者对三种品牌的纯牛奶的偏好是否有显著性差异,等价于检验购买三种品牌纯牛奶的顾客所占的比例是否相等,即是否都为 1/3。假设购买三种品牌纯牛奶的顾客所占的比例都为 1/3,那么 210 名顾客中购买三种品牌纯牛奶的人数应该都为 70 人;如果实际中购买三种品牌纯牛奶的人数与 70 差距过大,则将认为消费者对三种品牌的纯牛奶的偏好有显著性差异。本例中,68,83,59 为实观察频数,70 为期望频数。通过比较期望频数与

观察频数,能够从统计角度做出购买纯牛奶的偏好是否有显著差异的判断。以 0.05 的显著水平对此问题做进一步规范分析。

1. 提出假设

$H_0: \pi_1 = \pi_2 = \pi_3 = \dfrac{1}{3}$

$H_1: \pi_1, \pi_2, \pi_3$ 不全相等

2. 计算 χ^2 统计量

χ^2 统计量的计算如表 10-13 所示。

表 10-13 χ^2 计算表

f_0	f_e	$f_0 - f_e$	$(f_0 - f_e)^2$	$((f_0 - f_e)^2/f_e$
68	70	-2	4	0.0571
83	70	13	169	2.4143
59	70	-11	121	1.7286

$$\chi^2 = \sum_{i=1}^{3} \frac{(f_0 - f_e)^2}{f_e} = 4.20$$

表中第一列是调查数据,为观察频数;第二列是根据原假设计算的频数,为期望频数。χ^2 统计量计算过程为:

第一步:计算 $f_0 - f_e$;

第二步:计算 $(f_0 - f_e)^2$;

第三步:计算 $(f_0 - f_e)^2/f_e$;

第四步:计算 $\chi^2 = \sum\limits_{i=1}^{3} \dfrac{(f_0 - f_e)^2}{f_e} = 4.20$。

自由度的计算公式为 $df = R - 1$,R 为分类变量的分类个数。本例中品牌有三类,因此自由度为 2,查 χ^2 分布表 $\chi^2_{0.05}(2) = 5.99$,因为 4.20 小于 5.99,故不拒绝原假设,认为消费者对三种品牌的纯牛奶的偏好无显著性差异。

三、独立性检验

(一) 列联表

列联表(contingency table)是由两个或两个以上的变量进行交叉分类的频数分布表。根据变量的多少可以将列联表划分为二维列联表和三维(多)列联表。

二维列联表是指按照两个定性变量进行交叉分类所列出的频数分布表,如果行(row)变量划分类别视为 R,列(column)变量划分类别视为 C,则可以把每一个具体的列联表称为 R×C 列联表。

三维列联表是指按三个定性变量进行交叉分类所列出的频数分布表,可以将行(列、层)变量 $X(Y,Z)$ 划分 $r(c,l)$ 类,三维列联表记为 $r \times c \times l$ 列联表。

三(多)维列联表虽然复杂,但是,通过对变量进行层层控制,最终还是要落实到二维列

联表,实现对二元定性变量的分析。

二维列联表观察频数分布表是根据观察数据按照列联表格式统计的频数分布表,表示结构如表10-14所示。其中,n_{ij}表示第i行第j列(单元格)的观测频数,$n_{i.}$表示第i行的边缘频数,$n_{.j}$表示第j列的边缘频数,n为样本容量(或称总频数)。通过$n_{i.}(n_{.j})$可以研究行(列)变量的边频数分布,通过n_{ij}可以研究行和列两个变量的联合频数分布,将n_{ij}结合$n_{i.}$($n_{.j}$)可以研究列(行)变量的条件频数分布。

表10-14 二维列联表观察频数分布表

列变量 行变量		Y_1	Y_2	...	Y_c	行和 $n_{i.}$
	X_1	n_{11}	n_{12}	...	n_{1c}	$n_{1.}$
X	X_2	n_{21}	n_{22}	...	n_{2c}	$n_{2.}$
	⋮	⋮	⋮		⋮	⋮
	X_r	n_{r1}	n_{r2}	...	n_{rc}	$n_{r.}$
列和 $n_{.j}$		$n_{.1}$	$n_{.2}$	...	$n_{.c}$	n

根据观察频数分布表可以得到观察频率分布表,观察频率分布表的结构如表10-15所示。

表10-15 观察频率分布表

列变量 行变量		Y_1	Y_2	...	Y_c	行和 $p_{i.}$
	X_1	p_{11}	p_{12}	...	p_{1c}	$p_{1.}$
X	X_2	p_{21}	p_{22}	...	p_{2c}	$p_{2.}$
	⋮	⋮	⋮		⋮	⋮
	X_r	p_{r1}	p_{r2}	...	p_{rc}	$p_{r.}$
列和 $p_{.j}$		$p_{.1}$	$p_{.2}$	...	$p_{.c}$	1

其中,

$$p_{i.} = \sum_{j=1}^{c} p_{ij}(i=1,2,\cdots,c), p_{.j} = \sum_{i=1}^{r} p_{ij}(j=1,2,\cdots,c), p_{ij} = \frac{n_{ij}}{n}$$

p_{ij}可以理解为既属于X_i又属于Y_j类的频率,$p_{i.}$可以理解为属于X_i类的频率,$p_{.j}$属于Y_j类的频率。

假定列联表中的变量是相互独立的,根据表10-14的样本容量和样本的边缘分布,即n,$n_{i.}$和$n_{.j}$可以计算期望频数E_{ij}:

$$E_{ij} = \frac{n_{i.} \times n_{.j}}{n} \tag{10.32}$$

(二)独立性检验

独立性检验就是分析列联表中行变量和列变量是否相互独立。

【例10.3.2】 欲探究患慢性气管炎是否与吸烟有关,调查了339名50岁以上的人,调查结果如表10-16所示:

表 10-16 患慢性气管炎与吸烟的关系调查

	患病	不患病	合计
吸烟	162	43	205
不吸烟	13	121	134
合计	175	164	339

从表中可以看出,339 名调查对象中患病人数为 175 人,患病的比率为 175/339＝51%。如果吸烟与患病没有关系,按照这个比率,在 205 位吸烟患病的人数中患病人数是 105 人,不患病的人数为 100 人,105 和 100 是期望频数,162 和 43 是观察频数。通过比较期望频数与观察频数,能够从统计角度做出吸烟与患病是否相关的判断。以 α＝0.1 的显著性水平对此问题做进一步规范分析。

（1）提出假设。

H_0:观察频数与期望频数一致　吸烟与患病无关

H_1:观察频数与期望频数不一致　吸烟与患病有关

（2）计算 χ^2 统计量。

χ^2 统计量的计算如表 10-17 所示。

表 10-17　χ^2 计算表

f_0	f_e	f_0-f_e	$(f_0-f_e)^2$	$(f_0-f_e)^2/f_e$
162	105	57	3249	30.9
43	100	-57	3249	32.49

$$\chi^2 = \sum \frac{(f_0-f_e)^2}{f_e} = 63.39$$

表中第一行为患病数据,观测数据为 162,期望数据为 105;第二行为不患病数据,观测数据为 43,期望数据为 100。χ^2 统计量计算过程:

第一步,计算 f_0-f_e;

第二步,计算 $(f_0-f_e)^2$;

第三步,计算 $(f_0-f_e)^2/f_e$;

第四步,计算 $\chi^2 = \sum \dfrac{(f_0-f_e)^2}{f_e} = 63.39$。

（3）作出判断。

自由度的计算公式为 $df=R-1$,R 为分类变量的分类个数。本例中患病情况分为两类,因此自由度为 1,查 χ^2 分布表 $\chi^2_{0.1}(1)=2.706$,因为 63.39 大于 2.706,故拒绝观察频数与期望频数一致,吸烟与患病有关。

1. 应用 χ^2 检验应注意的问题

在应用 χ^2 检验时,要求样本量足够大,特别是每个单元格的期望频数不能太小,否则应用 χ^2 检验会得出错误的结论。从 χ^2 统计量的计算公式可以看出,期望频数 f_e 在公式的分母上,如果某个单元格的期望频数过小,χ^2 统计量的值就会变大,从而导致拒绝原假设。因

此,应用 χ^2 检验时对单元格的期望频数有以下要求:

第一,如果仅有两个单元格,单元格的最小期望频数不应小于 5,否则不能进行 χ^2 检验。

第二,单元格在两个以上时,期望频数小于 5 的单元格不能超过总格数的 20%,否则不能进行 χ^2 检验。如果出现期望频数小于 5 的单元格超过 20%,可以采取合并类别的办法来解决这一问题。

2. 两个分类变量的相关性度量

如果 χ^2 独立性检验拒绝了原假设,则表明两个变量不独立,这意味着它们之间存在一定的相关关系。这时,可以进一步测度它们之间的关联程度,使用的统计量主要是 φ 系数(φ coefficient)、Cramer's V 系数(Cramer's V coefficient)、列联系数(contingency coefficient)等。

(1) φ 系数。

φ 系数主要用于 2×2 列联表的相关性测量。计算公式为

$$\varphi = \sqrt{\frac{\chi^2}{n}} \tag{10.33}$$

式中 χ^2 是按前面方法计算出来的 χ^2 值;n 为列联表的总频数,即样本量。说 φ 系数适合 2×2 列联表,是因为对于 2×2 列联表中的数据,计算出的 φ 系数可以控制在 0~1 这个范围。表 10-18 是一个简化的 2×2 列联表。

表 10-18 2×2 列联表

因素 Y	因素 X		合计
	x_1	x_2	
y_1	a	b	$a+b$
y_2	c	d	$c+d$
合计	$a+c$	$b+d$	n

表 10-18 中,a,b,c,d 均为条件频数。由上节分析可知,当变量 X,Y 相互独立、不存在相关关系时,频数间应有下面的关系:

$$\frac{a}{a+c} = \frac{b}{b+d}$$

化简后有

$$ad = bc$$

因此,差值 $ad-bc$ 的大小可以反映变量之间相关程度的高低。差值越大,说明两个变量的相关程度越高。φ 系数就是以 $ad-bc$ 的差值为基础,对两个变量相关程度的测定。

由式(10.32)知,在 2×2 列联表中,每个单元格频数的期望值为

$$e_{11} = \frac{(a+b)(a+c)}{n}$$

$$e_{21} = \frac{(a+c)(c+d)}{n}$$

$$e_{12} = \frac{(a+b)(b+d)}{n}$$

第十章 方差分析和 χ^2 分析

$$e_{22}=\frac{(b+d)(c+d)}{n}$$

于是

$$\chi^2 =\frac{(a-e_{11})^2}{e_{11}}+\frac{(b-e_{12})^2}{e_{12}}+\frac{(c-e_{21})^2}{e_{21}}+\frac{(d-e_{22})^2}{e_{22}}$$

$$=\frac{n(ad-bc)^2}{(a+b)(c+d)(a+c)(b+d)}$$

将此结果代入式(10.33),得到

$$\varphi=\sqrt{\frac{\chi^2}{n}}=\frac{ad-bc}{\sqrt{(a+b)(c+d)(a+c)(b+d)}} \tag{10.34}$$

当 $ad=bc$ 时,表明变量 X,Y 之间相互独立,这时 $\varphi=0$。若 $b=0,c=0$,由式(10.34)计算得 $\varphi=1$,这是 X 与 Y 完全相关的一种情况。同样,若 $a=0,d=0$,由式(10.34)计算得 $\varphi=-1$,这也是 X 与 Y 完全相关的一种情况。由于在列联表中,变量的位置可以任意变换,因此 φ 的符号在这里没有什么实际意义,其绝对值 $|\varphi|=1$,只是表明 X 与 Y 完全相关。由表10-18可知,当 $|\varphi|=1$ 时,必有某个方向对角线上的值全为零。

对于 2×2 列联表,φ 系数的取值范围在 $0\sim1$。φ 值越接近1,两个变量之间的关系越强,越接近0表明关系越弱。但是,当列联表的行数或列数大于2时,φ 系数会随着行数或列数增加而变大,而且没有上限。这时 φ 系数的含义不容易解释。

例如,根据【例10.3.1】中的数据,得到吸烟与患病之间的 φ 系数为

$$\varphi=\sqrt{\frac{\chi^2}{n}}=\frac{ad-bc}{\sqrt{(a+b)(c+d)(a+c)(b+d)}}=\frac{162\times121-43\times13}{\sqrt{175\times164\times205\times134}}=0.678$$

表明吸烟与患病之间存在相关关系,这与【例10.3.2】的独立性检验的结论是一致的。

(2) Cramer's V 系数。

Cramer's V 系数是由 Cramer 提出来的。计算公式为

$$V=\sqrt{\frac{\chi^2}{n\times\min\{(r-1),(c-1)\}}} \tag{10.35}$$

式中 χ^2 是按前面方法计算出来的 χ^2 值;n 为列联表的总频数,即样本量;r 为行数;c 为列数;$\min\{(r-1),(c-1)\}$ 表示 $(r-1)$ 和 $(c-1)$ 中较小的一个。

Cramer's V 系数的取值范围总是为 $0\sim1$。当两个变量独立时,$V=0$;当两个变量完全相关时,$V=1$。如果列联表中的行数或者列数中有一个为2,Cramer's V 系数就等于 φ 系数。

例如,根据【例10.3.2】,得到的吸烟与患病之间的 Cramer's V 系数为 $V=\sqrt{\frac{155.9881}{339\times1}}=0.678$,与 φ 系数一致。

(3) 列联系数。

列联系数主要用于大于 2×2 列联表的相关性测量,用 C 表示。计算公式为

$$C=\sqrt{\frac{\chi^2}{\chi^2+n}} \tag{10.36}$$

从式(10.36)可以看出,列联系数不可能大于 1。当两个变量独立时,$C=0$,但即使两个变量完全相关,列联系数也不可能等于 1,因此,对列联系数含义的解释就不够方便。

附录:SPSS 的应用

(一) 用 SPSS 进行单因素方差分析

第一步:输入变量和数据;选择【分析】→【一般线性模型】→【单变量】,进入主对话框。

第二步:将因变量选入【因变量】框中,将自变量选入【固定因子】框中。

第三步:(需要均值图时)点击【图】,将因子选入【水平轴】中,然后点击【添加】,点击【继续】回到主对话框。

(需要多重比较时)点击【事后比较】,将【因子】选入【下列各项的事后检验】框中,在【假定等方差】下选择一种方法,如 LSD,点击【继续】回到主对话框。

(需要相关统计量时)点击【选项】,在【显示】下选中【描述统计】,点击【继续】回到主对话框。

(需要方差齐性检验时)点击【选项】,在【显示】下选中【齐性检验】,点击【继续】回到主对话框。

(需要对模型的参数进行估计时)点击【选项】,在【显示】下选中【参数估算值】,点击【继续】回到主对话框。

(需要预测值时)点击【保存】,并在【预测值】下选中【未标准化】,点击【继续】回到主对话框。点击【确定】。

(二) 用 SPSS 进行双因素方差分析

第一步:输入变量和数据;选择【分析】→【一般线性模型】→【单变量】,进入主对话框。

第二步:将因变量选入【因变量】框中,将自变量选入【固定因子】框中。

第三步:点击【模型】,并点击【指定模型-构建项】;将因子 A 和 B 分别选入【模型】中;在【构建项】下选择【主效应】。点击【继续】回到主对话框。

第四步:(需要均值图时)点击【图】,将因子 A 选入【水平轴】中,将因子 B 选入【单独的线条】,然后点击【添加】,点击【继续】回到主对话框。

(需要多重比较时)点击【事后比较】,将"因子 A"和"因子 B"分别选入【下列各项的事后检验】框中,在【假定等方差】下选择一种方法,如 LSD,点击【继续】回到主对话框。

(需要相关统计量、方差齐性检验、对模型的参数进行估计时)点击【选项】,在【显示】下选中【描述统计】、【齐性检验】、【参数估算值】、【残差图】,点击【继续】回到主对话框。

(需要预测值时)点击【保存】,并在【预测值】下选中【未标准化】,点击【继续】回到主对话框。点击【确定】。

(注:要分析交互效应时,将上述第三步略加修改即可。点击【模型】,并点击【指定模型-构建项】;将因子 A 和 B 分别选入【模型】中;再将二者同时选入,此时在模型中初现【因素 A*因素 B】;在【构建项】下选择【交互】。点击【继续】回到主对话框。)

本章小结

本章主要介绍了单因素方差分析、双因素方差分析以及 χ^2 分析。

1. 单因素方差分析。介绍了方差分析的基本概念,如因素、水平、处理、总平方和、组内平方和、组间平方和、系统误差、随机误差等。介绍了方差分析的基本思想和原理以及多重比较等。其基本思想是把观测值总的变异分解成不同变异来源的组间变异和组内变异,进而获得不同变异来源的总体方差的估计值,然后通过构建适当的 F 统计量来检验各个样本所属的总体平均数是否相等。因此,方差分析的关键是总离差平方和及其自由度的分解,理论依据依然是假设检验的基本思想和理论。

2. 双因素方差分析。介绍了双因素方差分析的相关概念和原理,具体介绍了双因素无重复试验的双因素方差分析以及双因素重复试验的方差分析。单因素方差分析的特点是影响因素只有一个;双因素方差分析是指影响因素具有两个,并且分为这两个因素不具有交互效应影响和具有交互效应影响两种情况。因此,双因素方差分析方法形式更复杂一些,但原理和理论依据与单因素分析方法是一致的。

3. χ^2 分析。主要介绍了根据假设检验的原理,利用 χ^2 统计量进行拟合优度检验和独立性检验。

【思考与练习】

一、思考题

1. 方差分析的目的是什么?
2. 方差分析的前提条件是什么?
3. 简述单因素方差分析的步骤。
4. 什么是交互效应?
5. 简述利用 χ^2 统计量检验两个分类变量独立性的步骤。

二、练习题

1. A、B、C 三种不同型号的机器都能独立生产某种产品,对三台机器分别随机抽取记录了 10 件产品的生产时间,数据如下表:

单位:分钟

A	B	C
8.7	8.1	8.5
9.3	6.8	8.6
8.6	7.3	9.1
9.0	8.1	8.2
8.3	7.7	8.3
9.5	8.7	7.9

A	B	C
9.4	8.4	8.1
9.2	7.9	9.5
9.3	6.4	9.4
9.0	7.8	8.0

在 0.05 的显著性水平下,试确定不同机器对产品生产时间是否有显著影响。

2. 有三种不同品牌的同型号电池,为比较三种电池的耐用性,随机抽取了共 30 个来自三个品牌的电池进行试验,通过对使用寿命试验结果时间数据进行方差分析得到下表。

差异来源	SS	df	MS	F	F crit
组间			205		3.354
组内	3952			—	—
总计		29	—	—	—

(1) 完成上面的方差分析表。
(2) 在 0.05 的显著性水平下,判断 A、B、C 三种品牌电池的使用寿命是否有显著差异。

3. 一种药材来自三个不同的地区,该药材分为三个不同的等级。从这批原材料中随机抽取 500 件进行检验,结果如下表所示,检验各个地区和药材等级之间是否存在依赖关系。

($\alpha = 0.05$)

地区	一级	二级	三级	合计
甲	50	66	22	138
乙	62	59	52	173
丙	60	65	74	199
合计	172	190	148	510

4. 一农科所为了研究小麦品种和施肥方案对小麦产量的影响,在 27 块地上对 3 种小麦品种和 3 种施肥方案进行了搭配试验,取得的收获量如下:

单位:公斤

小麦品种	施肥方案		
	1	2	3
a	40	40	60
	30	30	48
	45	49	50
b	25	29	45
	30	36	48
	20	30	50
c	19	23	30
	30	17	28
	33	25	26

在 0.05 的显著性水平下,检验小麦品种、施肥方案和小麦品种施肥方案的交互效应对小麦产量是否有显著影响。

5. 为检验某种化妆品的促销方式和销售地区对销售量是否有显著影响,在三个不同地区采用四种不同的促销方式进行销售,获得的销售数据如下:

不同促销方式在不同地区的销售量

销售地区	促销方式			
	广告宣传	有奖销售	特价销售	买一送一
地区 1	264	318	355	408
地区 2	207	230	292	356
地区 3	235	206	304	342

根据上表数据,检验销售地区和促销方式对该化妆品的销售量是否有显著影响($\alpha=0.05$)。

6. 从总体中随机抽取了 $n=200$ 的样本,调查后按不同属性归类,得到如下结果:
$$n_1=28, n_2=56, n_3=48, n_4=36, n_5=32$$
依据经验数据,各类别在总体中的比例分别为
$$\pi_1=0.1, \pi_2=0.2, \pi_3=0.3, \pi_4=0.2, \pi_5=0.2$$
以 $\alpha=0.1$ 的显著性水平进行检验,说明现在的情况与经验数据相比是否发生了变化(用 P 值)。

7. 某报社关心其读者的阅读习惯是否与其文化程度有关,随机调查了 254 位读者,得到如下数据:

阅读习惯	大学以上	大学和大专	高中	高中以下
早上看	6	13	14	17
中午看	12	16	8	8
晚上看	38	40	11	6
有空看	21	22	9	13

以 0.05 的显著性水平检验读者的阅读习惯是否与文化程度有关。

第十一章 线性回归分析

【学习目标】
1. 理解相关关系的概念和相关关系的分类及识别。
2. 掌握相关系数的计算公式,相关系数的特点及检验方法。
3. 理解回归分析的概念以及相关分析与回归分析的区别与联系。
4. 掌握一元线性回归模型的建立、检验及预测。
5. 掌握多元线性回归分析以及运用统计软件进行一元线性和多元线性回归分析。

"回归"这个词最早是由英国著名生物学家、统计学家高尔顿(Galton)在研究人类遗传问题时提出来的。他和他的学生卡尔·皮尔逊(K. Pearson)搜集了1078对父亲及其儿子的身高数据。他们发现儿子的身高与其父亲的身高之间有着密切的联系。总的来看,父亲的身高增加时,儿子的身高也倾向于增加。也就是说可以用父亲的身高去大致地预测儿子的身高。他们还对数据作了进一步的深入分析,发现了一个很有趣的现象:当一位父亲高于平均身高时,他的儿子比他更高的概率要小于比他更矮的概率;而当一位父亲矮于平均身高时,他的儿子比他更矮的概率要小于比他更高的概率。它反映了一个规律,即儿子的身高,有向他们父辈的平均身高回归的趋势,这就是所谓的回归效应。高尔顿提出的回归分析的思想与方法为后来的统计学家普遍接受,并且被广泛运用到经济管理和其他领域。

很多现象除了自身的变动以外,与其他现象相互之间可能会有一定的依存关系。这种现象间的相互依存关系经常表现为不确定的统计关系,或称为相关关系。相关与回归分析是研究变量之间不确定性统计关系的重要方法。本章首先介绍变量相关关系的概念、分类、相关系数等内容;然后介绍一元回归分析的基本概念、模型、参数估计、模型检验、估计与预测等内容;最后介绍多元线性回归假设、模型、估计方法、检验方法等内容。

第一节 相关分析

一、相关关系的概念

无论是在自然领域还是社会领域,一些现象与另一些现象之间往往存在着相互依存、相互联系和相互制约的关系,当我们用变量来反映这些现象的特征时,便表现为变量之间的依存关系。如降雨量与农作物产量之间的关系、商品单价与销售额之间的关系、气温与居民用电量之间的关系等。

变量之间的依存关系又可分为函数关系与相关关系两种。函数关系是指变量之间保持着严格的依存关系,呈现出一一对应的特征。如圆的周长 L 与圆的半径 R 之间就存在着严格的依存关系,当圆的半径 R 的值取定后,其周长 L 的值也随之确定,变量间的这种依存关系便是函数关系。相关关系是指变量之间保持着不确定的依存关系,即"若即若离"。例如,人的身高与体重这两个变量,一般而言是相互依存的,但它们并不表现为一一对应的关系。制约这两个变量的还有其他因素,如遗传因素、营养状况和运动水平等,以至于同一身高的人可以有不同的体重,同一体重的人又表现出不同的身高。变量间的这种不严格的依存关系就构成了相关分析与回归分析的对象。

变量之间的函数关系和相关关系并不是绝对的,在一定条件下二者可以相互转化。对本来具有函数关系的变量,如果考虑存在对变量的测量误差,其函数关系往往会以相关关系表现出来;对具有相关关系的变量,如果对它们有充分深刻的认识,从而能够把影响变量变动的所有其他因素全部都控制不变,这时原来的相关关系也可能会趋近于函数关系。

二、相关关系的分类

由于涉及的变量数量、相关性质及相关程度的不同,变量之间的相关关系可以按照不同的标志进行分类。

(一)按相关的程度可分为完全相关、不完全相关和不相关三种

当一个变量的变化完全由另一个变量所决定时,称变量间的这种关系为完全相关,这种严格的依存关系实际上已成为函数关系。当两个变量的变化相互独立、互不影响时,称两个变量不相关(或零相关),例如,棉纱的抗拉强度与企业职工的平均年龄无关。当变量之间存在不严格的依存关系时,称为不完全相关。不完全相关是现实当中相关关系的主要表现形式,也是相关分析的主要研究对象。

(二)按相关的方向可分为正相关和负相关

当一个变量随着另一个变量的增加(减少)而增加(减少),即两者同向变化时,称为正相关,例如,个人收入与其储蓄之间的关系,随着收入的提高,储蓄的数额也会相对增加。当一个变量随着另一个变量的增加(减少)而减少(增加),即两者反向变化时,称为负相关,如便利店的销售额与距居民区距离之间的关系,一般而言与居民区的距离越近,便利店的销售额就越高。

(三)按相关的形式可分为线性相关和非线性相关两种

当变量间的依存关系大致呈现为线性形式,即当一个变量变动一个单位时,另一个变量也按一个大致固定的增(减)量变动,就称之为线性相关。当变量间的关系不按固定比例变化时,就称之为非线性相关。

(四)按研究变量的多少可分为单相关、偏相关和复相关三种

两个变量之间的相关,称为单相关,例如,研究学习时间与学习成绩之间的关系就是单相关。一个变量与两个或两个以上其他变量之间的相关,称为复相关,例如,研究企业产量与原材料、资金和人力资源投入量之间的关系就是复相关。在多个变量的相关研究中,假定其他变量不变,专门研究其中两个变量之间的相关关系时称其为偏相关,例如,在投入与产出关系中,假定资金和人力资源两个因素不变而专门探讨产量与原材料之间的关系就是偏相关。

值得注意的是,并非所有的变量之间都存在相关关系,因此需要用相关分析方法来识别和判断相关分析,就是借助于图形和若干分析指标(如相关系数、相关指数等)对变量之间的依存关系的密切度进行测定。

三、相关关系的识别

(一)散点图

识别变量间相关关系最简单的方法是图形法。所谓图形法,就是将所研究变量的观测值以散点的形式绘制在相应的坐标系中,通过它们呈现出的特征,来判断变量之间是否存在相关关系,以及相关的形式、相关的方向和相关的程度等。具体图如图 11-1 所示。

(二)相关系数

图表形式虽然能够直观地展现变量之间的相关关系,但对变量相关关系及相关程度的描述不是很精确。在统计学中,对不同类型的变量数据,常采用各种相关系数来具体度量变量间相关的程度,其中最常用的是简单线性相关系数。

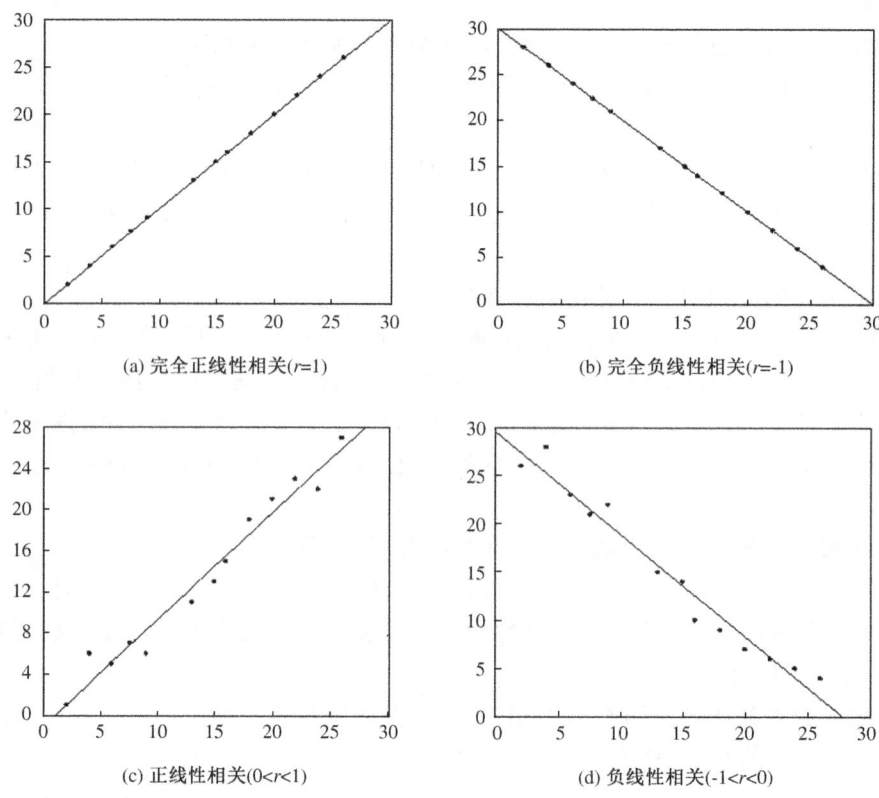

(a) 完全正线性相关($r=1$)　　(b) 完全负线性相关($r=-1$)

(c) 正线性相关($0<r<1$)　　(d) 负线性相关($-1<r<0$)

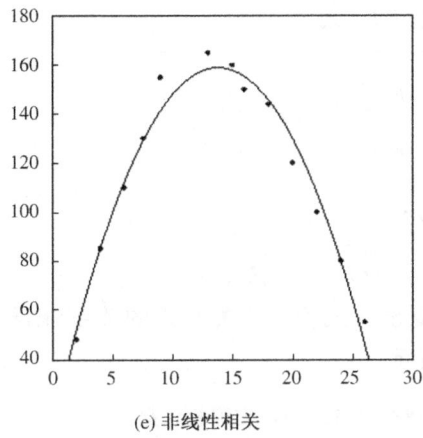
(e) 非线性相关

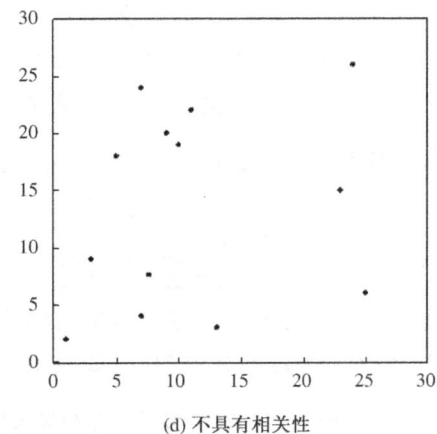
(d) 不具有相关性

图 11-1 相关关系示意图

在各种类型的相关分析中,只有两个变量的线性相关关系的分析是最简单的。两个变量之间的线性相关程度可以用简单线性相关系数去度量,这种相关系数是最常用的,简称为相关系数。

1. 相关系数的计算公式

对于所研究的总体,两个相互联系的变量的相关系数称为总体相关系数,一般记为 ρ,ρ 的计算公式为

$$\rho = \frac{\mathrm{Cov}(x,y)}{\sqrt{\mathrm{Var}(x)\mathrm{Var}(y)}} \tag{11.1}$$

式(11.1)中,$\mathrm{Cov}(x,y)$ 是变量 x 和 y 的协方差,$\mathrm{Var}(x)$ 和 $\mathrm{Var}(y)$ 分别是变量 x 和 y 的方差。通常总体相关系数是一个常数。总体相关系数 ρ 反映了总体两个变量 x 和 y 的线性相关程度,对于特定的总体来说,数值是既定的,总体相关系数 ρ 是客观存在的特定数值。然而,往往不可能去直接观测总体的两个变量 x 和 y 的全部数值,所以总体相关系数一般是未知的。通常可能做到的,是从总体中随机抽取一定数量的样本,通过 x 和 y 的样本观测值去估计样本相关系数,变量 x 和 y 的样本相关系数通常用 r_{xy} 表示,或简记为 r,可用公式(11.2)去估计。

r 的计算公式为

$$r = \frac{\sum(x_i - \bar{x})(y_i - \bar{y})}{\sqrt{\sum(x_i - \bar{x})^2}\sqrt{\sum(y_i - \bar{y})^2}} \tag{11.2}$$

样本相关系数是根据样本观测值计算的,随着取样的不同,相关系数的值也会有所变化。可以证明,样本相关系数是总体相关系数的一致估计量。

此外,样本相关系数的计算还有两个简捷公式,它们的特点是能够直接利用建立回归方程时已经计算好的数值。其具体公式如下:

$$r = \frac{\sum x_i y_i - \frac{1}{n}(\sum x_i)(\sum y_i)}{\sqrt{\sum x_i^2 - \frac{1}{n}(\sum x_i)^2} \cdot \sqrt{\sum y_i^2 - \frac{1}{n}(\sum y_i)^2}} \tag{11.3}$$

其中,n 为样本容量。对上式分子、分母同乘以 n,则得

$$r = \frac{n\sum x_i y_i - (\sum x_i)(\sum y_i)}{\sqrt{n\sum x_i^2 - (\sum x_i)^2} \cdot \sqrt{n\sum y_i^2 - (\sum y_i)^2}} \tag{11.4}$$

【例 11.1.1】 为了研究城镇居民人均消费支出与人均可支配收入的关系,随机抽取得到 2018 年的 11 个地区的相关数据,如表 11-1 所示。

表 11-1 11 个地区城镇居民人均消费支出与人均可支配收入数据

地区编号	城镇居民人均消费支出(元) y	城镇居民人均可支配收入(元) x_i
1	16918	31610
2	8438	17019
3	22406	50440
4	9460	18274
5	8736	15391
6	25875	46691
7	11407	18204
8	15800	31514
9	22445	47712
10	37107	85537
11	31509	61410

研究城镇居民人均消费支出与人均可支配收入之间是否存在某种相关关系。

解:根据公式(11.4),

$$r = \frac{n\sum x_i y_i - (\sum x_i)(\sum y_i)}{\sqrt{n\sum x_i^2 - (\sum x_i)^2} \cdot \sqrt{n\sum y_i^2 - (\sum y_i)^2}} = 0.983$$

说明城镇居民人均消费支出与人均可支配收入之间存在较强的线性相关关系。

2. 相关系数的特点

(1)相关系数的符号代表着变量间的相关方向,$r>0$ 说明两个变量之间正相关,$r<0$ 则表明两个变量之间负相关。

(2)相关系数的取值介于 -1 和 1 之间,它的绝对值越接近于 1,意味着变量之间的线性相关程度越强。$r=\pm 1$,说明两个变量之间完全线性相关。若 $r=1$,称 x 与 y 完全正相关;若 $r=-1$,称 x 与 y 完全负相关。$r=0$,说明两个变量之间不存在线性相关关系;$0<|r|<1$,则说明两个变量之间存在一定程度的线性相关关系。

使用相关系数分析相关关系时应当注意以下几点:

① x 和 y 都是相互对称的随机变量,所以 $r_{xy}=r_{yx}$;

②相关系数只反映变量间的线性相关程度,不能说明非线性相关关系;

③相关系数只能反映变量间线性相关的程度,并不能确定变量的因果关系,也不能说明相关关系具体接近于哪条直线。

3. 相关系数的检验

在实际应用中,一般都是根据样本数据来计算相关系数的。样本相关系数是否能够真实代表总体变量之间的相互关系,需要通过统计检验来确定。

数学上可证明,在总体变量 X 与 Y 都服从正态分布并且总体相关系数 $\rho=0$ 时,可以用费希尔(R. A. Fisher)的 t 检验法来检验相关系数的显著性。

首先,提出假设:

$$H_0:\rho=0, H_1:\rho\neq 0$$

然后计算 t 检验统计量:

$$t=\frac{r\sqrt{n-2}}{\sqrt{1-r^2}} \tag{11.5}$$

最后,根据给定的显著性水平和自由度 $n-2$,查找 t 分布表中的相应临界值 $t_{\frac{\alpha}{2}}$。如果 $|t|>t_{\frac{\alpha}{2}}$,就否定原假设,认为 r 在统计上是显著的,即总体相关系数不为零,总体变量间确实存在线性相关关系;反之,则不能否定原假设。

【例 11.1.2】 假设根据 6 对样本观测数据计算出某公司的股票价格与大盘指数的样本相关系数 $r=0.6$。试问:是否可以根据 5% 的显著性水平认为该公司的股票与大盘指数之间存在一定程度的线性相关关系?

解: $H_0:r=0, H_1:r\neq 0$

将以上数据代入式(11.5),计算出 r 的 t 检验值为

$$t=\frac{0.6\times\sqrt{6-2}}{\sqrt{1-0.6^2}}=1.5$$

查表可知,显著性水平为 5%,自由度为 4 的临界值 $t_{\alpha/2}=2.776$,上式中的 t 值小于 2.776,因此,r 不能通过显著性检验。也就是说,尽管根据样本观测值计算的 r 达到 0.6,但是由于样本单位过少,这一结论并不可靠,它不足以证明该公司的股票与大盘指数之间存在一定程度的线性相关关系。

第二节 一元线性回归分析

在两个变量间存在线性相关关系的情况下,为了明确二者联系的具体数量规律,需要进行回归分析。只有两个变量的线性回归称为一元线性回归或简单线性回归。

一、回归分析概述

(一) 回归分析的概念

在相关分析确定了变量之间相关关系的基础上,采用一定的计算方法,建立起变量间变动关系的公式,并根据一个变量的变化,来估计或预测另一个变量发展变化的研究方法,称为回归分析。

(二) 相关与回归分析的联系

回归分析与相关分析都是对变量之间不严格依存关系的分析,在理论基础和方法上具有一致性。只有存在相关关系的变量才能进行回归分析,相关程度越高,回归分析的结果越可靠。但是两者之间也有区别。

相关分析主要分析现象间相互依存关系的性质和密切程度。不过相关分析不能说明变量间相关关系的具体形式,也不能从一个变量的变化去推测另一个变量的变化。如果要测定变量之间相关关系的数量形式,还需要运用回归分析的方法。

显然,相关分析与回归分析有密切的联系,它们具有共同的研究对象,都是对变量间相关关系的分析,二者可以相互补充。相关分析可以表明变量间相关关系的性质和程度,只有当变量间存在相当程度的相关关系时,进行回归分析去寻求变量间相关的具体数学形式才有实际的意义。同时,在进行相关分析时如果要确定变量间相关的具体数学形式,又要依赖于回归分析,而且在多个变量的相关分析中相关系数的确定也是建立在回归分析基础上的。

但是应当明确,相关分析与回归分析的研究目的和研究方法是有明显区别的。从研究目的上看,相关分析是用一定的数量指标(相关系数)度量变量间相互联系的方向和程度;回归分析却是要寻求变量间联系的具体数学形式,是要根据自变量的固定值去估计和预测因变量的平均值。从对变量的处理看,相关分析对称地对待相互联系的变量,不考虑二者的因果关系,也就是不区分自变量和因变量,相关的变量不一定具有因果关系,均视为随机变量;回归分析是在变量因果关系分析的基础上研究其中的自变量的变动对因变量的具体影响,必须明确划分自变量和因变量,所以回归分析中对变量的处理是不对称的,在回归分析中通常假定自变量在重复抽样中是取固定值的非随机变量,只有因变量是具有一定概率分布的随机变量。

应当强调的是,相关分析和回归分析只是从数据出发定量地分析变量间相互联系的手段,并不能揭示现象相互之间的本质联系。现象间内在的本质联系,决定于事物的客观规律性,需要结合实际经验去分析,并要由实质性科学去加以说明。如果对本来没有内在联系的现象,仅凭数据进行相关分析和回归分析,就可能是一种"伪相关"或"伪回归",这样不仅没有实际的意义,而且会导致荒谬的结论。所以在开展相关分析和回归分析时,要注意与定性分析相结合,才能得到有实际意义的结果。

(三) 回归分析的种类

回归分析是多种多样的,按研究中使用的自变量的多少可分为一元回归和多元回归两种;按变量之间变动关系的形式可分为线性回归和非线性回归两种。其中,一元线性回归是最简单、最基本的形式,通过对它的学习,就可以掌握回归分析的基本思想和方法。

二、一元线性回归模型的建立

(一) 一元线性回归模型

当两个变量之间存在显著的线性相关关系时,可以建立一元线性回归模型来表述这种关系。总体一元线性回归模型为

$$y_i = \beta_0 + \beta_1 x_i + u_i \tag{11.6}$$

式中,y_i 代表因变量的第 i 个观测值,x_i 代表自变量的第 i 个观测值。β_0,β_1 是模型的参数(又称回归系数),分别为回归直线的截距和斜率。β_0 代表了 $x=0$ 时 y 的值;β_1 代表自变量 x 每变化一个单位时因变量 y 的增加(减少)量,它的符号与相关系数的符号是一致的。u_i 为随机误差项(或称随机扰动项),引进 u_i 是为了包括对因变量 y 的变化有影响的所有其他因素。

在运用回归分析方法时,要求满足一定的假定条件,其中最重要的是关于 u_i 需具有的五个特性:

① u_i 是一个随机变量;
② u_i 的均值为零,即 $E(u_i) = 0$;
③ 在每一个时期中 u_i 的方差为一常量,即 $D(u_i) = \delta_u^2$;
④ 各个 u_i 间相互独立;
⑤ u_i 与自变量无关。

此外,如果考虑到总体中个体之间的差异性,那么回归模型所反映的应当说只是变量之间平均意义上的一种相互关系,具体表述为

$$E(y_i) = \beta_0 + \beta_1 x_i$$

(二) 参数估计

在现实问题的研究中,往往难以掌握研究对象的全部资料,因此,总体回归模型是未知的。从而在回归分析中,需要通过样本资料来估计总体模型的参数。根据样本数据建立的回归模型称为样本回归方程,一般表述如下:

$$\hat{y}_i = \hat{\beta}_0 + \hat{\beta}_1 x_i \tag{11.7}$$

其中,$\hat{y}_i$ 是 y_i 的估计值(或称理论值),$\hat{\beta}_0$,$\hat{\beta}_1$ 分别是 β_0,β_1 的估计值,代表样本回归直线的截距和斜率。一个好的估计量应满足一致性、无偏性和有效性的要求。但实际中,观测值与估计值并不完全相等,两者之差记为 e_i,则:

$$e_i = y_i - \hat{y}_i \tag{11.8}$$

在这里,e_i 称为样本回归模型的残差。

线性回归模型参数的估计方法通常有两种,即普通最小二乘法和最大似然估计法。最常用的是普通最小二乘法。

最小二乘法的意义在于:使

$$\sum_{i=1}^{n} e_i^2 = \sum_{i=1}^{n} (y_i - \hat{y}_i)^2 = \sum_{i=1}^{n} (y_i - \hat{\beta}_0 - \hat{\beta}_1 x_i)^2$$

达到最小。

根据数学分析的求极值原理,要使 $\sum_{i=1}^{n} e_i^2$ 为最小,只需在上式中分别对 $\hat{\beta}_0, \hat{\beta}_1$ 求偏导数,并令其等于零。

得到的 $\hat{\beta}_0$ 和 $\hat{\beta}_1$ 的两个公式为:

$$\hat{\beta}_1 = \frac{\sum (x_i - \bar{x})(y_i - \bar{y})}{\sum (x_i - \bar{x})^2} \tag{11.9}$$

$$\hat{\beta}_0 = \bar{y} - \hat{\beta}_1 \bar{x} \tag{11.10}$$

对于参数 $\hat{\beta}_1$ 的计算公式有不同的表达式,以下列出几种常见的表达式,便于在分析与计算时选用:

$$\hat{\beta}_1 = \frac{\sum x_i y_i - \frac{1}{n}(\sum x_i)(\sum y_i)}{\sum x_i^2 - \frac{1}{n}(\sum x_i)^2} \tag{11.11}$$

$$\hat{\beta}_1 = \frac{n \sum x_i y_i - (\sum x_i)(\sum y_i)}{n \sum x_i^2 - (\sum x_i)^2} \tag{11.12}$$

$$\hat{\beta}_1 = \frac{\sum x_i y_i - n \bar{x} \bar{y}}{\sum x_i^2 - n (\bar{x})^2} \tag{11.13}$$

【例 11.2.1】 根据【例 11.1.1】的数据,求城镇居民的人均消费支出和人均可支配收入的估计方程。

解:根据式(11.10)和式(11.12)得

$$\hat{\beta}_0 = 2621.953, \hat{\beta}_1 = 0.428$$

即城镇居民的人均消费支出和人均可支配收入的估计方程为 $\hat{y} = 2621.953 + 0.428x$。回归系数 $\hat{\beta}_1 = 0.428$ 表示在其他条件不变的情况下,城镇居民的人均可支配收入每增加 1 元,居民的人均消费支出平均增加 0.428 元。

在回归分析中,对截距 $\hat{\beta}_0$ 常常不赋予任何真实意义,例如,在城镇居民消费支出和人均可支配收入的回归方程中,$\hat{\beta}_0 = 2621.953$,如果要解释,它是指人均可支配收入为 0 时,居民的现金消费支出为 2621.953 元。

三、一元线性回归模型的评价

根据样本资料建立的回归模型能否真实地反映总体变量之间的变动关系,是决定回归分析准确性的关键所在。因此,在回归模型估计出来以后,首先要对其进行一系列的评价和检验,只有通过了评价和检验的模型才能用于对总体变量的估计或预测。

(一)可决系数(R^2)

因变量的样本观测值与其均值的离差称为总离差,记作$(y-\bar{y})$。按其来源,总离差可以分解为两个部分:一是因变量的回归值与其样本均值之间的离差,记作$(\hat{y}-\bar{y})$,它代表能够由回归方程所解释的部分,称为回归离差;二是样本观测值与回归值之间的离差,记作$(y-\hat{y})$,它表示的是不能由回归方程解释的部分,称为剩余离差(残差)。

它们之间的关系用公式可表述为

$$(y-\bar{y}) = (\hat{y}-\bar{y}) + (y-\hat{y})$$

数学上可以证明,对等式两边取平方并求和就得到:

$$\sum (y_i-\bar{y})^2 = \sum (\hat{y}_i-\bar{y})^2 + \sum (y_i-\hat{y}_i)^2 \tag{11.14}$$

可决系数是衡量自变量对因变量变动解释程度的指标,它取决于回归方程所解释的y的总离差的百分比。在式(11.14)的基础上,可决系数的公式定义为

$$R^2 = \frac{回归离差}{总离差} = 1 - \frac{剩余离差}{总离差} = 1 - \frac{\sum (y_i-\hat{y}_i)^2}{\sum (y_i-\bar{y})^2} \tag{11.15}$$

R^2的取值介于0和1之间,在实践中,R^2常用于模型的比较,人们往往采纳R^2最高的模型,这是因为R^2高,就意味着该模型把y的变动解释得好。

【例 11.2.2】 根据【例 11.1.1】的数据,计算城镇居民人均消费支出对人均可支配收入回归的判定系数,并解释其意义。

根据【例 11.1.1】的数据把城镇居民人均消费支出作为因变量,人均可支配收入作为自变量,用 SPSS 软件进行回归,结果如下:

表 11-2 模型汇总

模型	R	R 方	调整 R 方	标准估计的误差
1	.983[a]	.967	.964	1844.21432

a. 预测变量:(常量),x。

表 11-3 Anova[b]

模型		平方和	df	均方	F	Sig.
1	回归	9.045E8	1	9.045E8	265.941	.000[a]
	残差	30610138.288	9	3401126.476		
	总计	9.351E8	10			

a. 预测变量:(常量),x。
b. 因变量:y。

表 11-4 系数[a]

模型		非标准化系数		标准系数	t	Sig.
		B	标准误差			
1	(常量)	2621.953	1153.346		2.273	.049
	x	.428	.026	.983	16.308	.000

a. 因变量:y。

利用表 11-3 输出的回归分析结果可知,总平方和 $SST = 9.351E8$;回归平方和 $SSR =$

9.045E8,根据式(11.15)得

$$R^2 = \frac{SSR}{SST} = 0.967$$

实际上,表11-2中直接给出了判定系数 $R^2 = 0.967$。

判定系数的实际意义是:在城镇居民人均消费支出取值的变差中,有96.7%可以由城镇居民人均消费支出与人均可支配收入之间的线性关系来解释,或者说,在城镇居民人均消费支出取值的变动中,有96.7%是由人均可支配收入所决定的。可见二者之间有较强的线性关系。

(二)估计标准误差(Se)

估计标准误差是回归模型(即估计值)与因变量观测值之间的平均平方误差。这个误差的值越小,说明估计值越接近真实值,回归模型的拟合度越好。估计标准误差的计算公式为

$$Se = \sqrt{\frac{\sum (y_i - \hat{y}_i)^2}{n-2}} \tag{11.16}$$

其中,$\sum (y_i - \hat{y}_i)^2$ 是剩余误差的平方和,$n-2$ 是它所对应的自由度。

作为回归模型拟合优度的评价指标,估计标准误差显然不如可决系数。因为可决系数是无量纲的系数,并且有确定的取值范围(0,1),便于对不同资料回归模型拟合优度的比较。但是,估计标准误差在回归分析中仍然是一个重要的指标,因为它是用自变量估计因变量时确定置信区间的尺度。

【例11.2.3】 根据【例11.1.1】的数据,计算城镇居民人均消费支出对人均可支配收入回归的估计标准误差,并解释其意义。

解: 利用表11-3的回归分析结果可知,$SSE = 30610138.288$。根据式(11.16)得

$$Se = \sqrt{\frac{\sum (y_i - \hat{y}_i)^2}{n-2}} = \sqrt{\frac{SSE}{n-2}} = \sqrt{\frac{30610138.288}{11-2}} = 1844.214(元)$$

实际上,表11-2中直接给出了该值,即标准误差 = 1844.21432。这就是说,根据城镇居民的人均可支配收入来估计人均消费支出时,平均的估计误差为1844.21432元。

(三)显著性检验

从总体中随机抽取一个样本,根据样本资料估计的回归模型由于受到抽样误差的影响,它所确定的变量之间的线性关系是否显著,以及按照这个模型通过给定的自变量 x 的值估计因变量 y 是否有效,都必须通过显著性检验来得出结论。

回归系数的显著性检验,是指根据样本计算结果对总体回归系数的有关假设所进行的检验,它的主要目的是了解总体自变量与因变量之间是否真正存在样本回归模型所表述的相关关系。β_0 和 β_1 的检验方法是相同的,但 β_1 的检验更为重要,因为它代表的是自变量对因变量线性影响的程度。这里就以 β_1 为例来说明回归系数显著性检验的基本内容。

1. 提出假设

通常设定:

$$H_0: \beta_1 = 0, H_1: \beta_1 \neq 0$$

如果不能否定原假设,就意味着总体自变量与因变量之间的线性关系不存在,所建立的回归模型也就不能够用于估计或预测。

2. 计算检验统计量

回归系数的检验统计量为

$$Z_{\hat{\beta}_1} = \frac{\hat{\beta}_1}{\sigma_{\hat{\beta}_1}} \tag{11.17}$$

其中,$Z_{\hat{\beta}_1} \sim N(0,1)$,$\sigma_{\hat{\beta}_1}$ 是样本回归系数 $\hat{\beta}_1$ 的抽样分布标准差,

$$\sigma_{\hat{\beta}_1} = \frac{\sigma}{\sqrt{\sum x_i^2 - \frac{1}{n}(\sum x_i)^2}}$$

但 $\sigma_{\hat{\beta}_1}$ 是未知的,需要用它的估计量 $S_{\hat{\beta}_1}$ 来代替,

$$S_{\hat{\beta}_1} = \frac{Se}{\sqrt{\sum x_i^2 - \frac{1}{n}(\sum x_i)^2}}$$

因此,大样本情况下使用 Z 统计量,小样本情况下则用 t 统计量进行检验。这里以 t 检验为例进行说明:

$$t_{\hat{\beta}_1} = \frac{\hat{\beta}_1}{S_{\hat{\beta}_1}} \tag{11.18}$$

其中 $S_{\hat{\beta}_1} = Se/\sqrt{\sum(x_i - \bar{x})^2}$,$t$ 服从自由度为 $n-2$ 的 t 分布。

3. 确定临界值

设定显著性水平之后,就可以确定显著性检验的相应临界值 $t_{\frac{\alpha}{2}}$。

4. 得出检验结论

如果 $|t_{\hat{\beta}_1}| > t_{\frac{\alpha}{2}}$,就否定原假设,表明总体回归系数 β_1 是不为零的;反之,就不能否定原假设。

也可以根据参数 t 统计量对应的 p 值和显著性水平比较来得出结论,如果参数 t 统计量对应的 p 值小于显著性水平,则拒绝原假设,参数是显著不为零的;反之则不拒绝原假设。

【例 11.2.4】 根据【例 11.1.1】的数据,计算回归系数的显著性($\alpha = 0.05$)。

解:(1)提出假设:

$$H_0: \beta_1 = 0, \quad H_1: \beta_1 \neq 0$$

(2)计算检验统计量 t:

$$t = \frac{\hat{\beta}_1}{S_{\hat{\beta}_1}} = \frac{0.428}{0.026} = 16.308$$

5. 统计决策

根据给定的显著性水平 $\alpha = 0.05$,自由度 $= n - 2 = 11 - 2 = 9$,查 t 分布表得 $t_{\alpha/2}(9) = 2.2622$。由于 $t = 16.308 > t_{\alpha/2} = 2.2622$,故拒绝原假设 H_0,这意味着城镇居民的人均可支配收入是影响城镇居民人均消费支出的一个显著性因素。

四、一元线性回归模型的预测

(一) 点预测 (个别值预测)

建立回归模型的重要目的之一是进行预测。如果所拟合的样本回归方程经过检验,被认为具有经济意义,同时被证明有较高的拟合程度,就可以利用其来进行预测。简单回归预测的基本公式如下:

$$\hat{y}_f = \hat{\beta}_0 + \hat{\beta}_1 x_f \tag{11.19}$$

式中,x_f 是给定的 x 的具体数值;$\hat{y}_f$ 是 x_f 给定时 y 的预测值;$\hat{\beta}_0$ 和 $\hat{\beta}_1$ 是已估计出的样本回归系数。回归预测是一种有条件的预测,在进行回归预测时,必须先给出 x_f 的具体数值。例如,在【例 11.2.1】求出城镇居民的人均消费支出对人均可支配收入的估计方程为 $\hat{y}=2621.953+0.428x$,如果城镇居民人均可支配收入为 20000 元,那么根据估计的回归方程得到的城镇居民的人均消费支出为 11181.953 元。

当给出的 x_f 属于样本内的数值时,利用该式去计算 $\hat{y}_f$ 称为内插检验或事后预测。而当给出的 x_f 在样本之外时,利用该式去计算 $\hat{y}_f$ 则称为外推预测或事前预测。通常所说的预测是指事前预测。

(二) 预测误差

$\hat{y}_f$ 是根据样本回归方程计算的,它是样本观测值的函数,因而也是一个随机变量。$\hat{y}_f$ 与所要预测的 y 的真值之间必然存在一定的误差。在实际的回归模型预测中,发生预测误差的原因可以概括为以下四个:

(1) 模型本身中的误差因素所造成的误差。由于总体回归函数并未将所有影响 y 的因素都纳入模型,同时其具体的函数形式也只是实际变量之间数量联系的近似反映,因此必然存在误差。这一误差可以用总体随机误差项的方差来评价。

(2) 由于回归系数的估计值与其真值不一致所造成的误差。如前所述,样本回归系数是根据样本估计的,它与总体回归系数之间总是有一定的误差。这一误差可以用回归系数的最小二乘估计量的方差来评价。

(3) 由于自变量 x 的设定值与其实际值的偏离所造成的误差。当给出的 x_f 在样本之外时,其本身也需要利用某种方法去进行预测。如果 x_f 与未来时期 x 的实际值不符,将其代入式 (11.19) 求得的 y 的预测值当然也会与其实际值有所不同。

(4) 由于未来时期总体回归系数发生变化所造成的误差。在研究客观经济现象的总体回归方程中,总体回归系数是一定时期内经济结构的数量特征,随着社会经济运行机制和经济结构的变化,它也会有所变动。这时,如果仍沿用根据样本期数据拟合的样本回归方程去进行预测,也会造成误差。

在以上造成预测误差的原因中,(3) 和 (4) 两项不属于回归方程本身的问题,而且难以事先予以估计和控制。因此,在下面的过论中,假定只存在 (1) 和 (2) 两种误差。

设 x_f 给定时 y 的真值为 y_f:

$$y_f = \beta_0 + \beta_1 x_f + e_f \tag{11.20}$$

则有
$$\hat{e}_f = y_f - \hat{y}_f$$
$$= (\beta_0 + \beta_1 x_f + e_f) - (\hat{\beta}_0 + \hat{\beta}_1 x_f)$$
$$= (\beta_0 - \hat{\beta}_0) + (\beta_1 - \hat{\beta}_1) x_f + e_f \quad (11.21)$$

式中,$\hat{e}_f$是预测的残差。利用期望值与方差的运算规则以及前面给出的回归系数最小二乘估计量的期望值和方差,可以证明:

$$E(\hat{e}_f) = 0 \quad (11.22)$$

$$\mathrm{Var}(\hat{e}_f) = \sigma^2 \left[1 + \frac{1}{n} + \frac{(x_f - \bar{x})^2}{\sum (x_i - \bar{x})^2} \right] \quad (11.23)$$

在此基础上,还可以进一步证明$\hat{y}_f$是y_f的最优线性无偏预测,即在标准假定能够满足的情况下,式(11.19)是y_f的最佳预测方式。

(三) 区间预测(个别值预测区间)

式(11.19)给出的是对y_f的点估计,在许多场合,人们更为关心的是对y_f的区间估计。在标准假定条件下,e_f服从正态分布,即

$$e_f \sim N(0, \sigma^2) \quad (11.24)$$

由于$\mathrm{Var}(e_f)$中的σ^2是未知的,通常用其无偏估计S^2来代替。若用S_{ef}来表示预测标准误差的估计值:

$$S_{ef} = S \sqrt{1 + \frac{1}{n} + \frac{(x_f - \bar{x})^2}{\sum (x_i - \bar{x})^2}} \quad (11.25)$$

则数学上可以证明,$(y_f - \hat{y}_f)/Se$服从自由度为$n-2$的t分布。按照确定置信区间的方法,可以得出y_f的$1-\alpha$的置信区间为

$$(\hat{y}_f - t_{\alpha/2}(n-2) \times S_{ef}, \hat{y}_f + t_{\alpha/2}(n-2) \times S_{ef}) \quad (11.26)$$

式中,$t_{\alpha/2}(n-2)$是置信度为$1-\alpha$,自由度为$n-2$的t分布的临界值。

对于每一个给定的x值,计算相应的y的置信区间,并将连接各点的曲线描绘在平面图上,便可得到图11-2。

从置信区间和S_{ef}的计算公式以及图11-2,可以得到以下结论:

第一,置信区间的上、下限对称地落在样本回归直线两边,呈中间小、两头大的喇叭形。当$x_f = \bar{x}$时,置信区间最窄,而当x_f远离$\bar{x}$时,其置信区间逐渐增大。也就是说,在用回归模型进行预测时,x_f的取值不宜离$\bar{x}$过远,否则预测精度将会降低,有可能使预测失效。

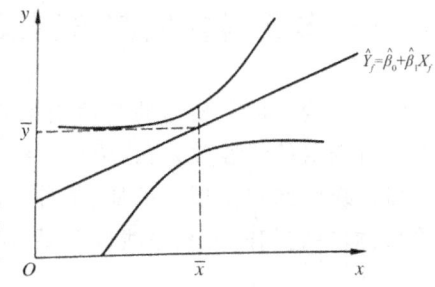

图11-2 回归预测的置信区间

第二,在样本容量n保持不变时,$t_{\alpha/2}(n-1)$的值随置信度$1-\alpha$的提高而增加,因此,要求预测值的概率保证程度增加,在其他条件不变时,也就意味着预测精度的降低。

第三,当其他条件不变时,$t_{\alpha/2}(n-1)$ 和 S_{ef} 的值均为样本容量 n 的减函数,即随着 n 的增加,这二者将逐渐减小。这说明随着样本容量的增加,预测精度将会提高,而样本容量过小,预测的精度就较差。

第四,当 n 足够大时,S_{ef} 会趋近于 S,$t_{\alpha/2}(n-1)$ 会趋近于 $z_{\alpha/2}$($z_{\alpha/2}$ 是置信度为 $1-\alpha$ 的标准正态分布的临界值)。这时,可以用 S 和 $z_{\alpha/2}$ 替代 S_{ef} 和 $t_{\alpha/2}$ 来确定预测区间。即样本容量充分大时,y_f 的 $1-\alpha$ 的置信区间为

$$(\hat{y}_f - z_{\alpha/2} \times S, \ \hat{y}_f + z_{\alpha/2} \times S) \tag{11.27}$$

按上式确定的预测区间的上、下限在平面图上呈两条线(参见图 11-2 中样本回归直线上、下的两条线)。

【例 11.2.5】 根据【例 11.2.1】所求得的估计方程,建立城镇居民人均可支配收入为 20000 元时人均消费支出 95% 的预测区间。

解: 根据前边的计算结果,已知 $n=11$,$Se=1844.214$,查表得 $t_{\alpha/2}(n-2)=2.2622$。

当城镇居民人均可支配收入为 20000 元时,代入回归方程 $\hat{y}=2621.953+0.428x$ 得到人均消费支出的点估计值为 11181.953(元)。因此

$$11181.953 \pm 2.2622 \times 1844.214 \times \sqrt{1 + \frac{1}{11} + \frac{(20000-38527.455)^2}{4944610433}}$$

$$= 11181.953 \pm 4494.003$$

即人均消费支出的 95% 的预测区间为 (6687.95, 15675.96)。这就是说,城镇居民人均可支配收入为 20000 元时,其人均消费支出的 95% 的预测区间为 6687.95 元到 15675.96 元。

第三节 多元线性回归分析

一、多元线性回归模型及假定

研究两个以上变量的线性相关关系称为多元线性相关分析。研究因变量与两个或两个以上自变量的线性关系,称为多元线性回归分析;表现多个变量的线性关系的数学公式,称为多元线性回归模型。例如,某种商品的需求量 Q,可能与商品价格 P,居民的收入 R 都有关系,如果它们的关系是线性关系,则可表示为

$$Q_i = a + bP_i + cR_i + u_i$$

式中,a,b,c 为参数,u_i 为随机误差项。

如果总体回归函数描述了一个因变量与多个自变量之间的线性关系,那么由此而设定的总体回归函数就是多元线性回归模型。

包含因变量 y 与 $k-1$ 个自变量 $x_2, x_3, \cdots, x_k$ 的多元总体线性回归函数的一般形式为

$$y_i = \beta_1 + \beta_2 x_{2i} + \beta_3 x_{3i} + \cdots + \beta_k x_{ki} + u_i \ (i=1,2,\cdots,n) \tag{11.28}$$

式中，$k-1$ 为解释变量的个数；n 为样本个数；$(y_i, x_{2i}, x_{3i}, \cdots, x_{ki})$ 为第 i 次观测的样本；$\beta_j(j=1,2,\cdots,k)$ 为模型参数；u_i 为随机误差项。

多元总体线性回归函数的条件均值形式为

$$E(y|x_{2i}, x_{3i}, \cdots, x_{ki}) = \beta_1 + \beta_2 x_{2i} + \beta_3 x_{3i} + \cdots + \beta_k x_{ki} \tag{11.29}$$

对于 y_i 和 $x_{2i}, x_{3i}, \cdots, x_{ki}$ 的观测值，不能用二维平面坐标的散点图来表现，只能用"超平面"上的点描绘它们的关系。由于存在随机误差，这些点并不恰好在一个平面上。

多元线性回归模型与一元线性回归模型基本类似，只不过自变量由一个增加到两个以上。由于多个解释变量会同时对因变量 y 的变动发挥作用，因此，如果要考察其中某个解释变量对 y 的影响，就必须使其他解释变量保持不变。多元线性回归模型中，回归系数 $\beta_j(j=1,2,\cdots,k)$ 表示的是在控制其他自变量不变的条件下，第 j 个自变量的单位变动对因变量均值的影响，这样的回归系数称为偏回归系数。

在物理、化学等自然科学领域实验中，我们确定主要研究对象后人为控制其他因素条件相对比较容易，但在社会科学中确定主要研究对象后要人为控制其他因素相对比较困难，而多元回归模型提供了解决方法。多元回归的内涵就是回归方程中增加一个自变量等价于控制住了这个变量所代表的条件，或者说消除掉了这个自变量所代表条件的影响。由于客观世界的因果关系是复杂的，影响因素不仅仅一个，即使我们常常研究一个主要影响因素也要考虑其他影响因素，不然就会出现严重误差，所以实际应用中多元线性回归模型较一元线性回归模型更为常见。

在总体线性回归函数中，各个回归系数是未知的，只能利用样本观测值对其进行估计。如果将因变量的样本条件均值表示为各个自变量的线性函数，就得到多元线性样本回归函数：

$$\hat{y}_i = \hat{\beta}_1 + \hat{\beta}_2 x_{2i} + \hat{\beta}_3 x_{3i} + \cdots + \hat{\beta}_k x_{ki} \tag{11.30}$$

式中，$\hat{\beta}_j(j=1,2,\cdots,k)$ 是样本回归函数的参数，是对总体回归参数 β_j 的估计。

多元回归中，由样本回归函数得到的因变量估计值 $\hat{y}_i$ 与实际观测值 y_i 之间也存在偏差，即残差 e_i。多元线性样本回归函数也可表示为

$$y_i = \hat{y}_i + e_i$$

或

$$y_i = \hat{\beta}_1 + \hat{\beta}_2 x_{2i} + \hat{\beta}_3 x_{3i} + \cdots + \hat{\beta}_k x_{ki} + e_i, \quad i = 1, 2, \cdots, n \tag{11.31}$$

在多元回归分析中，为了有效地估计模型中的参数及对模型进行统计检验，也需要对模型作一些假定：

假设 1：解释变量是非随机或者固定的数据，且相互之间不存在多重共线性。

假设 2：随机干扰项具有 0 均值、同方差及不序列相关。

假设 3：随机扰动项与自变量不相关。

假设 4：随机扰动项满足正态分布。

假设 5：样本容量趋于无穷大时，各解释变量的方差趋于有界常数。

假设6:回归模型的形式设定正确。

二、多元线性回归模型的估计

(一)参数的最小二乘估计

与简单线性回归模型的估计方法一样,可以用残差平方和最小准则,即最小二乘法去估计模型的回归参数。

由(11.31)式,残差为

$$e_i = y_i - (\hat{\beta}_1 + \hat{\beta}_2 x_{2i} + \hat{\beta}_3 x_{3i} + \cdots + \hat{\beta}_k x_{ki}), i = 1, 2, \cdots, n \tag{11.32}$$

要使残差平方和

$$\sum e_i^2 = [y_i - (\hat{\beta}_1 + \hat{\beta}_2 x_{2i} + \hat{\beta}_3 x_{3i} + \cdots + \hat{\beta}_k x_{ki})]^2$$

达到最小,其充分必要条件是

$$\frac{\partial(\sum e_i^2)}{\partial \hat{\beta}_j} = 0, j = 1, 2, \cdots, k$$

即

$$-2\sum [y_i - (\hat{\beta}_1 + \hat{\beta}_2 x_{2i} + \hat{\beta}_3 x_{3i} + \cdots + \hat{\beta}_k x_{ki})] = 0$$

$$-2\sum x_{2i}[y_i - (\hat{\beta}_1 + \hat{\beta}_2 x_{2i} + \hat{\beta}_3 x_{3i} + \cdots + \hat{\beta}_k x_{ki})] = 0$$

$$\cdots\cdots$$

$$-2\sum x_{ki}[y_i - (\hat{\beta}_1 + \hat{\beta}_2 x_{2i} + \hat{\beta}_3 x_{3i} + \cdots + \hat{\beta}_k x_{ki})] = 0$$

整理后的正规方程组表示为

$$n\hat{\beta}_1 + \hat{\beta}_2 \sum x_{2i} + \cdots + \hat{\beta}_k \sum x_{ki} = \sum y_i$$

$$\hat{\beta}_1 \sum x_{2i} + \hat{\beta}_2 \sum X_{2i}^2 + \cdots + \hat{\beta}_k \sum x_{2i} x_{ki} = \sum x_{2i} y_i$$

$$\cdots\cdots$$

$$\hat{\beta}_1 \sum x_{ki} + \hat{\beta}_2 \sum x_{2i} x_{ki} + \cdots + \hat{\beta}_k \sum x_{ki}^2 = \sum x_{ki} y_i \tag{11.33}$$

由样本观测值求解正规方程组,即可得到多元线性回归的系数估计值。

类似于简单线性回归,在模型古典假定成立的情况下,可以证明多元线性回归模型参数的最小二乘估计也是因变量观测值 y_i 的线性组合,并具有无偏性与有效性。因此多元线性回归的最小二乘估计也是最佳线性无偏估计。

【例11.3.1】 某家电的销售量 y 主要由该家电的价格和该地区消费者的平均收入决定,下面随机选取了某月份11个地区该家电的月销售量、价格和消费者月平均收入数据,如表11-5所示,试构建并估计多元回归模型分析价格和消费者月平均收入对家电月销售量的影响。

表 11-5　11 个地区该家电的月销售量、价格和消费者月平均收入数据

地区编号	销售量(台)	价格(千元)	消费者月人均收入(千元)
1	470	7	5.4
2	630	6	6.0
3	680	6	7.2
4	720	5	7.8
5	980	3	8.3
6	970	5	9.1
7	780	6	8.2
8	1100	3	10
9	930	4	9.2
10	880	4	8.0
11	750	5	7.9

解：由 SPSS 数据分析得到下面结果：

表 11-6　模型汇总

模型	R	R 方	调整 R 方	标准估计的误差
1	.974[a]	.948	.935	46.6331

表 11-7　Anova[b]

模型		平方和	df	均方	F	Sig.
1	回归	317966.310	2	158983.155	73.107	.000[a]
	残差	17397.326	8	2174.666		
	总计	335363.636	10			

表 11-8　系数[a]

模型		非标准化系数		标准系数	t	Sig.
		B	标准误差			
1	(常量)	436.343	216.071		2.019	.078
	x_1	−58.654	18.153	−.416	−3.231	.012
	x_2	83.324	17.519	.613	4.756	.001

由表 11-8 中的回归分析结果可以得到回归函数为

$$\hat{y}_i = 436.343 - 58.654 x_1 + 83.324 x_2$$

这说明该家电销售量与该家电价格以及消费者月平均收入有关,在其他条件不变的情况下,家电价格每增加 1 千元,家电销售量平均将减少 58.654 台;在其他条件不变的情况下,消费者月平均收入每增加 1 千元,家电销售量平均将增加 83.324 台。

(二) 随机误差项方差 σ^2 的估计

多元回归中,在计算估计的回归系数的方差和对模型作假设检验时,都要涉及随机误差项的方差 σ^2 是未知的,也需要利用样本回归的残差平方和去估计。

对于有 k 个解释变量的多元回归模型,可以证明

$$\hat{\sigma}^2 = \frac{\sum e_i^2}{n-k-1} \quad (11.34)$$

而且 $\hat{\sigma}^2$ 是随机扰动项方差 σ^2 的无偏估计。

在用 SPSS 软件作多元线性回归分析的输出结果中,已经直接给出了公式(11.34)计算的 $\hat{\sigma}^2$ 的数值。例如,从表 11-7 方差分析中,可得"残差"的"MS"值为 2174.666,这就是计算的 $\hat{\sigma}^2$,表 11-6 模型汇总中的标准估计误差即 $\hat{\sigma}$ 为 46.6331。

三、多元线性回归的拟合优度

在一元线性回归模型中,用可决系数 R^2 来衡量估计模型对观测值的拟合程度。在多元线性回归模型中,为了说明估计的模型对观测值的拟合程度,也可以考察在 y 的总离差平方和 $\sum(y_i - \bar{y})^2$ 中由各个自变量所解释的那部分占的比重,即回归平方和与总平方和的比值,这一比值称为多重可决系数,用 R^2 表示。

类似于一元回归模型,多元线性回归有如下离差平方和分解式:

变差 $\quad\quad \sum(y_i - \bar{y})^2 = \sum(\hat{y}_i - \bar{y})^2 + \sum(y_i - \hat{y}_i)^2 \quad (11.35)$

$$SST = SSR + SSE$$

自由度 $\quad\quad (n-1) = k + (n-k-1)$

式中,总离差平方和 SST 反映了因变量观测值总离差的大小;回归平方和 SSR 反映了因变量回归估计值说明的总离差的大小,它是因变量观测值总离差中由自变量解释的那部分离差;残差平方和 SSE 反映了因变量观测值与估计值之间的总离差,是因变量观测值总离差中未被自变量解释的那部分。显然,回归平方和 SSR 越大,残差平方和 SSE 就越小,从而因变量观测值总离差平方和中能由自变量解释的那部分就越大,模型对观测数据的拟合程度就越高。因此我们定义多重可决系数为

$$R^2 = \frac{\sum(\hat{y}_i - \bar{y})^2}{\sum(y_i - \bar{y})^2} \quad (11.36)$$

或者表示为

$$R^2 = \frac{\sum(y_i - \bar{y})^2 - \sum(y_i - \hat{y}_i)^2}{\sum(y_i - \bar{y})^2} = 1 - \frac{\sum(y_i - \hat{y}_i)^2}{\sum(y_i - \bar{y})^2} = 1 - \frac{\sum e_i^2}{\sum(y_i - \bar{y})^2} \quad (11.37)$$

多重可决系数是介于 0 和 1 之间的一个数,R^2 越接近 1,模型对数据的拟合程度就越好。

由于在样本容量一定的条件下,总离差平方和与自变量的个数无关,而残差平方和会随着模型中自变量个数的增加而减少,至少不会增加。也就是说,随着模型中自变量的增加,多重可决系数 R 会随着自变量个数增加而增大。因此,多元线性回归模型中,在比较因变量相同而自变量个数不同的模型的拟合程度时,不能简单地对比多重可决系数。在样本容量一定的情况下,增加自变量必定使得待估参数的个数增加,从而损失自由度;而且在实际应用中,有时所增加的自变量并非必要。为此,人们用自由度去修正多重可决系数 R^2 中的

残差平方和与回归平方和,引入了修正的可决系数$\overline{R}^2$,其计算公式为

$$\overline{R}^2 = 1 - \frac{\sum e_i^2/(n-k-1)}{\sum (y_i-\overline{y})^2/(n-1)} = 1 - \frac{(n-1)\sum e_i^2}{(n-k-1)\sum (y_i-\overline{y})^2} \tag{11.38}$$

修正的多重可决系数与未经修正的多重可决系数之间有如下关系:

$$\overline{R}^2 = 1 - (1-R^2)\left(\frac{n-1}{n-k-1}\right) \tag{11.39}$$

由此式可以看出,当 $k>0$ 时,$\overline{R}^2<R^2$,这意味着随着自变量的增加,$\overline{R}^2$ 将小于 R^2。

在实际应用中,人们希望所建模型的 R^2 或 $\overline{R}^2$ 越大越好。但应注意,可决系数只是对模型拟合优度的度量,R^2 和 $\overline{R}^2$ 越大,只是说明列入模型中的自变量对因变量的联合影响程度越大,并非说明模型中各个自变量对因变量的影响程度也大。在回归分析中,不仅要模型的拟合程度高,而且还要得到总体回归系数的可靠估计量。因此,在选择模型时,不能单纯地凭可决系数的高低断定模型的优劣。

当用 SPSS 作回归分析时,多重可决系数和修正的可决系数的计算结果是直接给出的。例如,用某家电的价格和该地区消费者的平均收入去解释该家电的月销售量的情况分析中,在用 SPSS 作回归分析的同时,回归输出结果表 11-6 中的"模型汇总"部分就已经列出了多重可决系数 $R^2=0.948$ 和修正的可决系数 $\overline{R}^2=0.935$。

四、多元线性回归的检验

(一) 回归参数的显著性检验(t 检验)

多元回归分析中对各个回归系数的检验,目的在于检验当其他自变量不变时,该回归系数对应的自变量是否对因变量有显著影响。检验方法与一元线性回归的检验基本相同。在多元回归中,由于对 u_i 的正态性假定,回归系数的估计量服从正态分布,可以证明:

$$\hat{\beta}_j \sim N[\beta_j, \mathrm{Var}(\hat{\beta}_j)] \tag{11.40}$$

因为 σ^2 未知,故 $\mathrm{Var}(\hat{\beta}_j)$ 也未知。用 $\hat{\sigma}^2$ 代替 σ^2,可构造统计量

$$t = \frac{\hat{\beta}_j - \beta_j}{Se(\hat{\beta}_j)} \sim t(n-k-1) \tag{11.41}$$

可以证明,这时该统计量服从自由度为 $n-k-1$ 的 t 分布。

用 t 统计量进行回归参数显著性检验的具体步骤如下:

(1) 提出检验假设。

$$H_0: \hat{\beta}_j = 0, \quad H_1: \hat{\beta}_j \neq 0 \quad j=1,2,\cdots,k$$

(2) 计算 t 统计量。

在 H_0 成立的条件下,根据样本观测值和参数估计值计算 t 统计量:

$$t = \frac{\hat{\beta}_j - 0}{Se(\hat{\beta}_j)} = \frac{\hat{\beta}_j}{Se(\hat{\beta}_j)} \tag{11.42}$$

(3) 检验。

给定显著性水平 α,查自由度为 $n-k-1$ 的 t 分布表,得临界值 $t_{\alpha/2}(n-k-1)$。

若 $|t| \geq t_{\alpha/2}(n-k-1)$,就拒绝 H_0,接受 H_1,说明在其他自变量不变的情况下,自变量 x_j 对因变量 y 的影响是显著的。

若 $|t| \leq t_{\alpha/2}(n-k-1)$,就接受 H_0,说明在其他自变量不变的情况下,自变量 x_j 对因变量 y 的影响不显著。

也可以直接根据该参数 t 统计量对应的 P 值和显著性水平进行比较来判断显著性,当 P 值小于显著性水平时,该参数是显著的,反之不显著。

在【例 11.3.1】中,用 SPSS 作回归分析时,所估计参数对应的 t 统计量是在表 11-8"系数"部分给出的。从表 11-8 中可以看出,与"家电价格"的参数对应的 t 统计量为 -3.231,与"消费者月平均收入"的参数对应的 t 统计量为 4.756。取 $\alpha = 0.05$,查 t 分布表可得 $t_{\alpha/2}(n-k-1) = t_{0.025}(11-3) = 2.3060$,与计算的 t 统计量对比可知,两个自变量的参数所对应的 t 统计量的绝对值都大于临界值 2.3060。两个参数的 t 统计量对应的 P 值分别为 0.012 和 0.001,都小于显著性水平 0.05,这说明家电价格和消费者月平均收入对家电销售量都有显著影响。

(二) 回归方程的联合显著性检验(F 检验)

虽然 t 检验对单个回归系数是否显著进行了推断,但由于多元线性回归模型包含了多个自变量,它们联合起来同因变量之间是否存在显著的线性关系还需要进一步作出判断,即应当对回归系数进行整体检验。该检验是在方差分析的基础上利用 F 检验进行的,如果有 k 个解释变量,所检验的假设为

$$H_0: \beta_1 = \beta_2 = \cdots = \beta_k = 0 \qquad H_1: \beta_j(j=1,2,\cdots,k) \text{不全为零}$$

如前所述,因变量 y 观测值的离差平方和等于回归平方和与残差平方和之和。为便于比较分析,如果将自由度考虑进去,将离差平方和转换为样本方差,可形成如表 11-9 所示的方差分析表。

表 11-9 方差分析

离差来源	平方和	自由度	方差
源于回归	$\sum (\hat{y}_i - \bar{y})^2$	k	$\sum (\hat{y}_i - \bar{y})^2 / k$
源于残差	$\sum (y_i - \hat{y}_i)^2$	$n-k-1$	$\sum (y_i - \hat{y}_i)^2 / (n-k-1)$
总平方和	$\sum (y_i - \bar{y})^2$	$n-1$	$\sum (y_i - \bar{y})^2 / (n-1)$

可以证明,在 H_0 成立的条件下,统计量 F 服从自由度为 k 和 $n-k-1$ 的 F 分布,即

$$F = \frac{\sum (\hat{y}_i - \bar{y})^2 / k}{\sum (y_i - \hat{y}_i)^2 / (n-k-1)} \sim F(k, n-k-1) \qquad (11.43)$$

给定显著性水平 α,在 F 分布表中查出自由度为 k 和 $n-k-1$ 的临界值 $F_\alpha(k, n-k-1)$,将样本观测值代入公式(11.43)计算 F 值,然后将 F 值与临界值 $F_\alpha(k, n-k-1)$ 比较。若 $F >$

$F_\alpha(k,n-k-1)$,则拒绝原假设 $H_0:\beta_1=\beta_2=\cdots=\beta_k=0$,说明回归方程中所有自变量联合起来对因变量有显著影响;若 $F<F_\alpha(k,n-k-1)$,则接受原假设 H_0,说明回归方程中所有自变量联合起来对因变量影响不显著,所建回归模型没有意义。

在利用 SPSS 作多元回归时,方差分析的有关数据和计算的 F 统计量随回归结果同时给出。例如,在表 11-7"方差分析"部分显示"回归平方和"为 317966.310,自由度为 2,均方为 158983.155;"残差平方和"为 17397.326,自由度为 8,均方为 2174.666;计算的 F 统计量为 73.107。取 $\alpha=0.05$,查 F 分布表得自由度为 k 和 $n-k-1$ 的临界值 $F_{0.05}(3-1,11-3)=4.459$,显然在本例中 F 统计量远大于临界值,从 F 统计量对应的 P 值来看,P 值接近于 0,远小于显著性水平 0.05,说明"家电价格"和"消费者月平均收入"联合起来对该家电销售量有显著影响。

需要指出的是,在一元线性回归中,由于解释变量只有一个,也就不用进行 F 检验。

事实上,在一元回归情形下容易证明 $F=t^2$,F 检验与 t 检验是等价的。

附录:用 SPSS 进行相关分析和回归分析

第一步:选择【分析】→【相关】→【双变量】,进入主对话框。

第二步:将各变量分别选入【变量】,点击【确定】。

(一)用 SPSS 进行回归(一元线性回归模型)

第一步:选择【分析】→【回归】→【线性】,进入主对话框。

第二步:(以【例 11.2.2】为例)将"城镇居民人均消费支出"和"人均可支配收入"分别选入【因变量】和【自变量】框中。

第三步:(需要预测时)点击【保存】,在【预测值】下选择【未标准化】(输出点预测值);在【预测区间】下选中【平均值】和【单值】(输出置信区间和预测区间);在【置信区间】中选择所要求的置信水平(隐含值为 95%,一般不用改变)。

(需要分析残差时)在【残差】下选中【未标准化】和【标准化】(输出残差和标准化残差);点击【继续】回到主对话框。

(需要输出标准化残差的直方图和正态概率图时)点击【图】,在【标准化残差图】下选中【直方图】和【正态概率图】。点击【继续】回到主对话框。点击【确定】。

(二)用 SPSS 进行逐步回归(多元线性回归模型)

第一步:选择【分析】→【回归】→【线性】,进入主对话框。

第二步:在主对话框中将因变量选入,将所有自变量选入,并在【方法】下选择【步进】。

第三步:点击【选项】,并在【步进法条件】下选中【使用 F 的概率】,并在【进入】框中输入增加变量所要求的显著性水平(隐含值为 0.05,一般不用改变);在【除去】框中剔除变量所要求的显著性水平(隐含值为 0.10,一般不用改变)。点击【继续】回到主对话框。

第四步:(需要预测时)点击【保存】,在【预测值】下选择【未标准化】(输出点预测值);在【预测区间】下选中【平均值】和【单值】(输出置信区间和预测区间);在【置信区间】中选择所要求的置信水平(隐含值为 95%,一般不用改变)。

(需要分析残差时)在【残差】下选中所需的残差;点击【继续】回到主对话框。点击【确定】。

本章小结

本章首先讲述了相关分析,然后讲述了一元线性回归和多元线性回归的回归分析。

1. 相关分析。变量间的数量关系可以分为函数关系和相关关系两种类型。函数关系是指变量之间严格确定性的依存关系;相关关系是变量间客观存在的非严格确定的依存关系,体现了统计学从不确定性中测度确定性的关系强度的特点。

2. 一元线性回归分析。回归分析是在相关关系的基础上,选择一个合适数学模型来近似表达变量间平均变化关系的统计分析方法。回归分析最基本的形式是只有一个因变量和自变量的一元线性回归模型。回归分析首先根据变量之间的关系构建回归模型,然后采用最小二乘法或者其他方法得到总体回归模型的参数估计值,然后利用统计方法对参数进行显著性检验,单一参数显著性检验采用 t 检验,联合显著性检验采用 F 检验,同时通过拟合优度和残差分析对模型进行评价,最后把模型应用于实际的预测和评估分析。

3. 多元线性回归分析。研究两个或者多个自变量对一个因变量的数量变化关系称为多元线性回归分析。本章主要介绍了多元回归模型的基本形式、多元回归模型的拟合优度、多元回归模型的参数估计以及参数显著性检验等,目的是在实际研究和分析中正确应用多元线性回归模型。

【思考与练习】

一、思考题

1. 简述相关关系的概念和分类。
2. 简述总体回归方程和样本回归方程的含义和区别。
3. 一元线性回归模型的前提和假定有哪些?
4. 简述最小二乘法的原理。
5. 简述回归分析中 t 检验,F 检验的原理。
6. 简述回归分析中可决系数的含义和作用。

二、练习题

1. 随机抽取 10 家航空公司,对其最近一年的航班正点率和顾客投诉次数进行了统计,所得数据如下:

航空公司编号	航班正点率(%)	投诉次数	航空公司编号	航班正点率(%)	投诉次数
1	85.1	20	6	72.1	90
2	77.2	62	7	70.2	72
3	76.6	80	8	71.3	125
4	75.0	70	9	92.5	18
5	73.2	92	10	65.3	120

(1) 绘制航班正点率和顾客投诉次数散点图,判断二者之间的关系。
(2) 计算航班正点率和顾客投诉次数的相关系数。
(3) 对相关系数进行检验($\alpha=0.05$),判断二者之间的相关性是否显著。

2. 从某行业随机抽取 12 家公司,所得销售收入和广告费用的数据如下:

单位:万元

公司编号	销售收入	广告费用	公司编号	销售收入	广告费用
1	921	106	7	1673	173
2	990	95	8	1750	162
3	1050	121	9	1820	169
4	1191	107	10	1900	195
5	1350	132	11	2150	220
6	1867	160	12	2342	225

(1) 绘制散点图,说明二者的关系形态。
(2) 以销售收入为因变量,广告费用为自变量,建立回归方程,并解释系数的含义。
(3) 在 0.05 的显著性水平下判断回归系数的显著性。
(4) 当此行业某公司广告费用为 150 万元时,预测此公司的销售收入。

3. 柯布-道格拉斯生产函数(C-D 生产函数)的形式为 $Y=AK^{\alpha}L^{\beta}$,其中 Y 为产出量,K 为资本,L 为劳动力。现有 12 个企业的相关数据如下:

企业编号	销售收入 Y (万元)	职工人数 L(人)	资本金 K (万元)	企业编号	销售收入 Y(人)	职工人数 L(人)	资本金 K (万元)
1	457.71	175.72	203.93	7	583.72	205.57	268.53
2	493.60	177.73	207.02	8	661.58	211.62	321.18
3	520.23	184.32	207.90	9	732.25	213.10	442.27
4	518.24	189.86	215.37	10	777.12	212.57	208.05
5	524.72	195.25	220.55	11	893.90	213.61	576.11
6	539.65	198.00	240.96	12	1027.78	215.05	660.11

(1) 试根据上表 12 个企业的数据估计 C-D 生产函数(提示:生产函数两边取对数)。
(2) 在 0.05 的显著性水平下分析参数的显著性。
(3) 解释参数 α,β 的经济含义。

4. 根据下面 Excel 输出的回归结果,说明模型中涉及多少个自变量、多少个观测值。写出回归方程,并根据 F,s_e,R^2 及调整的 R_a^2 的值对模型进行讨论。

SUMMARY OUTPUT 回归统计

回归统计	
Multiple R	0.842407
R Square	0.709650
Adjusted R Square	0.630463
标准误差	109.429596
观测值	15

方差分析

	df	SS	MS	F	Significance F
回归	3	321946.8018	107315.6006	8.961759	0.002724
残差	11	131723.1982	11974.84		
总计	14	453670			

	Coefficients	标准误差	t Stat	P-value
Intercept	657.0534	167.459539	3.923655	0.002378
X Variable 1	5.710311	1.791836	3.186849	0.008655
X Variable 2	−0.416917	0.322193	−1.293998	0.222174
X Variable 3	−3.471481	1.442935	−2.405847	0.034870

5. 根据两个自变量得到的多元回归方程为 $\hat{y}=-18.4+2.01x_1+4.74x_2$，且已知 $n=10, SST=6724.125, SSR=6216.375, s_{\hat{\beta}_1}=0.0813, s_{\hat{\beta}_2}=0.0567$。

(1) 在 $\alpha=0.05$ 的显著性水平下，x_1, x_2 与 y 的线性关系是否显著？

(2) 在 $\alpha=0.05$ 的显著性水平下，β_1 是否显著？

(3) 在 $\alpha=0.05$ 的显著性水平下，β_2 是否显著？

第十二章 时间序列分析

【学习目标】
1. 了解时间序列的含义及图形描述。
2. 理解时间序列的构成要素及分解方法。
3. 掌握时间序列长期趋势的测定。
4. 掌握时间序列季节变动测定以及时间序列的预测方法。

中国2020年的社会商品零售总额预计会达到多少

社会商品零售总额是指企业(单位、个体户)通过交易直接售给个人、社会集团非生产、非经营用的实物商品金额,以及提供餐饮服务所取得的收入金额。中国2000—2019年按当年价格计算的社会商品零售总额数据如表12-1所示。

表12-1 中国2000—2019年社会商品零售总额数据　　单位:亿元

年份	社会商品零售总额	年份	社会商品零售总额
2000	39105.70	2010	156998.40
2001	43055.40	2011	183918.60
2002	48135.90	2012	210307.00
2003	52516.30	2013	242842.80
2004	59501.00	2014	271896.10
2005	68352.60	2015	300930.80
2006	79145.20	2016	332316.30
2007	93571.60	2017	366261.60
2008	114830.10	2018	380986.90
2009	132678.40	2019	411649.00

根据上述资料回答以下问题:
(1) 2000年以来中国社会商品零售总额每年增减变化情况如何?
(2) 2000年以来中国社会商品零售总额平均增长幅度如何?
(3) 2020年中国社会商品零售总额将达到多少?

为了回答上述问题,本章将讨论时间序列的概念及其分类、发展速度、平均发展速度、平均增长量、增长速度、平均增长速度、长期趋势、季节变动以及指数平滑等理论和方法。

第一节 时间序列的描述分析

一、时间序列的含义

与社会经济现象有关的统计数据,大多数都是在不同时间观测记录的。为了研究某种事物在不同时间的发展状况,我们通常需要对事物的变化情况作跟踪观测,记录某种事物随时间推移而变化的统计数据。例如,一个公司要对未来一年产品的分季度销售量作出预测,这种预测对公司的生产进度安排、原材料采购、存货策略、资金计划都至关重要,作这种预测的重要依据则是过去若干年公司分季度的产品销售记录,即公司在此之前按时间顺序排列的产品销售数据。又如,中国 2000—2019 年按当年价格计算的社会商品零售总额数据按年度顺序排列起来。像这样形成的一个变量在一定连续时点或一定连续时期上测量的观测值的集合称为时间序列,有时也称为动态数列。任何一个时间序列都具有两个基本要素:一是被研究现象所属的时间范围;二是反映该现象一定时间条件下数量特征的数值,即在不同时间上的统计数据。时间序列中每一项数据是某种指标在对应时间的数值,反映了现象在各个时间上达到的规模或水平,序列中每一项数值也称为相应时间上的发展水平。

表 12-2 时间序列基本形式

时间 X_n	X_0	X_1	X_2	...	X_n

在一个时间序列中,各时间上的发展水平按时间顺序可以记为 $X_0, X_1, X_2, \cdots, X_n$。在对各时间的发展水平进行比较时,把作为比较基础的那个时期称为基期,相对应的发展水平称为基期水平;把所研究考察的那个时期称为报告期,相对应的发展水平称为报告期水平。

对时间序列进行分析的目的,一是描述事物在过去时间的状态,分析其随时间推移的发展趋势;二是揭示事物发展变化的规律性;三是预测事物在未来时间的数量。

编制时间序列的目的,是通过对各时间的变量数值进行对比,研究现象发展变化的过程和规律。因此,保证序列中各变量数值在所属时间、总体范围、经济内容、计算口径、计算方法等方面具有充分的可比性,是编制时间序列的基本原则。

二、时间序列的图形描述

对时间序列有多种描述方式,除用表格的形式外,用各种图形去描述时间序列的变化模式和变化趋势,分析观察数据随时间变化的形态,也是一种有效的方法。

例如,根据表 12-1 中 2000—2019 年中国社会商品零售总额数据绘制的曲线图形如图 12-1 所示。

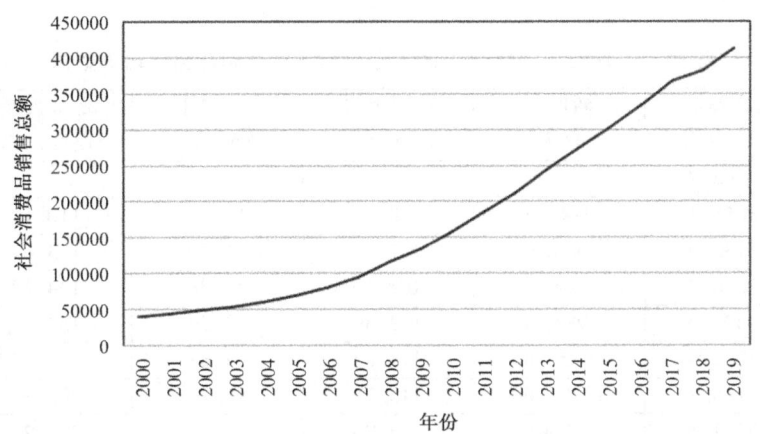

图 12-1 中国社会商品零售总额变动图

用各类图形描述时间序列数据，可以直接、简明地表现某种现象随时间变化的模式和趋势，但是图形描述方式较为粗糙，还需要从更深层次去揭示现象随时间变化的具体数量规律性。

三、时间序列的速度分析

为了研究时间序列随时间而变化的速度，经常需要分析其发展速度和增长速度。

(一) 发展速度

发展速度是指报告期水平与基期水平之比。发展速度从相对数角度说明现象在观察期内变化快慢的程度。

$$发展速度 = \frac{报告期水平}{基期水平} = \frac{x_t}{x_0}$$

式中，x_t 为变量在第 t 期的水平；x_0 为变量在基期的水平。

由于所选基期的不同，发展速度分为环比发展速度和定基发展速度。报告期水平 x_t 与前一期水平 x_{t-1} 之比，称为环比发展速度，即 $x_t/x_{t-1}(t=1,2,\cdots,n)$。报告期水平 x_t 与某一固定基期水平（或称最初水平）x_0 之比，称为定基发展速度，即 $x_t/x_0(t=1,2,\cdots,n)$。

环比发展速度是报告期水平与前一时期水平之比，说明报告期现象变化的快慢程度，亦即现象逐期发展变化的情况；定基发展速度是报告期水平与某一固定时期水平之比，说明现象在整个观察期内总的变化快慢程度。环比发展速度与定基发展速度之间的数量关系表现为：观察期内各期环比发展速度的连乘积等于定基发展速度，故计算环比发展速度的平均值需要使用几何平均法。

$$\frac{x_1}{x_0} \times \frac{x_2}{x_1} \times \frac{x_3}{x_2} \times \cdots \times \frac{x_n}{x_{n-1}} = \frac{x_n}{x_0} \qquad (12.1)$$

$$\frac{x_t}{x_0} \div \frac{x_{t-1}}{x_0} = \frac{x_t}{x_{t-1}} (t=1,2,\cdots,n) \qquad (12.2)$$

【例 12.1.1】 表 12-3 为 2000—2019 年中国社会商品零售总额及发展速度、增长速度的有关数据。

表 12-3　2000—2019 年中国社会商品零售总额及相关增长数据

年份	社会商品零售总额	逐期增长量（亿元）	环比发展速度(%)	环比增长速度(%)	定基发展速度(%)	定基增长速度(%)
2000	39105.7					
2001	43055.4	3949.7	110.10	10.10	110.10	10.10
2002	48135.9	5080.50	111.80	11.80	123.09	23.09
2003	52516.3	4380.4	109.10	9.10	134.29	34.29
2004	59501.0	6984.70	113.30	13.30	152.15	52.15
2005	68352.6	8851.6	114.88	14.88	174.79	74.79
2006	79145.2	10792.60	115.79	15.79	202.39	102.39
2007	93571.6	14426.4	118.23	18.23	239.28	139.28
2008	114830.1	21258.50	122.72	22.72	293.64	193.64
2009	132678.4	17848.3	115.54	15.54	339.28	239.28
2010	156998.4	24320.00	118.33	18.33	401.47	301.47
2011	183918.6	26920.2	117.15	17.15	470.31	370.31
2012	210307.0	26388.40	114.35	14.35	537.79	437.79
2013	242842.8	32535.8	115.47	15.47	620.99	520.99
2014	271896.1	29053.30	111.96	11.96	695.29	595.29
2015	300930.8	29034.7	110.68	10.68	769.53	669.53
2016	332316.3	31385.50	110.43	10.43	849.79	749.79
2017	366261.6	33945.3	110.21	10.21	936.59	836.59
2018	380986.9	14725.30	104.02	4.02	974.25	874.25
2019	411649.0	30662.1	108.05	8.05	1052.66	952.66

容易验证公式(12.1)和公式(12.2)的关系，在表 12-3 中，2000 年到 2019 年中国社会商品零售总额的环比发展速度的连乘积为 1052.66%，这与以 2000 年为基期的 2019 年定基发展速度相等。2019 年的定基发展速度 1052.66% 除以 2018 年的定基发展速度 974.25%，等于 2019 年的环比发展速度 108.05%。

在实际统计实践中，为了说明报告期较上年同期发展的相对程度，还经常以报告期(月或季)发展水平与上年同期(月或季)发展水平相比，这样计算的发展速度称为年距发展速度。

(二) 增长速度

增长速度是指增长量与基期水平之比，也称增长率。增长速度用于说明报告期水平相对基期水平而言增降变化快慢的程度，与发展速度的数量关系为

$$增长速度 = \frac{增长量}{基期水平} = \frac{报告水平 - 基期水平}{基期水平} = 发展速度 - 1$$

前面已指出，发展速度分为环比发展速度和定基发展速度，相对应的增长速度也可分为环比增长速度和定基增长速度，其关系为

$$环比增长速度 = 环比发展速度 - 1$$

$$定基增长速度 = 定基发展速度 - 1$$

与发展速度不同,增长速度说明报告期水平在扣除了基期数据以后,较基期增长的相对程度。显然,当增长速度为正值时,表示报告期水平在基期水平基础上增长的速度;当增长速度为负值时,表示报告期水平在基期水平基础上降低的速度。

应当指出,环比增长速度的连乘积并不等于相应时期的定基增长速度。所以,若要由环比增长速度计算定基增长速度,只能先将环比增长速度加1转换为环比发展速度,通过环比发展速度连乘计算定基发展速度再减1,才能求得定基增长速度。例如,从表12-3中可以看出所计算的环比发展速度与环比增长速度的关系以及定基发展速度与定基增长速度的关系。

(三) 平均发展速度和平均增长速度

平均增长速度是指环比增长速度的序时平均数,也称为平均增长率。计算平均增长速度常采用间接方式,即先计算出平均发展速度,再将所得的结果减1,即为平均增长速度。二者的关系是:

$$平均增长速度 = 平均发展速度 - 1$$

平均增长速度可能为正值,也可能为负值,为正值时表明现象在该段时期内平均来说是递增的,为负值时表明现象在该段时期内平均来说是递减的。

需要强调的是,平均增长速度只能通过与平均发展速度的数量关系,即由平均发展速度减1去计算求得。

平均发展速度是各期环比发展速度的序时平均数,通常采用几何平均法去计算。这是由于现象发展的总速度并不等于各期环比发展速度之和,而是等于各期环比发展速度的连乘积,所以各期环比发展速度的序时平均数,不能在速度代数和基础上按算术平均方法去计算,而只能在速度连乘积基础上按几何平均法去计算。若以 $G_t(t=1,2,\cdots,n)$ 表示各期环比发展速度,以 $\overline{G}$ 代表平均发展速度,则按几何平均计算平均发展速度的计算公式为

$$\overline{G} = \sqrt[n]{G_1 \times G_2 \times \cdots \times G_n} = \sqrt[n]{\prod_{i=1}^{n} G_i} \tag{12.3}$$

若以 $\overline{G}^*$ 代表平均增长速度,则按几何平均计算平均增长速度的计算公式为

$$\overline{G}^* = \overline{G} - 1 = \sqrt[n]{G_1 \times G_2 \times \cdots \times G_n} - 1 = \sqrt[n]{\prod_{i=1}^{n} G_i} - 1 \tag{12.4}$$

【例 12.1.2】 由表12-3中2000—2019年中国社会商品零售总额的数据,计算从2000年到2019年20年间中国社会商品零售总额的平均增长速度。

解:因为各期环比发展速度的连乘积等于定基发展速度,即

$$1.1010 \times 1.1180 \times 1.0910 \times 1.1330 \times 1.1488 \times 1.1579 \times 1.1823 \times 1.2272 \times$$
$$1.1554 \times 1.1833 \times 1.1715 \times 1.1435 \times 1.1547 \times 1.1196 \times 1.1068 \times 1.1043 \times$$
$$1.1021 \times 1.0402 \times 1.0805 = 10.5266$$

所以平均增长速度也可由定基发展速度去计算:

$$\overline{G}^* = \sqrt[20]{10.5266} - 1 = 0.1249 = 12.49\%$$

若以 $x_t(t=0,1,2,\cdots,n)$ 表示各期水平,则有

$$\overline{G}^* = \sqrt[n]{\frac{x_1}{x_0} \times \frac{x_2}{x_1} \times \frac{x_3}{x_2} \times \cdots \times \frac{x_n}{x_{n-1}}} - 1 = \sqrt[n]{\frac{x_n}{x_0}} - 1 \tag{12.5}$$

或者

$$x_n = x_0 (\overline{G}^* + 1)^n \tag{12.6}$$

也就是说只要知道最末期水平 x_n 和最初水平 x_0,就可直接计算平均增长速度。

例如,2000—2019 年中国社会商品零售总额的年平均发展速度也可用以下方法计算:

$$\overline{G}^* = \sqrt[20]{\frac{411649}{39105.7}} - 1 = \sqrt[20]{10.5266} - 1 = 12.49\%$$

可以看出,用几何平均法计算平均发展速度的特点是着眼于期末水平,不论中间水平变化过程怎样,只要期末水平确定,对平均发展速度的计算结果就没有影响。

平均发展速度表明的是在基期水平基础上的发展状况,在运用平均发展速度的时候应注意与基期水平联系起来分析。因为如果基期水平很低,尽管计算的平均发展速度较高,实际的发展水平还是较低;反之,则较高,也就是说高速度可能掩盖低水平,低速度也可能隐含高水平。此外,由于平均发展速度是各期环比发展速度的序时平均,可能会掩盖各期特殊发展的情况,所以应当把平均发展速度与各期环比发展速度结合起来进行分析。

四、时间序列分析的常用方法

时间序列分析中,常用的统计方法有图形描述法、指标分析法、构成因素分析法和预测法四类。

①时间序列图形描述法,即作时间序列的线图,通过图形观察指标值随时间变化的态势及变化规律。

②时间序列指标分析法,即通过设计和计算一系列反映时间序列动态特征的分析指标,包括发展水平、平均发展水平、增长量、平均增长量、发展速度、平均发展速度、增长速度、平均增长速度等来揭示现象所达到的水平和发展变化的快慢程度。

③时间序列构成因素分析法,即将时间序列的观察值看作是由趋势、季节、循环和不规则等因素所构成,而且是多种因素共同作用的结果。通过对这些因素的分解分析,揭示现象随时间变化而演变出的动态规律。

④时间序列预测法,即在揭示时间序列变化规律的基础上,假定事物今后的发展变化遵循这些规律,从而利用惯性原理对事物的未来做出短期预测。

时间序列的这四类基本分析方法,各有不同的特点和作用,各揭示不同的问题和状况,分析问题时应根据研究的目的和任务,采用合适的分析方法。

第二节 时间序列分解法

时间序列,是社会经济指标值按时间顺序排列而形成的一种数列。它反映社会经济现象发展变化的过程和特点,是研究现象发展变化趋势、规律和对未来状态进行预测的重要依据。时间序列由两个基本要素构成:一是统计指标所属的时间,二是统计指标在特定时间的具体指标值。

一、时间序列的因素分解

时间序列是社会经济现象随时间变化的一种表现形式,欲对时间序列预测,自然会问数列中的各项水平值是如何生成的,即时间序列以何种规律在变化。如同人们认识事物变化的结果通常从其变化原因入手一样,分析时间序列的变化规律,亦需找到其影响因素。

一般而言,影响事物发展变化的因素是多方面的,有内在的、外在的,主要的、次要的,确定的、不确定的,等等,不同的影响因素造成不同的影响结果。若从时间序列变动规律的角度来对影响因素进行分类,概括地讲,可以将影响时间序列变化的因素分为四种,即长期趋势因素(T)、季节变动因素(S)、周期变动因素(C)和不规则变动因素(I)。

(一) 长期趋势因素(T)

长期趋势因素(T)反映了经济现象在一个较长时间内的发展方向,它可以在一个相当长的时间内表现为一种近似直线的持续向上或持续向下或平稳的趋势;在某种情况下,它也可以表现为某种类似指数或其他曲线的形式。经济现象的长期趋势一旦形成,总能延续一段相当长的时期,即使如股票市场这种变化较快的经济现象,其形成的向上趋势(牛市)或向下趋势(熊市)也总能延续数月乃至数年。因此,分析经济现象的长期趋势对于正确预测经济现象的发展具有十分重要的意义。线性长期趋势和非线性长期趋势的图形分别如图12-2(a)和(b)所示。

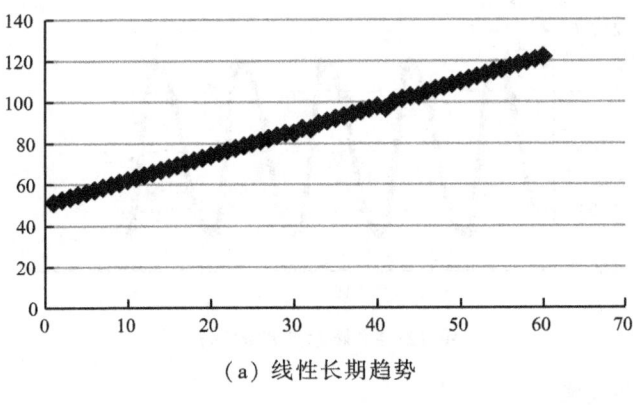

(a) 线性长期趋势

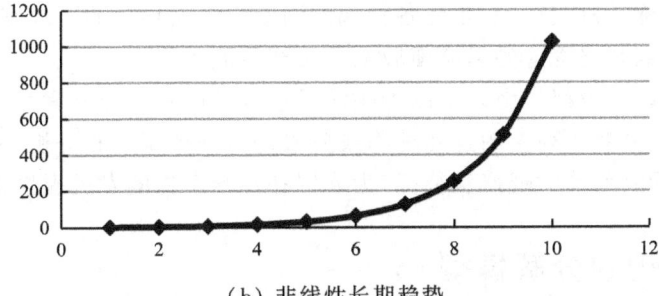

(b) 非线性长期趋势

图 12-2 线性长期趋势和非线性长期趋势的图形

(二)季节变动因素(S)

季节变动因素(S)是经济现象受季节变动影响所形成的一种长度和幅度固定的周期波动。季节变动因素既包括受自然季节影响所形成的波动,也包括受工作时间规律如每周5天工作制度影响所形成的波动。季节变动和周期变动的区别在于季节变动的波动长度固定,如12个月、4个季节、1个月或者说1个星期等,而周期变动的长度则一般是不一样的。图12-3就是一年内季节变动的图形。

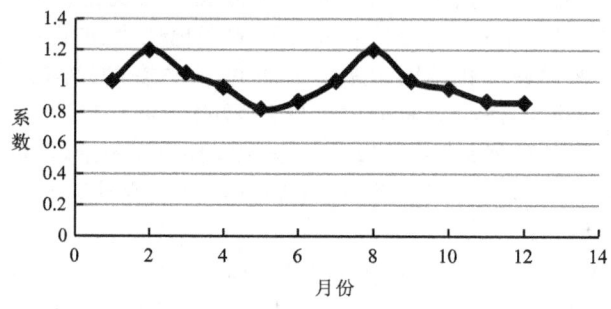

图12-3 季节变动的图形

(三)周期变动因素(C)

周期变动因素也称循环变动因素,它是受各种经济因素影响形成的上下起伏不定的波动,如国内生产总值、工业产值指数、股票价格、利率和大多数的经济指标均具有明显的周期变动特征。图12-4就是若干年内周期变动的图形。

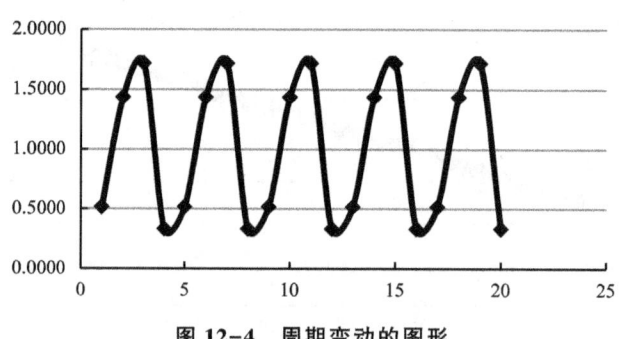

图12-4 周期变动的图形

(四)不规则变动因素(I)

不规则变动又称随机变动,它是受各种偶然因素影响所形成的不规则波动,如股票市场受突然出现的利好或利空消息的影响使股票价格产生波动等。

时间序列的变动一般都是由以上四种构成要素或其中一部分要素而形成的。时间序列分析的任务之一,就是对序列中的这几种构成要素进行统计测定和分析,从中划分出各种要素的具体作用,揭示其变动的规律和特征,为认识和预测事物的发展提供依据。

二、时间序列的分解模型

变量关系的定量分析须在一定的模型下进行。为此,分析时间序列的变动规律还须确

定观察值 Y 与各类因素的影响结果 T,S,C,I 之间的数量关系。如前所述,虽然时间序列中的观察值 Y 是由 T,S,C,I 合成的,但考虑到社会经济现象在内容上的复杂性和方式上的多样性,各类影响因素在其发生作用的过程中所表现出来的关系也呈多样性,故时间序列分解的统计分析中,一般将这种关系概括为以下三种假设。

第一种假设:时间序列中各类构成因素相互独立。如此,各类构成因素的影响结果与观察值 Y 之间的数量关系可表示为

$$Y_t = T_t + S_t + C_t + I_t \tag{12.7}$$

上式称为时间序列分解的加法模型。其中 T,S,C,I 与 Y 同量纲(计量单位)。

第二种假设:时间序列中各类构成因素相对独立。从而时间序列中每项观察值与各类构成因素影响结果之间的数量关系可表示为

$$Y_t = T_t \times S_t \times C_t \times I_t \tag{12.8}$$

上式称为时间序列分解的乘法模型。其中,除 T 与 Y 的量纲相同外,其他的变量都是以对趋势值 T 的百分比表示。

第三种假设:时间序列中的各类构成因素有的独立,有的非独立。此假定条件下的时间序列分解模型有多种表现形式,统称为混合模型。

实际中,一个时间序列可能存在趋势、季节、循环这三类构成因素中的某些或全部,再加上不规则变动,所以加法模型和乘法模型均为典型模型,混合模型是常态。统计分析中,采用哪一种模型进行分析,需根据研究对象的性质和掌握的资料情况而定。相对而言乘法模型用得较为广泛,在乘法模型中,时间序列值(Y)和长期趋势用绝对数表示,季节变动、周期变动和不规则变动用对数(百分数)表示。

三、时间序列的分解方法

(1)运用移动平均法剔除长期趋势和周期变化,得到序列 TC。然后再用按月(季)平均法求出季节指数 S。移动平均的项数取决于周期变动的时间长度。但是,按偶数项计算的平均数对应的是原序列移动平均期的两项中间,所以需做两次移动。

(2)做散点图,选择适合的曲线模型拟合序列的长期趋势,得到长期趋势 T。

(3)计算周期因素 C。用序列 TC 除以 T 即可得到周期变动因素 C。

(4)将时间序列的 T,S,C 分解出来后,剩余的即为不规则变动,即

$$I = \frac{Y}{TSC} \tag{12.9}$$

四、用时间序列分解法进行预测

在求解出时间序列各因素之后,便可以建立模型进行预测了。以乘法模型为例,用分解法进行预测的过程包括以下步骤。

第一步,建立预测模型。

时间序列的分解中,一般无法预测不规则变动因素 I,因此,它的预测模型可以表达为

$$Y_t = T_t \times S_t \times C_t$$

第二步,预测长期趋势。

第三步,计算季节因素和周期因素对预测值的影响。

第三节 时间序列长期趋势的测定

所谓长期趋势,是指客观经济现象受到某种普遍的、持续的起决定性作用因素的影响,各期发展水平在相当长的时间内沿着一定方向上升或下降的态势。长期趋势是时间序列变动的基本形式。例如,在农业生产中,随着我国农业科学技术的持续进步,新的耕作技术不断采用优良品种的培育和其他现代高效优质农业生产资料的开发等,我国的农作物产量水平也呈现不断提高的发展趋势。

一、测定长期趋势的意义

测定时间序列的长期趋势有以下意义:

第一,测定长期趋势能够正确反映现象发展变化的趋向,发现和掌握现象发展变化的规律,为决策者制定经营决策、编制长远规划提供依据。比如,研究和考察我国人口增长变化的趋势,可以为我国制定人口政策、编制就业计划提供重要的参考依据等。

第二,测定长期趋势能够为统计预测创造必要条件。统计分析和预测是立足于现在和过去来推测将来。时间序列资料是客观现象过去和现在的数量表现,运用它去推测现象将来的发展水平是统计工作的重要方法。

第三,通过测定长期趋势可以从时间序列中分离出长期趋势的影响,以利于更好地研究季节变动,为季节预测提供条件。

二、长期趋势的测定方法

测定和分析客观现象变动的长期趋势,主要是对时间序列进行修匀,使修匀后的时间序列排除季节变动、循环变动和不规则变动因素带来的影响,呈现出客观现象发展的基本趋势,作为长期趋势预测的依据。现象的长期趋势类型有直线型的,也有曲线型的。测定长期趋势的方法有数学模型方法,也有非数学模型方法。常用的长期趋势测定方法有时距扩大法、移动平均法、最小平方法等。

(一)时距扩大法

时距扩大法就是把原有动态数列中各时期资料加以合并,扩大每段计算所包括的时间(时距),得出较长时距的新时间序列,以消除由于时距较短受偶然因素影响所引起的波动,从而展现出现象变动的总趋势。

时距扩大法是对时间序列资料进行统计修匀的一种简便方法。采用这种方法既可以用扩大时距后的总量指标表示,也可以用扩大时距后的平均指标表示。前者适用于时期数列,而后者则既适用于时期数列,也适用于时点数列。

运用时距扩大法修匀时间序列时,必须使各时期扩大的时距长短保持一致,否则很难进行比较,并且时距的长短要适中。

时距扩大法一般只用来观测现象变动的趋势,不能用来预测。

【例 12.3.1】 河南某企业历年的产品销售数据如表 12-4 所示,试用时距扩大法反映其长期趋势。

表 12-4 河南某企业产品历年销售量

年份	2008	2009	2010	2011	2012	2013	2014	2015	2016	2017	2018	2019
销售量(万件)	84	90	91	95	98	103	105	110	120	136	101	158

解: 总的来说,该企业销售量在 2008—2019 年呈上升趋势,但也包含不规则变动,使销售量上升过程中有较大起伏波动。现采用时距扩大法,依次将每 3 年的销售量进行合并,得到新的销售量序列,如表 12-5 所示。

表 12-5 河南某企业产品销售总量

年份	2008—2010	2011—2013	2014—2016	2017—2019
销售总量(万件)	265	296	335	395

由表 12-5 可以更加清楚地看出该企业产品销售量不断增长的长期趋势。

时距扩大法的计算非常简单直观,但其应用具有很大的局限性。它最主要的缺点是新序列的项数大大减少,丢失了原时间序列所包含的大量信息,不能详细反映现象的变化过程,不利于进一步的深入分析。

(二) 移动平均法

移动平均法是采取逐项依次递移的方法将时间序列的时距扩大,计算扩大时距以后的序时平均数,之后组成一个新的时间序列。在这个新组成的时间序列中,由于剔除了在短时期内发挥作用的偶然因素的影响,能够使客观现象发展的基本趋势呈现出来。此种方法的实质是时距扩大法的改进。

移动平均法的具体做法是从时间序列第一项数值开始,按一定项数求序时平均数,逐项移动,得出一个由移动平均数构成的新的时间序列,使整个数列的总趋势更加明显。移动平均法根据资料的特点及研究的具体任务,可能进行 3 项、4 项、5 项乃至更多项移动平均。

移动平均法比较简单,它能把原数列中长期趋势以外的因素对现象的影响平滑掉,使现象趋势显现出来。一般说来,项数用得越多,修匀的作用越大,所得出的移动平均数数目越少;反之,项数越少,修匀作用就越小,所得出的移动平均数数目也越多。如果数列中存在自然周期,应以周期数为移动平均数。如季度资料一年 4 季为一个周期,以 4 项移动为宜;而月资料以 12 月移动平均为宜。如果没有自然周期,按奇数项(3,5,7 等)较简便。每次移动平均值应对准所平均时期的正中间,奇数项平均数正好对着中间时期,计算一次即可。

【例 12.3.2】 根据表 12-4 的数据,分别计算 3 年移动平均和 5 年移动平均。

解:采用3期简单移动平均方法,第1~3年销售量为265万件,第2~4年销售量为276万件,依此类推。采用5期简单移动平均方法,则第1~5年销售量为458万件,第2~6年销售量为477万件,依此类推。3年移动平均和5年移动平均的计算结果,如表12-6所示。

表12-6　河南某企业产品销售量的移动平均值

年份	2008	2009	2010	2011	2012	2013	2014	2015	2016	2017	2018	2019
销售量（万件）	84	90	91	95	98	103	105	110	120	136	101	158
3年移动平均	-	88.3	92	94.7	98.7	102	106	111.7	122	119	131.7	-
5年移动平均	-	-	91.6	95.4	98.4	102.2	107.2	114.8	114.4	125	-	-

表12-6中两个移动平均序列清楚地显示出该企业产品销售量呈不断增长的趋势。原序列与移动平均得到的趋势值序列可用图12-5来显示和比较。

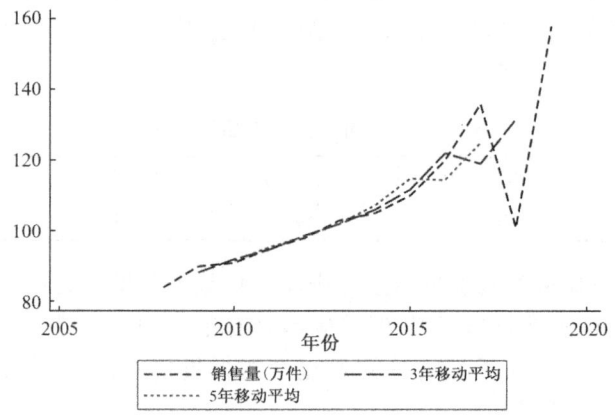

图12-5　河南某企业产品销售量和移动平均趋势线

(三) 最小平方法

最小平方法是用适当的数学模型对时间序列配合一个方程式,据以计算各期的趋势值。这是分析长期趋势最常用的方法。其中心思想是通过数学方程式,配合一条较为理想的趋势线,这条趋势线必须满足下列两点要求:第一,实际值与趋势值的离差平方之和为最小;第二,实际值与趋势值的离差之和等于零。显然,第一点是最基本的,如果第一个条件能够得到满足,也就必然能够满足第二个条件,以公式表示如下:

$$\sum (y - y_c)^2 = 最小值 \tag{12.10}$$

$$\sum (y - y_c) = 0 \tag{12.11}$$

式中,y_c代表趋势值,y代表实际值。

这个方法既可用于配合直线,也可用于配合曲线,需根据数列特点而定。

1. 直线趋势

如果现象的逐期增长量(一次差)大致相同,可配合直线趋势方程。其方程式为

$$y_c = a + bx \tag{12.12}$$

式中,y_c 为趋势值,x 为时间顺序,a,b 为参数,其几何意义是 a 为直线方程的截距,b 为直线方程的斜率;其经济意义是 a 为当时间顺序 x 为零时现象的趋势值,b 为当 x 每增加一个单位时现象的平均增长量。

参数 a,b 用最小平方法求解。根据最小平方法的要求,现象的实际值 y 与趋势值 y_c 的离差平方之和为最小,即

$$\sum (y - y_c)^2 = 最小值 \tag{12.13}$$

令 $Q = \sum (y - y_c)^2$,分别求函数 Q 对 a 和 b 的偏导数,并令其等于零,即:

$$\frac{\partial Q}{\partial a} = 2\sum (y - a - bx) \times (-1) = 0$$

$$\frac{\partial Q}{\partial b} = 2\sum (y - a - bx) \times (-x) = 0$$

整理得:

$$\begin{cases} \sum y = na + b\sum x \\ \sum xy = a\sum x + b\sum x^2 \end{cases} \tag{12.14}$$

这两个方程式就是求解 a,b 的标准方程式。

2. 曲线趋势

现实生活中,大量的现象是非线性的。因此,研究长期趋势变动的各种曲线类型是十分必要的。曲线类型很多,此处仅选定常见的二次曲线趋势和指数曲线趋势来讨论非线性趋势的测定。

(1) 二次曲线趋势。如果现象各期增长量的增长(即二次差)大致相同,则现象的趋势表现为抛物线形,可配合二次曲线趋势方程:

$$y_c = a + bx + cx^2 \tag{12.15}$$

方程中有三个待定参数 a,b,c,按最小平方法可得三个标准方程:

$$\begin{cases} \sum y = na + b\sum x + c\sum x^2 \\ \sum xy = a\sum x + b\sum x^2 + c\sum x^3 \\ \sum x^2 y = a\sum x^2 + b\sum x^3 + c\sum x^4 \end{cases}$$

如用简捷法,则三个标准方程为

$$\begin{cases} \sum y = na + c\sum x^2 \\ \sum xy = b\sum x^2 \\ \sum x^2 y = a\sum x^2 + c\sum x^4 \end{cases} \tag{12.16}$$

(2) 指数曲线趋势。如果现象的环比发展速度(或环比增长速度)大致相同,可配合指数曲线方程:

$$y_c = ab^x \tag{12.17}$$

对指数曲线方程两边求对数,转化为直线方程形式:

$$\lg y_c = \lg a + x \lg b \tag{12.18}$$

用最小平方法求解得:

$$\begin{cases} \sum \lg y = n \lg a + \lg b \sum x \\ \sum x \lg y = \lg a \sum x + \lg b \sum x^2 \end{cases} \quad (12.19)$$

可得 $\lg a$ 和 $\lg b$ 之值,再分别对 $\lg a$ 和 $\lg b$ 求反对数,即可得出 a,b 之值。其简捷法为

$$\begin{cases} \lg a = \dfrac{\sum \lg y}{n} \\ \lg b = \dfrac{\sum x \lg y}{\sum x^2} \end{cases} \quad (12.20)$$

第四节 时间序列的季节变动测定

一、季节变动分析的意义

所谓季节变动,是指客观现象由于受自然因素和生产或生活条件的影响在一年内随着季节的更换而引起的比较有规律的变动。在日常经济生活中,经常有"销售旺季""旅游旺季"或"销售淡季""旅游淡季"之说,这便是由于这些活动随季节的不同而发生的变化。

季节变动中的"季节",不仅仅指一年中的四季,而且指任何一种周期性的变化。农业生产、旅游业、商品销售、交通运输等都有明显的季节变动规律。对现象的季节变动进行分析和研究,掌握季节变动的规律,可以配合适当的数学模型进行季节预测,便于制订科学合理的计划,更好地指导社会生产和经济活动,以避免不必要的积压和浪费,提高社会经济效益。此外,也可通过对季节变动的测定消除时间序列中的季节因素,以便分析其他构成因素的影响。

二、季节变动分析的方法

测定季节变动的方法很多,最常用的方法是按月(或季)平均法。

(一)按月(或季)平均法的基本思路

这种方法不考虑长期趋势影响,直接根据原时间序列来计算。它是用各月(或季)的平均数作为该月(或季)的代表值,以消除随机性因素影响,然后计算出各年总月(或总季)的平均数作为全年的代表值,二者相比,即为季节比率。

在测定季节比率时,用一个年份的资料易受偶然性因素的影响,一般需要用连续若干年的资料,才能正确地观察现象受季节变动的影响情况。按月(或季)平均法计算的季节比率为

$$季节比率 = \frac{历年同月(或同季)平均数}{历年月(或季)总平均数} \times 100\% \qquad (12.21)$$

各月(或季)的季节比率围绕100%而上下波动。大于100%说明现象受季节的影响而使其数值增加;小于100%说明现象受季节的影响而使其数值减少;等于100%说明现象不受季节变动的影响。各月(或季)的季节比率之和等于1200%(或400%)。

(二)季节变动的测定方法

测定季节变动的意义主要在于掌握现象的季节变动规律,为决策和预测提供重要依据,此外也是为了从原时间序列中剔除季节变动的影响,以便更好地分析其他因素。

在时间序列的乘法模型中,季节变动的测定和分离都是通过季节指数(也称为季节比率)来实现的。测定季节变动的方法很多,按是否消除长期趋势的影响来划分,可分为两大类:一是不考虑长期趋势的影响,直接根据原时间序列去测定季节变动,常用方法是同期平均法;二是先剔除长期趋势,然后根据趋势剔除后的序列来测定季节变动,常用方法是移动平均趋势剔除法。通常应根据原时间序列绘制的折线图或散点图,观察序列的基本类型和季节变动特征,以便选择适合的测定方法。无论哪种测定方法,都至少要有3个以上季节周期的数据,如月份数据就要有不少于3年即36个月的数据。如果季节变动的规律性不是很稳定,则所需要的数据还应更多一些为好。

为了叙述简便,下面的讨论都以周期为一年的季节变动来说明,但其测定基本原理和方法同样适用于周期小于一年的各种季节变动。

1. 同期平均法

同期平均法的基本原理是:假定时间序列呈水平趋势即长期趋势值是一常数,通过对多年的同期数据进行简单算术平均,以消除各个季节周期上的不规则变动,再与水平趋势值(全部数据的总平均数)对比,即可得到季节指数,以此来表明季节变动的规律。同期平均法计算季节指数的一般步骤如下:

(1) 计算同期平均数 $\overline{y_i}$ ($i=1,2,\cdots,L;L$ 为一年所包含的时序数据项数),即将不同年份同一季节的多个数据进行简单算术平均。其目的是消除不规则变动的影响。为了计算方便,一般要先将各年同一季节的数据对齐排列,如将历年的月(季)度数据按月(季)对齐排列。

(2) 计算全部数据的总平均数 $\overline{y}$,用以代表消除了季节变动和不规则变动之后的全年平均水平,亦即整个时间序列的水平趋势值。

(3) 计算季节指数 S_i,它等于同期平均数与总平均数对比的比率,即

$$S_i = \frac{\overline{y_i}}{\overline{y}} \times 100\% \qquad (12.22)$$

可见,同期平均法计算的季节指数实质上表示:从多个季节周期平均来看,各季节水平相对于平均水平的相对变化程度。季节指数 S_i 大于100%,表示所研究现象在第 i 期处于旺季;反之,季节指数 S_i 小于100%,表示第 i 期是个淡季。

季节指数应满足一个平衡关系:在一个完整的季节周期中,季节指数的总和等于季节周期的时间项数,或季节指数的均值等于1,即

$$\sum_{i=1}^{L} S_i = L \text{ 或 } \overline{S} = \frac{1}{L}\sum_{i=1}^{L} S_i = 100\% \tag{12.23}$$

若计算结果不满足上式,就需要对其进行调整(即归一化处理)。这种调整实质上就是将误差平均分摊到各期季节指数中去。调整方法是用各项季节指数除以全部季节指数的均值,或者说将所求的各项季节指数都乘以一个调整系数,即可得到最终所求的季节指数。此调整系数的公式为

$$\text{季节指数的调整系数} = \frac{1}{\overline{S}} = L \div \sum_{i=1}^{L} S_i \tag{12.24}$$

【例 12.4.1】 某企业生产的一种学生学习用电子产品的销售量数据如表 12-7 所示,试用同期平均法计算各月的季节指数。

表 12-7 某种电子产品的销售量数据(单位:千件)

年份	1	2	3	4	5	6	7	8	9	10	11	12
2016	51	45	24	25	18	37	80	120	136	78	29	30
2017	46	56	40	23	23	21	32	75	101	50	25	27
2018	41	55	47	22	21	23	30	86	140	51	33	29
2019	53	63	50	21	31	20	35	90	112	60	32	38

解:计算过程和计算结果见表 12-8。

表 12-8 采用同期平均法的季节指数计算表

月份	1	2	3	4	5	6	7	8	9	10	11	12	平均
同月合计	191	219	161	91	93	101	177	371	489	239	119	124	—
同月平均	47.75	54.8	40.25	22.75	23.25	25.25	44.25	92.75	122.3	59.8	29.75	31	49.479
季节指数(%)	96.51	111	81.347	45.98	46.99	51.032	89.43	187.5	247.1	121	60.13	62.65	100

从计算结果可见,该电子产品销售量的旺季是 2 月、8 月、9 月和 10 月,其中销售最旺的季节是 9 月份,该月的销售量相当于全年月平均销售量的 247.1%;销量最低的是 4 月份,该月的销售量只相当于全年月平均销售量的 45.98%。根据各月的季节指数可以绘制出季节指数图,以便一目了然地看出季节变动的规律,如图 12-6 所示。

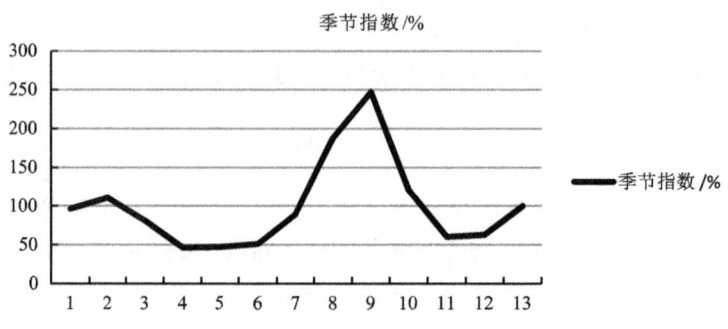

图 12-6 某种电子产品销售量的季节变动

同期平均法是计算季节指数最简单的方法,计算结果也容易理解,但它只适用于时间序列近似呈水平趋势的情况。若时间序列呈现出明显的上升和下降趋势,则同期平均法计算的季节指数就不够准确了。例如,当存在上升趋势时,即使完全没有季节变动,按同期平均法计算,年末季节指数也会大于年初季节指数。所以,按同期平均法计算,当现象呈现出明显上升趋势时,总会高估年末季节指数,相应地低估年初季节指数;相反,若现象呈现明显的下降趋势,则会高估年初季节指数,相应地低估年末季节指数。为了避免这种局限性,测定季节变动时就应先剔除长期趋势。

2. 移动平均趋势剔除法

趋势剔除法的基本原理是:假定时间序列有明显的上升或下降趋势,首先测出时间序列各期的趋势值,然后设法从原序列中消除趋势成分,最后再通过平均的方法消除不规则变动,从而测定出季节变动规律。

长期趋势的测定可用移动平均法,也可用趋势方程拟合法,还可以先采用移动平均法修匀时间序列,再采用趋势方程拟合法。但在计算季节指数的过程中,测定长期趋势最简便、最常用的方法是移动平均法。这是因为在长期趋势、季节变动和不规则变动三种因素共存时,若用趋势方程拟合法直接对原序列计算趋势值,会因为季节变动的影响而使趋势值不准确;如果将原序列转化为年度数据再拟合各期趋势值,则计算复杂且由于数据项数不多也会使拟合效果不佳。而移动平均法可较为方便地同时消除不规则变动和季节变动的影响,只反映出长期趋势。采用移动平均法测定长期趋势,再剔除长期趋势来计算季节指数,这种方法就是移动平均趋势剔除法。实质上,移动平均趋势剔除法也适用于包含循环变动的场合。

移动平均趋势剔除法计算季节指数的具体方法和步骤如下:

(1) 计算移动平均值(M)。对原序列计算平均项数等于季节周期 L 的中心化移动平均值。通过这样的移动平均可消除原序列中的季节变动 S 和不规则变动 I。若序列不包含循环变动即 $Y=T\times S\times I$,则所求移动平均值就作为长期趋势值,即 $M=T$。假定时间序列包含循环变动即 $Y=T\times S\times C\times I$,则所求移动平均值包含着趋势和循环变动,即 $M=T\times C$,可称之为趋势-循环值。

(2) 剔除原序列中的趋势成分(或趋势-循环成分)。用原数列各项数据 Y 除以对应的移动平均值(M),得到消除了长期趋势(或消除了长期趋势和循环变动)的序列,亦即得到只含季节变动和不规则变动的比率序列:

$$\frac{Y}{M}=\frac{T\times S\times I}{T}=S\times I \text{ 或 } \frac{Y}{M}=\frac{T\times S\times C\times I}{T\cdot C}=S\times I \tag{12.25}$$

(3) 消除不规则变动 I。将各年同期(同月或同季)的比率($S\times I$)进行简单算术平均,可消除不规则变动 I,从而可得到季节指数 S。

(4) 调整季节指数。计算调整系数,对所求季节指数进行归一化处理。

【例 12.4.2】 设有某商品销售量资料如表 12-9 所示,试用趋势剔除法测定季节波动。

解:从表 12-9 中可以看出,该商品销售量在 2015 年至 2019 年间有明显的上升趋势,因此,适合采用趋势剔除法测定季节变动。列表计算,如表 12-10 所示。

表 12-9　2015—2019 年某商品销售量资料　　　　　单位：万台

	2015 年	2016 年	2017 年	2018 年	2019 年
第一季度	15	16	18	23	28
第二季度	19	20	22	25	36
第三季度	7	10	10	15	16
第四季度	10	11	14	18	20

（1）计算移动平均数 M_{ij}。

由于所给资料是季度资料，所以取移动平均的步长 $k=4$。又因 k 为偶数，故需两次移动平均。首先按 4 项计算移动平均数，在此基础上再按 2 项校正移动平均数，计算结果列于表 12-10 中的第 4、5 栏。例如：

$$M_{13}=\frac{12.75+13}{2}=12.875, M_{14}=\frac{13+13.25}{2}=13.125$$

（2）计算比值 $y'_{ij}=\dfrac{y_{ij}}{M_{ij}}$，剔除长期趋势值。

计算结果列于表 12-10 中第 6 栏。例如：

$$y'_{13}=\frac{y_{13}}{M_{13}}=\frac{7}{12.875}=54.37\%, \quad y'_{14}=\frac{y_{14}}{M_{14}}=\frac{10}{13.125}=76.19\%$$

表 12-10　季节波动趋势剔除法计算表

年份	季度	y_{ij}	四项移动平均	校正平均 M_{ij}	$y'_{ij}=\dfrac{y_{ij}}{M_{ij}}(\%)$
2015	1	15	—	—	—
	2	19	12.75	—	—
	3	7	13.00	12.875	54.37
	4	10	13.25	13.125	76.19
2016	1	16	13.50	13.375	119.63
	2	20	13.75	13.625	146.79
	3	10	14.25	14.000	57.14
	4	11	14.75	14.500	75.86
2017	1	18	15.25	15.000	120.00
	2	22	16.00	15.625	140.80
	3	10	17.25	16.625	60.15
	4	14	18.00	17.625	79.43
2018	1	23	19.25	18.625	123.49
	2	25	20.25	19.750	126.58
	3	15	21.50	20.875	71.86
	4	18	24.25	22.875	78.69
2019	1	28	24.50	24.375	114.87
	2	36	25.00	24.75	145.45
	2	16	—	—	—
	4	20	—	—	—

(3)将剔除长期趋势后的数据 y'_{ij} 按各年同季排列成表 12-11,并计算各年同季平均数 $\overline{y'_j}$。计算结果列于表 12-11 的第 7 行。

表 12-11　季节指数计算表　　　　　　　　　　　　　单位:%

年份	一季度	二季度	三季度	四季度	合计
2015	—	—	54.37	76.19	—
2016	119.63	146.79	57.14	75.86	—
2017	120.00	140.80	60.15	79.43	—
2018	123.49	126.58	71.86	78.69	—
2019	114.87	145.45	—	—	—
同季平均 $\overline{y'_j}$	119.50	139.91	60.88	77.54	397.83
季节指数 S_j	120.15	140.67	61.21	77.97	400.00

(4)计算调整系数 α。

$$\alpha = \frac{m}{\sum_{j=1}^{m} \overline{y'_j}} = \frac{400\%}{397.83\%} = 100.55\%$$

(5)计算季节指数 S_j。

$$S_j = \overline{y'_j} \times \alpha$$

例如:

$$S_1 = 119.5\% \times 1.0055 = 120.15\%$$
$$S_2 = 139.91\% \times 1.0055 = 140.67\%$$
$$S_3 = 60.88\% \times 1.0055 = 61.21\%$$
$$S_4 = 77.54\% \times 1.0055 = 77.97\%$$

计算出季节指数后,可用于预测,也可以用于从原时间序列中分离出季节变动,以便更清晰地显示其他成分的变化形态。

第五节　时间序列的预测方法

研究时间序列的主要目的之一就是对现象未来的变化进行预测。时间序列预测是将现象在过去和现在所呈现出来的趋势和规律进行类推或延伸,借以预测现象在未来时间上可能达到的水平。时间序列预测通常是建立在时间序列因素分解之基础上的。也就是说,分别对各种构成因素进行预测后,再合成得到所研究现象的预测值。由于不规则变动是无法预测的,因此,以乘法合成模型为基础的时间序列预测模型最一般的形式为

$$\hat{Y}_t = \hat{T}_t \cdot \hat{S}_t \cdot \hat{C}_t \tag{12.26}$$

其中，$\hat{Y}_t$ 为所研究现象第 t 期的预测值；$\hat{T}_t, \hat{S}_t, \hat{C}_t$ 分别为第 t 期的趋势预测值、季节指数预测值和循环变动预测值。

依据不同类型的时间序列,应采用相应的方法进行预测。平稳时间序列:可用简单平均法、加权移动平均法及指数平滑法进行短期预测。对于以长期趋势和季节变动为主要影响因素的时间序列,可以用趋势季节模型进行预测。由于季节变动规律比较稳定,实际预测中一般假定未来的季节指数不变,即直接利用所测定的季节指数作为未来季节变动的预测值。循环变动很难准确测定和预测,可暂时不予考虑。

一、平稳时间序列预测

平稳时间序列表明事物的变化模式由过去到现在,乃至其未来都不变,因而可用过去的观察值作为其未来的预测值。预测方法主要有简单平均法、移动平均法和指数平滑法等。

(一)简单平均法

简单平均法是对平稳数列中的前 t 期观察值计算平均值,并以该均值作为 $t+1$ 期的预测值。计算公式为

$$\bar{y}_i = F_{t+1} = \frac{y_1 + y_2 + \cdots + y_t}{t} = \frac{1}{t}\sum_{i=1}^{t} y_i \qquad (12.27)$$

式中,F_{t+1} 为 $t+1$ 期的预测值。

【例 12.5.1】 某企业 2009—2019 年某种产品产量资料如表 12-12 所示。

表 12-12 某企业产品产量统计资料

年份	2009	2010	2011	2012	2013	2014	2015	2016	2017	2018	2019
产量（万吨）	385	444	413	420	433	439	467	450	468	470	448

要求:用简单平均法预测该企业 2020 年该种产品产量。

解:该企业 2020 年该种产品产量预测值为

$$F_{2020} = \frac{y_1 + y_2 + y_3 + \cdots + y_t}{t} = \frac{385 + 444 + \cdots + 448}{11} = 439.73(万吨)$$

(二)移动平均法

移动平均法是对平稳数列计算移动均值,并把 t 期的移动均值作为其 $t+1$ 期的预测值。移动均值的计算有简单移动平均法与加权移动平均法两种。

1. 简单移动平均法

简单移动平均是将最近的 k 期数据进行移动平均,把所得到的移动均值作为下一期的预测值,此法的关键是事先确定好合适的步长。

设时间序列的观察值为 $y_t(t = 1,2,\cdots,n)$,移动间隔即步长为 $k(1<k<t)$,则第 $t+1$ 期的预测值为

$$F_{t+1} = \bar{y}_i = \frac{y_t + y_{t-1} + \cdots + y_{t-(k-2)} + y_{t-(k-1)}}{k} \qquad (12.28)$$

2. 加权移动平均法

通常人们认为近期观察值对未来的影响大于远期观察值的影响。加权移动平均法就是在计算移动均值时，依据具体情况给近期观察值、远期观察值赋予适当的权数，以此加重近期观察值对移动均值的影响。

设观察值 $y_t, y_{t-1}, \cdots, y_{t-(k-2)}, y_{t-(k-1)}$ 的权数分别为 $k, k-1, \cdots, 2, 1$，则第 $t+1$ 期的预测值为

$$F_{t+1} = \bar{y}_i = \frac{ky_t + (k-1)y_{t-1} + \cdots + 2y_{t-(k-2)} + y_{t-(k-1)}}{k + (k-1) + \cdots + 2 + 1} \tag{12.29}$$

(三) 指数平滑法

指数平滑法分为一次指数平滑法和多次指数平滑法。本节介绍的是一次指数平滑法的应用。一次指数平滑法是把平稳时间序列 $t+1$ 期的平滑值作为预测值。一次指数平滑法的关键是平滑系数和初始值的确定。分述如下：

1. 平滑系数 α 值的确定

选择 α，一个总的原则是使实际观察值与其预测值之间的误差最小。从理论上讲，α 取 $0 \sim 1$ 之间的任意值均可以，但从平滑值计算公式来看，α 取不同的值将对预测值产生不同的影响。$\alpha = 0$ 时，预测值仅是重复前一期的预测结果；$\alpha = 1$ 时，预测值就是前一期的实际值。α 越接近于 0 就越强调前一期的预测结果，意味着预测值对时间序列变化的反应越慢；α 越接近于 1 就越强调前一期的实际值，意味着预测值对时间序列变化的反应越及时。具体如何选择，要视时间序列的变化和前一期预测结果而定。

当时间序列呈较稳定的随机波动时，α 应取小一些，如 $0.1 \sim 0.3$；当时间序列波动较大时，宜选择居中的 α 值，如 $0.3 \sim 0.5$；当时间序列波动很大，且有明显的长期趋势时，α 应取大些，如 $0.6 \sim 0.8$，以使预测模型灵敏度高些，能迅速跟上数据的变化。

在实际预测中，可取几个 α 值进行试算，比较预测误差，选择误差小的那个 α 值。

2. 初始值 $\hat{y}_1$ 的确定

如果时间序列总项数 $n > 50$，则经过长期平滑链 $(1-\alpha)t$ 的推算，初始值的影响就变得很小了，为了简便起见，可用第一期水平作为初始值。但是如果 $n < 20$，则初始值的影响较大，可以选用最初几期的平均数作为初始值。

二、季节非平稳时间序列预测

如果时间序列仅受季节因素影响而有明显季节波动时，便可先分解出季节变动，然后按季节指数进行预测。不过对仅含季节成分的时间序列预测，更常用的方法是回归模型。

【例 12.5.2】 某企业 2016—2019 年某种商品销售量数据如表 12-13 所示，试预测该商品 2020 年各季的销售量。（注：本例数据有一点趋势变动，但不影响对问题的理解。）

表 12-13　2016-2019 年各季商品销售量　　　　　　　　　　单位：万件

年份	第一季度	第二季度	第三季度	第四季度
2016	16	42	107	20
2017	17	43	114	21
2018	20	47	118	23
2019	24	51	119	25

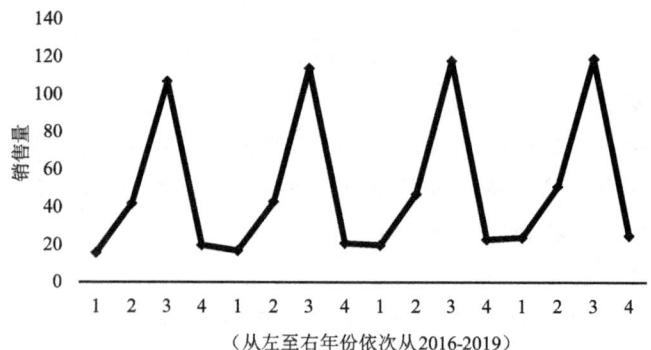

（从左至右年份依次从2016-2019）

图 12-7　销售量线图

解：该商品 2016 年四季度至 2019 年四季度销售量线如图 12-7 所示。

从图 12-7 可以看出该种商品销售量数列不含趋势成分，仅受季节因素影响而有明显季节波动。先计算表 12-13 的季节指数，构造出季节指数数列，见图 12-8 中的 E 列；然后消除季节因素影响，即用 D 列数据除以同行 E 列数据得到 F 列数据。把 F 列公式形式的数据转化为数值形式的数据（方法是选中 F2:F17，点击【复制】，然后选择【粘贴】选项中的【粘贴值】）后向下拖拉至 F18:F21（当 Excel 用于这种方式自动填充时，区域 F2:F17 中的数列

	A	B	C	D	E	F	G
1	年	季	年季	销售量	季节指数	不含季节变动的销售量	预测值
2	2016	1	12012	16	03816605	4192207472	
3		2	2	42	09070632	4630327854	
4		3	3	107	22701363	4713373378	
5		4	4	20	044114	4533700812	
6	2017	1	12013	17	03816605	4454220439	
7		2	2	43	09070632	4704573755	
8		3	3	114	22701363	5021724907	
9		4	4	21	044114	4760393526	
10	2018	1	12014	20	03816605	524025934	
11		2	2	47	09070632	518155736	
12		3	3	118	22701363	5197925781	
13		4	4	23	044114	5213764338	
14	2019	1	12015	24	03816605	6288311209	
15		2	2	51	09070632	5622540965	
16		3	3	119	22701363	5241975999	
17		4	4	25	044114	566713515	
18	2020	1			03816605	5849131761	223238255
19		2			09070632	5943882559	539147713
20		3			22701363	6038633358	137085208
21		4			044114	6133384156	270568109

图 12-8　商品销售量预测计算表

自动用线性趋势预测的数据对 F18:F21 进行扩展预测。这种方法也相当于用 TREND 函数作简单线性回归,对 F 列的数列 F18:F21 预测),最后用 E18 乘 F18 并将积放在 G18 单元格,得到的是 2016 年第一季的预测值。其他季的预测值类推。该商品 2020 年各季销售量的预测值如图 12-8 所示。

三、趋势-季节非平稳时间序列预测

在预测中,如果一个时间序列既存在明显的长期趋势,又有季节波动,则应建立季节模型进行预测。

趋势季节模型的一般表达式为

$$\hat{Y}_s = \hat{Y} \cdot S \tag{12.30}$$

式中,$\hat{Y}_s$ 为考虑季节变动影响的预测值;$\hat{Y}$ 为未考虑季节变动影响的预测值;S 为各预测值对应时期的季节指数。

【例 12.5.3】 依据统计调查与分析,测定出某种商品季度销售量(万件)的直线趋势方程及各季的季节指数如表 12-14 所示。

$$Y = 16 + 1.5t(t=1,表示 2008 年第一季度)$$

表 12-14 某商品销售量季节指数表

	第一季度	第二季度	第三季度	第四季度
季节指数(%)	50	77	125	148

要求:依据趋势-季节模型预测该商品 2020 年各季度的销售量。

解:依题意,2020 年第一、二、三、四季度的 t 值分别为 49、50、51、52。根据直线趋势方程 $y=16+1.5t$,可以计算出 2020 年各季不考虑季节变动影响的预测值:

$$\hat{Y}_1 = 16+1.5\times49 = 89.5(万件)$$

$$\hat{Y}_2 = 16+1.5\times50 = 91(万件)$$

$$\hat{Y}_3 = 16+1.5\times51 = 92.5(万件)$$

$$\hat{Y}_4 = 16+1.5\times52 = 94(万件)$$

然后,依据趋势季节模型 $\hat{Y}_s = \hat{Y} \cdot S$ 计算出 2020 各季的预测值:

$$\hat{Y}_{s1} = 89.5\times50\% = 44.75(万件)$$

$$\hat{Y}_{s2} = 91\times77\% = 70.07(万件)$$

$$\hat{Y}_{s3} = 92.5\times125\% = 115.63(万件)$$

$$\hat{Y}_{s4} = 94\times148\% = 139.12(万件)$$

四、预测方法的评价

同一个时间序列可用多种方法进行预测,但预测结果不尽相同。实际观察值与其预测值之差称为预测误差。误差最小的预测方法无疑是最好的方法。对预测方法的预测效果进行评价,最常用的评价指标有:平均误差、平均绝对值误差、均方误差、平均百分比误差以及平均绝对百分比误差等,其中均方误差的使用频率最高。

各评价指标的计算公式如下:

均方误差:
$$MSE = \frac{\sum_{i=1}^{n}(y_i - \hat{Y}_i)^2}{n}$$

平均误差:
$$ME = \frac{\sum_{i=1}^{n}(y_i - \hat{Y}_i)}{n}$$

平均绝对误差:
$$MAD = \frac{\sum_{i=1}^{n}|y_i - \hat{Y}_i|}{n}$$

平均百分比误差:
$$ME = \frac{\sum_{i=1}^{n}\left(\frac{y_i - \hat{Y}_i}{y_i} \times 100\right)}{n}$$

平均绝对百分比误差:
$$MAPE = \frac{\sum_{i=1}^{n}\left(\frac{|y_i - \hat{Y}_i|}{y_i} \times 100\right)}{n}$$

附:SPSS 的应用

(一) 用 SPSS 进行指数平滑预测

使用 SPSS 进行时间序列预测时,首先需要对观测值序列附加时间因素。方法是选择【数据】→【定义日期和时间】→【个案是】,根据需要选择【年】、【年、季度】、【年、季度、月】等,然后指定第一个观测值的时间【第一个个案是】→【确定】;这样,SPSS 会在观测值序列后加上时间变量,如图 12-9 所示。

第一步:选择【分析】→【时间序列预测】→【创建传统模型】,进入主对话框。

第二步:将预测变量选入【因变量】框中。在【方法】下选择【指数平滑】,点击【条件】在【模型类型】下选择【非季节性、简单】(进行简单指数平滑预测),点击【继续】返回主对话框。

第三步:点击【保存】,在【变量】下选择需要预测的结果,如【预测值】、【置信区间下限】、【置信区间上限】、【噪声残值】等。点击【选项】,在【预测期】下选中【评估期结束后的第一个个案到活动数据集中的最后一个个案】,点击【确定】。

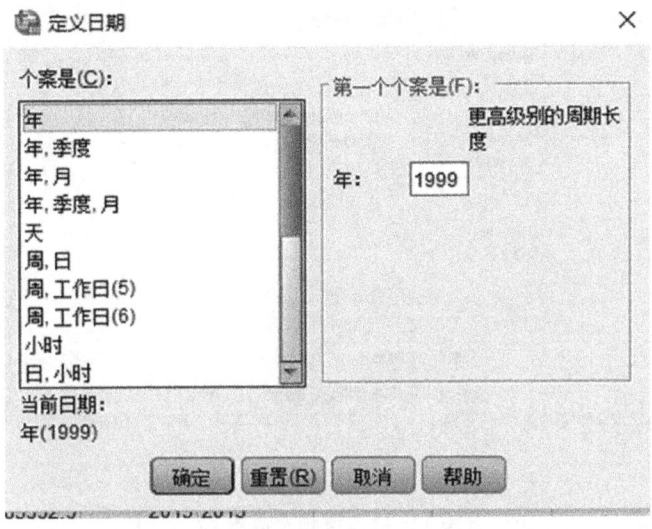

图 12-9　使用 SPSS 对观测值序列附加时间因素

(二) 用 SPSS 进行曲线估计

第一步:选择【分析】→【回归】→【曲线估算】,进入主对话框。

第二步:将预测变量选入【因变量】,在【独立】框下选择【时间】;在【模型】下选择所需的曲线,如指数曲线等。如图 12-10 所示。

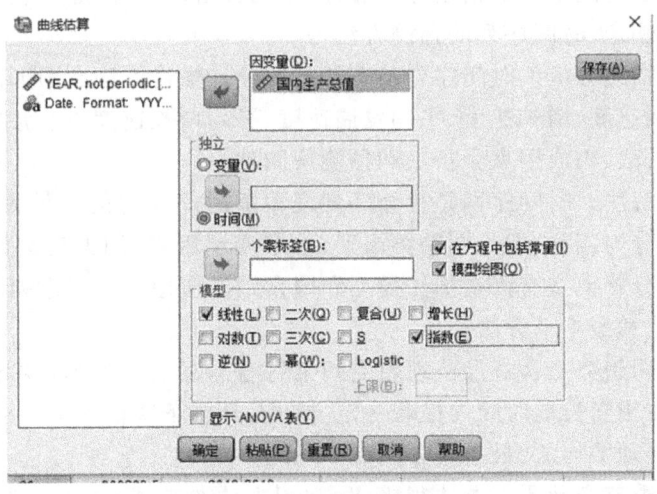

图 12-10　选择模型

第三步:点击【保存】,在【保存变量】下选中【预测值】(输出点预测值),【残差】(输出残差),【预测区间】(输出 95% 的预测区间);在【预测个案】下点击【预测范围】并输入要预测的时期。如图 12-11 所示。点击【继续】回到主对话框。点击【确定】。

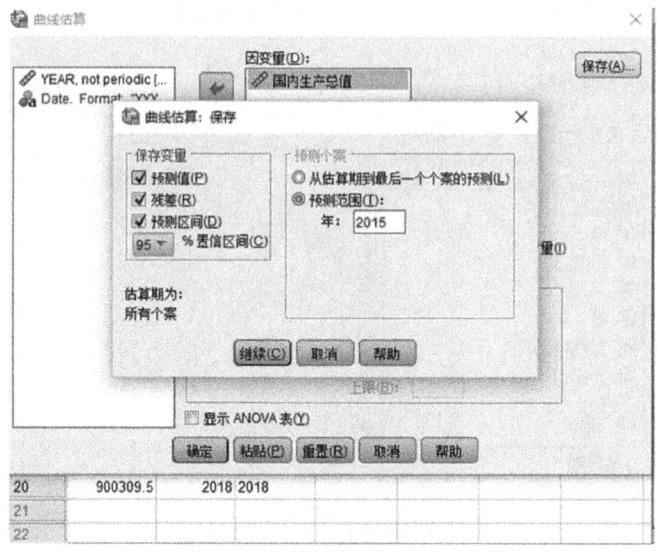

图 12-11 预测变量输入

本章小结

本章主要介绍了时间序列的描述分析、时间序列分解法、时间序列长期趋势的测定以及时间序列季节变动测定、时间序列的预测方法等。

1. 时间序列的描述分析。时间序列动态特征的统计描述方法有图形法和指标法。常用的描述指标有：发展速度、增长速度、平均发展速度、平均增长速度等。常用的统计方法有图形描述法、指标分析法、构成因素分析法和预测法四类。

2. 时间序列分解法。时间序列是社会经济现象随时间变化的一种表现形式，将影响时间序列变化的因素分为四种，即长期趋势因素、季节变动因素、周期变动因素和不规则变动因素。时间序列的分解模型有因素加法模型和因素乘法模型。时间序列的预测方法有时距扩大法、移动平均法和最小平方法。

3. 时间序列长期趋势是客观经济现象受到某种普遍的、持续的起决定性作用因素的影响，各期发展水平在相当长的时间内沿着一定方向上升或下降的态势。长期趋势的预测方法有时距扩大法、移动平均法、最小平方法。

4. 时间序列的季节变动测定方法很多，最常用方法是按月（或季）平均法，有同期平均法、移动平均趋势剔除法。

5. 时间序列预测方法。依据不同类型的时间序列，应采用相应的方法进行预测。平稳时间序列，可用简单平均法、加权移动平均法及指数平滑法进行短期预测。对于以长期趋势和季节变动为主要影响因素的时间序列，可以用趋势季节模型进行预测。

【思考与练习】

一、思考题

1. 简述时间序列的构成要素有哪些。
2. 描述时间序列的构成的模型有哪些?
3. 移动平均法的原理是什么?
4. 简述季节指数的计算步骤。
5. 简述指数平滑法的基本含义。
6. 用移动平均法分离长期趋势时应注意什么问题?

二、练习题

1. 下面是2020年某基金连续12个月的市场价格(单位:元)。

2020年某基金连续12个月的市场价格   单位:元

99.8	99.7	99.8	99.3	99.4	99.7
99.5	100.5	99.7	99.7	99.6	99.9

要求:

(1)计算这个时间序列的3个月和4个月的移动平均数。3个月和4个月的移动平均数哪个能提供更合适的预测?

(2)下个月的移动平均预测值是多少?

2. 下面是一家酒店过去18个月的营业额数据:

某酒店过去18个月的营业额

月份	营业额(万元)	月份	营业额(万元)
1	295	10	473
2	283	11	470
3	322	12	481
4	355	13	449
5	286	14	544
6	379	15	601
7	381	16	587
8	431	17	644
9	424	18	660

要求:

(1)用3期移动平均法预测第19个月的营业额。

(2)采用指数平滑法,分别用平滑系数 $\alpha=0.3$,$\alpha=0.4$ 和 $\alpha=0.5$ 预测各月的营业额,分析预测误差,说明用哪一个平滑系数预测更合适。

(3)建立一个趋势方程预测各月的营业额,计算出估计标准误差。

3. 以下是超市专柜最近六周的销售额数据,尝试用三项移动平均法和指数平滑法($\alpha=0.2$)对下一周的销售额进行预测,将部分计算结果记录如下。

超市某专柜最近六周的销售额数据　　　　　　　　　　单位:万元

周	数值	三期移动平均预测值	误差平方	指数平滑预测值	误差平方
1	11				
2	13			11	(②)
3	15			(①)	(③)
4	17	13	16	12.12	23.81
5	13	15	4	13.10	0.01
6	12	15	9	13.08	1.17
合计			29		(④)

要求:

(1)填写表格中括号内的数字。

(2)用三项移动平均法进行预测,下一周销售额可能达到什么水平?

(3)用指数平滑法进行预测($\alpha=0.2$),下一周销售额可能达到什么水平?

(4)上述两种方法中,哪种能够提供更合适的预测?为什么?

4. 对下面的数据分别拟合线性趋势 $\hat{Y}_t = b_0 + b_1 t$,二阶曲线 $\hat{Y}_t = b_0 + b_1 t + b_2 t^2$ 和三阶曲线 $\hat{Y}_t = b_0 + b_1 t + b_2 t^2 + b_3 t^3$,并对结果进行比较。

不同时间 t 时刻的观测值

时间 t	观测值 Y	时间 t	观测值 Y
1	372	19	360
2	370	20	357
3	374	21	356
4	375	22	352
5	377	23	348
6	377	24	353
7	374	25	356
8	372	26	356
9	373	27	356
10	372	28	359
11	369	29	360
12	367	30	357
13	367	31	357
14	365	32	355
15	363	33	356
16	359	34	363
17	358	35	365
18	359		

5. 下表是某企业近 11 年的销售额时间序列数据。

某公司近 11 年的销售额时间序列数据　　　单位：亿元

第 x 年	销售额	第 x 年	销售额
1	6.0	7	37.4
2	8.4	8	48.5
3	11.5	9	63.0
4	15.6	10	82.1
5	20.8	11	106.1
6	27.3		

要求：

(1) 绘制散点图，并说明销售额序列的变化趋势。

(2) 拟合趋势方程，并用此方程预测该企业第 12 年的销售额。

附录:统计分布表

一、标准正态分布概率密度表

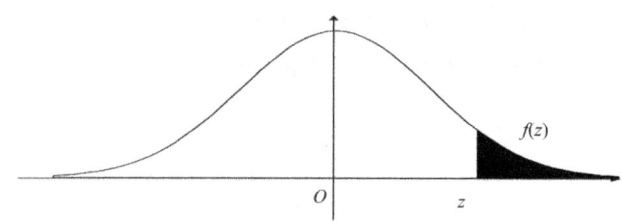

z	0.00	0.01	0.02	0.03	0.04	0.05	0.06	0.07	0.08	0.09
0.0	0.3989	0.3989	0.3989	0.3988	0.3986	0.3984	0.3982	0.3980	0.3977	0.3973
0.1	0.3970	0.3965	0.3961	0.3956	0.3951	0.3945	0.3939	0.3932	0.3925	0.3918
0.2	0.3910	0.3902	0.3894	0.3885	0.3876	0.3867	0.3857	0.3847	0.3836	0.3825
0.3	0.3814	0.3802	0.3790	0.3778	0.3765	0.3752	0.3739	0.3725	0.3712	0.3697
0.4	0.3683	0.3668	0.3653	0.3637	0.3621	0.3605	0.3589	0.3572	0.3555	0.3538
0.5	0.3521	0.3503	0.3485	0.3467	0.3448	0.3429	0.3410	0.3391	0.3372	0.3352
0.6	0.3332	0.3312	0.3292	0.3271	0.3251	0.3230	0.3209	0.3187	0.3166	0.3144
0.7	0.3123	0.3101	0.3079	0.3056	0.3034	0.3011	0.2989	0.2966	0.2943	0.2920
0.8	0.2897	0.2874	0.2850	0.2827	0.2803	0.2780	0.2756	0.2732	0.2709	0.2685
0.9	0.2661	0.2637	0.2613	0.2589	0.2565	0.2541	0.2516	0.2492	0.2468	0.2444
1.0	0.2420	0.2396	0.2371	0.2347	0.2323	0.2299	0.2275	0.2251	0.2227	0.2203
1.1	0.2179	0.2155	0.2131	0.2107	0.2083	0.2059	0.2036	0.2012	0.1989	0.1965
1.2	0.1942	0.1919	0.1895	0.1872	0.1849	0.1826	0.1804	0.1781	0.1758	0.1736
1.3	0.1714	0.1691	0.1669	0.1647	0.1626	0.1604	0.1582	0.1561	0.1539	0.1518
1.4	0.1497	0.1476	0.1456	0.1435	0.1415	0.1394	0.1374	0.1354	0.1334	0.1315
1.5	0.1295	0.1276	0.1257	0.1238	0.1219	0.1200	0.1182	0.1163	0.1145	0.1127
1.6	0.1109	0.1092	0.1074	0.1057	0.1040	0.1023	0.1006	0.0989	0.0973	0.0957
1.7	0.0940	0.0925	0.0909	0.0893	0.0878	0.0863	0.0848	0.0833	0.0818	0.0804
1.8	0.0790	0.0775	0.0761	0.0748	0.0734	0.0721	0.0707	0.0694	0.0681	0.0669
1.9	0.0656	0.0644	0.0632	0.0620	0.0608	0.0596	0.0584	0.0573	0.0562	0.0551
2.0	0.0540	0.0529	0.0519	0.0508	0.0498	0.0488	0.0478	0.0468	0.0459	0.0449
2.1	0.0440	0.0431	0.0422	0.0413	0.0404	0.0396	0.0387	0.0379	0.0371	0.0363
2.2	0.0355	0.0347	0.0339	0.0332	0.0325	0.0317	0.0310	0.0303	0.0297	0.0290
2.3	0.0283	0.0277	0.0270	0.0264	0.0258	0.0252	0.0246	0.0241	0.0235	0.0229
2.4	0.0224	0.0219	0.0213	0.0208	0.0203	0.0198	0.0194	0.0189	0.0184	0.0180
2.5	0.0175	0.0171	0.0167	0.0163	0.0158	0.0154	0.0151	0.0147	0.0143	0.0139
2.6	0.0136	0.0132	0.0129	0.0126	0.0122	0.0119	0.0116	0.0113	0.0110	0.0107

续表

z	0.00	0.01	0.02	0.03	0.04	0.05	0.06	0.07	0.08	0.09
2.7	0.0104	0.0101	0.0099	0.0096	0.0093	0.0091	0.0088	0.0086	0.0084	0.0081
2.8	0.0079	0.0077	0.0075	0.0073	0.0071	0.0069	0.0067	0.0065	0.0063	0.0061
2.9	0.0060	0.0058	0.0056	0.0055	0.0053	0.0051	0.0050	0.0048	0.0047	0.0046
3.0	0.0044	0.0043	0.0042	0.0040	0.0039	0.0038	0.0037	0.0036	0.0035	0.0034
3.1	0.0033	0.0032	0.0031	0.0030	0.0029	0.0028	0.0027	0.0026	0.0025	0.0025
3.2	0.0024	0.0023	0.0022	0.0022	0.0021	0.0020	0.0020	0.0019	0.0018	0.0018
3.3	0.0017	0.0017	0.0016	0.0016	0.0015	0.0015	0.0014	0.0014	0.0013	0.0013
3.4	0.0012	0.0012	0.0012	0.0011	0.0011	0.0010	0.0010	0.0010	0.0009	0.0009
3.5	0.0009	0.0008	0.0008	0.0008	0.0008	0.0007	0.0007	0.0007	0.0007	0.0006

二、标准正态累计分布表

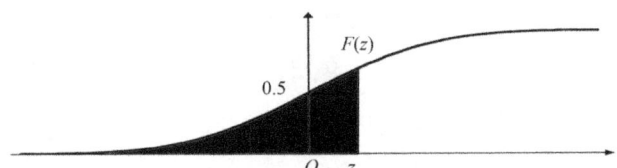

z	0.00	0.01	0.02	0.03	0.04	0.05	0.06	0.07	0.08	0.09
0.0	0.5000	0.5040	0.5080	0.5120	0.5160	0.5199	0.5239	0.5279	0.5319	0.5359
0.1	0.5398	0.5438	0.5478	0.5517	0.5557	0.5596	0.5636	0.5675	0.5714	0.5753
0.2	0.5793	0.5832	0.5871	0.5910	0.5948	0.5987	0.6026	0.6064	0.6103	0.6141
0.3	0.6179	0.6217	0.6255	0.6293	0.6331	0.6368	0.6406	0.6443	0.6480	0.6517
0.4	0.6554	0.6591	0.6628	0.6664	0.6700	0.6736	0.6772	0.6808	0.6844	0.6879
0.5	0.6915	0.6950	0.6985	0.7019	0.7054	0.7088	0.7123	0.7157	0.7190	0.7224
0.6	0.7257	0.7291	0.7324	0.7357	0.7389	0.7422	0.7454	0.7486	0.7517	0.7549
0.7	0.7580	0.7611	0.7642	0.7673	0.7704	0.7734	0.7764	0.7794	0.7823	0.7852
0.8	0.7881	0.7910	0.7939	0.7967	0.7995	0.8023	0.8051	0.8078	0.8106	0.8133
0.9	0.8159	0.8186	0.8212	0.8238	0.8264	0.8289	0.8315	0.8340	0.8365	0.8389
1.0	0.8413	0.8438	0.8461	0.8485	0.8508	0.8531	0.8554	0.8577	0.8599	0.8621
1.1	0.8643	0.8665	0.8686	0.8708	0.8729	0.8749	0.8770	0.8790	0.8810	0.8830
1.2	0.8849	0.8869	0.8888	0.8907	0.8925	0.8944	0.8962	0.8980	0.8997	0.9015
1.3	0.9032	0.9049	0.9066	0.9082	0.9099	0.9115	0.9131	0.9147	0.9162	0.9177
1.4	0.9192	0.9207	0.9222	0.9236	0.9251	0.9265	0.9279	0.9292	0.9306	0.9319
1.5	0.9332	0.9345	0.9357	0.9370	0.9382	0.9394	0.9406	0.9418	0.9429	0.9441
1.6	0.9452	0.9463	0.9474	0.9484	0.9495	0.9505	0.9515	0.9525	0.9535	0.9545
1.7	0.9554	0.9564	0.9573	0.9582	0.9591	0.9599	0.9608	0.9616	0.9625	0.9633
1.8	0.9641	0.9649	0.9656	0.9664	0.9671	0.9678	0.9686	0.9693	0.9699	0.9706
1.9	0.9713	0.9719	0.9726	0.9732	0.9738	0.9744	0.9750	0.9756	0.9761	0.9767
2.0	0.9772	0.9778	0.9783	0.9788	0.9793	0.9798	0.9803	0.9808	0.9812	0.9817
2.1	0.9821	0.9826	0.9830	0.9834	0.9838	0.9842	0.9846	0.9850	0.9854	0.9857
2.2	0.9861	0.9864	0.9868	0.9871	0.9875	0.9878	0.9881	0.9884	0.9887	0.9890
2.3	0.9893	0.9896	0.9898	0.9901	0.9904	0.9906	0.9909	0.9911	0.9913	0.9916
2.4	0.9918	0.9920	0.9922	0.9925	0.9927	0.9929	0.9931	0.9932	0.9934	0.9936

续表

z	0.00	0.01	0.02	0.03	0.04	0.05	0.06	0.07	0.08	0.09
2.5	0.9938	0.9940	0.9941	0.9943	0.9945	0.9946	0.9948	0.9949	0.9951	0.9952
2.6	0.9953	0.9955	0.9956	0.9957	0.9959	0.9960	0.9961	0.9962	0.9963	0.9964
2.7	0.9965	0.9966	0.9967	0.9968	0.9969	0.9970	0.9971	0.9972	0.9973	0.9974
2.8	0.9974	0.9975	0.9976	0.9977	0.9977	0.9978	0.9979	0.9979	0.9980	0.9981
2.9	0.9981	0.9982	0.9982	0.9983	0.9984	0.9984	0.9985	0.9985	0.9986	0.9986
3.0	0.9987	0.9987	0.9987	0.9988	0.9988	0.9989	0.9989	0.9989	0.9990	0.9990
3.1	0.9990	0.9991	0.9991	0.9991	0.9992	0.9992	0.9992	0.9992	0.9993	0.9993
3.2	0.9993	0.9993	0.9994	0.9994	0.9994	0.9994	0.9994	0.9995	0.9995	0.9995
3.3	0.9995	0.9995	0.9995	0.9996	0.9996	0.9996	0.9996	0.9996	0.9996	0.9997
3.4	0.9997	0.9997	0.9997	0.9997	0.9997	0.9997	0.9997	0.9997	0.9997	0.9998
3.5	0.9998	0.9998	0.9998	0.9998	0.9998	0.9998	0.9998	0.9998	0.9998	0.9998

三、t 分布临界值表

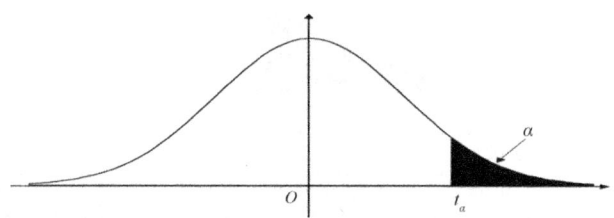

α \ df	0.1	0.05	0.025	0.01	0.005	0.001	0.0005
1	3.0777	6.3138	12.7062	31.8205	63.6567	318.3088	636.6192
2	1.8856	2.9200	4.3027	6.9646	9.9248	22.3271	31.5991
3	1.6377	2.3534	3.1824	4.5407	5.8409	10.2145	12.9240
4	1.5332	2.1318	2.7764	3.7469	4.6041	7.1732	8.6103
5	1.4759	2.0150	2.5706	3.3649	4.0321	5.8934	6.8688
6	1.4398	1.9432	2.4469	3.1427	3.7074	5.2076	5.9588
7	1.4149	1.8946	2.3646	2.9980	3.4995	4.7853	5.4079
8	1.3968	1.8595	2.3060	2.8965	3.3554	4.5008	5.0413
9	1.3830	1.8331	2.2622	2.8214	3.2498	4.2968	4.7809
10	1.3722	1.8125	2.2281	2.7638	3.1693	4.1437	4.5869
11	1.3634	1.7959	2.2010	2.7181	3.1058	4.0247	4.4370
12	1.3562	1.7823	2.1788	2.6810	3.0545	3.9296	4.3178
13	1.3502	1.7709	2.1604	2.6503	3.0123	3.8520	4.2208
14	1.3450	1.7613	2.1448	2.6245	2.9768	3.7874	4.1405
15	1.3406	1.7531	2.1314	2.6025	2.9467	3.7328	4.0728
16	1.3368	1.7459	2.1199	2.5835	2.9208	3.6862	4.0150
17	1.3334	1.7396	2.1098	2.5669	2.8982	3.6458	3.9651
18	1.3304	1.7341	2.1009	2.5524	2.8784	3.6105	3.9216
19	1.3277	1.7291	2.0930	2.5395	2.8609	3.5794	3.8834
20	1.3253	1.7247	2.0860	2.5280	2.8453	3.5518	3.8495
21	1.3232	1.7207	2.0796	2.5176	2.8314	3.5272	3.8193

续表

α\df	0.1	0.05	0.025	0.01	0.005	0.001	0.0005
22	1.3212	1.7171	2.0739	2.5083	2.8188	3.5050	3.7921
23	1.3195	1.7139	2.0687	2.4999	2.8073	3.4850	3.7676
24	1.3178	1.7109	2.0639	2.4922	2.7969	3.4668	3.7454
25	1.3163	1.7081	2.0595	2.4851	2.7874	3.4502	3.7251
26	1.3150	1.7056	2.0555	2.4786	2.7787	3.4350	3.7066
27	1.3137	1.7033	2.0518	2.4727	2.7707	3.4210	3.6896
28	1.3125	1.7011	2.0484	2.4671	2.7633	3.4082	3.6739
29	1.3114	1.6991	2.0452	2.4620	2.7564	3.3962	3.6594
30	1.3104	1.6973	2.0423	2.4573	2.7500	3.3852	3.6460
31	1.3095	1.6955	2.0395	2.4528	2.7440	3.3749	3.6335
32	1.3086	1.6939	2.0369	2.4487	2.7385	3.3653	3.6218
33	1.3077	1.6924	2.0345	2.4448	2.7333	3.3563	3.6109
34	1.3070	1.6909	2.0322	2.4411	2.7284	3.3479	3.6007
35	1.3062	1.6896	2.0301	2.4377	2.7238	3.3400	3.5911
36	1.3055	1.6883	2.0281	2.4345	2.7195	3.3326	3.5821
37	1.3049	1.6871	2.0262	2.4314	2.7154	3.3256	3.5737
38	1.3042	1.6860	2.0244	2.4286	2.7116	3.3190	3.5657
39	1.3036	1.6849	2.0227	2.4258	2.7079	3.3128	3.5581
40	1.3031	1.6839	2.0211	2.4233	2.7045	3.3069	3.5510

四、χ^2 分布临界值表

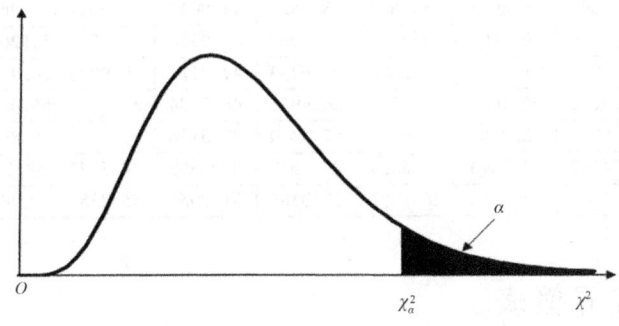

α\df	0.995	0.99	0.975	0.95	0.9	0.1	0.05	0.025	0.01	0.005
1	0.0000	0.0002	0.0010	0.0039	0.0158	2.7055	3.8415	5.0238862	6.6349	7.8794
2	0.0100	0.0201	0.0506	0.1026	0.2107	4.6052	5.9915	7.3777589	9.2103	10.5966
3	0.0717	0.1148	0.2158	0.3518	0.5844	6.2514	7.8147	9.3484036	11.3449	12.8382
4	0.2070	0.2971	0.4844	0.7107	1.0636	7.7794	9.4877	11.143287	13.2767	14.8603
5	0.4117	0.5543	0.8312	1.1455	1.6103	9.2364	11.0705	12.832502	15.0863	16.7496
6	0.6757	0.8721	1.2373	1.6354	2.2041	10.6446	12.5916	14.449375	16.8119	18.5476
7	0.9893	1.2390	1.6899	2.1673	2.8331	12.0170	14.0671	16.012764	18.4753	20.2777
8	1.3444	1.6465	2.1797	2.7326	3.4895	13.3616	15.5073	17.534546	20.0902	21.9550
9	1.7349	2.0879	2.7004	3.3251	4.1682	14.6837	16.9190	19.022768	21.6660	23.5894

续表

α \ df	0.995	0.99	0.975	0.95	0.9	0.1	0.05	0.025	0.01	0.005
10	2.1559	2.5582	3.2470	3.9403	4.8652	15.9872	18.3070	20.483177	23.2093	25.1882
11	2.6032	3.0535	3.8157	4.5748	5.5778	17.2750	19.6751	21.920049	24.7250	26.7568
12	3.0738	3.5706	4.4038	5.2260	6.3038	18.5493	21.0261	23.336664	26.2170	28.2995
13	3.5650	4.1069	5.0088	5.8919	7.0415	19.8119	22.3620	24.735605	27.6882	29.8195
14	4.0747	4.6604	5.6287	6.5706	7.7895	21.0641	23.6848	26.118948	29.1412	31.3193
15	4.6009	5.2293	6.2621	7.2609	8.5468	22.3071	24.9958	27.488393	30.5779	32.8013
16	5.1422	5.8122	6.9077	7.9616	9.3122	23.5418	26.2962	28.845351	31.9999	34.2672
17	5.6972	6.4078	7.5642	8.6718	10.0852	24.7690	27.5871	30.191009	33.4087	35.7185
18	6.2648	7.0149	8.2307	9.3905	10.8649	25.9894	28.8693	31.526378	34.8053	37.1565
19	6.8440	7.6327	8.9065	10.1170	11.6509	27.2036	30.1435	32.852327	36.1909	38.5823
20	7.4338	8.2604	9.5908	10.8508	12.4426	28.4120	31.4104	34.169607	37.5662	39.9968
21	8.0337	8.8972	10.2829	11.5913	13.2396	29.6151	32.6706	35.478876	38.9322	41.4011
22	8.6427	9.5425	10.9823	12.3380	14.0415	30.8133	33.9244	36.780712	40.2894	42.7957
23	9.2604	10.1957	11.6886	13.0905	14.8480	32.0069	35.1725	38.075627	41.6384	44.1813
24	9.8862	10.8564	12.4012	13.8484	15.6587	33.1962	36.4150	39.364077	42.9798	45.5585
25	10.5197	11.5240	13.1197	14.6114	16.4734	34.3816	37.6525	40.646469	44.3141	46.9279
26	11.1602	12.1981	13.8439	15.3792	17.2919	35.5632	38.8851	41.92317	45.6417	48.2899
27	11.8076	12.8785	14.5734	16.1514	18.1139	36.7412	40.1133	43.194511	46.9629	49.6449
28	12.4613	13.5647	15.3079	16.9279	18.9392	37.9159	41.3371	44.460792	48.2782	50.9934
29	13.1211	14.2565	16.0471	17.7084	19.7677	39.0875	42.5570	45.722286	49.5879	52.3356
30	13.7867	14.9535	16.7908	18.4927	20.5992	40.2560	43.7730	46.979242	50.8922	53.6720
31	14.4578	15.6555	17.5387	19.2806	21.4336	41.4217	44.9853	48.23189	52.1914	55.0027
32	15.1340	16.3622	18.2908	20.0719	22.2706	42.5847	46.1943	49.480438	53.4858	56.3281
33	15.8153	17.0735	19.0467	20.8665	23.1102	43.7452	47.3999	50.72508	54.7755	57.6484
34	16.5013	17.7891	19.8063	21.6643	23.9523	44.9032	48.6024	51.965995	56.0609	58.9639
35	17.1918	18.5089	20.5694	22.4650	24.7967	46.0588	49.8018	53.203349	57.3421	60.2748
36	17.8867	19.2327	21.3359	23.2686	25.6433	47.2122	50.9985	54.437294	58.6192	61.5812
37	18.5858	19.9602	22.1056	24.0749	26.4921	48.3634	52.1923	55.667973	59.8925	62.8833
38	19.2889	20.6914	22.8785	24.8839	27.3430	49.5126	53.3835	56.895521	61.1621	64.1814
39	19.9959	21.4262	23.6543	25.6954	28.1958	50.6598	54.5722	58.12006	62.4281	65.4756
40	20.7065	22.1643	24.4330	26.5093	29.0505	51.8051	55.7585	59.341707	63.6907	66.7660

五、F 分布临界值表

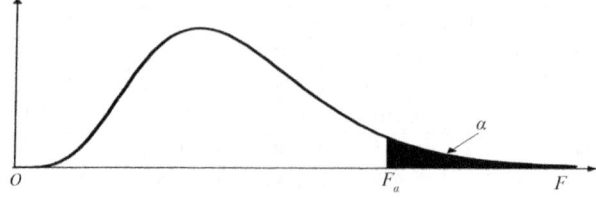

$\alpha = 0.05$

df_1 / df_2	1	2	3	4	5	6	7	8	9	10
1	161.4476	199.5000	215.7073	224.5832	230.1619	233.9860	236.7684	238.88269	240.5433	241.8817
2	18.5128	19.0000	19.1643	19.2468	19.2964	19.3295	19.3532	19.370993	19.3848	19.3959
3	10.1280	9.5521	9.2766	9.1172	9.0135	8.9406	8.8867	8.8452385	8.8123	8.7855
4	7.7086	6.9443	6.5914	6.3882	6.2561	6.1631	6.0942	6.0410445	5.9988	5.9644
5	6.6079	5.7861	5.4095	5.1922	5.0503	4.9503	4.8759	4.8183195	4.7725	4.7351
6	5.9874	5.1433	4.7571	4.5337	4.3874	4.2839	4.2067	4.1468042	4.0990	4.0600
7	5.5914	4.7374	4.3468	4.1203	3.9715	3.8660	3.7870	3.7257253	3.6767	3.6365
8	5.3177	4.4590	4.0662	3.8379	3.6875	3.5806	3.5005	3.4381012	3.3881	3.3472
9	5.1174	4.2565	3.8625	3.6331	3.4817	3.3738	3.2927	3.2295826	3.1789	3.1373
10	4.9646	4.1028	3.7083	3.4780	3.3258	3.2172	3.1355	3.0716584	3.0204	2.9782
11	4.8443	3.9823	3.5874	3.3567	3.2039	3.0946	3.0123	2.9479903	2.8962	2.8536
12	4.7472	3.8853	3.4903	3.2592	3.1059	2.9961	2.9134	2.8485651	2.7964	2.7534
13	4.6672	3.8056	3.4105	3.1791	3.0254	2.9153	2.8321	2.7669132	2.7144	2.6710
14	4.6001	3.7389	3.3439	3.1122	2.9582	2.8477	2.7642	2.6986724	2.6458	2.6022
15	4.5431	3.6823	3.2874	3.0556	2.9013	2.7905	2.7066	2.6407969	2.5876	2.5437
16	4.4940	3.6337	3.2389	3.0069	2.8524	2.7413	2.6572	2.5910962	2.5377	2.4935
17	4.4513	3.5915	3.1968	2.9647	2.8100	2.6987	2.6143	2.5479554	2.4943	2.4499
18	4.4139	3.5546	3.1599	2.9277	2.7729	2.6613	2.5767	2.5101579	2.4563	2.4117
19	4.3807	3.5219	3.1274	2.8951	2.7401	2.6283	2.5435	2.4767701	2.4227	2.3779
20	4.3512	3.4928	3.0984	2.8661	2.7109	2.5990	2.5140	2.4470637	2.3928	2.3479
21	4.3248	3.4668	3.0725	2.8401	2.6848	2.5727	2.4876	2.4204622	2.3660	2.3210
22	4.3009	3.4434	3.0491	2.8167	2.6613	2.5491	2.4638	2.3965033	2.3419	2.2967
23	4.2793	3.4221	3.0280	2.7955	2.6400	2.5277	2.4422	2.3748121	2.3201	2.2747
24	4.2597	3.4028	3.0088	2.7763	2.6207	2.5082	2.4226	2.3550815	2.3002	2.2547
25	4.2417	3.3852	2.9912	2.7587	2.6030	2.4904	2.4047	2.3370572	2.2821	2.2365
26	4.2252	3.3690	2.9752	2.7426	2.5868	2.4741	2.3883	2.3205272	2.2655	2.2197
27	4.2100	3.3541	2.9604	2.7278	2.5719	2.4591	2.3732	2.3053132	2.2501	2.2043
28	4.1960	3.3404	2.9467	2.7141	2.5581	2.4453	2.3593	2.291264	2.2360	2.1900
29	4.1830	3.3277	2.9340	2.7014	2.5454	2.4324	2.3463	2.2782508	2.2229	2.1768
30	4.1709	3.3158	2.9223	2.6896	2.5336	2.4205	2.3343	2.2661633	2.2107	2.1646
31	4.1596	3.3048	2.9113	2.6787	2.5225	2.4094	2.3232	2.2549059	2.1994	2.1532
32	4.1491	3.2945	2.9011	2.6684	2.5123	2.3991	2.3127	2.2443961	2.1888	2.1425
33	4.1393	3.2849	2.8916	2.6589	2.5026	2.3894	2.3030	2.2345618	2.1789	2.1325
34	4.1300	3.2759	2.8826	2.6499	2.4936	2.3803	2.2938	2.22534	2.1696	2.1231
35	4.1213	3.2674	2.8742	2.6415	2.4851	2.3718	2.2852	2.216675	2.1608	2.1143
36	4.1132	3.2594	2.8663	2.6335	2.4772	2.3638	2.2771	2.2085181	2.1526	2.1061
37	4.1055	3.2519	2.8588	2.6261	2.4696	2.3562	2.2695	2.2008257	2.1449	2.0982
38	4.0982	3.2448	2.8517	2.6190	2.4625	2.3490	2.2623	2.1935593	2.1375	2.0909
39	4.0913	3.2381	2.8451	2.6123	2.4558	2.3423	2.2555	2.1866845	2.1306	2.0839
40	4.0847	3.2317	2.8387	2.6060	2.4495	2.3359	2.2490	2.1801705	2.1240	2.0772

参 考 文 献

[1] 曾五一,肖红叶. 统计学导论. 2版. 北京:科学出版社,2013.
[2] 贾俊平,何晓群,金勇进. 统计学. 7版. 北京:中国人民大学出版社,2018.
[3] 向书坚,张学毅. 统计学. 2版. 北京:中国统计出版社,2016.
[4] 李金昌. 统计学. 北京:高等教育出版社,2018.
[5] 向蓉美,王青华,马丹. 统计学. 2版. 北京:机械工业出版社,2017.
[6] 董云展. 统计学. 2版. 北京:高等教育出版社,2018.
[7] 李子奈,潘文卿. 计量经济学. 4版. 北京:高等教育出版社,2015.
[8] 杜栋,庞庆华,吴炎. 现代综合评价方法与案例精选. 2版. 北京:清华大学出版社,2008.
[9] 杨轶莘. 大数据时代下的统计学. 北京:电子工业出版社,2015.
[10] 张尧庭. 指标量化、序化的理论与方法. 北京:科学出版社,1999.
[11] 汪仁官. 概率论引论. 北京:北京大学出版社,1994.
[12] Douglas A Lind,Robert D Mason,Willian G Marchal. 工商统计学. 3版. 徐国祥,等,译. 上海:上海财经大学出版社,2004.
[13] 戴维 R 安德森,等. 商务与经济统计. 北京:机械工业出版社,2000.
[14] 戴维·莱文,蒂莫西·克雷比尔,马克·贝伦森. 商务统计学(英文版). 6版. 北京:中国人民大学出版社,2017.
[15] 詹姆斯 R 埃文斯. 商业统计学精要. 北京:中国人民大学出版社,2004.
[16] 徐国祥. 统计学. 2版. 上海:格致出版社,2014.
[17] 埃维森,等. 统计学:基本概念和方法. 吴喜之,等,译. 北京:高等教育出版社,2000.
[18] 戴维·莱文,等. 商务统计学. 北京:中国人民大学出版社,2004.